人类历史上最伟大的成功励志经典

人性的弱点
全集

[美]戴尔·卡耐基◎著　达夫◎编译

中国华侨出版社

图书在版编目（CIP）数据

人性的弱点全集 / (美) 卡耐基著; 达夫编译. — 北京: 中国华侨出版社, 2014.5（2014.11 重印）
ISBN 978-7-5113-4615-5

Ⅰ. ①人… Ⅱ. ①卡… ②达… Ⅲ. ①成功心理—通俗读物 Ⅳ. ① B848.4-49

中国版本图书馆 CIP 数据核字（2014）第 105951 号

人性的弱点全集

著　　者：	［美］戴尔·卡耐基
编　　译：	达　夫
责任编辑：	文　丹
封面设计：	李艾红
文字编辑：	龚雪莲
美术编辑：	杨玉萍
经　　销：	新华书店
开　　本：	720mm×1020mm　1/16　印张：28　字数：458千字
印　　刷：	北京中创彩色印刷有限公司
版　　次：	2014年8月第1版　2017年4月第3次印刷
书　　号：	ISBN 978-7-5113-4615-5
定　　价：	58.00元

中国华侨出版社　北京市朝阳区静安里26号通成达大厦3层　邮编：100028
法律顾问：陈鹰律师事务所
发 行 部：（010）65772781　　　　传　真：（010）65756570
网　　址：www.oveaschin.com
E-mail：oveaschin@sina.com

如果发现印装质量问题，影响阅读，请与印刷厂联系调换。

前言

在过去的35年中,美国的一家出版社曾印刷过20多万种书籍,大多数是极枯燥、无味和沉闷的,许多是亏了本的。一位世界上最大的书局的经理最近对我承认说,他的公司有75年的出版经验了,但还是每出版8种书就有7种书是亏本的。

那么为什么我还要冒险写作此书呢?在我写好之后,你为什么还要费事去读呢?这些问题都很有道理,但读完下文你便一目了然了。

1912年起,我在纽约为职业成人讲授教育课程。最初,我只开设了演讲术课程——用实际的经验训练成人在商业面洽以及团体中能站着思想,而后更加清楚、有效、镇定地发表自己的见解。

经过几个季节的培训,我渐渐觉得,这些成人虽然急需说话的训练,但他们更迫切需要在日常事务及人际交往方面得到更好的训练。我自己也深切需要这种训练。应付人恐怕是你所遇到的最大问题了,如果你是一位商人,更是如此。是的,即使你是一位会计师、家庭主妇、建筑师或工程师,也是如此。数年前在卡耐基基金会资助下所作的调查研究表明——这一结果后来又由卡耐基技术研究院另外的一项研究所证实——在技术方面的工程中,一个人事业的成功,约有85%是由于人类工程——即人格和领导他人的能力。

数年前,我每季都在费城工程师协会举办课程,同时也在美国电机工程协会分会开班。1500位以上的工程师去过我举办的讲习班。我由多年的观察和经验发觉,在工程中获得最高酬劳的人,往往不是懂得工程学知识最多的人。

我们可以付出每周25美元到50美元的代价,雇用工程、会计、建筑或其他专业的技术人才,因为市场上永远不缺少此类人。但是除了技术、知识之外,再加上能发表自我见解的能力、担任领袖的能力、激发他人潜能的能力,那么他的收入自然就很高了。

约翰·洛克菲勒在他事业鼎盛的时候,曾经向白罗雪这样说过:"应付人的能力,也是一种可以购买的商品,就像糖和咖啡一样。我愿意对那种能力付出酬劳,它的代价要比世界上任何东西都高。"

芝加哥大学和青年会联合学校曾举行过一次调查，调查成人究竟要研究些什么！

那笔研究费用是25000元，同时花了两年的时间，调查的最后部分是在梅立顿康耐铁克举行的。那地方被人认为是典型的美国市镇，梅立顿镇上的每一个成年人都被作为访问对象，同时请他们回答156个问题。

这些问题诸如：你的职业或专业是什么？你的教育程度如何？你的志愿是什么？你需要解决的问题是哪些？你如何利用空闲的时间？你的收入是多少？你的嗜好是什么？你最喜欢的学科是什么？

调查后的结果显示出健康是一般人最注意的，至于第二种兴趣，那是如何了解别人、如何与人相处、如何使人喜欢你、如何使他人同意你的想法。

举办这项调查的委员会，决定替梅立顿的成人举办一个包含这些内容的课程。他们努力寻求有关这种主题的实用书籍，可是无法找到。最后，他们去见一位世界著名的权威成人教育家，问他是否有满足这些成年人需要的书。那位教育家回答：我虽然知道那些成人需要些什么，可是他们所需要的这类书，却从未有人写过。

根据我的经验，我知道他的话是对的，我自己也已经费了很多年的时间，在寻求一本实用且有效的、关于人与人之间关系的书籍。

由于很多人希望有这样的书，我才尝试写了一本，那是为我讲习班所写的，希望你也能喜欢它。

当然，我们这里所定的规则不只是一种理论或揣测。它们颇有奇效，听起来似乎让人不足以为信，但我确实亲自听到或看见过这些原则改变了许多人的生活与事业。

本书的唯一目的就是帮助你发现、发展和利用自己的那些潜伏未用的资才。

戴尔·卡耐基

目录

第1章 把握人际交往的关键——1
了解鱼的需求 //2
我要喜欢你 //7
管住自己的舌头 //11
如要采蜜,不可弄翻蜂巢 //12
抓住每一个机会 //17
扩大交际范围 //19
自己制造交往的机会 //21
让对方有备受重视的感觉 //22
莫与"敌人"较劲 //27
无事也登"三宝殿" //30
该告别时就告别 //31

第2章 把别人吸引到身边来——33
仪表是你的门面 //34
一见面就喊出对方的名字 //38
练就一流口才 //41
微笑常挂嘴角 //43
甜美而有韵律的声音 //46
练就关照他人而不造作的功夫 //47
真心诚意地对别人感兴趣 //49
制造戏剧化效果 //52

第3章 不露痕迹,改变他人——55
用赞誉作开场白 //56
批人之前先批自己 //58
不要把意见硬塞给别人 //61
"旁敲侧击"更使人信服 //64

"高帽子"的妙用 // 67
保全对方的面子 // 69
是我错了 // 72
批评勿忘多鼓励 // 76

第4章　如何使交谈更愉快 —— 79

十之八九，你赢不了争论 // 80
假如我是他 // 82
牵着他人的舌头走 // 85
争取让对方说"是" // 87
鼓励对方多说 // 90
无声胜有声 // 93
用耳朵来交谈 // 95
3/4的人渴望得到的 // 100
从双方都同意的事说起 // 106
使用建议的方式 // 111

第5章　做好一生的规划 —— 113

目标是人生的灯塔 // 114
确立人生的起跑点 // 116
描绘生命的蓝图 // 118
改变你一生的决定 // 119
拥有自己的计划 // 123
对自己进行"盘点" // 126
不断翻新人生计划 // 128

第6章　与金钱和睦相处 —— 131

聪明地运用金钱才能使人感到快乐 // 132
不要总是为金钱发愁 // 135
提升财商 // 140
节俭意味着明智 // 143
节俭的别名不叫吝啬 // 144
减少消费，你也做得到 // 148
避开负债陷阱 // 151
为你的明天而储蓄 // 153

第7章　学会"享受"工作 —————— 159

工作是生活的第一要义 // 160
树立正确的工作态度 // 165
伟大的事业因工作的热忱而获得成功 // 168
别让激情之火熄灭 // 173
工作给予你的报酬要比薪水更宝贵 // 175
别把工作当苦役 // 179
从工作中获得快乐 // 181
65 岁不退休 // 185

第8章　写给将为或已为人妻的女子 —————— 189

前面总是有目标 // 190
你我来自不同的星球 // 191
做丈夫最忠实的听众 // 195
成为丈夫身旁的"信徒" // 199
不要干预他的工作 // 201
你可以使他了不起 // 204
我的生命掌握在你的手里 // 207
让他喜欢回家 // 211
携手应对生活的挑战 // 215

第9章　营造幸福家庭 —————— 219

对婚姻的忠告 // 220
爱与被爱 // 222
解读问题婚姻 // 223
爱情是一串念珠 // 224
甜言蜜语永不嫌多 // 226
将批评赶出家门 // 227
停止致命的唠叨 // 230
不要试图改造对方 // 233
让爱成熟 // 235
经营你的夫妻生活 // 239
夫妻间也要殷勤有礼 // 241
爸爸们，请回家 // 243

第10章　跟忧虑说"再见" —————— 249

忧虑是健康的大敌　// 250
已成定局，你所要做的就是接受　// 256
不停地忙碌也许是最好的选择　// 261
从改善最坏的情况开始　// 267
莫把忧虑深藏心中　// 270
与忧虑比耐力　// 273
不因小事垂头丧气　// 275
养成良好的工作习惯　// 278

第11章　保持充沛的精力 —————— 281

把握休息的时机　// 282
像只旧袜子一样松弛　// 285
压力源于何处　// 288
高质量的睡眠　// 291
对抑郁负责　// 292
精神百倍的秘密　// 295
没你，地球照样转　// 296

第12章　踏上轻松快乐之旅 —————— 299

演奏你自己的乐器　// 300
顺应生命的节奏　// 305
放掉包袱　// 308
让心平静　// 312
拿自己开开玩笑　// 314
拿开捂住眼睛的双手　// 318
因为你快乐，所以我快乐　// 320
学会从损失中获得　// 322
不要期望他人的感恩　// 325
报复只会伤害自己　// 329
走出孤独的人生　// 332

第13章　成就完美与和谐 —————— 337

最高形式的美　// 338
学会调适自己　// 339

善于比较 // 341
将逆境变成一种祝福 // 343
厄运的芳香 // 344
不要重复老路 // 346
走向平静的未来 // 348
播种美丽，收获幸福 // 349
和谐的生命乐章 // 351

第14章　逐步迈向成功 ——— 353

跌倒不算失败 // 354
从做愚人开始 // 355
不行动，只会让事情更糟 // 358
英雄总是谦卑的 // 361
对不公正的批评——报之一笑 // 362
走出失败者的阴影 // 365
成功并非总是用"赢"来代表 // 367
剪掉多余的 // 369
多做阻抗训练 // 371

附录　How to Win Friends and Influence People ——— 373

第 1 章
把握人际交往的关键

了解鱼的需求

卡耐基金言

◇成功的人际关系在于你能捕捉对方观点的能力；还有，看一件事须兼顾你和对方的不同角度。

◇天底下只有一种方法可以影响他人，那就是指出他们的需要，并让他们知道怎样去获得。

◇能设身处地地为他人着想、了解别人心里想些什么的人，永远不用担心未来。

每年夏天，我都会去梅恩钓鱼。我喜欢吃杨梅和奶油，然而基于某些特殊原因，我发现水里的鱼爱吃水虫。所以在钓鱼的时候，我就不作其他想法，而专心一致地想着鱼儿们所需要的。

我也可以用杨梅或奶油作钓饵，和一条小虫或一只蚱蜢同时放入水里，然后征询鱼儿的意见——"嘿，你要吃哪一种呢？"

为什么我们不用同样的方法来"钓"一个人呢？

有人问到路易特·乔琪，何以那些战时的领袖们，退休后都不问政事，唯独他还身居要职呢？

他告诉人们说："如果说我手掌大权有要诀的话，那得归功于我的心里明白，当我钓鱼的时候，必须放对鱼饵。"

我们怎么会扯到这上面来，那是无知的、不近情理的？世上唯一能够影响别人的方法，就是谈论人们所要的，同时告诉他，该如何才能获得。

明天你希望别人为你做些什么，你就得把这件事记住，我们可以这样比喻：如果你不让你的孩子吸烟，你无须训斥他，只要告诉孩子，吸烟不能参加棒球队，或者不能在百码竞赛中夺标。不管你要应付小孩，或是一头小牛、一只猿猴，这都是值得你注意的一件事。

有一次，爱默生和他儿子想使一头小牛进入牛棚，他们就犯了一般人常有的错误，只想到自己所需要的，却没有顾虑到那头小牛的立场……爱默生推，他儿子拉。而那头小牛也跟他们一样，只坚持自己的想法，于是就挺起它的腿，强硬地拒绝离开那块草地。

这时，旁边的爱尔兰女佣人看到了这种情形，她虽然不会写文章，可是她颇知道牛马牲畜的感受和习性，她马上想到这头小牛所要的是什么。女佣人把她的拇指放进小牛的嘴里，让小牛吸吮着她的拇指，然后再温和地引它进入牛棚。

从我们来到这个世界上的第一天开始，我们的每一个举动，每一个出发点，都是为了自己，都是为我们的需要而做。

哈雷·欧佛斯托教授，在他一部颇具影响力的书中谈到："行动是由人类的基本欲望中产生的……对于想要说服别人的人，最好的建议是无论是在商业上、家庭里、学校中、政治上，在别人心念中，激起某种迫切的需要，如果能把这点做成功，那么整个世界都是属于他的，再也不会碰钉子，走上穷途末路了。"

明天当你要向某人劝说，让他去做某件事时，未开口前你不妨先自问："我怎样使他要做这件事？"

这样可以阻止我们，不要在匆忙之下去面对别人，最后导致多说无益，徒劳而无功。

在纽约银行工作的芭芭拉·安德森，因为儿子身体的缘故，想要迁居到亚利桑那州的凤凰城去。于是，她写信给凤凰城的12家银行。她的信是这么写的：

敬启者：

我在银行界的十多年经验，也许会使你们快速增长中的银行对我感兴趣。

本人曾在纽约的金融业者信托公司，担任过许多不同的业务处理工作，现在则是一家分行的经理。我对许多银行工作，诸如：与存款客户的关系、借贷问题或行政管理等，皆能胜任愉快。

今年5月，我将迁居至凤凰城，故极愿意能为你们的银行贡献一己之长。我将在4月3日的那个星期到凤凰城去，如能有机会做进一步深谈，看能否对你们银行的目标有所助益，则不胜感谢。

芭芭拉·安德森谨上

你认为安德森太太会得到任何回音吗？11家银行表示愿意面谈。所以，她还可以从中选择待遇较好的一家呢！为什么会这样呢？安德森太太并没有陈述自己需要什么，只是说明她可以对银行有什么帮助。她把焦点集中在银行的需要，而非自己。

但是仍然有许多销售人员，终其一生不知由顾客的角度去看事情。曾有过这样一个故事：几年前，我住在纽约一处名叫"森林山庄"的小社区内。一天，我匆匆忙忙跑到车站，碰巧遇见一位房地产经纪人。他经营附近一带的房地产生意已有多年，对森林山庄也很熟悉。我问他知不知道我那栋灰泥墙的房子是钢筋还是空心砖，他答说不知道，然后给了张名片要我打电话给他。第二天，我接到这位房地产经纪人的来信。他在信中回答我的问题了吗？这问题只要一分钟便可以在电话里解决，可是他却没有。他仍然在信中要我打电话给他，并且说明他愿意帮我处理房屋保险事项。

他并不想帮我的忙，他心里想的是帮他自己的忙。

亚拉巴马州伯明翰市的霍华德·卢卡斯告诉我，有两位同在一家公司工作的推销员，如何处理同样一件事务：

"好几年前，我和几个朋友共同经营了一家小公司。就在我们公司附近，有家大保险公司的服务处。这家保险公司的经纪人都分配好辖区，负责我们这一区的有两个人，姑且称他们作卡尔和约翰吧！

"有天早上，卡尔路经我的公司，提到他们一项专为公司主管人员新设立的人寿保险。他想我或许会感兴趣，所以先告诉我一声，等他收集更多资料后再过来详细说明。

"同一天，在休息时间用完咖啡后，约翰看见我们走在人行道上，便叫道：'嗨，卢克，有件大消息要告诉你们。'他跑过来，很兴奋地谈到公司新创了一项专为主管人员设立的人寿保险(正是卡尔提到的那种)，他给了一些重要资料，并且说：'这项保险是最新的，我要请总公司明天派人来详细说明。请你们先在申请单上签名，我送上去，好让他们赶紧办理。'他的热心引起我们的兴趣，虽然都对这个新办法的详细情形还不甚明了，却都不觉上了钩，而且因为木已成舟，更相信约翰必定对这项保险有最基本的了解。约翰不仅把保险卖给我们，卖的项目还多了两倍。

"这生意本是卡尔的，但他表现得还不足以引起我们的关注，以致被约翰捷足先登了。"

在这个世界上，一些表现得不自私、愿意帮助别人的人，能得到极大益处，因为很少人会在这方面跟他竞争。欧文·杨是个著名律师，也是美国有名的商业领袖。他说过："能设身处地地为他人着想、了解别人心里想些什么的人，永远不用担心未来。"

许多推销人员，每天踏破铁鞋，疲累沮丧，所获却并不多。为什么呢？因为他们心里想的都是自己的需要。他们不知道你我并不想买什么东西，如果想的话，也一定会自己出门。顾客总喜欢主动采买——而非被动购买。

"注意别人的观点，引起别人的渴望"，这并不能解释为"操纵别人，使他去做对你有益，而对他却有害"的事。而应该是说"双方都能因为此事而获利"。在安德森太太发给凤凰城 12 家银行的信里，在约翰向卢卡斯推销人寿保险的交易行为当中，双方都因处理事务的方式得当而彼此获利。

我曾为一些大学毕业生开讲《有效谈话》的课程。这些毕业生刚进入开利公司工作，其中一名学生想利用休息时间打打篮球，于是他便这样去说服其他人："我要你们出来打篮球。我喜欢打篮球。但是，前几回我到体育馆的时候，人数总是不够。我们当中的两三人，一直把球传来传去——我还被球打得鼻青眼肿。希望你们明天晚上都过来打，我喜欢打篮球。"

这名学生谈到别人的需要了吗？我想，假如别人都不愿去体育馆的话，你也不一定会去的。你不会在意那名学生想要什么，你也不想被打得鼻青眼肿。这名学生有没有办法让你们觉得，假如你们到体育馆去，可以得到许多东西，像更有活力、会更有胃口、脑筋更清醒、得到许多乐趣等等。

我们再重复一遍欧佛斯托教授充满智慧的忠言："要首先引起别人的渴望，凡能这么做的人，世人必与他在一起。这种人永不寂寞。"

训练班有名学生，一直为自己的小儿子操心不已。他的小男孩体重过轻，而且不肯好好吃东西。这对父母用的是大家最常用的方法——责备和唠叨。"妈妈要你吃这个和那个。""爸爸要你以后长得高大强壮。"这个小男孩听得进多少这类的要求？这就好像把一撮沙子丢到海滨沙地一样。

只要你对动物还有一点认识，你就不会要求一名 3 岁小孩对他 30 多岁父亲的看法会有什么反应，更不要说完全依照父亲所期待的去做，那是荒谬无理的。这名学员后来也发现错误，便告诉自己："我的儿子想要什么？我如何能把自己的需要和他的需要联结起来？"只要这位父亲一开始想，问题就变得容易多了。小男孩有一部三轮车，他最喜欢在自家门口附近骑着到处跑。但是街的另一头住了一个喜欢欺负弱小的大男孩，常常把小男孩从车上拉下来，然后把车子骑走。自然，小男孩会哭叫着跑回家去，然后妈妈便会跑出来，先把大男孩从三轮车上赶开，再让小男孩骑着车子回家。这事几乎每天发生。所以小男孩想要什么，这并不需要侦探福尔摩斯来回答。小男孩的自尊、愤怒和渴望具有重要性——所有他性格中最强烈的情绪——都促使他要采取报复行动，最好能一拳把那大男孩的鼻子打扁：这时，这位父亲就趁机向小男孩解释，假如他能把妈妈所给的食物吃下去，终有一天能足够强壮得把大男孩痛揍一顿。此法果然奏效，小男孩从此不再有饮食方面的问题。他肯吃菠菜、泡菜、腌鲭鱼——凡是可以让他快快长大的食物都吃。因为他实在太渴望早日把那个大男孩狠揍一顿，好一解长久以来所受的怨气。

解决了这个问题之后，这对父母又得处理另一个问题：原来小男孩一直有尿床的坏习惯。小男孩与祖母同睡，每天早上，祖母醒过来发现被单是湿的，便会说："强尼，看，你昨晚又尿床了！"小男孩就会回答："不是我，是你自己尿床。"

责备、处罚、取笑或一再警告，所有能用的方法都用遍了，就是无法让他改掉这个坏习惯。那么，如何才能让孩子自己想要不尿床？

小男孩调皮地回答，他想要一套像爸爸一样的睡衣，而不是现在所穿的睡袍，那看起来像祖母穿的。老祖母早已受够小男孩尿床的坏习惯，所以很乐意买一套那样的睡衣送给他。他还想要一张自己的床。祖母也不反对。

小男孩的母亲带他到家具店去。她先对店里的女店员眨眼示意，然后说道："这位小男士想要买些东西。"

"年轻人，我可以帮什么忙吗？你想要什么东西？"

这话使小男孩深觉自己的重要。他尽量站得使自己看起来高些，然后回答："我要给自己买张床。"

女店员便带小男孩看了好几张床。等男孩的母亲示意哪一张比较合适，女店员便说服小男孩把它买下来。

第二天，床送来了。当天晚上，父亲回家的时候，小男孩就赶紧拉着爸爸到楼上看他的床。

父亲看了那张新床，然后真诚而慷慨地发出赞美之言："你不会把这张床尿湿吧，会吗？"

"哦，不会的，不会的，我不会再把床尿湿了。"小男孩果然遵守诺言，因为这里面有他的尊严，而且，这是他自己买的床。他现在穿着和父亲一样的睡衣，完全像个小大人了，所以他也要举止行为像个小大人一样。

另一个电话工程师，他无法叫3岁大的女儿吃早餐，无论怎么责备、哄骗或要求，都无济于事。这个小女孩喜欢模仿母亲，喜欢觉得自己已长大成人。所以，有天早上，这对父母就把小女孩放在椅子上，让她自己准备早餐。果然小女孩弄得十分起劲，一看见父亲进到厨房便叫道："爸爸，看，今天早上我自己调麦片！"她吃了两份麦片，完全不用哄骗，因为这不但使她兴趣盎然，更使她觉得"深具重要性"。她完全在调制麦片的过程当中，找到了自我表现的途径。

自我表现是人类天性中最主要的需求。我们也可以把这项心理需求适用在商业交易上。当我们想出一个好主意的时候，别让其他人以为那是我们的专利。不妨让他们自己去调制那些观念，他们会认为那是自己的主意，也会因特别喜爱而多摄取了好些的分量。

我们应记住：要首先引起别人的渴望。凡能这么做的人，世人必与他在一起。这种人永不寂寞。

我要喜欢你

卡耐基金言

◇外交的秘诀仅在5个字：我要喜欢你。

◇只是我们把次序弄错了——我们是希望别人先来喜欢我们，却不曾想到如何才能让人喜欢。

当然，为了要得到友谊和情爱，我们必须先认清"施比受更有福"，然后把这种认知用实际行为表现出来。我们不能只是把金矿藏在内心，黄金必须使用才能显示其价值，像《圣经》所说的："由所结的果子，便可认出他们来。"

我常听到许多人埋怨："我性情过于羞怯，很难引起别人注意"，"没有人会对我感兴趣"，或是"别人并不想认识我"等。

不错，别人为什么要喜欢你呢？这世界并没有义务非要喜欢你或我，或任何一个人。有什么特别理由别人会特别选中你(无论是工作或社交的理由)？除非我们具有他们所要的特质，否则，他们没有必要特别注意到你。

玛丽安·安德逊曾经很生动地描述她早期的生活——她那时事业失败，整个人很不得志，几乎就要放弃歌唱生涯。后来，凭借祷告和心灵的追求，她才逐渐恢复勇气和信心，准备继续为自己的事业奋斗下去。有一天她兴致勃勃地向母亲说道："我要再唱下去！我要每个人都喜欢我！我要继续追求完美！"

母亲回答道："很好啊！这是很好的志向——但是，要知道，耶稣以完美的形象到这世界上来，却还是有人不喜欢他。人在成就伟大的事业之前，必须先学会谦卑。"玛丽安听了深受感动，因此决心在音乐造诣上"力求"完美，而不是"想要"完美。"谦卑先于伟大"，这是母亲给她的最好赠言。

名作家荷马·克洛伊是我的好朋友，十分懂得交友之道。凡是碰到他的人，无论是清道夫、百万富翁、妇孺老幼——都会在与他相处15分钟之内对他产生好感。为什么呢？他既不年轻，又不英俊，更不是百万富翁，他有什么魅力可以吸引人呢？很简单，因为他一点也不矫揉造作，并且能让别人感觉到他真的喜欢、关心他们。

小孩会爬到他的膝上，朋友家的仆人会特别用心为他准备餐点，而且，假如有人宣布："今晚荷马·克洛伊会到这里来！"则当天的宴会一定没有人缺席。除朋友间深厚的感情之外，荷马·克洛伊的家人也都十分敬爱他。他的妻子、女儿，还有好几个孙儿，全都对他称赞不已。

究竟这位作家是如何赢得这种幸福的？说来也很简单——就是待人诚恳、热爱人类而已。对他来说，对方是什么人，或做什么事，他都不会在意。只要是身为一个人，对他便意义重大，值得付出关爱。每次他遇见陌生人，很快就能像老朋友一样交谈起来——并不是专谈自己的事，而是尽量谈对方的事。他借由问一些问题，可以知道对方是从哪里来，做什么事，有没有什么家人，等等。他也不会唠叨个不停，只是向对方表示自己的兴趣和关心，借以建立起友谊。

这种方法，连最爱嘲笑人生的人，都会像阳光下的花朵一样吐露芬芳。正像约瑟夫·格鲁大使所说的："外交的秘诀仅在5个字：我要喜欢你。"

得到友谊的最佳方法，是必须注重施予，而不是获得——但应该是亲自赢取得来的，而不是靠一时的吸引或哄骗。所谓赢取友谊的能力，并不是指勾肩搭背、与人攀谈、动作滑稽或讲些逗趣的笑话等。那应该指的是一种心境、一种处世的态度或是一种愿意把自己的爱、兴趣、注意力及服务精神献给他人的愿望。

一个有经验的推销员懂得对自己能否成功推销产品的担心会给心理造成障碍，这样会影响他适当地介绍他的产品。通用制造公司的董事长哈瑞·布利斯在大学期间靠推销缝纫机为生，他总结说：要想在推销员这个岗位上取得成功，就要忽略自己渴望销售出去的数量，而应该集中心思向客户介绍自己能提供什么样的服务。

如果一个人将精力用在为他人服务上，内心就会充满难以抗拒的力量。你怎么会拒绝一个企图帮你解决问题的人呢？

"我对推销员们说，"布利斯先生说，"如果他们一天到晚想的都是'我今天要尽力多帮助一些人'而不是'我今天要尽力多卖出一些产品'的话，就会发现接近买主不是那么困难了，然后销售业绩会出奇地好。能够帮助同胞获取快乐、轻松生活的人，是最高级的推销员。"

打高尔夫球时，会有人叮嘱我们不要让眼睛离开球；向成年人传授说话技巧时，我们告诫学生要把精力集中心思在他想要传达的信息上。紧张、害怕都是担心结果的表现，这是不可取的。

我自己就是从吃过的苦头中学到这一点的。我曾经是一个害羞的人，天生不善于公开讲话，要我面对一群听众就好比要一个普通人面对国会调查委员会一样费力。

好几年前，我准备发表演讲，当时的听众据说相当难缠。我事前与一位好朋友共餐，免不了流露出紧张的情绪。"假如听众不同意我讲的话，那怎么办？"我神经兮兮地问那位朋友，"假如他们不喜欢我，该怎么办？"

"不错，"朋友回答道，"他们为什么要喜欢你呢？你能给他们干什么？你认为自己要讲的话很重要吗？"

我承认那些东西对我来说的确意义十分重大。

"很好，"她继续说道，"我倒不觉得听众喜不喜欢你有什么重要。重要的是你有没有把想讲的信息传达出去。至于他们喜欢或讨厌你，又有什么关系呢？至少，你已完成了任务。"

朋友的这番话，改变了我对演讲的整个看法。现在，每当我准备发表演讲的时候，都会在事前先静心祷告："神啊，求你帮助我传达出对这些听众有益的信息来，让他们有所收获，满心欢喜地回家。"这样的祷告对我十分有用，而我也的确希望能对听众有帮助。这样的祷告使我谦卑地体会到自己只不过是个传达某些信息的演讲员，而不是要显露自己的学问或风采。我的目的是要带给听众一些鼓舞性的思想，以期对他们的生活有助益。

好莱坞的J.艾伦·布恩是著名的喜剧片《狗明星"强心"》的主演，他在观察"强心"表演的过程中学到了不少东西，因而他又为此写了一本名叫《给"强心"的信》的畅销书。据布恩先生介绍，这是一只很了不起的狗，总是欣然地执行他的命令，在电影中表演为剧情所需的各种动作。难得的是它这么做，从来不是为了得到报酬，而是出于爱和享受把事情做好而带来的快乐。有好几次，"强心"都纯粹是为了自身的乐趣而表演。这也许正是它能成为电影明星的原因。

布恩先生还曾谈到有一次他面对一个跳舞的年轻女孩。她第一次试跳的时候，紧张得像新娘出嫁，怕自己会失败！于是他安慰她："不要在乎结果，只当是纯粹为了享受跳舞的乐趣而跳，为了上帝而跳吧。"

很快地，她的心态来了个彻底的转变。

同理，获得友谊的全部秘诀也在于不要担心结果，不要在意别人是否会喜欢我们，现在就着手去做所有能激发爱和友情的事。在这方面，威廉·奥斯勒爵士的话很值得我们思索，他说："我们应该做的不是张望缥缈的未来，而是脚踏实地做好眼前的事。"

现实的情形是：

当我们还是处在做梦年龄的时候，常常梦想有朝一日要写出最伟大的小说来。想象别人是如何欣赏那本书，如何听到掌声，如何得到那永远的荣耀。

想象自己要穿什么样的衣服，所到之处，别人是如何赞美、追求、不断引用自己讲过的话。我们想了许许多多，就是从来不曾想过可能会遭到的困难，或是那些沉闷辛苦的工作，那些在创作过程中所要流出的泪和汗。我们想的都是有关荣耀的报偿，而不是如何努力去赢得这份荣耀。

像这种幼年时期的稚气行为，可说是典型的"一颗寂寞的心灵想要得到友谊"，或是"想要与他人建立良好关系"的心理表现。只是，我们把次序弄错了——我们是希望别人先来喜欢我们，却不曾想到要如何才能让人喜欢。

管住自己的舌头

卡耐基金言

◇你如果没有好话可说,那就什么也别说。

◇要记住,不愉快的时刻迟早会过去,如果我们的舌头没有闯祸,就不会留下需要医治的创伤。

大卫的父母离婚后,协议规定他和母亲一起生活。由于手头拮据,母子二人只好搬到另一个城市去。大卫于是也要到一所新的学校去上课,结交新的朋友。这种种变化叫他伤透了心。他开始对那些父母没有离婚的孩子感到反感,而且经常因为很小的缘故或无缘无故跟人打架。在这种痛苦的生活中,他养成了对人过分苛求的习惯。他几乎对谁都没有一句好话。

一天,有个对大卫的情况十分了解的同学走到他身边。"我父母也离婚啦。"他轻声地说,"我知道你心里难受。不过,你得抛弃你的怒气和痛苦。你跟别人过不去,这只能伤害你自己。要是你没法说点儿什么好话,那你最好什么也别说。"

由于痛苦,大卫最初的确很难接受这位同学的建议,但既然情况似乎变得越来越糟,他就对自己的谈吐变得比较谨慎了。他经常把马上就要冲口而出的话咽回去;若是在以前,他的这些伤害人、挖苦人的话简直是没遮没拦的。他开始意识到他从前对身边同学的关心是多么不够。随着理解的扩大,他开始明白,像他一样遭受家庭变故的不只他一个人,许多其他孩子也经历过令人难堪的家庭解体。大卫开始想办法去鼓励他们,帮助他们处理好自己的痛苦与茫然。到学期结束时,大卫的态度产生了180度的根本转变,并获得了那些当初由于他管不住自己的脾气而与他疏远了的同学的好感。

我们无论是谁,在家里、学校里或工作中,都可能经历过精神上受到压抑的情形。当事情进展不顺利时,我们就往往忍不住责怪别人,我们或许认为,找别人的错,能使我们对自己所处的状况觉得好受点儿。但也可能是这样想的:我不好过,你也别想好过。

在我们每个人都曾经历过的"沮丧"时刻里,如果我们不能对人说有益的好话，那我们最好还是什么也别说。破坏性的语言，往往会产生破坏性的结果。除了会给周围的人造成不必要的痛苦之外，从我们口中说出的那些消极性的话语往往只会使问题变得复杂起来。

在生活中遇到了难于应付的挑战，我们就可能认为，说些粗野和伤人的话是有道理的。上文提到的那个父母离了婚的孩子，受着许许多多他无法理解、无法解决的感情和情绪的折磨。但他终于还是发现，贬低和伤害他人并不是解决问题的办法。通过客气和富于理解的言词，或干脆怀着同情听别人说话，他终于学会了帮助他人；反过来，他又受到了周遭人们的帮助，而他终于在自己身上找回了生活的勇气。

当我们遇到灾难或烦心的事儿，倘若我们还记着应与面前的事物保持一定距离，直至能够看清与之相联系的背景为止；倘若我们学会了"管住自己的舌头"，那么，我们也许就能避免说出许多具有破坏性的话。在生活的各个方面，倘若人们背着沉重的思想包袱，这对他们自己和其他人，都会产生致命的影响，因为这些思想问题所强调的是否定的而不是积极的方面。因此，重要的是我们要懂得，创造性的思想产生于不断寻找答案的过程之中。

有句久经时间考验的名言："你如果没有好话可说，那就什么也别说。"这实在是你在一天之中该说些什么话的座右铭。倘若你出于某种原因而感到沮丧，如有必要，可以找朋友或师长谈谈。每个人都有不顺心的时候。当你感到情绪有些不对头时，千万别发作，以免伤害别人，因为别人也同样需要听到些表示理解和支持的话。对自己要说出的话，要时刻保持警惕。要记住，不愉快的时刻迟早会过去，如果我们的舌头没有闯祸，就不会留下需要医治的创伤。

如要采蜜，不可弄翻蜂巢

卡耐基金言

◇人就是这样，做错事的时候只会怨天尤人，就是不去责怪自己。
◇善解人意和宽恕他人，需要修养和自制。

美国鼎鼎有名的黑社会头子，后来在芝加哥被处决的阿尔·卡庞说："我把一生当中最好的岁月用来为别人带来快乐，让大家有个好时光。可是我得到的却只是辱骂，这就是我变成亡命之徒的原因。"卡庞不曾自责过。事实上他自认为造福人民——只是社会误解他，不接受他而已。达奇·舒兹的情形也是一样，他是恶名昭彰的"纽约之鼠"，后来因江湖恩怨被歹徒杀死。他生前接受报社记者访问时，也自认为造福群众。

我曾和在纽约辛辛监狱担任过好几年典狱长的路易·罗斯就关于罪犯不曾自责的问题通过几次信，他表示：牢里的犯人很少自认为是坏蛋。他们和你一样，都是人，都会为自己辩解。他们告诉你，为什么要打破保险箱，为什么要开枪杀人。大多数人都能为自己的动机提出理由，不管有理无理，总要为自己破坏社会的行为辩解一番。因此，他们的结论是：他们根本不应该被关进牢里。

假如阿尔·卡庞这帮歹徒，以及许多关在监狱里的亡命男女，他们从不为自己的行为自责过，我们又如何强求日常所见的一般人？

心理学家史金诺经通过动物实验证明：因好行为受到奖赏的动物，其学习速度快，持续力也更久；因坏行为而受处罚的动物，则不论速度或持续力都比较差。研究显示，这个原则用在人身上也有同样的结果。批评不但不会改变事实，反而只有招致愤恨。

另一位心理学家汉斯·希尔也说："更多的证据显示，我们都害怕受人指责。"

因批评而引起的羞愤，常常使雇员、亲人和朋友的情绪大为低落，并且对应该矫正的事实状况一点也没有好处。

西奥多·罗斯福和塔夫脱总统之间有段广为人知的争论——他们的不和睦导致共和党的分裂，而将伍德洛·威尔逊送进了白宫。让我们简单地回忆一下这段历史：1908年，罗斯福搬出白宫，共和党的塔夫脱当选为总统，然后，罗斯福到非洲去猎狮子。当他回到美国后，看到塔夫脱的保守作风，很是震怒。罗斯福除了公然抨击塔夫脱，还准备再度出来竞选总统，并打算另组"进步党"，这几乎导致老共和党的瓦解。果然，紧接而来的那次选举，塔夫脱和共和党只赢得了两个区的选票——佛蒙特州和犹他州，这是共和党有史以来遭受的最大失败。

罗斯福谴责塔夫脱，但是塔夫脱承认自己有错吗？他曾含着眼泪说道："我不知道所做的一切有什么不对。"

俄克拉荷马州的乔治·约翰逊是一家营建公司的安全检查员，检查工地上的工人有没有戴上安全帽是约翰逊的职责之一。据他报告，每当发现工人在工作时不戴安全帽，他便用职位上的权威要求工人改正，其结果是：受指正的工人常显得不悦，而且等他一离开，便又常常把帽子拿掉。

后来约翰逊决定改变方式。第二回他看见有工人不戴安全帽时，便问是否帽子戴起来不舒服，或是帽子尺寸不合适，并且用愉快的声调提醒工人戴安全帽的重要性，然后要求他们在工作时最好戴上。这样的效果果然比以前好得多，也没有工人显得不高兴了。

人就是这样，做错事的时候只会怨天尤人，就是不去责怪自己。明天你若是想责怪某人，请记住阿尔·卡庞等人的例子。让我们认清：批评就像家鸽，最后总会飞回家里。也让我们认清：我们想指责或纠正的对象，他们会为自己辩解，甚至反过来攻击我们，或是像塔夫脱所说："我不知道所做的一切有什么不对。"

当林肯咽下最后一口气时，陆军部长史丹顿说道："这里躺着的是人类有史以来最完美的统治者。"

为什么这么说呢！因为林肯找到了与人相处的秘诀——不为任何事指责任何人。而且，这个秘诀是林肯在差点丢了性命后获得的。

年轻时的林肯特别喜欢批评他人。林肯喜欢批评人吗？不错。他住在印第安纳州湾谷的时候，年纪尚轻，不仅喜欢评论是非，还写信写诗讽刺别人。他常把写好的信丢在乡间路上，使当事人很容易发现。

1842年秋天，林肯写文章讽刺一位自视甚高的政客詹姆斯·席尔斯，并在《春田日报》上发表了一封匿名信嘲弄席尔斯，全镇哄然引为笑料。自负而敏感的席尔斯当然愤怒不已，终于查出写信的人，他跃马追踪林肯，下战书要求决斗，林肯本不喜欢决斗，但迫于情势和为了维持荣誉，只好接受挑战。他有选择武器的权利，由于手臂长，他选择了骑兵的腰刀，并且向一位西点军校毕业生学习了剑术。到了约定日期，林肯和席尔斯在密西西比河岸碰面，准备一决生死。幸好在最后一刻有人阻止他们，才终止了决斗。

这是林肯终生最惊心动魄的一桩事，也让他懂得了如何与人相处的艺术。从此以后，他不再写信骂人，也不再任意嘲弄人了。也正是从那时起，他不再为任何事指责任何人。

1863年7月1日，"盖茨堡战役"展开，到了7月4日晚上，李将军开始向南方撤退。当时乌云密布，随即暴雨倾盆而至。李将军带着败兵逃到波多马克河边，只见前方是高涨的河水，后方是乘胜追击的政府军，李将军进退无据，真是陷入了绝境。林肯见了，知道是天降的大好良机，只要打败李将军的军队，战争很快就可以结束。于是，他满怀希望地下了一道命令给米地将军，要米地立刻出击李将军，不用召开"紧急军事会议"。林肯不但用电报下令，并且另派专差传讯，要米地马上行动。

米地将军有没有马上行动呢？正好相反。他完全违背林肯的命令，先行通知"紧急军事会议"。他迟疑不决，故意拖延时间，用尽了各种借口，拒绝攻打李将军。最后，水退了，李将军和军队越过波多马克河，顺利南逃。

林肯勃然大怒。"这是怎么一回事？"林肯对着儿子罗伯特咆哮，"老天，这究竟是怎么回事？他们就在触手可及的地方，只要我们伸出手，他们必定跑不掉的。难道我说的话不能让军队移动半步？像这种情况，什么人都可以打败李将军，就是我也可以让李将军俯首就擒。"

极端失望之余，林肯坐下来给米地写了一封信。记住，这时的林肯，言论措辞都比前以保守自制。所以，这封写于1863年的信，已相当表达了林肯内心的极端不满。

亲爱的将军：

我不相信你对李将军逃走一事会深感不幸。他就在我们伸手可及之处，而且，只要他一就擒，加上我们最近获得的胜利，战争即可结束。现在，战争势必延续下去，由于上星期一你不能顺利擒得李将军，如今他逃到波多马克河之南，你又如何能保证成功呢？期盼你会成功是不智的，而我也并不期盼你现在会做得更好。良机一去不再，我实在深感遗憾。

亚伯拉罕·林肯

你以为米地将军读了这封信之后，会有什么表示？

米地将军从没有见过这封信，因为林肯并没有把这封信寄出去。这封信是他死去后，别人在一堆文件中发现的。

我们的猜测是，林肯在写完这封信之后，望着窗外，左思右想，把信搁到一边。惨痛的经验告诉他：尖锐的批评和攻击，所得到的效果都是零。

泰德·罗斯福说，在他当总统的时候，凡是遭遇到难解的问题，就会望着挂在墙上的林肯像自问："如果林肯处于我的现况，会如何解决这个问题？"

我年轻时，总喜欢让别人留下深刻的印象，所以写了一封可笑的信给理查·哈定·戴维斯。他当时方出现美国文坛，颇引人注意。那时，我正好帮一家杂志社撰文介绍作家，便写信给戴维斯，请他谈谈他的工作方式。在这之前，我收到某人寄来的信，信后附注："此信乃口授，并未过目。"这话留给我极深印象，显示此人忙碌又具重要性。于是，我在给戴维斯的信后也加了这么一个附注："此信乃口授，并未过目。"虽然，我当时一点也不忙，只是想给戴维斯留下较深刻的印象。

他根本不劳心费力写信给我，只把我寄给他的信退回来，并在信后潦草地写了一行字："你恶劣的风格，只有更增添原本就恶劣的风格。"的确，我是弄巧成拙了，受这样的指责并没有错。但是，身为一个人，我觉得很恼羞成怒，甚至10年后我获悉戴维斯去世的消息时，第一个念头仍然是——"我实在羞于承认——我受到的伤害"。

假如你想引起一场令人至死难忘的怨恨，只要发表一点刻薄的批评即可。

让我们记住：我们所相处的对象，并不是绝对理性的动物，而是充满了情绪变化、成见、自负和虚荣的人。

本杰明·富兰克林年轻的时候并不圆滑，但后来却变得富有外交手腕，善与人应对，因而成了美国驻法大使。他的成功秘诀是："我不说别人的坏话，只说大家的好处。"

只有不够聪明的人才批评、指责和抱怨别人——的确，很多愚蠢的人都这么做。

但是，善解人意和宽恕他人，需要修养和自制的功夫。

卡莱尔说过："伟人是从对待小人物的行为中显示其伟大。"

鲍伯·胡佛是个有名的试飞驾驶员，时常表演空中特技。有一次，他从圣地亚哥表演完后，准备飞回洛杉矶。根据《飞行作业杂志》所描述，胡佛在300英尺高的地方时，刚好有两个引擎同时出故障。幸亏他反应灵敏，控制得当，飞机才得以降落。虽然无人伤亡，飞机却已面目全非。

胡佛在紧急降落之后，第一个工作是检查飞机用油。正如所料，那架第二次世界大战的螺旋桨飞机，装的是喷射机用油。

回到机场，胡佛要见那位负责保养的机械工。年轻的机械工早为自己犯下的错误痛苦不堪,一见到胡佛,眼泪便沿着面颊流下。他不但毁了一架昂贵的飞机,甚至差点造成3人死亡。

你可以想象出胡佛的愤怒。这位自负、严格的飞行员,显然要对不慎的维护工大发雷霆,痛责一番。但是,胡佛并没有责备那个机械工人,只是伸出手臂,围住工人的肩膀说道:"为了证明你不会再犯错,我要你明天帮我的F-51飞机做修护工作。"

记住:"如要采蜜,不可弄翻蜂巢。"让我们尽量去了解别人,而不要用责骂的方式吧!让我们尽量设身处地去想——他们为什么要这样做。这比起批评责怪还要有益、有趣得多,而且让人心生同情、忍耐和仁慈。

约翰博士也说过:"上帝本身也不愿论断人,直到末日审判的来临。"

抓住每一个机会

卡耐基金言

◇只要他愿意探取,凡与他结交的每一个人,都能告诉他若干个秘密,若干闻所未闻却足以辅助他的前程、加强他的生命的东西。没有人能孤独地发现他自己,别人总是他的发现者!

◇错过与一个胜过我们自己的人相交往的机会,实在是一个很大的不幸,因为我们常能从这个人身上得到许多益处。

一个人从别人那里所吸收的能量愈大、质量愈好、种类愈多,则其个人的力量愈大。假使他在社交上、精神上、道德上同他的同辈有多方面的接触,那么他一定是个有力量的人。反之,假使他在人我之间断绝关系,那么他一定会成为弱者。

人类需要各种精神食粮,而这各种精神食粮,只有在同各种各样的人们相处相交中得来。这就像枝头上葡萄累累,其汁液的甜蜜,其色香的醇美,都是从葡萄藤的主藤上来的一样。树枝本身不能生存,把树枝从树干上砍掉,树枝定会萎黄枯死。个人的力量也是从"人类树干"中得来的。

在同一个人格坚强伟大的人相面对、相接触的时候,常常能觉得自己的力量会突然增加几倍,自己的智慧会突然提高几倍,自己的各部分机能会突然锐利了几分，仿佛自己以前所梦想不到的隐藏在生命中的力量，都被他解放了出来，以至于自己可以说出、做出在一人独处时、在没有同他接触时，所决不能说出、不能做出的事情。

演说家的演讲词可以唤起听众的同情，因而发出伟大的力量。但是假使他在"没有人"或者和个别人的情况下讲话，则决不能生出这种大力量来；正像化学家决不能使分贮在各只瓶中的药品发生化学作用一样。新的力量、新的影响、新的创造，只有在"接触"和"联系"中才能得来。

常能同他人相处相交的人，仿佛永远在他的"发现航程"中能发现自己生命中的新的"力量岛屿"，而若是他不常同别人接触，这种"力量岛屿"是会永远埋没无闻的。

只要他愿意探取，凡他结交的每一个人，都能告诉他若干的秘密，若干闻所未闻却足以辅助他的前程、加强他的生命的东西。没有人能孤独地发现他自己，别人总是他的发现者！

我们大部分的成就总是蒙受他人之赐。他人常在无形之中把希望、鼓励、辅助投入我们的生命中，在精神上振奋我们，使我们的各种能力趋于锐利。

我们生命的生长，都依靠我们的心灵从四处吸收营养，而这种营养，我们的感觉是不能觉察、测量的。从表面上看，我们是从耳目中吸收进"力量"的，但在事实上，这种力量的吸收绝不是取道于官能的视觉、听觉神经的。

一幅名画中最伟大的东西，不在于画布上的色彩、影子或格式上，而是在这一切背后的画家的人格中——那黏着在他的生命中，那为他所传袭、所经历的一切的总和所构成的一种伟大力量！

大学教育的大部分价值，都是从师生同学间感情的交流、人格的陶冶中所得来的。他们的心相摩擦，刺激起各人的志向，提高各人的理想，启示新的希望、新的光明，并将各人的各种机能琢磨成器。书本上的知识是有价的，然而从心灵的沟通中所得来的知识是无价的。

假使你不能同别人的生活发生密切的关系，不能培养起你的丰富的同情心，不能在别人的事上发生兴趣，不能辅助别人，不能分担别人的痛苦、共享别人的快乐，则不管你学问怎样好、成就怎样大，你的生命仍是冷酷的、无友的、孤独的、不受欢迎的。

试着常同比你优越的人交往。这并不是说，你应当和比你更有钱的人交往，而是说你应当同人格、品行、学问、道德都胜过你的人交往，因为这样你就能尽量吸收到种种对你的生命有益的东西，就可以提高你自己的理想，可以鼓励你趋向高尚的事情，可以使你对事业激起更大的努力来。

脑海与脑海之间，心灵与心灵之间，有着一种伟大的"感应"力量。这种"感应"力量，虽无法测量，然而它的刺激力、它的破坏及建设力是十分巨大的。假使你常同比你低下的人混在一起，则他们一定会把你拖陷下去，一定会降低你的志愿和理想。

错过与一个胜过我们自己的人相交往的机会，实在是一个很大的不幸，因为我们常能从这个人身上得到许多益处。只有在"交往"中，生命中粗糙的部分才可以擦去，我们才可以琢磨成器。同一个能够启发我们生命中的最美善的部分的人相交的机会，其价值远过于发财获利的机会，它能使我们的力量增加百倍。

扩大交际范围

卡耐基金言

◇善于交际的人，总是在不停地扩大自己的交际范围。

◇定期举办的各种活动可为其成员提供充分的交往机会，所以，不要放弃你感兴趣的任何团体。

善于交际的人，总是在不停地扩大自己的交际范围，认识一个新的朋友，等于进入他的社交圈，从而又认识一批人，不断地产生倍数效应。我经常鼓励我的学员这样做，并给了他们相应的一些建议：

1. 广泛参加各种团体活动。

对于参加联谊会、集训、研讨会或志趣相同者的夏令营、冬令营等活动，都是许多人在一起的集体活动，即便你兴趣不浓也还是积极参加为好。

因为，此类活动所创造的交际机会是非常多的。比如，有些不喝酒的人，稍微喝了一点，就把心里话全都倒了出来，从此与这些人结成了好朋友。如果你总是说"乱哄哄的有什么意思"之类的拒绝之辞，那么以后就不会有人再邀请你了。

各类社团组织、学术团体聚集着各种人才，大家志趣、爱好相投，有共同语言，可以相互切磋技艺，研究学问。定期举办的各种活动可为其成员提供充分的交往机会，所以，不要放弃你感兴趣的任何团体。

2. 好好利用与人合作的机遇。

与人合作的过程也是交友的过程，为扩大交际范围提供了良好的机遇，因为共同的事业是寻觅知心朋友的前提条件。

不可错过与人合作的项目，而且还要积极寻找共同完成的事业，才可广交朋友。

3. 培养自己的好奇心。

爱好、兴趣广泛的人，易于同各种人交朋友。一个人如果会打桥牌、跳舞、游泳、滑冰、打球、下棋等，爱好一多，与大家"凑趣"的机会就多，结交朋友的机会也就多了。

即使自己并不擅长某一方面，但若表现出浓厚的兴趣，博得对方的欢心，肯定了他的特点，也能引发共鸣。

抱有好奇心，集体活动时，不管谁邀请都一起活动。自己感兴趣的要去，不感兴趣的也要去，不管男性和女性都要兴致勃勃地活动。只有这样才能让人感受你的魅力，并让人感受快乐的气氛。当大家聚到一起时，不要忘了这一点。

此外，要关心各种问题。常关心大家所关心的事，特别是关心你结交的人们所感兴趣的事情。

4. 不要让性格差异成为障碍。

常言说，物以类聚，人以群分。志趣相投的人容易接近，反之，则容易疏远。但要记住，社交与选择朋友不完全是一回事。社交圈中，更多的不是朋友，或者只是普普通通的朋友。因此，在社交过程中，不要用选择朋友甚至是知心朋友的条件来作标准，凡是志趣不符、性格不合的人一概拒之门外。

在社交圈中认识的新朋友应是与你有较大差别的人才好。朋友之间在知识结构、兴趣爱好、生活经历、气质性格等方面存在差别，有助于双方广泛地了解形形色色的社会生活层面。新朋友的见解即使与你大相径庭、迥然不同，也是一大幸事，这可以补充、丰富你的思想。

5. 积极参加集体活动。

有些人不喜欢参加集体活动，这些人老埋怨自己没有朋友，实际就是缺少热情。无论大家做什么，需要多少时间，就知道做自己喜欢的事情，绝不与大家一起干。什么都是自己决定，自己能领会的才想做，像这样的个性很强的人是很难交到朋友的。

自己制造交往的机会

卡耐基金言

◇你需时时鞭策自己，设法找机会展现自己的能力，多让人了解自己，进而建立互相尊敬、信赖的关系。这是交朋友的理想步骤。

关于个人交际，我想说的是："不要以为漫无目的地出外寻找，就可以找到对自己有益的朋友。交际通常是发生在存有某种目的的时候。当你向自己的目标前进时，所走的路与旁人的交错，才会产生交际，也才会交到有实际助益的朋友，于是成功的机会才会显现。"

你需时时鞭策自己，设法找机会展现自己的能力，多让人了解自己，进而建立互相尊敬、信赖的关系。这是交朋友的理想步骤。

交际对于任何人来说都一样重要。伊丽莎白十分了解这个道理。她是德拉威州唯一的女性眼科医生，在该州是相当有名望的人物。

这位女医生是如何建立自己的声望的呢？一名知识上班族若想建立声望，除了积极参与社会活动外，别无他法。伊丽莎白就是如此获得既有活力又有爱心的评价的，而这种评价使她成为极受信赖的眼科医生。

她知道由于工作之故，无法借报纸、广播作自我推销，于是，她便选择了为公众服务的方式来提高自己的声望。果然，这种方法使她深得人心，也将她的事业推向成功。

伊丽莎白23岁时在德拉威州的乔治城开业。开业后，她的第一件工作就是整理出所有曾经交往过的朋友名单，同时参加该城的妇女团体。不久，她便当上妇女会会长，并且连任两届。稍后，她又当上职业妇女组织州联合会会长。

她曾一度在主妇学校及业余剧团中十分活跃。她还经常参加宗教、妇女及其他各类聚会。她抽空把到国外旅游时的所见所闻制作成幻灯片展示给大家看，这个举动使她与大家的心更接近。

她的社会生活多彩而忙碌，但她仍然能抽出时间扩大自己的交际范围。她曾出任视力鉴定协会会长，另外，她还被州长两次任命为德拉威州的视力鉴定考试委员。目前，她是德拉威州残疾人协会干事，并且也是州长直属高速公路委员会中的三名女性之一。

那么，她对于参与社交活动的看法又如何呢？她说："能多参与社会性的工作，被人们信赖的机会就较高，随时有可能把自己推销出去。"

就是这样，伊丽莎白在极短的时间内得到了大众的尊敬与信赖，不但生活更为丰富，也为工作带来了便利。她的声望可以说，就是不断扩大交际范围的结果。

另外，在企业界，愈成功的人愈受重视。人们想加入"成功者俱乐部"很难，但一旦加入，以后便是坦荡的大道。因为若活跃于其间，能轻易获得同类的成功意识，同时，对方的知识与经验，都能使你的脚步更稳健、更扎实。

这里，我建议所有有雄心、有抱负的年轻人，多与前辈、有成就者接触是非常重要的。他们丰富的生活经验是年轻人创业的最好范本。对于他们来说，看到对未来充满雄心、憧憬的年轻人就好像看到当年的自己，他们通常会特别有好感。所以，相信他们很乐意为年轻人提供自己的见解与经验。

让对方有备受重视的感觉

卡耐基金言

◇人类行为有个极重要的法则，如果我们遵从这个法则，大概不会惹来什么麻烦；事实上，如果我们遵守这个原则，便可以得到许多友谊和永恒的欢乐。但是如果我们破坏了这个法则，就难免后患无穷。这个法则就是：时时让别人感到重要。

现实生活中有些人之所以会出现交际的障碍，就是因为他们不懂得或者忘记了一个重要原则——让他人感到自己重要。他们喜欢自我表现，夸大吹嘘自己。一旦事情成功，他们首先表现出的就是自己有多大的功劳，做出了多大贡献。这样其实就相当于向他人表明：你们确实不太重要。无形之中，他们伤害了别人。

有一天，我在纽约第32街和第8道交口处的邮局里排队等候寄一封挂号信。那位柜台后面的营业员显然对工作感到不耐烦——称重、拿邮票、找零钱、写收据，一年复一年都是同样单调的工作。所以我对自己说："我要让那位办事员喜欢我。而要让他喜欢，我显然必须说些好话——不是关于我自己，而是有关他的。"我又自问："他又有什么值得让我称赞一番的呢？"有时，这实在是个难题，尤其是对方是一个陌生人时。但是，称赞眼前的这位职员似乎并不让我感到困难，我马上找出可以称赞的地方了。

当他为我的信件称重时，我热切地对他说："我真希望能有你这样的头发。"

他抬起头，半惊讶地看着我，脸上泛出微笑："啊，它已经不像以前那么好啦！"他谦虚地应答。我告诉他，虽然它可能已没有原来的美观，但仍然状况极佳。他十分高兴，和我谈了一会儿，最后说道："许多人都称赞我的头发。"

我敢打赌这位先生出去吃午饭的时候，一定步履生风，晚上回家的时候，一定会将此事告诉太太，也一定会照着镜子对自己说："这头发是多么漂亮！"

有次我演讲的时候提起这件事，事后有人问我："你想从那人身上得到什么？"

我想从那人身上得到什么？我想从那人身上得到什么！

如果我们真是这么自私，一旦没有从他人身上得到好处，就不对他人表示一点赞赏或表达一点真诚的感谢——如果我们的灵魂比野生的酸苹果大不了多少，我们的心灵会变得多么贫乏。

不错，我是希望从那位先生身上得到一点东西。但那东西是无价的，而且我已经得到了。我得到了助人的快乐，这种感觉会在事过境迁之后，永存在我的记忆里。

人类行为有个极重要的法则，如果我们遵从这个法则，大概不会惹来什么麻烦；事实上，如果我们遵守这个原则，便可以得到许多友谊和永恒的快乐。但是，如果我们破坏了这个法则，就难免后患无穷。这个法则就是：时时让别人感到重要。我们前面提过约翰·杜威所说的："人类本质里最深远的驱策力就是：希望具有重要性。"还有威廉·詹姆斯说的："人类本质中最殷切的需求是：渴望被肯定。"我也曾指出，就是这种需求，使人类有别于其他动物；也就是这种需求，使人类产生了文化。

几千年来，许多哲学家都曾就这个问题深刻思量过。而他们产生的结论只有一个，这法则并不新颖，可以说和历史一样陈旧了。用一句话做总结——这大概是世上最重要的法则："你要别人怎么待你，就得先怎么待别人。"

你需要朋友的认同，需要别人知道你的价值；你希望在自己的小世界里，有种深具重要性的感觉。你不喜欢廉价、言不由衷的恭维，而热望出自真诚的赞美。你喜欢友人正像查理·夏布所说的"真诚、慷慨地赞美"。我们都喜欢那样。

所以，让我们衷心服膺这永恒的金律：我们希望别人怎么待我们，我们就怎么待别人。

怎么做？什么时候？什么地方？答案是：随时，随地。

住在威斯康星州的大卫·史密斯，也告诉我们他如何处理一个尴尬场面。故事发生在一个慈善音乐会的点心摊上。

"音乐会那天晚上，我到达公园的时候，发现有两名上了年纪的女士，站在点心摊旁边，都显得不怎么高兴的样子。很显然的，她们两人都认为自己才是那个点心摊的负责人。我站在那里，正思索着该如何是好，有名赞助委员会的成员走过来，交给我一个募款箱，并感谢我的帮忙。她也介绍那两位上了年纪的女士——萝丝和珍——与我认识，然后便匆匆离开了。紧接而来的，是段令人尴尬的静默。我知道那个募款箱可算是一种'权威的标记'，便把它交给萝丝，向她说明自己恐怕不能管理好，希望她能帮忙料理。我又建议珍负责照顾另两名少年助手，并教他们如何操纵汽水贩卖机。于是，整个晚上，萝丝都很高兴地清点募款，珍也很尽责地照料两名助手。我则很轻松地坐在椅子上，欣赏整个音乐晚会。"

你不用等到当上了驻法大使，或是宿舍里的"聚餐委员会"主席以后，才来运用这个法则，你几乎每天都可以使用这奇妙无比的魔力。

举例来说，如果你在餐馆里点了一份炸薯条，而女侍者却在端给你马铃薯的时候，让我们说："对不起，麻烦你了，但我比较喜欢炸薯条。"女侍者可能会这么回答："不，一点也不麻烦。"而且她还会高高兴兴地把马铃薯换走。因为我们已经对她示以了敬意。

另外，我们还可以使用许多日常用语来解除每天生活的单调与忙碌，如"对不起，麻烦你……"、"可否请你……"、"请问你愿不愿意……"、"你介不介意……"、"谢谢"等。

下面让我们再看一个例子。

罗纳尔德·罗兰是我们在加州开课时的讲师,也教美工课。他曾提起初级手工艺班里的学生克里斯的故事。

"克里斯是个安静、害羞、缺乏自信心的男孩,平常在课堂上很少引人注意。一天,我见他正在伏案用功,便走过去与他搭话。他的内心深处似乎有一股看不到的火焰,当我问他喜不喜欢所上的课时,这个年仅14岁的害羞的男孩脸上的表情起了极大变化。我可以看出他的情绪波动很大,想极力忍住泪水。'你是说,我表现得不够好吗,罗兰先生?''啊,不!克里斯,你表现得很好。'

"那天,上完课走出教室的时候,克里斯用那对明亮的蓝眼睛看着我,并且肯定、有力地说:'谢谢你,罗兰先生!'克里斯教了我永远难忘的一课——我们内心深处的自尊。为了使自己不致忘记,我在教室前方挂了一个标语:'你是重要的。'这样不但每个学生可以看到,也随时提醒我:每一个我所面对的学生,都同等重要。"

这是一个未加任何渲染的事实:差不多你所遇见的每一个人都自以为在某些地方比你优秀。所以,要打动他们内心的最好方法,就是巧妙地表现出你衷心地认为他们很重要。

唐纳德·麦克马亨是纽约一家园艺设计与保养公司的管理人。他向我讲述了这样一件事情:

"有一次,我替一位著名的鉴赏家做庭园设计,这位屋主走出来作了一些交代,告诉我他想在哪里种一片石楠和杜鹃花。我说道:'先生,我知道你有个癖好,就是养了许多漂亮的好狗。听说每年在麦迪逊广场花园的展览里,你都能拿到好几个蓝带奖。'

"这一小小的称赞所引起的效果却不小。鉴赏家回答我:'是的,我从养狗中得到了很多乐趣。你想不想看看它们?'他花了差不多一个钟头的时间,带我参观各类的狗和所得的奖品,甚至向我说明血统如何影响狗的外貌和智慧。后来,他转身问我:'你有没有小孩?''有的。'我回答,'我有个儿子。''啊,他想不想要只小狗呢?'他问道。'当然哪,他一定会很高兴的。''那么,我要送一只给他。'鉴赏家宣称。

"他告诉我怎么养小狗,讲了一半却又停下来。'你大概不容易记下来,我写一份说明给你。'于是他走进屋里，打了一份血统谱系和饲养说明给我。他不但送我一只价值好几百元的小狗，还在百忙中拨给我 1 小时又 15 分钟的时间。这完全是因为我衷心赞美他的嗜好和成就的缘故。"

柯达公司的乔治·伊斯曼因发明了透明胶片而大发其财，成为举世闻名的富豪。像他这么有成就的人，渴望被肯定的心理却是和你我没有什么两样。

事情是这样的：伊斯曼在兴建伊斯曼音乐学校和基尔本厅的时候，纽约一家专做椅子的公司经理詹姆斯·亚当森很想包下剧院座椅的生意，便打电话给建筑设计师，希望能通过他安排时间，到罗契斯特去会见伊斯曼先生。

到了见面那天，建筑设计师对亚当森说道："我知道你很想做成这笔生意。但我先告诉你，伊斯曼是个纪律严格的人，十分忙碌，所以你最好长话短说，把来意在 5 分钟内解说完毕。"亚当森也正准备那么做。

进了办公室，亚当森见到伊斯曼先生正埋头在一堆文件之中。伊斯曼先生抬起头，取下眼镜，然后走过来向亚当森和建筑设计师招呼道："早安，两位先生，请问有何指教？"

建筑设计师为两人介绍过后，亚当森便说道："这是间很好的办公室。虽然我是从事室内木工艺品的生意，却从没见过这么漂亮的办公室。"

乔治·伊斯曼回答道："你使我回想起某些往事。是的，这是间很漂亮的办公室。刚建好的时候，我真喜欢极了。可是后来事情一忙，也就不再有那份感觉，有时甚至好几个星期也不曾来一趟。"

亚当森移动脚步，用手指抚过窗格的镶板。"这是英国橡木，是吗？这跟意大利橡木稍有不同。"

"不错。"伊斯曼答道，"这是从英国进口的橡木，是我一位木料专家的朋友特别为我选来的。"

伊斯曼便逐一介绍室内的一些建材，不时对结构的比例、材料的色泽和制作的手工等提出批评，并说明当初他如何参与计划和施行。

后来他们停在一扇窗户前面，伊斯曼以他特有的缓和声调，指出他未来的好几项计划：罗契斯特大学、综合医院、友谊之家、儿童医院等。亚当森对他的人道精神又大大赞赏一番。接着，伊斯曼打开一个玻璃箱，取出一个照相机来——那是他的第一部照相机，由一个英国人手中买来的。

亚当森又询问他从事生意以来的种种奋斗情形。伊斯曼提到自己童年的贫困和寡母的辛劳，由于对贫穷的恐惧，他因此特别努力工作。亚当森凝神细听，并不时发出一些问题，如干性感光盘的实验等，伊斯曼也都很详细地回答。

亚当森被引进办公室的时候，是 10 点 15 分。建筑设计师曾警告他，面谈最好不超过 5 分钟。但现在一个小时过去了。接着两个小时，他们还是谈个不停。

最后，伊斯曼对亚当森说道："上次我在日本买回几张椅子，放在阳台上，结果油漆都被阳光晒剥落了。前几天，我到市区买来一些颜料，自己动手油漆一遍。你想过来看我漆得如何吗？要不你等一下可以到我家来用点午餐，我可以让你看看那些椅子。"

用完午餐之后，伊斯曼带亚当森去看那张椅子。那不过是普通的日本座椅，只因经由大富豪亲手油漆过，便备受珍惜。

剧院座椅的订单高达 90000 元，你猜谁会做成这笔生意呢？

莫与"敌人"较劲

卡耐基金言

◇敌人本来并不存在，只是由于某种原因才出现。
◇你不要欺负人，也不可随便让别人踩到你的头上，这才是正确的人生观。

"没有敌人的人生太寂寞。"这位先哲真是好大的口气，试想谁希望以敌人的存在来充实自己的人生经历？其实，如果仔细想想，你的敌人是谁呢？是不是从出生开始就有敌人存在或存在的仅仅只是你的假想敌人？敌人本来并不存在，只是由于某种原因才出现。或者是原来的朋友反目成现在的敌人，也许将来还会变成朋友。不打不相识，你们为什么不能彼此间成为朋友呢？把你的敌人看作你的朋友，如果你这样做了，说明你每天在一点点地提高自己，开阔自己。

但是，礼让并不是无原则的一味退让，并不是对所有的事都保持沉默。不要以为这样你才有深度、有内涵，是一个襟怀博大、有容人之量的人。事实恰恰相反，如果你这么做，别人只会把你看作懦弱无能、愚笨无知的代名词，绝对不会正视你的存在。在某些时候，你不得不去争取、去辩论，去实现自己存在的价值，去批评、反击自己认为是忍无可忍的事情，别人绝对不会说你肤浅狭隘，有些事情，如果你不去做，别人又怎么会知道？

一个人的口才十分厉害，人人对他退避三舍，唯恐被他当众取笑一番。碰上这种人，不管你反唇相讥或沉默不语，别人只会含笑欣赏这一幕闹剧。最难缠的人物，莫如那些生性浅薄而缺乏自知之明的人，他们以攻击人家的弱点为乐事，得理不饶人，叫你丢尽面子才肯罢休。如果在你的周围刚好出现这样一个人物，他说话的声音特别嘹亮，每句话像飞刀一样直插听者的心中，令人又惊又怒，你应该如何做出适当的反应，让对方晓得你并不好欺负，而又不失自己的风度？

喜欢图一时之快，嘲笑别人，以求达到伤害对方自尊心目的的人，都有一个通病——欺善怕恶。由于缺乏涵养，认为别人无言以对，把对方踩在脚下，自己便会升高一级，增加自我的价值，结果慢慢地便形成一种暴戾习气，对人对事一味挑剔，还自认为具有非凡的洞察力、见识过人。别人越是显出畏惧，他们越是得意洋洋，尖酸刻薄的话，一吐为快，毫不知道收敛。

面对这种自以为口才很好，却是令人讨厌的人时，你既不要随便示弱，也无须自我降格，跟他针锋相对。你应该这样做：

1. 在对方说得起劲，更难听的话也冲口而出的时候，你实在不必再忍受这样肤浅的人，你可以站起来礼貌地说："对不起，请继续你的演说。我先走了。"如果对方还有一点自尊的话，他应该感到羞耻。

2. 当他正在心情兴奋地把你的弱点一一挑出来取笑时，你只须平静地定睛看着他，像一个旁观者，兴味盎然地欣赏眼前这个小丑每一个表情，对方便会难以再唱独角戏。

3. 当他实在太惹人讨厌，总是找你的麻烦，每句话都是针对着你时，你要尽量抑制怒气，装听不见，切勿中了对方的诡计，跟他唇枪舌剑。如果你根本不理会他，他便无法再独白下去，他的弱点会因此而暴露无遗，有目共睹，同时显出你的涵养，非比寻常。

有些人是天生的"疯子"，你对他的所作所为非常厌恶，但又无可奈何，你只能用"不可理喻"4个字来形容他。如果他特别针对你，像一只疯狗似的到处吠你，穷追不舍，你的烦恼自然大大增加，他甚至可能做出损人不利己的行为，后果更是不堪设想。你既没有足够的精力与时间跟他周旋到底，以牙还牙，看看鹿死谁手，又不愿与这种人纠缠下去，以免降低人格。面对这种矛盾的情形，什么才是最明智的处理方法？或者，你会说："我不会跟这种人计较，不愿为他浪费我的宝贵光阴，我想他疯够了便会停下来，永远对这个人敬而远之才是。"你也可能会说："我会找他出来当大家面说清楚。请其他朋友主持公道，看看谁是谁非，我不要自己蒙上不白之冤。"其实这种人之所以可恶可恨，完全是因为他们心术不正，满脑子是害人的歪念，以致面目也变得奸险狰狞，看见受害者摊上麻烦、心绪不宁，他们便乐不可支。对付这种人，你不能动真气、讲道理，或妄想以情义打动他们的心。对方故意跟你过不去，除了自叹遇上恶人，你所能做的，便是对着镜子做一下深呼吸，长吁一口气，承认你交错这样一个朋友。尽管内心隐隐作痛，还是要努力控制情绪，表面上不动声色，从此对这个人不存半点希望，不让他再有机会影响自己的生活，任由他到处乱吠好了。既然他已失去了常性，你又何必跟一个疯子苦苦理论？

如果你对某些不可理喻的人已经束手无策，无奈之余只得说一声"我不生气"的时候，你有没有想过要掌握一些技巧来正确地提出自己的要求呢？你肯定有这个愿望，那么你又该如何表达自己的意愿呢？

在公共场合里，我们时常会遇到一些不受欢迎的人物。例如，在电影院里，年轻人忘情地大叫大笑，高谈阔论；在音乐会中，邻座的观众不停地讲话，令你十分苦恼，你想出声请他们安静下来，却碍于礼貌，不愿当众指责对方，只有强自忍受。这样，你会变得越来越内向怕事，不敢据理力争，凡事得过且过。

你不要欺负人，也不可随便让别人踩到你的头上，这才是正确的人生观。一味迁就自私自利的人，容忍对方对自己造成的间接伤害，没有人会因你的仁慈而心存感谢；相反，懦弱无能或许是人家对你的形容。其实，一个真正有涵养的人，面对上述情形的时候，他会有这些表现：当对方的行为实在太过分，令人忍无可忍之际，他不害怕挺身而出，告诉对方他带给他人的不良影响，由于其态度是诚恳而义正词严的，对方会感到惭愧。

如果你出言不逊，大声怒斥道："你这个自私的人，知不知道你说话的声音太大，惹人讨厌。"对方的反应必然是怒目而视，反唇相讥，不但不会合作，反而故意跟你作对，引起激烈的争执。你应该这样说："先生，请你说话小声一点好吗？"或者"请你保持安静，谢谢。"与其直斥其非，不如清楚地告诉对方你要他怎样做，更能使他明白自己带给人家的不良影响，乐意与你合作。

培养说话技巧，在不伤害他人自尊心的情况下，达到你心目中的效果，何乐而不为？一个人在愤怒的时候，他的言行通常会出错，无论何时何地，你必须切记这一点。

无事也登"三宝殿"

卡耐基金言

◇所谓关系，是指遇紧急情况或需要某种情报时，可以灵活动用的东西，如果在这种"万一"的情况下不能为自己的利益发挥作用，则缺乏拥有关系的意义。

只有遇上求助场合才会打电话的行为，未免太自私。鲜少打电话来的人一旦打电话来时，心里正想着不知有何贵干，不料闲聊30分钟后，对方忽然说："你能否替我要几张演奏会的入场券？"这种情形时常可见。这绝对不是令人愉快的事情。有事相托才会打电话来的人，不免令人怀疑对方只是在利用自己。至少，这种情形无法发展成健全的人际关系。

自己与他人联络时，如果突然就向平常疏于招呼的对象提出恳求时，由于明白对方心里感觉"遭到利用"，因此自己也会变成愈来愈不好意思打电话给对方。

对方万一是自己想请求帮忙的对象，即使是平常无事相托时，也有必要认真地保持联络。倘若是平时保持着联系的对象，即使是困难的请求也容易开口提出，而对方也必定不会觉得自己遭利用，并能轻快应允协助。

反过来说，所谓关系，如能保持无事相求时也能轻松相互联络，才是最理想状态。为了联络，必须一一捏造出理由才能打电话的关系，在万一的情况下无法发挥作用。

即使是男女之间，夜里心血来潮拨电话给对方时，"有什么事？"再也没有比对方提出这种问题更令人伤心的了。由于不是工作上的电话，如果被问及这样的问题，大致可以确定是无希望可言。如果不能成为没事也能通电话的对象，绝对无法建立恋爱关系。

所谓真正可以亲密往来的对象，愈是无事相求时愈能尽情通电话。反之，遇上有事相托时，即使三言两语，彼此也能明白对方想说的话，"OK，你不用多说"，通话时间也相对缩短。遇上有事相求时，可以开门见山地提出请求。

为了让关系发挥作用，你应尽量储备许多这种对象。在万一状态下，可以当作网络加以活用，是完全取决于"无事也登三宝殿"的功夫。

该告别时就告别

卡耐基金言

◇ 聪明的人晓得如何利用时机提出告别，他们的告别往往会给对方留下深刻的印象，同时又达到交际的目的。

◇ 即使是关系较好的朋友，也要控制好交谈的时间，要为对方考虑，掌握好告别的时间。

以前曾参加我课程训练班的学员詹姆斯感到自己学到的东西还不够用，就又一次进了我的课程训练班，要求再进行学习。我对他表示欢迎之后，问他："你认为自己目前最大的问题是什么？"

詹姆斯老老实实地回答道："说实在的，我自己也不知道。从你那儿我确实学会了热忱、自信、勇气以及如何赞扬别人……这一切都使我获益匪浅。"

我也奇怪了，就继续问他："你一定赢得了许多朋友吧？""是的，确实如此，但朋友们往往不欢迎我第二次上他们家做客。"

"这是为什么呢？""我不知道。"詹姆斯接着往下说，没想到他从朋友的性格一直说到阿拉斯加的天气、风土人情……口若悬河地讲了近3个小时。

我早已满脸倦意，不过这下我可知道詹姆斯的朋友不欢迎他的原因了。詹姆斯太健谈了，毫无休止，根本不懂告别的艺术，于是我打断詹姆斯的话说："詹姆斯先生，我已经明白你的朋友不欢迎你的原因了。""噢，那太好了，你赶快教教我吧。"詹姆斯兴奋地叫道。

我不忍当场说出他的缺点，使他没面子，就婉转地说："明天你来上培训课吧，看看其他学员怎么做，你就会明白的。"

詹姆斯急切地问道："你能今天就告诉我吗？我实在是太想知道了。"我微笑着劝道："不要着急，明天知道对你有好处，反正也不在乎一天半天的了。"

詹姆斯见我把话说到这个份上，只好恋恋不舍地戴好帽子，遗憾地说："哎，要等到明天才能知道。"

第二天，詹姆斯来到班上。我给学员们布置任务，让他们训练说话的艺术，互相赞美对方。詹姆斯见我一直没有说他的事，就有点坐不住了。但我微笑着示意他不要动。他只好耐着性子在那儿看其他学员们练习。

下课的时间到了，有些学员站起来向我告别，有些学员仍留在教室里：其中有一位女学员走过来问一个问题。我仔细地倾听着，一边给那位学员作解释，我已经把她当成屋子里最重要的人了。

女学员离去后，又有几位学员过来把我围住向我请教问题。我一一作了简明扼要的回答，给他们留下很深的印象。

詹姆斯实在熬不住了，就走过来对我说："您可以告诉我我的问题了吧？"我说："你的谈话很有魅力，充满了艺术性，是个很容易赢得他人喜欢的人。"詹姆斯听了这话，非常高兴。我继续赞扬地说："你充分运用了热忱和勇气的原理，并且极其富有绅士风度，令所有人都对你着迷。"詹姆斯被我说糊涂了，忙不迭地问道："那我的问题究竟出在哪儿？"我慢悠悠地说："难道你刚才没有注意到那些学员是如何向我告别的吗？""没有。""这正是你的缺点所在，你从不观察别人是如何地告别，你不懂告别的艺术。""难道问题在这里？"詹姆斯若有所思地说。

我这才向他谈到，聪明的人晓得如何用时机提出告别，他们的告别往往会给对方留下深刻的印象，同时又达到交际的目的，并详详细细地讲述了告别的艺术。詹姆斯虚心地听着，心里越来越认识到自己的问题所在。詹姆斯后来成为一名受人欢迎的社交家。

由此可见，掌握告别的技巧在你的交际中意义重大。

首先和友人谈话，要注意把握时间。拜访一般朋友，时间不宜超过半个小时，如果有重要的事，那就应该另约个时间作一次长谈。拜访老相识，如果对方有空，不妨多坐会儿，但也要切忌不能把一件事反反复复地说了一遍又一遍，那样会让人觉得讨厌。

即使是关系较好的朋友，也要控制好交谈的时间，要为对方考虑，掌握好告别的时间，以免影响他人的生活、工作，日久必会令人厌烦，而不愿继续交往。

另外，可以在谈兴正浓的时候告别，这会令对方留下深刻的印象，这无疑是一种明智的交际手段。

第 ❷ 章
把别人吸引到身边来

仪表是你的门面

卡耐基金言

◇有意识地尽量拿出最好的仪表，注意干净整洁，竭力保持自尊和真诚，这样才能帮助你渡过重重难关，带给你尊严、力量和魅力，使你赢得别人的尊敬和钦佩。

◇人的确不是由衣装造就的，但衣装给我们的生活带来的影响远远出乎我们的意料。

我们的身体是最重要的自我表现方式。身体的外表被认为是内在的反映。如果一个人的外表可憎，我们完全有理由认为他的思想也是这样的。通常，这种结论也是成立的。高尚的理想、活泼健康的生活和工作本身与个人卫生的不整洁都是势不两立的。

我会把清洁的位置摆放得很高，因为我相信绝对的清洁就是神性。灵与肉的清洁或纯洁能把人升华到最高境界。一个不洁净的人只是头野兽而已。

要保持良好的仪表，最重要的一点就是要经常洗澡。每天洗一个澡能保证皮肤的清洁与健康，否则身体是不可能健康的。对头发、手和牙齿的护理也相当重要，一定要细致周到，不能马虎草率。

修剪指甲的用具很便宜，人人都买得到，如果你买不起一整套用具，你可以只买一把指甲刀，把指甲修剪得光滑干净。

护理牙齿是件简单的事，然而，人们在牙齿卫生上犯的错误可能要比在其他方面犯的错误更多。我认识一些年轻人，他们衣着考究，对自己的仪表非常得意，但他们却忽视了自己的牙齿。他们没有意识到，人的仪表中没有比脏牙、蛀牙，或是缺了一两颗门牙更糟糕的缺陷了。呼吸当中的恶臭更令人无法忍受，如果知道有这种后果，就没有人会忽视他的牙齿了。没有哪个老板会要一个缺了一两颗门牙的职员或速记员；许多应聘者就因为牙齿不好而被拒绝。

对于那些在社会上谋生的人来说，关于衣着的最佳建议可以概括为一句话："让你的衣着得体，但不需要昂贵。"衣着朴素具有最大的魅力，现在市面上有大量物美价廉的衣物可供选择，大部分人能买到好衣服穿。但是如果条件所限，不能买到更好的衣物，也不必为一套寒酸的衣服害羞。穿一件花钱买的旧外套比穿一件不花钱的新外套更能赢得别人的尊敬。

不可避免的寒酸不会让人产生反感，但是邋遢却使人一见之下顿生厌恶。只要你量入为出地打扮自己，不管多穷，你都可以穿得很得体。应该有意识地尽量拿出最好的仪表，注意干净整洁，竭力保持自尊和真诚，这样才能帮助你渡过重重难关，带给你尊严、力量和魅力，使你赢得别人的尊敬和钦佩。

赫伯特·乌里兰很快就从长岛铁路一个普通路段工人提升为纽约市铁路局的董事。在一次关于如何获取成功的演说中，他说："衣服不能造就一个人，但好衣服能使人找到一份好工作。如果你有25美元，又需要一份工作的话，最好花20美元买一套衣服，花4美元买双鞋，剩下的钱买一个刮胡刀、一个发剪、一个干净的领圈，然后去找工作。千万不要带着钱，穿着一身破旧西装去应聘。"

多数大公司都规定不雇用衣衫褴褛、邋里邋遢，或是应聘时衣冠不整的人。芝加哥最大一家零售商店的招聘主管说："招聘的原则必须严格遵守，对于一个应聘者来说，经受住考验的最重要条件就是他的仪表。"

一个应聘者具备多少优点和能力没有关系，但他必须重视自己的仪表。璞玉浑金的价值不知要比抛光的玻璃高出多少倍，但是有时候就是明珠投暗。有些应聘者凭借良好的仪表获得了一份工作，虽然很多被拒之门外的人要比他们深刻得多。他们的能力可能还不及那些被拒之门外的人的一半，但是既然有了工作，他们就会设法保住这个饭碗。

这条通行全美的招聘原则在英国同样适用，《伦敦布商》杂志就可以作证，它这样说道："越是注意个人清洁卫生和衣着整洁的人，就越能仔细地完成工作。个人生活邋遢的工人工作也会马马虎虎。而关注仪表的人也同样地注意工作的效果。"

柜台后面是什么样，车间里很可能也就是什么样。时髦的女售货员一定很讲究穿着，她会厌恶肮脏的衣领、磨破的袖口和皱巴巴的领带，难道不是这样吗？事实上，关注个人习惯和整体仪表，就会对邋遢散漫的习惯产生警觉。

1. 三点一线：一个衣冠楚楚的男人，他的衬衫领口、皮带袢和裤子前开口外侧应该在一条线上。

2. 说到皮带袢，如果你系领带的话，领带尖可千万不要触到皮带袢上哟！

3. 除非你是在解领带，否则无论何时何地松开领带结都是很不礼貌的。

4. 一身漂亮的西服和领带会使一个男人看上去非常时髦，而一套好西装却不系领带，会使他看着更时髦。

5. 如果你穿西装，但不系领带，就可以穿那种便鞋，如果你系了领带，就绝对不可以了。

6. 新买的衬衫，如果你能在脖子和领子之间插进两个手指，就说明这件衬衫洗过之后仍然会很适合。

7. 透过男人的衬衫能隐隐约约看到穿在里面的 T 恤，就有如女人穿着能透出里面内裤的裤子一样尴尬。

8. 如果不是专业的手洗，一件 300 多元的衬衫很快就会只值 25 元。

9. 精神的发型、一双好鞋，胜过一套昂贵的西装。

10. 一双 90 元的鞋的寿命应该是 180 元一双的鞋的一半，而 1000 元一双的鞋将伴你一生。

11. 如果你穿的是三粒扣西装，可以只系第一颗纽扣，也可以系上面两颗纽扣，就是不能只系最下面一颗，而将上面两颗扣子敞开着。

12. 穿双排扣西装所有的扣子一个也不能不扣，特别是领口的扣子。

13. 如果你去某个场合拿不准穿什么服装，那么隆重点儿远比随便点儿强得多，人们会认为你随后还要去一个更重要的场合呢！

14. 一件便宜的羊绒衫实际上远远没有一件好一点儿的羊毛衫更柔软、舒服。

15. 除非你是橄榄球运动员，否则就不要把任何与名字有关的字母或号码穿在身上。

16. 45 岁以下的你请不要过早地叼上烟斗，也不要戴那种浅圆的小帽。

17. 比穿没盖过踝骨的袜子更糟糕的是穿没盖过踝骨的格子袜子。

18. 配正装一定不要穿白色的袜子。

19. 无论如何，你不必有太多卡其布休闲装、白色的纯棉 T 恤或厚棉布网球鞋，毕竟一周只有一个星期六。

20. 穿衣服的第一常规就是打破一切常规——包括我们上面所说的一切。

我强调衣着的重要性，但并不是要你像英国花花公子博·布鲁梅尔那样，一年仅做衣服就花 4000 美元，扎一个领结也要花上几个小时。过分注重穿着甚至比完全忽视还要糟糕。那些像博·布鲁梅尔那样的人太讲究穿着了，他们一门心思地扑在对衣着的研究上，而忽略了内心修养和神圣的责任。在我看来，穿衣应该量入为出，与身份相称，这既是一种责任，也是最实际的节俭。

许多年轻人误以为"穿着得体"就一定是指要穿贵重的衣服。这种观点与完全忽视穿着同样是错误的。他们把本该花在头脑和心灵修养上的时间用在了梳妆打扮上。他们老是在盘算该怎样用微薄的收入来买昂贵的帽子、领带或是大衣。如果他们买不起渴望得到的东西，就会买便宜的赝品来代替，结果他们的穿着会显得很可笑。这类年轻人戴廉价戒指、打猩红色领带、穿大格纹衣服。他们肯定是职位低下者。卡莱尔这样形容这类花花公子——"一个花里胡哨的人——他的职业和生活就是穿衣——他的精神、灵魂和钱包都无畏地献给了这一目的。"他们就为了穿衣而活着，他们没有时间学习文化，没有时间努力工作。

莎士比亚说："衣装是人的门面。"这一说法得到了全世界的认同。许多人经常因为他们不得体的穿着而备受指责。初看起来，仅凭衣着去判断一个人似乎肤浅轻率了些，但经验一再证明：衣着的确是衡量穿衣人的品位和自尊感的一个标准。渴望成功的有志者应该像选择伴侣一样谨慎地选择衣装。古谚云："我根据你的伴侣就能判断你是什么样的人。"某个哲学家也说过一句精妙的话："让我看看一个妇女一生所穿的所有衣服，我就能写出一部关于她的传记。"

西德尼·史密斯说："教育一个女孩说漂亮无关紧要，衣装一无是处，这真是荒谬透顶！漂亮非常重要。她一生中所有的希望和幸福或许就依赖于一件新裙子或是一顶合适的女帽。如果她稍有点常识，她就会明白这点。应该教她知道衣装的价值所在。"人的确不是由衣装造就的，但衣装给我们的生活带来的影响远远出乎我们的意料。普林提斯·穆尔福德说，衣装能影响人类的精神面貌。这并非言过其实，只要想想衣装对你自己的影响程度有多大就够了。

假设让一个女人穿着一件破旧肮脏的衬衣，那么它就会影响到她，使她对自己的头发是肮脏还是扭结都漠不关心。她的脸和手干净与否，穿的鞋子多么破烂，都无关紧要，因为在她看来，"穿着这件旧衬衣没有什么不好"。她的步态、风度、情感倾向，都将潜移默化地受到这件旧衬衣的影响。如果她能改变一下——换上一件漂亮的棉裙，那么她的模样和举止将会多么地不同啊！她的头发一定会梳理得宜，会与她的穿着相得益彰。她的脸庞、手和指甲一定会干干净净。破旧肮脏的鞋也会换成了合脚的便鞋。她的思想也会焕然一新。她会更加尊敬衣冠整洁的人士，会远离穿着邋遢的人。"你想改变你的意识吗？那么就改变你的穿着吧。你马上就会感觉到效果。"

一见面就喊出对方的名字

卡耐基金言

◇让人喜欢的最简单、最容易理解的方法，就是记住对方的名字，让对方有种被重视的感觉。

◇我们可以看到名字所能包含的奇迹，名字能使人出众，它能使他在许多人中显得独立。

人们对自己的名字如此重视，不惜以任何代价使自己的名字永垂不朽。盛气凌人、脾气暴躁的美国马戏团创始人 P.T. 巴纳姆，因为自己的儿子没有继承"巴纳姆"这个姓氏而感到失望，他承诺，如果他的孙子愿意继承"巴纳姆"姓氏的话，他将赠给孙子 2.5 万美金。几个世纪以来，贵族和企业家都资助着艺术家、音乐家和作家，以求他们的作品能够献给自己。图书馆和博物馆最有价值的收藏品，都来自于那些一心一意担心他们的名字会从历史上消失的人。纽约公共图书馆拥有爱斯德和李诺克斯的藏书。大都会博物馆保存了爱德门和马根的名字。几乎每一座教堂，都装上了彩色玻璃窗，以纪念捐赠者的名字。

而现实生活中多数人不记得别人的名字，而真正的原因是，他们为自己造出借口：太忙了。

他们不可能比富兰克林·罗斯福更忙，罗斯福为了记住一个只见过一面的机械工的名字而不惜花费一些时间。克雷斯勒汽车公司为罗斯福总统订做了一辆特别的汽车，由张伯伦和一个机械工把这辆车送到总统官邸。张伯伦对当时的情况做了如下叙述：

"我拜访官邸时，总统的心情非常好。他直接唤我的名字，而且跟我聊天，所以我的心情也变得相当愉快。许多人都来围观这辆新车。总统在这些围观者面前，对我说：'张伯伦先生，制造这辆珍贵的车时，每天一定是很辛苦的，实在令人敬佩！'然后他对散热器、后视镜、车内装潢、驾驶座位以及行李箱中附有标记的手提箱等等，一一检视过后，频频表示敬佩。当驾驶练习完毕之后，总统就对我说：'张伯伦先生，我已经让联邦储备银行的人等了30多分钟，我想该去办公了！'

"那时我是带着一名机械工一块儿去的。到达官邸时我就把他介绍给总统。总统只听过一次他的名字。但是当我们辞行的时候，总统找到这名机械工，亲切地呼唤他的名字，握着手表示谢意。

"回到纽约几天后，我收到总统亲笔签名的照片和感谢函。到底总统是如何挤出这些时间干这些事的，我实在不知道。"

确实有的人的名字是相当难记的，发音不方便的尤其如此。这些难记的名字大部分人很快就忘了，于是要以绰号来弥补。大部分的人称尼古德姆斯·巴巴托洛斯为"尼克"，而尼克却喜欢人家以正式的名字称他。席德·雷温记住了尼克那复杂的名字。雷温说：

"见面那天，我于出门前反复练习这个名字：'午安，尼克德姆斯·巴巴托洛斯先生！'当我用全名跟他打招呼时，他一时愣住了，半晌才泪流满面地说：'雷温先生，我到这个国家已有15年了，在这之前，还没有一个人能用这样的名字称呼我！'"

让人喜欢的最简单、最容易理解的方法，就是记住对方的名字，让对方有种被重视的感觉。

在著名推销员吉姆为一家石膏公司做推销员四处游说的好些年中，吉姆能记住5万人的名字，他发明了一种记忆姓名的方法。

最初，方法极为简单。无论什么时候遇见一个陌生人，他就要问清那人的姓名，家中人口，职业特征。当他下次再遇见那人时，尽管那是在一年以后，他也能拍拍他的肩膀，问候他的妻子儿女，问他后院的花草。难怪他得到了别人的追随！

他一天写数百封信，发给西部及西北部各州的人。然后他跳上火车，在

19天中，用轻便马车、火车、汽车、快艇游经20个州，行程12000里。每进入一个城镇，就同人们倾心交谈，然后再驰往下段旅程。

回到东部以后，他立刻给他所拜访过的城镇中的某个人写信，请他们将他所谈过话的客人名单寄给他。到了最后，那些名单的名字多得数不清，但单中每个人都得到吉姆一封私函。这些信都用"亲爱的比尔"或"亲爱的杰"开头，而它们总是签着"吉姆"的大名。

吉姆发觉，普通人对自己的名字最感兴趣。记住他人的姓名并能十分容易地呼出，便是对他人的一种巧妙而很有效的恭维。但如果忘了或记错了他人的姓名，你就会置你自己于极为不利的地位。

记住别人的名字，在政治上一样重要。

拿破仑三世不论政务多么繁忙，总要记住所有遇见过的人的名字。他所用的方法非常简单。当他没有听清楚对方的名字时，他就说："对不起，请再说一次！"要是听到奇怪的名字，他就请对方书写下来。和对方谈话的时候，他就一再反复使用对方的名字，然后很努力地把对方的容貌、表情、姿态等等一起记入脑海中。

要是对方是位重要的人物，他就特别下苦心。回到宫里，他就马上写下对方的名字，然后集中精神凝视着这便条，待完全记牢后再把这便条撕碎丢掉。可谓眼耳并用。

这是相当费时的方法，但借用爱默生的话："良好的习惯是需要一些牺牲完成的。"

我们可以看到名字所能包含的奇迹，名字能使人出众，它能使他在许多人中显得独立。我们的要求和我们要传递的信息，只要由名字这里着手，就会显得特别的重要。不管是女侍或是总经理，在我们与别人交往时，名字都会显示它神奇的作用。

练就一流口才

卡耐基金言

◇如果你想使自己成为一个令人愉悦的人,你就必须想方设法地了解与你对话者的生活,并且用他们最感兴趣的内容来打动他们。

◇要想成为一个优秀的谈话者,你必须是自然而不造作,活泼而不轻浮,富于同情心而不惺惺作态,你必须从你的心底流露出一种善良的意愿。

有这样一个聪明的女士,她尽管说得很少,但却享有盛名,被公认为一个优秀的交谈者。她在交谈时的态度非常热诚且善解人意,因此,在她面前即便是最羞怯最胆小的人,也会在她的鼓励下谈论自己身上最美的闪光点,并感到自己能轻松自如地和她谈话。她解除和驱逐了别人的担忧和疑虑,使得他们能够畅所欲言,向她诉说无法向其他人诉说的东西。人们认为她是一个有趣的、成功的谈话者,因为她能够挖掘别人身上最优秀的内涵。

如果你想使自己成为一个令人愉悦的人,你就必须想方设法地了解与你对话者的生活,并且用他们最感兴趣的内容来打动他们。不管你对一个话题是多么地了解,如果它不能令你的谈话对象产生兴趣,那么你的努力大半都是徒劳的。

高明的谈话者总是机智得体——他在逗趣的同时不会冒犯和得罪他人。如果你想令他人感到诙谐有趣,你就不能戳伤他们的痛处,或者是对他们的家庭琐事喋喋不休。一些人有那种特殊的品质,他们能够准确地挖掘我们身上最美的闪光点。

林肯就是这样一位非凡的艺术大师,他使得自己在任何人面前都能做到诙谐风趣。他用生动有趣的故事和玩笑使人们彻底放松紧张的心情,所以,很多人在林肯面前都感到非常轻松自如,以至于愿意毫无保留地向林肯倾诉心底的秘密。陌生人总是乐于和他谈话,因为他是如此地热诚和风趣,和他谈话时简直感到如沐春风,并且受益良多。

像林肯所具备的这种幽默感当然是增强谈话感染力的重要因素,但是,并不是每个人都能如此幽默风趣;如果你缺少幽默的天赋,而又企图牵强地制造幽默时,结果往往是适得其反,令你自己显得滑稽可笑。

然而，一个高明的谈话者必须不能过于严肃或不苟言笑。他不过多地列举一些枯燥的事实，不管这些事实是多么重要。因为枯燥的事实和单调乏味的统计数据只能令人感到沉闷和厌烦。生动活泼是高明的谈话所不可缺少的。沉重的谈话惹人厌烦，而过于轻浮的谈话同样令人反感。

因此，要想成为一个优秀的谈话者，你必须是自然而不造作，活泼而不轻浮，富于同情心而不惺惺作态，你必须从你的心底流露出一种善良的意愿。你必须真正感觉到那种乐于帮助他人的热诚，并且全身心地投入到那些令他人感兴趣的事物之中去。你必须吸引人们的注意力，并且通过打动他们的内心来牢牢地抓住他们的注意力，而这只有借助于一种令人感到温暖的同情和共鸣，一种真正友善的同情和共鸣——才能做到。如果你是冷漠的、缺乏同情心的、拒人于千里之外的，你根本不能抓住他们的注意力。

你必须胸怀开阔，宽容他人。一个胸襟狭小、吝啬小气的人永远都不能成为高明的谈话者。如果某人总是对你的个人爱好、你的判断力、你的鉴赏力横加干涉，那么你永远都不会对他感兴趣。如果你紧紧地封锁了任何一条可以靠近你的心灵的途径，所有沟通和交流的渠道都对别人关闭了，那么，你的魅力和热诚就由此被切断了，你们之间的谈话只能是漫不经心的、马马虎虎的和机械单调的，不会带有任何活力或感情。

你必须使你的听众靠近你，必须开放你的心灵，并以一种最自然的状态去拥抱对方。你必须先作出响应，然后他人才会毫无保留地向你展示自己，使得你自由地进入他的内心最深处。如果一个人在任何地方都是成功者，那么其奥秘只能在于他的个性，在于他拥有一种能够以强有力的、生动有趣的语言有效地表达自己思想的能力。他没有必要通过罗列财富清单的形式向人展示自己有多成功，事实上，只要他一开口说话，财富就会源源而来，他的表达能力就是他最大的财富。

微笑常挂嘴角

卡耐基金言

◇在交际中,微笑的魅力是无穷的。它就像巨大的磁铁吸片一样,吸引着你周围的人们。

◇一个面带微笑的人将永远受欢迎。

微笑作为一种表情,它不仅是形象的外在表现,而且也往往反映着人的内在精神状态。一个奋发进取、乐观向上的人,一个对本职工作充满热情的人,总是微笑着走向生活、走向社会的。

在交际中,微笑的魅力是无穷的。它就像巨大的磁铁吸片一样,吸引着你周围的人们。

关于微笑艺术,我们应该了解的是:

首先,应具备正确的心理态度,要对这个世界和世人关切。要想取得巨大的成功,就必须如此。但是即使是例行公事般的微笑仍是有益的,因为那会在别人心中产生快乐,并且会等价地回报你。在别人心中创造快乐的感觉,会使你自己心中也感到快乐。久而久之,你就学会真心地微笑了。

而且,在微笑时,任何的不愉快或不自然的感觉都在你心中趋向静止和平衡。向别人微笑时,你是在以一种巧妙而高尚的方式向别人袒露你喜欢他的心迹,他会理解你的意思而去加倍喜欢你;微笑的习惯,带给你的是完美的个人形象和愉快的生活环境。

最近我在纽约参加了一个宴会,其中一位宾客是一个刚获得遗产的妇女。她急于给每一个人留下良好的印象,于是在黑貂皮大衣、钻石和珍珠上面浪费了好多金钱。但是她对自己的表情却没下什么工夫,表情冷漠。她没有发现,事实上每一个男子注意一个女子面部的表情要比她身上所穿戴的衣饰更主要。

你喜欢接触性情乖戾、忧郁、不快乐的人,还是喜欢接触快乐而热力四射的人?这些神情和态度在人群中是有感染性的。因此,你应该用灿烂的笑来影响你周围的人。

微笑的力量是巨大的，孩子们天真的微笑使我们想起了天使；父母的微笑让我们感到温情；祖父的微笑让我们感到慈爱。拿最常见的事情来说，小狗见到主人时，那副欣喜若狂的样子就让人觉得小狗是最忠实的伙伴了。

加利福尼亚大学心理学教授詹姆斯·麦克尔教授表达了他对微笑的看法：微笑永远有魅力。当你在微笑时，你的精神状态最为轻松，全身的肌肉处于松弛状态，而且，你的心理状态也就相对稳定，当你那充满笑意的眼光与别人的目光相遇时，你的笑意会通过这道"无形的眼桥"传递给他，他会被你的快乐情绪所感染。自然而然地，你们之间的气氛会变得和谐。你们相处得融洽，交流起来也容易多了。反过来如果你老是皱着眉头，挂着一副苦瓜脸，那没有人会欢迎你的；想获得交往的乐趣，首先就必须使对方和自己快乐才行。

我曾提议许多实业家每天展现他们的笑脸，这样持续一个星期，再把结果拿到训练班上发表。有一个学员是纽约股票场外经纪人瓦利安·史达哈德。他说：

"我结婚已18年，以前在家中，从没有对妻子展露笑容，可说是世上最难伺候的丈夫了。为了完成关于笑的试验，我就试着笑一个星期看看。就在隔天的早上，我边整理头发，边对镜中板着脸孔的自己说：'比尔，今天收起这种不愉快的表情吧，让我看看笑容，赶快去笑吧！'早餐的时候，我就一面对太太说早安，一面对她微微一笑。我太太非常吃惊。事实上，不但如此，她简直是深受震撼。从此我每天都那样做。到目前为止，已经持续了两个月。态度改变以来的这两个月，前所未有的那种幸福感，使我们的家庭生活十分愉快。

"现在，每天走入电梯我会对服务生微笑道早安，对守卫先生也以微笑招呼，在地铁窗口找零钱也是这么做的。即使在交易所，对那些没看过我笑脸的人，也都报以微笑。不久我发现，大家也都还我一笑，而对于那些有所不满、烦忧的人，我也以愉快的态度与其相处。在带着微笑倾听他们的牢骚后，问题的解决也变得容易多了。而且笑容也能使人增加很多财富。我也不再责备人，相反地，懂得去褒扬别人；绝口不提自己所要的，而时时站在别人的立场体贴人。正因为如此，生活上也整个发生了变化。现在的我和以前的我完全不同，是一个收入增加、交友顺利的人了。我想，作为一个人，没有比这更幸福的了。"

爱伦巴特·哈巴德的话同样能给人以启发：

"出门时抬头挺胸，然后做个深呼吸，呼吸一下新鲜空气。笑脸迎人，诚心和人握手，即使被误会也别担心，且不要浪费时间去设想你的敌人，认真决定想做的事情，然后向目标勇往直前。并且把心放在那些伟大光明的工作上。心理的活动是微妙的。而正确的精神状态就是经常保持勇气、率直和明朗。正确的精神状态也具有优越的创造力。一切的事物都是由愿望所产生，而祈求者的愿望会得到回应。正确的思想就是创造，所有事情都来自欲望。昂起你的头，露出你的笑容吧！"

查尔斯·哈里布曾说过，他的微笑可以值100万美元。一点微笑怎么会有这么高的价值呢？因为他掌握了微笑的秘诀，把它恰当地运用于商场交际中，就凭这，他使他的公司周旋于一些实力很强的大公司之间，赚取了大量的钱，而且还获得了好名声。

如果你不善于微笑，那么，强迫自己露出微笑。如果你是单独一个人，强迫自己吹口哨，或哼一支小曲，表现出你似乎很愉快，这就容易使你愉快。按照已故的哈佛大学威廉·詹姆斯教授的说法——

"行动似乎是跟随在感觉后面，但实际上行动和感觉是几乎平行的。而控制行动就能控制感觉。因此，如果我们不愉快的话，要使自己愉快起来的积极方式是：愉快地行动起来，而且言行都好像是已经愉快起来……"

目前是全美最成功的推销保险人士之一的富兰克林·贝特格说，他好多年前就发觉，一个面带微笑的人将永远受欢迎。因此，在进入别人的办公室之前，他总会先停留片刻仔细想想必须感激这人的事，然后带着一个真诚的微笑走进去。他相信，这种简单的微笑技巧跟他推销保险的巨大成功有很大关系。

说到微笑在商业中的价值，弗莱奇在他的奥本海默和卡林公司的一则圣诞节广告中，为我们提供了一点实用的哲学。下面是这则广告的全文：

微笑在圣诞节的价值

它不花什么，但创造了很多成果。它使接受它的人满足，而又不会使给予它的人贫乏。它在一刹那间发生，却会给人永远的记忆。没有人富得不需要它，也没有人穷得不拥有它。它为家庭创造了快乐，在商业界建立了好感，并使朋友间感到了亲切问候。它使疲劳者得到休息，使沮丧者看到光明，给悲伤的人带来希望。但它却无处可买，无处可求，无处可偷，因为在你给予别人之前，它没有实用价值。

假如在圣诞节最后一分钟的匆忙购物中，我们的店员累得无法给予你一个微笑时,我们能请你留下一个微笑吗?

因为,不能给予别人微笑的人,最需要别人的微笑了。

甜美而有韵律的声音

卡耐基金言

◇纯洁、生气勃勃的声音象征着内在的修养和雅致,每一个音节、每一个字符、每一个句子都得到了如此清晰圆润的表达,它们是那样地抑扬顿挫、那样地高低有致,就像一串抖动在春风中的银铃,有着多么神奇美妙的节奏啊!

一个人讲话时的声音是否优美动人,跟他受欢迎的程度及社交上的成功密切相关。事实上,没有任何一样东西可以像甜美而有韵律的声音一样,如此真实地反映出一个人良好的教养和高雅的品性。

"如果把我与一大群人关在一间黑暗的屋子里,"托马斯·希金森说,"我可以根据人们的声音分辨出其中的温文尔雅者。"

据说在古埃及的早期历史中,只有那些写在书面上的辩护词才允许在法庭出示,之所以如此,目的就是要防止坐在长椅上的法官因为听到滔滔不绝、蛊惑人心的声音而受到影响或蒙蔽,从而失去其应有的公正。在宣告判决时,主持审判的大法官作为真理女神的化身,只是以相当寡言少语的方式来判决。

当想到人类的声音所能产生的巨大而神奇的力量时,再回过头来看看,现实生活中我们的孩子们并没有受到任何良好的有关声音的训练,这难道不是一种耻辱甚至是一种犯罪吗?当我们看到一个个童稚沽泼的、朝气蓬勃的孩子一边接受着最优秀的教育,一边却发着毫无变化、平板呆滞、喑哑嘈杂的声音时,我们难道不感到痛心和遗憾吗?毫无疑问,那些扭曲的、只是从喉际榨出来的干涩声音将极大地影响他们未来的事业和职业前途。想一想看,如果是一个女孩子,这是一种多大的障碍啊!她们原本应该是有着如露水般未沾一点尘泥、如春风般飘扬无羁、如清泉般畅流激奔的声音的!

然而我们在美国,随处可以发现那些从大学或学院毕业的男女青年们,他们在这样一些重要的教育机构里学习着呆板的死气沉沉的语言,学习着数学、自然科学、艺术和文学,而唯独没有学习如何发出优美动听的声音,他们的声音往往是那样地刺耳嘈杂。

相反，当人类的声音经过适当的训练，并得到适当的调控之后，又是多么地富于感染力，多么地动听迷人！当我们听到一个声音清晰地从喉咙中发出，每一个字都是如此地清澈、简洁、富于韵律，就像从一把圣洁的乐器上弹奏出来的最动听的音符一样，难道我们不感到那是一种真正的愉悦与享受吗？

我认识一位女士，她的声音非常清脆圆润，所以，不管她到任何地方，只要她一开口说话，所有的人便都洗耳恭听，因为他们无法抗拒这如此富于魅力的声音。那种真纯、爽朗、充满生命活力的声音就像从干裂的地面喷出的一股清泉，就像从静寂的山谷涌上的一股细流，在每个人的心头涓涓流淌，恰似生命中最美的音乐。事实上，这位女士的相貌相当普通，甚至可以说是有些丑陋，然而她的声音却是那样的圣洁甜美；它所带来的魅力是不可阻挡的，并且也从某个层面象征着她高雅的素养和迷人的个性。

我在社交场合中不止一次地听到那种尖声尖气或是粗声大气的女人声音，有时我甚至感到自己的神经受到了很大的压迫，情绪也会变得无端地烦躁，因而我不得一次又一次地从她们的身边逃离。

纯洁、生气勃勃的声音象征着内在的修养和雅致，每一个音节、每一个字符、每一个句子都得到了如此清晰圆润的表达，它们是那样地抑扬顿挫、那样地高低有致，就像一串抖动在春风中的银铃，有着多么神奇美妙的节奏啊！而且，对绝大多数人来说，只要你愿意，你就可以拥有上帝馈赠给人类的这一神奇礼物。

练就关照他人而不造作的功夫

卡耐基金言

◇在你的记忆中是否有过因他人对你细致的照料而欣喜异常的体验？要记住，这种行为，能使人类特有的虚荣获得相当程度的满足感。

◇谁都希望别人认为自己比实际来得聪明、美丽，这种想法并不会伤害任何人。

人们更喜好被取悦，而不是被激怒；喜欢听到褒奖，而不是被对方恶言相向；更乐意被喜爱，而不是被憎恨。因此，仔细地加以观察，就能投其所好，避其所恶。

举个浅显的例子来说，告诉对方你特意为他准备了他所喜爱的酒，或者是说，知道你不喜欢那个人，所以今天没叫他来。如此若无其事的呵护，必能打动对方的心，他一定深为你能注意其生活细节，而感激不尽。反之，若是明知是让对方讨厌的事物，却又在不经意间触犯了禁忌，结果，对方必然会认为你当他是傻瓜，故意藐视他，以至于永远耿耿于怀。尽管是件小事，但却有可能从此中断你与他的关系。因此，如果连细枝末节都能特别地加以留意，必能让对方愈发对你感激不尽。

在你的记忆中是否有过因他人对你细致的照料而欣喜异常的体验？要记住，这种行为，能使人类特有的虚荣心获得相当程度的满足感。由于有人如此取悦于你，从此，你有可能会倒向此人，无论此人对自己做了些什么，都认为对方乃是出于好意。人类便是如此。

为此，我给你以下几点提示：

1. 称赞对方希望被称赞的事物。

如果特别喜欢某人，或者特别想成为某人的知交，可以探查此人的优缺点，称赞此人希望被称赞的地方。人类都有真正优秀的部分，以及希望被他人认定为优秀的部分。一个人的优秀的部分被赞赏，着实能让人高兴，但是，若称赞他希望被称赞的部分，必然更能令他高兴。这才是真正地搔到痒处。

任何人都有渴望他人褒奖的欲望。要想发现此一部分，观察乃是最好的方法。仔细注意，观察此人喜爱的话题。通常，自己想要被称赞，希望被认定为优秀的部分，往往会出现在最常见的话题里。这里便是要害。只要突破其防线，就能一举制胜。

2. 偶尔的佯装，实属必要。

请别误会，我并非教你使用卑鄙谄媚的手段来操纵他人。你当然不必连人们的缺点、坏事都加以称赞，而且也不应该称赞。我认为，这些是我们应该憎厌，能断言不好的事。不过，请想想，如果我们不能对人类的缺点及肤浅幼稚的虚荣心佯装不知的话，又如何能在这个世界上立足呢？

谁都希望别人认为自己比实际来得聪明、美丽，这种想法，并不会伤害任何人。如果你告诉这些人这种想法太幼稚、太不正确了，对方必然与你疏离，视你为仇敌。若是我，宁愿采取取悦对方的手段，尽量恭维对方，使其成为朋友。若是对方有优点，你就该迅速地赠与赞词。然而，有时也不得不面对自己并不十分赞同、但却为社会所认同的事，此时只好睁一眼、闭一眼了。

如果你还不太善于赞扬别人，这是因为你还不甚了解人们是多么希望自己的想法及喜好能获得支持，特别是期望明明是错误的想法，及自己的小缺点，能得到他人的谅解与认同。

3. 背地里称赞，最令人高兴。

为了使对方高兴，你可以在褒奖办法上略施技巧，那就是在背地里夸赞对方。当然，若你只是在暗地里称赞对方而他却一无所知，那就一点意义也没有了，你要想办法将你的夸赞通过巧妙的方式确实地传达到对方的耳里。这里，慎选传达讯息的人选最重要。你所挑选的人最好是通过因为传递此一讯息也能获益的人。如果你选有此企图的人做信使，他不仅会确实地传达你的讯息，还有可能添油加醋，更增效果。对他人的称赞，以此种方法最具功效。

真心诚意地对别人感兴趣

卡耐基金言

◇一个人若能真心诚意地对别人感兴趣，两个月内就能比一个要别人对他感兴趣的人在两年之内所交的朋友还要多。

◇对别人不感兴趣的人不仅一生中困难很多，对别人的伤害也很大。人类所有的失败，都出自这种人。

纽约电话公司对电话中的谈话做了详细的研究，想找出哪一个字眼在电话中最常被提到。你大概也猜到了，这个字就是第一人称的"我"。在500次电话谈话中，这个字被使用了3950次。"我"、"我"、"我"……

当你拿起一张有你在内的集体合照，你最先看到的是谁呢？显然是你自己。

我想说的是：除非你先对他们感兴趣，别人才会对你感兴趣。如果我们只是通过在别人面前表现自己来使别人对我们感兴趣的话，我们将永远不会得到许多真诚的朋友。

一个人若能真心诚意地对别人感兴趣，两个月内就能比一个要别人对他感兴趣的人在两年之内所交的朋友还要多。

但许多人却错误地想方设法用使别人对他们感兴趣的办法来赢得朋友。这种方式是没用的，别人不会对你感兴趣。他们只对自己感兴趣。

阿德勒曾说过："对别人不感兴趣的人不仅一生中困难很多，对别人的伤害也很大。人类所有的失败，都出自这种人。"

我曾在纽约大学选修过一门关于短篇小说写作的课程。有一次，柯里尔杂志的主编来给我们上课。他说，每天他只要读上几段送到他桌子上的十来篇小说，就能感觉出作者是否喜欢别人。如果作者不喜欢别人，别人就不会喜欢他的小说。

这位激动的主编在讲授小说创作的过程中，曾两次停下来为他不得不说这些大道理而致歉。同时他还说："我现在所说的，和老师告诫你们的是同样的道理。但是请记住，如果你想成为一名成功的小说家，就必须对别人感兴趣。"

如果写作真是如此的话，那么可以确定，待人处世更应该这样。

詹斯顿被公认为魔术师中的魔术师。在40年里，他在世界各地不断以极高明的技巧令人惊奇万分。共有6000万人次观看过他的表演，而他也几乎赚了2000万美元。当詹斯顿最后一次在百老汇演出的时候，我花了一个晚上呆在他的化妆室里——请他讲一讲成功的秘诀。

他的成功是因为学校教育吗？不，他几乎没进过校门。他的学校教育几乎与此无关，因为他很小就离家出走，成了一名流浪者，并以搭货车、睡谷堆、乞讨为生，仅仅靠坐在车上看看铁道沿线的各种标志才识了字。

他的魔术是否特别高明？也不是。詹斯顿认为，关于魔术手法的书已经有好几百种，而且至少有几十人跟他懂得一样多，但他具备其他人所没有的两个特点。首先，他能在舞台上把他的个性表现出来。他是个表演大师，熟谙人类天性。他的每一个动作、手势、语气，甚至眉毛的变化，事先都经过很仔细的预演，配合得几乎分秒不差。还有很重要的一点是，詹斯顿还真诚地对别人感兴趣。他告诉我，许多魔术师会一边看着观众，一边在心里说："坐在那儿的人是一群傻瓜、笨蛋，我把他们骗得团团转是没问题的。"但詹斯顿的方式完全不同，每次走上台，他就会对自己说："我很感激这些观众，因为他们来看我的表演，使我增加了收入，过着很好的生活。我要把最出色的技巧表演给他们看。"

他宣称，他没有一次在走在台上时不对自己重复说："我爱我的观众，我爱我的观众。"真诚地关心他人正是这位有史以来最著名的魔术师成功的秘诀之一。

有史以来最卓越的演唱家之一舒曼·海里杰夫人也坦率地说出她成功的秘诀之一就是对别人无限地感兴趣。

不瞒你说，我记得所有朋友的生日。许多年来，我一直都在打听朋友们的生日。虽然我对星象学一点也不相信，但是我会先问对方是否相信一个人的生辰同这个人的个性和性格有关系，然后再让朋友把他的生辰日月告之，事后再转记在专门的生日本上。每一年的年初，我都把这些生日在月历上标明。这些记录能够及时引起我的注意。当某人生日到来的时候，就会收到我的信或电报。

我用这种关心他人的方法赢得了朋友们的友谊。

这种哲学在商业界同样有效。下面是另一个例子：

克纳弗在近10年的时间里一直试图把煤推销给一家连锁公司，但该公司不予理会，仍然从另一个镇上买煤，他们即使经过克纳弗的办公室也不愿进去。克纳弗先生有天在我的讲习班上发表了一些议论，把连锁公司骂得体无完肤，说它是美国的一个毒瘤。

学员们在班上分组辩论，题目是"连锁公司分布各处对国家害多于益"。

在我的建议下，克纳弗站在否定的一边，必须替连锁公司辩护。于是他不得不跑到那家他痛恨的连锁公司去见一位高级职员说："我不是来推销煤的，只是来请你帮我一个忙。"接着，他就把辩论的事情讲给那个职员听，告诉那职员只有他才能提供辩论所需要的资料。最后克纳弗说道："我非常想赢得这场辩论。您的任何帮忙，我都非常感激。"

后来发生的事情出乎克纳弗意外，克纳弗这样讲述了故事的结果：

"我请他给我一分钟的时间，就是因为这个条件，他才答应见我的。当说明来意之后，他请我坐下来，跟我谈1小时又47分钟。他还请另一位曾经写过一本关于连锁商店书的高级职员进来，并写信给全国连锁组织公会，为我要了一份有关这方面辩论的文件。他觉得连锁商店对人类的贡献是一种真正的服务。他很以自己能为数百个地区的人民所做的一切感到骄傲。他说话的时候，眼里闪烁着光芒。我必须承认，这次谈话使我在他身上看到了一些我以前做梦都不会梦到的事，从而改变了我的整个想法。告别的时候，他送我到门口，按着我的肩膀，祝我辩论得胜，并邀请我以后再去看他，把辩论结果告诉他。他对我所说的最后几句话是：'请在春末的时候再来找我，我想下一份订单，买你的煤。'"

这真是一个奇迹，买煤的话一句没提，他居然主动要买克纳弗的煤。因为对他的公司和他谈的问题感兴趣，克纳弗在两小时中所得到的进展竟然比10年中所得到的进展大得多。

实际上，这并不是什么新的真理，因为好久以前，在耶稣诞生100年前，一位著名的罗马诗人贺拉斯曾经说过："我们对别人感兴趣，是在别人对我们感兴趣的时候。"

要想受人欢迎，请记住这一条规则：真心诚意地对别人感兴趣。

制造戏剧化效果

卡耐基金言

◇在当今这个戏剧化的时代，仅仅平铺直叙是不够的。你必须使用吸引人的方法。

◇使事实更生动、有趣而戏剧化地表现出来，才能有效地吸引人们的注意。

《费城晚报》曾被一项危险的谣言恶意中伤。广告客户受到警告，说这家报纸刊登的广告太多，新闻太少，因此不再能吸引读者的兴趣。《费城晚报》必须立即采取行动，制止这项谣言。

但他们怎么进行呢？《费城晚报》采取了下述行动。

他们把该报一个平常日子里所有版面上的各式新闻及文章全部剪下来，加以分类，印成一本书。这本书的书名就叫《一天》，共有307页，和一本售价两美金的书页数一样多，然而售价不是两元，而是两分。

那本书的发行，戏剧化地澄清了一个事实：《费城晚报》刊登了大量深具可读性的有趣新闻及文章。这个方法比仅仅发表一些数字及谈话，更生动、更有趣、更能表现事实,并能留给人深刻的印象。

在当今这个戏剧化的时代,仅仅平铺直叙是不够的。你必须使用吸引人的方法。电影这么做,电视这么做,如果你想引起人们的注意,你也必须如此做。使事实更生动,有趣而戏剧化地表现出来,才能有效地吸引人们的注意。

橱窗展示专家就很了解戏剧化的力量。例如,生产一种新的灭鼠药的厂商,在为经销商参观而设计的橱窗展示之中,放置了两只活的老鼠,结果展示活老鼠的那一个星期的销售量突然上升,比平时多出5倍。

电视广告中更充满了运用戏剧化的技巧以促销产品的例子。晚上你坐在电视机前面,分析一下广告专家在他们的每一个广告之中的表现手法。你会看到一种解酸剂如何能够在试管中把酸的颜色改变;一种牌子的肥皂或肥皂粉如何把油污的衣服洗干净;你会看到一辆汽车左转右转奔驰着,表现得比广告词中所说的还要好;快乐的面孔显示出对各种产品的满意。所有这些都是为了把产品能提供的好处戏剧化表现出来,而且确实能够促使观众去买这些东西。

戏剧化的方法也可适用于日常生活。方特想叫他5岁的儿子和3岁的女儿玩耍后把玩具收拾起来,为此他发明了一列"火车"。儿子为司机,骑着他的三轮车,女儿的篷车接在三轮车后面。晚上,当她的哥哥骑着车子绕室而行的时候,她就把所有的"煤"装上货车(她的篷车),然后,她也跳了进去。这样一来,屋内的玩具也很快就收拾好了,不需要教训、申斥或恐吓。

印第安纳州的希尔太太,在工作方面遇到了一些问题,认为必须要和老板谈谈。星期一早晨她要求和老板面谈,但是他告诉她很忙,要她和他的秘书接头,看看能不能安排在星期四或星期五见面。秘书说他的行程表已经排满了,但是会想办法把她和老板见面的时间插进去。

在那整个星期里,她一直都没有得到秘书的通知。每当希尔太太去问,秘书都提出老板没有时间见她的理由。到星期五早上她还是没有得到确实的消息。希尔太太决心,要在周末之前见到老板和他讨论她的问题,因此希尔太太就自问她怎样才可能使老板接见她。

她最后的办法是这样:她写给老板一封正式的信函。信中,她表示完全了解老板一星期都很忙,但是她要和他面谈也极为重要。她随信附了一张字条和一个写上了自己名字的信封,请他或由他叫秘书把这张字条填好,然后送给她。这张表的内容是这样的：

"希尔太太：我将在 × 月 × 日 × 点钟拨出 × 分钟和你见面讨论问题。"

希尔太太在上午 11 点钟把这封信放在他的公文盒子里面，等到下午两点钟去看她的信箱的时候，就收到了自己写上名字的信封。老板亲自回了希尔太太的信，表示当天下午就可以见她，并且给她 10 分钟的谈话时间。希尔太太和他见了面，谈了一个多小时，解决了她的问题。

如果希尔太太不把她要见老板的这件事戏剧化起来，希尔太太可能到现在还在等着。

第 3 章
不露痕迹，改变他人

用赞誉作开场白

卡耐基金言

◇通常,在我们听到别人对我们的某些长处进行赞扬之后,再去听一些比较令人不痛快的批评,总是好受得多。

◇用赞扬的方式作为批评的开始,就好像牙医用麻醉剂一样,病人仍然要受钻牙之苦,但麻醉却能消除苦痛。

在柯立芝总统执政期间,他的一位朋友接受邀请,到白宫去度个周末。他偶然走进总统的私人办公室,听见柯立芝对他的一位秘书说:"你今天早上穿的这件衣服很漂亮,你真是一位迷人的年轻小姐。"

这可能是沉默寡言的柯立芝一生当中对一位秘书的最佳赞赏了。这来得太不寻常,太出乎意料之外了,因此那位女孩子满脸通红,不知所措。接着,柯立芝又说:"现在,不要太高兴了。我这么说,只是为了让你觉得舒服一点。从现在起,我希望你对标点符号能稍加小心一些。"

他的方法可能有点太过明显,但其心理策略则很高明。通常,在我们听到别人对我们的某些长处赞扬之后,再去听听一些比较令人不痛快的事,总是好受得多。

而麦金利远在1896年竞选总统时,就曾采用了这种方法。当时,共和党一位重要人士写了一篇竞选演说,以为写得比任何人都高明。于是,这位仁兄把他那篇不朽演说大声念给麦金利听。那篇演说有一些很不错的观点,但就是不行,很可能会惹起一阵批评狂潮。麦金利不愿使这人伤心。他不想抹杀这人的无比热诚,然而他却又必须说"不"。请注意,他把这件事处理得多巧妙。

"我的朋友,这是一篇很精彩而有力的演说,"麦金利说,"没有人能写得比你更好。在许多场合中,这些话说得完全正确,但在目前这特殊场合中,是否相当合适呢?从你的观点来看,这篇演说十分有力而切题,但我必须从党的观点来考虑它所带来的影响。现在你回家去，根据我的提示写一篇演说稿，并且送我一份副本。"

他真的照办了。麦金利替他改稿，并帮他重写了第二篇演说稿。他后来终于成为竞选活动中最有力的一名演说者。

这种哲学在日常的生意来往上，也能奏效。我们以费城华克公司的高先生为例。

高先生在某次上课之前的演讲会上，讲述了下面这一则故事。

华克公司承包了一项建筑工程，预定于一个特定日期之前，在费城建立一幢庞大的办公大厦。一切都照原定计划进行得很顺利，大厦接近完成阶段，突然，负责供应大厦内部装饰用的铜器的承包商宣称，他无法如期交货。什么！整幢大厦耽搁了！巨额罚金！重大损失！全因为一个人。长途电话、争执、不愉快的会谈，全都没效果。于是高先生奉命前往纽约，到狮穴去"擒"他的铜狮子。

"你知道吗？在布鲁克林区，有你这个姓氏的，只有你一个人。"高先生走进那家公司董事长的办公室之后，立刻就这么说。

董事长很吃惊："不，我并不知道。"

"哦，"高先生说，"今天早上，我下了火车之后，就查阅电话簿找你的地址，在布鲁克林的电话簿上，有你这个姓的，只有你一人。"

"我一直不知道。"董事长说。他很有兴趣地查阅电话簿。"嗯，这是一个很不平常的姓，"他骄傲地说，"我这个家族从荷兰移居纽约，几乎有200年了。"一连好几分钟，他继续说到他的家族及祖先。

当他说完之后，高先生就恭维他拥有一家很大的工厂，高先生说他以前也拜访过许多同一性质的工厂，但跟他这家工厂比起来就差得太多了。"我从未见过这么干净整洁的铜器工厂。"高先生如此说。

"我花了一生的心血建立这个事业，"董事长说，"我对它感到十分骄傲。你愿不愿意到工厂各处去参观一下？"

在这段参观活动中，高先生恭维他的组织制度健全，并告诉他为什么他的工厂看起来比其他的竞争者高级，以及好处在什么地方。高先生对一些不寻常的机器表示赞赏，这位董事长就宣称是他发明的。他花了不少时间，向高先生说明那些机器如何操作，以及他们的工作效率多么良好。他坚持请高先生吃中饭。到这时为止，你一定注意到，一句话也没有提到高先生此次访问的真正目的。

吃完中饭后，董事长说："现在，我们谈谈正事吧。自然，我知道你这次来的目的。我没有想到我们的相会竟是如此愉快。你可以带着我的保证回到费城去，我保证你们所有的材料都将如期运到，即使其他的生意都会因此延误也不在乎。"

高先生甚至未开口，就得到了他想要的所有的东西。那些器材及时运到，大厦就在契约期限届满的那一天完工了。

如果高先生使用大多数人在这种情况下所使用的那种大吵大闹的方法，这种美满的结果会发生吗？

用赞扬的方式作为批评的开始，就好象牙医用麻醉剂一样，病人仍然要受钻牙之苦，但麻醉却能消除苦痛。

批人之前先批自己

卡耐基金言

◇如果批评的人开始先谦逊地承认，自己也不是无可指责的，然后再让被批评者听他自己的错误，似乎就不十分困难了。

几年以前，我的侄女约瑟芬·卡耐基，离开她在堪萨斯市的老家，到纽约来担任我的秘书。她那时19岁，高中毕业已经3年，做事经验几乎等于零。而今天，她已是西半球最完美的秘书之一。

但是，在刚刚开始的时候，她——嗯，尚可改进。有一天，我正想开始批评她，但转念又想："等一等，戴尔·卡耐基，等一等。你的年纪比约瑟芬大了一倍。你的生活经验几乎有她的一万倍多。你怎么可能希望她有你的观点、你的判断力、你的冲劲——虽然这些都是很平凡的？还有，等一等，戴尔，你19岁时又在干什么呢，可还记得你那些愚蠢的错误和举动？可还记得……"

经过诚实而公正地把这些事情仔细想过一遍之后，我获得结论，约瑟芬19岁的行为比我当年好多了——而且，我发现自己并没有经常称赞约瑟芬。

从那次以后，当我想指出约瑟芬的错误时，总是说："约瑟芬，你犯了一个错误。但上帝知道，我所犯的许多错误比你的更糟糕。你当然不能天生就万事精通。那是只有从经验中才能获得的；而且你比我在你这年纪时强多了，我自己曾做过那么多的愚蠢傻事，所以我根本不想批评你或任何人。但难道你不认为，如果你这样做的话，不是比较聪明一点吗？"

加拿大明尼托拔布兰敦的一位工程师狄里史东，他的秘书有点问题：口述的信打好了，送给他签名，每页总会有两三个词拼错。狄里史东先生怎么处理这个问题呢？

当下封信送来时，上面仍有些错误，狄里史东先生就跟他的秘书一起坐下，对她说："不知怎么了，这个词看起来总是不对劲，这个词我也常常不会写。所以我才写了这本拼词本。（我打开了小笔记本，翻到那一页。）对啦，这就是了。现在我对拼词比较留心，因为别人会以拼错词来评断我们够不够职业水准。"

从那次谈话后，他的秘书拼错词的次数便少了很多。

一个人即使尚未改正他的错误，但只要他承认自己的错误，就能帮助另一个人改变他的行为。这句话是马里兰州提蒙尼姆的克劳伦斯·周哈辛最近才说的。因为他看到了他15岁的儿子正在试着抽烟。

"当然，我不希望大卫抽烟，可是他妈妈和我都抽烟，我们一直都给他做了个不好的榜样。我解释给大卫听，我跟他一样大时就开始抽烟，而尼古丁战胜了我，使我现在几乎不可能不抽了。我也提醒他，我现在咳嗽得多么厉害。我并没有劝他戒烟，或恐吓警告他抽烟的害处。我只是告诉他，我是如何迷上抽烟和它对我的影响。他想了一会儿，然后决定在高中毕业以前不抽烟。而他直到现在都未曾想再抽烟。那次谈话结束后，我也决定戒烟。由于家人的支持，我成功了。"

圆滑的布洛亲王，在1909年，就已经明白这样做事的迫切需要。

当时的布洛亲王是德国皇家参议，当时的皇帝是威廉二世——威廉，傲慢的；威廉，狂妄自大的；威廉，最后的德国皇帝。他缔造了海军、陆军，他自夸说他能随心所欲地改变一切。

于是，一件令人震惊的事情发生了。威廉帝皇讲了一些话，一些令人难以置信的话，一些震惊了欧洲的话。接着又发生了爆炸性传闻，令世界震惊和愤怒——事情坏得不可收拾。这位德国皇帝在英国做客的时候大放厥词，他竟允许在《每日电报》上发表出来。他宣称他是唯一对英国人友善的德国人;他正在建造海军对付日本的危害;是他的讨伐计划,使英国的劳勃兹爵士战胜了荷兰人等。

100年内,在和平时期,从欧洲国王口中,从没有说出像他这样惊人的话。整个欧洲如野马蜂一样骚动起来。英国被激怒了,德国政治家惊骇起来。在这些震惊之中,德皇感到惶恐,他向皇家参议布洛提议,请他负责。

是的,他要布洛宣布一切都是他的责任,是他建议他的君主说这些不负责任的话。

"但是,陛下,"布洛反对说,"在我看来,不论在德国或英国,绝对不会有任何人能相信我会建议陛下说这些话的。"这句话一出布洛的口,他即感觉到他犯了一个严重的错误,果然德皇发作起来。"你以为我是一只笨驴,"他咆哮道,"能犯你永远不会犯的错误!"

布洛知道在他责备以前他应当首先称赞他,但现在为时太晚,他马上采取了补救措施。他在批评以后称赞,结果极为神妙。

他的赞赏是这样的:"我绝对没有那样的意思,"他恭敬地回答说,"陛下在许多方面超过我;当然不只在海、陆军知识上,而且在尤为重要的自然科学上。当陛下解释风雨表,或无线电报,或透视光线时,我常常惊叹着静听。我对所有自然科学一无所知,对此我感到羞愧。我不懂化学或物理,完全不能解释最简单的自然现象。"布洛接着说:"我有一点历史知识,还有一些政治常识,特别是在外交上有些知识,但这些知识只能作为您的补充。"

德皇显出笑容来——布洛称赞了他,布洛抬高了他,贬低了他自己。

从那以后,德皇可以原谅布洛的任何事情了。"我不是一直告诉你,"他热情地叫道,"我们不是以互补著名吗?我们应团结一致,而且,我们愿意这样!"他与布洛握手,不是一次,而是多次。

那天下午,他越发来了兴致,他握起双拳,喊道:"如果任何人对我说布洛不好,我将对着他的鼻子,报以老拳!"

布洛及时挽救了他自己——尽管他是灵敏的外交家,他仍然做错了一件事:

如果几句贬低自己、称赞对方的话能使一位傲慢、被侮辱了的德皇变成一个坚定的朋友,是不是太容易了些?

试想谦逊与称赞在我们日常生活中,能对你我有什么效用。在人际关系上用得适当,真能发生奇迹。

不要把意见硬塞给别人

卡耐基金言

◇没有人喜欢被迫购买或遵照命令行事。

◇如果你想赢得他人的合作,就要征询他的愿望、需要及想法,让他觉得是出于自愿。

你对于自己发现的思想,是不是比别人用银盘子盛着交到你手上的那些思想更有信心呢?如果是这样的话,那么,如果你要把自己的意见硬塞入别人的喉咙里,岂不是很差劲的做法吗?提出建议,然后让别人自己去想出结论,那样不是更聪明吗?

没有人喜欢觉得他是被强迫购买或遵照命令行事。我们宁愿觉得是出于自愿购买东西,或是按照我们自己的想法来做事。我们很高兴有人来探询我们的愿望、我们的需要,以及我们的想法。

当西奥多·罗斯福当选纽约州州长的时候,他完成了一项很不寻常的功绩。他一方面和政治领袖们保持很良好的关系,另一方面又强迫进行一些他们十分不高兴的改革。底下是他的做法。

当某一个重要职位空缺时,他就邀请所有的政治领袖推荐接任人选。"起初,"罗斯福说,"他们也许会提议一个很差劲的人,就是那种需要'照顾'的人。我就告诉他们,任命这样一个人不是好政策,大家也不会赞成。然后他们又把另一个人的名字提供给我,这一次是个老公务员,他只求一切平安,少有建树。我告诉他们,这个人无法达到大众的期望。接着我又请求他们,看看他们是否能找到一个显然很适合这职位的人选。

"他们第三次建议的人选,差不多可以,但还不太行。接着,我谢谢他们,请求他们再试一次,而他们第四次所推举的人就可以接受了;于是他们就提名一个我自己也会挑选的最佳人选。我对他们的协助表示感激,接着就任命那个人——我还把这项任命的功劳归之于他们……我告诉他们,我这样做是为了能使他们感到高兴,现在该轮到他们来使我高兴了。

"而他们真的使我高兴。他们以支持像'文职法案'和'特别税法案'

这类全面性的改革方案，来使我高兴。"

记住，罗斯福尽可能地向其他人请教，并尊重他们的忠告。当罗斯福任命一个重要人选时，他让那些政治领袖们觉得，他们选出了适当的人选，完全是他们自己的主意。

让别人觉得办法是他想出来的，不只可以运用于商场和政坛上，也同样可以运用于家庭生活之中。俄克拉何马州叶萨市的保罗·戴维斯，告诉公司同事他是如何地运用这个原则：

"我的家庭和我享受了一次最有意思的观光旅行。我以前早就梦想着要去看看诸如盖弟斯堡的内战战场、费城的独立厅等等的历史古迹，以及美国的首都。法吉谷、詹姆斯台以及威廉士堡保留下来的殖民时代的村庄，也都罗列在我想造访的名单上。

"在三月里，我夫人南茜提到她有一个夏天度假计划，包括游览西部各州，以及看看新墨西哥州、亚利桑纳州、加州以及内华达州的观光胜地。她想去这些地方游玩已经有好几年了。但是很明显地，我们不能既照我的想法又照她的计划去旅行。

"我们的女儿安妮刚刚在初中读完了美国历史，对于那些历史事件很感兴趣。我问她喜不喜欢在我们下次度假的时候，去看看她在课本上读到的那些地方，她说她非常喜欢。

"两天以后，我们一起围坐在餐桌旁，南茜宣布说，如果我们大家都同意，在夏天度假的时候将去东部各州。她还说，这趟旅行不但对安妮很有意义，对大家来说，也是一件令人兴奋的事。"

一位X光机器制造商，利用这同样的心理战术，把他的设备卖给了布鲁克林一家最大的医院。那家医院正在扩建，准备成立全美国最好的X光科。L大夫负责X光科，整天受到推销员的包围，他们一味地歌颂、赞美他们自己的机器设备。

然而，有一位制造商却更具技巧。他比其他人更懂得对付人性的弱点。他写了一封信，内容大至如下：

"我们的工厂最近完成了一套新型的X光设备。这批机器的第一部分刚刚运到我们的办公室来。我们知道它们并非十全十美，我们想改进它们。因此，如果你能抽空来看看它们并提出你的宝贵意见，使它们能改进得对你们这一行业有更多的帮助，那我们将深为感激。我知道你十分忙碌，我会在你指定的任何时候，派我的车子去接你。"

"接到那封信时，我感觉很惊讶，"L大夫在班上叙述这件事说，"我既觉得惊讶，又觉得受到很大的恭维。以前从没有任何一位X光制造商向我请教。这使我觉得自己很重要。那个星期，我每天晚上都很忙，但是我还是推掉了一个晚餐约会，以便去看看那套设备。结果，我看得愈仔细，愈发觉自己十分喜欢它。没有人试图把它推销给我。我觉得，为医院买下那套设备，完全是我自己的主意，于是就把它订购下来。"

长岛一位汽车商人，也是利用这样的技巧，把一辆二手汽车成功地卖给了一位苏格兰人。

这位商人带着那位苏格兰人看过一辆又一辆的车子，但总是不对劲。这不适合，那不好用，价格又太高，他总是说价格太高。在这种情况下，这位商人——他也是我班上的学生——就向班上的同学求助。

我们劝告他，停止向那位苏格兰人推销，而让他自动购买。我们说，不必告诉苏格兰人怎么做，为什么不让他告诉你怎么做？让他觉得出主意的人是他。

这个建议听起来相当不错。因此，几天之后，当有位顾客希望把他的旧车子换一辆新的时，这位商人就开始尝试这个新的方法。他知道，这辆旧车子对苏格兰人可能很有吸引力。于是，他打电话给苏格兰人，请他能否过来一下，特别帮个忙，提供一点建议。

苏格兰人来了之后，汽车商说："你是个很精明的买主，你懂得车子的价值。能不能请你看看这部车子，试试它的性能，然后告诉我这辆车子，应该出价多少才合算？"

苏格兰人的脸上泛起"一个大笑容"。终于有人来向他请教了，他的能力已受到赏识。他把车子开上皇后大道，一直从牙买加区开到佛洛里斯特山，然后开回来。"如果你能以300元买下这部车子，"他建议说，"那你就买对了。"

"如果我能以这个价钱把它买下，你是否愿意买它？"这位商人问道。300元？果然。这是他的主意，他的估价。这笔生意立刻成交了。

爱默生在他的散文《自己靠自己》一文中说："在天才的每一项创作和发明之中，我们都看到了我们过去摒弃的想法；这些想法再呈现在我们面前的时候，就显得相当的伟大。"

爱德华·豪斯上校在威尔逊总统执政期间，在国内以及国际事务上有极大的影响力。威尔逊对豪斯上校的秘密咨询及意见依赖的程度，远超过对自己内阁的依赖。

豪斯上校利用什么方法来影响总统呢？很幸运地，我们知道这个答案。因为豪斯自己曾向亚瑟·D.何登·史密斯透露，而史密斯又在《星期五晚邮》的一篇文章中引述了豪斯的这段话。

"'认识总统之后，'豪斯说，'我发现，要改变他一项看法的最佳办法，就是把这件新观念很自然地建立在他的脑海中，使他发生兴趣——使他自己经常想到它。第一次这种方法奏效，纯粹是一项意外。有一次我到白宫拜访他，催促他执行一项政策，而他显然对这项政策不赞成。但几天以后，在餐桌上，我惊讶地听见他把我的建议当作他自己的意见说出来。'"

豪斯是否打断他说"这不是你的主意，这是我的"？哦，没有，豪斯不会那么做。他太老练了。他不愿追求荣誉，他只要成果。所以他让威尔逊继续认为那是他自己的想法。豪斯甚至更进一步，他使威尔逊获得这些建议的公开荣誉。

且让我们记住，我们明天所要接触的人，就像威尔逊那样具有人性的弱点，因此，且让我们使用豪斯的技巧吧。

说服人最好的办法是：让别人觉得办法是他想出来的。

"旁敲侧击"更使人信服

卡耐基金言

◇ 间接指出别人的错误，要比直接说出口来得温和，且不会引起别人的强烈反感。

◇ 为了不触犯对方的自尊心，即使发现了对方的错误，也不要立刻指出，而应采取间接的方式。

我们在批评别人时，常常会犯这样一个错误，就是当发现对方有明显的错误时，会不客气地批评对方说："那是错的，任何人都会认为那是错的！"这样一来，对方的自尊心会受到伤害而突然陷入沉默，或挑剔你的言词来拒绝你。

因此，为了不触犯对方的自尊心，即使发现了对方的错误，也不要立刻指出，而应采取间接的方式。

据说美国政治家富兰克林年轻时非常喜爱辩论，尤其是对于别人的错误更是不能容忍，总是穷追到底。因此，他的看法常常不能被人接受。当他发现了自己的缺点之后，便改以疑问的形式表达自己的意见，后来他的成就是众所周知的。

由此可知，不要用"我认为绝对是这样的！"这类口气威压对方。用"不知道是不是这样？"这种委婉的态度与对方交谈效果会更好。

批评是我们常用的一种手段，但我们有些人批评起来简直让他人无地自容，下不了台阶。其实，这种批评方式不但无法达到让他人改正错误的目的，而且有碍于你的人际关系。既然如此，为何还要使用这种"残酷"的手段呢？

在生活和工作中，我们不可能没有批评，但要学会巧妙地批评，让他人既意识到自己的错误，并尽快改正，同时也理解你善意批评的意图，使他内心里对你心存感激。

一天下午，查理·夏布经过他的一家钢铁厂，撞见几个雇员正在抽烟，而他们的头顶上正挂着"请勿吸烟"的牌子。那么夏布先生是如何处理此事的呢？他并没有指着牌子说："你们难道不识字吗？"而只是走过去，递给每人一支烟，然后道："老兄，如果你们到外边抽，我会很感谢你们。"员工当然知道自己破坏了规定，但是夏布先生不但没说什么，反而给了每个人一样小礼物，你能不敬重这样的老板吗？谁能不敬重这样的老板呢？

不直接说出对方的错误，而是通过间接的方式让对方自己去发现并改正自己的错误；在禁止对方不要做某件事时，不使用直接禁止的语言，而是劝说对方做与之完全相反的事情。如果直接禁止对方只会招致反感，而采取不禁止，只是劝说对方做与之相反的事情的方法，却能收到良好的效果。

对那些对直接的批评会非常愤怒的人，间接地让他们去面对自己的错误，会有非常神奇的效果。罗得岛，温沙克的玛姬·杰各在我的课堂中提到，她如何使得一群懒惰的建筑工人，在帮她加盖房子之后清理干净。

最初几天，当雅格太太下班回家之后，发现满院子都是锯木屑子、她不想去跟工人们抗议，因为他们工程做得很好。所以等工人走了之后，她跟孩子们把这些碎木块捡起来，并整整齐齐地堆放在屋角。次日早晨，她把领班叫到旁边说："我很高兴昨天晚上草地上这么干净，又没有冒犯到邻居。"从那天起，工人每天都把木屑捡起来堆好在一边，领班也每天都来，看看草地的状况。

在后备军人和正规军训练人员之间，最大不同的地方就是理发，后备军人认为他们是老百姓，因此非常痛恨把他们的头发剪短。

美国陆军第542分校的士官长哈雷·凯塞，当他带了一群后备军官时，他要求自己要解决这个问题。跟以前正规军的士官长一样，他可以向他的部队吼几声或威胁他们，但他不想直接说他要说的话。

他开始说了："各位先生们，你们都是领导者。当你以身教来领导时，那再有效也没有了。你必须为遵循你的人做个榜样。你们该了解军队对理发的规定。我今天也要去理发，而它却比某些人的头发要短得多了。你们可以对着镜子看看，你要做个榜样的话，是不是需要理发了，我们会帮你安排时间到营区理发部理发。"

成果是可以预料的。有几个人志愿到镜子前看了看，然后下午到理发部去按规定理发。次晨，凯塞士官长讲评时说，他已经可以看到，在队伍中有些人已具备了领导者的气质。

在1887年3月8日，美国最伟大的牧师及演说家亨利·华德·毕奇尔逝世。就在那个星期天，莱曼·阿伯特应邀向那些因毕奇尔的去世而哀伤不语的牧师们演说。他急于作最佳表现，因此把他的讲演词写了又改，改了又写，并像大作家福楼拜那样谨慎地加以润饰。然后他读给他妻子听，写得很不好——就像大部分写好的演说一样。如果她的判断力不够，她也许就会说："莱曼，写得真是糟糕，行不通。你会使所有的听众都睡着的。念起来就像一部百科全书似的。你已经传道这么多年了，应该有更好的认识才是。看在老天爷的分上，你为什么不像普通人那般说话？你为什么不表现得自然一点？如果你念出像这样的一篇东西，只会自取其辱。"

她称赞了这篇讲稿，但同时很巧妙地暗示出，如果用这篇讲稿来演说，将不会有好效果。莱曼·阿伯特知道她的意思，于是把他细心准备的原稿撕破，后来讲道时甚至不用笔记。

"高帽子"的妙用

卡耐基金言

◇给他们一个好的名声来作努力的方向,他们就会痛改前非,努力向上而不愿看到你的希望破灭。

◇给人一个超乎事实的美名,就像用"灰姑娘"故事里的仙棒,点在他身上,会使他从头至尾焕然一新。

假如一个好工人变成不负责任的工人,你会怎么做?你可以解雇他,但这并不能解决任何问题。你可以责骂那个工人,但这只能常常引起怨怒。

亨利·韩克,他是印地安纳州洛威一家卡车经销商的服务经理,他公司有一个工人,工作每况愈下。但亨利·韩克没有对他吼叫或威胁他,而是把他叫到办公室里来,跟他坦诚地谈一谈。

他说:"比尔,你是个很棒的技工。你在这条线上工作也有好几年了,你修的车子也都很令顾客满意。其实,有很多人都赞美你的工夫好。可是最近,你完成一件工作所需的时间却加长了,而且你的质量也比不上你以前的水准。你以前真是个杰出的技工,我想你一定知道,我对这种情况不太满意。也许我们可以一起来想个办法来改正这个问题。"

比尔回答说他并不知道他没有尽好他的职责,并且向他的上司保证,他所接的工作并未超出他的专长之外,他以后一定会改进它。

他做了没有?你可以肯定他做了。他曾经是一个快速优秀的技工。有了韩克先生给他的那个美誉去努力,他怎么会做些不及过去的事。

包汀火车厂的董事长撒慕尔·华克莱说:"假如你尊重一个人,一般人是容易诱导的,尤其是当你显示你尊重他是因为他有某种能力时。"

总之,你若要在某方面去改变一个人,就把他看成他已经有了这种杰出的特质。莎翁曾说:"假如你没有一种德行,就假装你有吧!"更好的是,公开的假设或宣称他已有了你希望他有的那种德行。给他们一个好的名声来作为努力的方向,他们就会痛改前非、努力向上,而不愿看到你的希望破灭。

比尔·派克是佛罗里达州得透纳海滩一家食品公司的业务员,他对公司新系列的产品感到非常兴奋；但不幸的是，一家大食品市场的经理取消了产品陈列的机会，这令比尔很不高兴。他对这件事想了一整天，决定下午回家前再去试试。

他说："杰克，我今天早上走时，还没有让你真正了解我们最新系列的产品，假如你能给我些时间，我很想为你介绍我漏掉的几点。我非常敬重你有听人谈话的雅量，而且非常宽大，当事实需要你改变时你会改变你的决定。"

杰克能拒绝再听他谈话吗？在这个必须维持的美誉下，他是没办法这样做的。

有一天早晨，苏格兰都柏林的一位牙医马丁·贵兹与，当他的病人指出她用的漱口杯、托盘不干净时，他真的震惊极了。不错，她用的是纸杯，而不是托盘，但生锈的设备，显然表示他的职业水准是不够的。

当这位病人走了之后，贵兹与医生关了私人诊所，写了一封信给布利基特——一位女佣，她一个星期来打扫两次。他是这样写的：

亲爱的布利基特：

最近很少看到你。我想我该抽点时间，为你做的清洁工作致意。顺便一提的是，一周两小时，时间并不算少。假如你愿意，请随时来工作半个小时，做些你认为应该经常做的事，像清理漱口杯、托盘等。当然，我也会为这额外的服务付钱的。

贵兹与医生

第二天他走进办公室时，他的桌子和椅子，擦得几乎跟镜子一样亮，他几乎从上面滑了下去。当他进了诊疗室后，看到从未见过的干净、光亮的铬制杯托放在储存器里。他给了她的女佣一个美誉促使她去努力，而且就只为这一个小小的赞美，她使出了最卖力的一面，而且没有用到额外的时间。

纽约布鲁克林的一位四年级老师鲁丝·霍普斯金太太，在学期的第一天，看过班上的学生名册后，她对新学期的兴奋和快乐却染上了忧虑的色彩：今年，在她班上有一个全校最顽皮的"坏孩子"——汤姆。他三年级的老师不断地向同事或是校长抱怨，只要有任何人愿意听。他不只是做恶作剧，还跟男生打架、逗女生、对老师无礼、在班上扰乱秩序，而且好像是愈来愈糟。他唯一能稍事补偿的特质是：他很快就能学会学校的功课，而且非常熟练。霍普斯金太太决定立刻面对汤姆的问题。当她见到她的新学生时，她讲了些话："罗丝，你穿的衣服很漂亮。爱丽西亚，我听说你画画很不错。"

当她念到汤姆时，她直视着汤姆，对他说："汤姆，我知道你是个天生的领导人才，今年我要靠你帮我把这班变成四年级最好的一班。"在头几天她一直强调这点，夸奖汤姆所做的一切，并评论他的行为正代表着他是一位很好的学生。有了值得奋斗的美名，即使只是一个9岁大的男孩也不会令她失望，而他真的做到了这些。

保全对方的面子

卡耐基金言

◇一句或两句体谅的话，可以减少对别人的伤害，保住他的面子。

◇我没有权利去说、去做任何事以贬抑一个人的自尊。重要的并不是我觉得他怎么样，而是他觉得他自己如何，伤害他人的自尊是一种罪行。

通用电器公司在几年前面临一项需要慎重处理的工作：免除查尔斯·史坦恩梅兹的部门主管一职。史坦恩梅兹在电器方面是第一等的天才，但担任计算部门主管却彻底地失败，然而公司却不敢冒犯他。公司绝对解雇不了他，而他又十分敏感，于是他们给了他一个新头衔，他们让他担任通用电器公司顾问工程师。工作还是和以前一样，只是换了一项新头衔，并让其他人担任部门主管。

史坦恩梅兹十分高兴，通用公司的高级人员也很高兴。他们已温和地调动了他们这位最暴躁的大牌明星职员，而且他们这样做并没有引起一场大风暴——因为他们让他保住了他的面子，让他有面子！这是多么重要呀，而我们却很少有人想到这一点！我们残酷地抹杀了他人的感觉，又自以为是；我们在其他人面前批评一位小孩或员工，找差错、发出威胁，甚至不去考虑是否伤害到别人的自尊。然而，一两分钟的思考，一句或两句体谅的话，都可以减少对别人的伤害。

下面是会计师马歇尔·格兰格写给我的一封信的内容：

"开除员工并不是很有趣，被开除更是没趣。我们的工作是有季节性的，因此，在三月份，我们必须让许多人走。没有人乐于动斧头，这已成了我们这一行业的格言。因此，我们演变成一种习俗，尽可能快地把这件事处理掉，通常是这样说的：'请坐，史密斯先生，这一季已经过去了，我们似乎再也没有更多的工作交给你处理。当然，毕竟你也明白，你只是受雇在最忙的季节里帮忙而已。'等等。这些话给他们带来失望以及'受遗弃'的感觉。他们之中大多数一生都从事会计工作，对于这么快就抛弃他们的公司，当然不会怀有特别的爱心。

"我最近决定以稍微圆滑和体谅的方式，来遣散我们公司的多余人员。因此，我在仔细考虑他们每人在冬天里的工作表现之后，一一把他们叫进来，而我就说出下列的话：'史密斯先生，你的工作表现很好（如果他真是如此）。那次我们派你到纽华克去，真是一项很艰苦的任务。你遭遇了一些困难，但处理得很妥当，我们希望你知道，公司很以你为荣。你对这一行业懂得很多，不管你到哪里工作，都会有很光明远大的前途。公司对你有信心，支持你，我们希望你不要忘记！'

"结果呢？他们走后，对于自己的被解雇感觉好多了。他们不会觉得'受遗弃'。他们知道，如果我们有工作给他们的话，我们会把他们留下来。而当我们再度需要他们时，他们将带着深厚的私人感情，再来报效我们。"

在我们课程内有一个题目，两位学员讨论挑剔错误的负面效果和让人保留面子的正面效果。宾州哈里斯堡的佛瑞·克拉克提供了一件发生在他公司里的事："在我们的一次生产会议中，一位副董事长以一个非常尖锐的问题，质问一位生产监督，这位监督是管理生产过程的。他的语调充满攻击的味道，而且明显地就是要指责那位监督的处置不当。为了不愿在他攻击的事上被羞辱，这位监督的回答含混不清。这一来使得副董事长发起火来，严斥这位监督，并说他说谎。

"这次遭遇之前所有的工作成绩，都毁于这一刻。这位监督，本来是位很好的雇员，从那一刻起，对我们的公司来说已经没有用了。几个月后，他离开了我们公司，为另一家竞争的公司工作。据我所知，他在那儿还非常地称职。"

另一位学员，安娜·马佐尼提供了在她工作中遇到的非常相似的一件事，所不同的是处理的方式和结果。马佐尼小姐是一位食品包装业的市场行销专家，她的第一份工作是一项新产品的市场测试。她告诉班上说：

"当结果回来时，我可真惨了。我在计划中犯了一个极大的错误，整个测试都必须重来一遍。更糟的是，在这次开会我要提出上次计划的报告结果之前，我没有时间去跟我的老板讨论。轮到我报告时，我真是怕得发抖。我尽了全力不使自己崩溃，因我知道我绝不能哭，那样会使那些人以为女人太情绪化而无法担任行政职务。我的报告很简短，只说是因为发生了一个错误，我在下次会议上会重新再研究。我坐下后，心想老板定会训我一顿。

"但是，他只谢谢我的工作，并强调在一个新计划中犯错并不是很稀奇的。而且他有信心，第二次的普查会更确实，对公司更有意义。散会之后，我的思想纷乱，我下定决心，我决不会再让我的老板失望。"

假如我们是对的，别人绝对是错的，我们也会因为让别人丢脸而毁了他的自我。传奇性的法国飞行先锋、作家安托安娜·德·圣苏荷依写过："我没有权利去做或说任何事以贬抑一个人的自尊。重要的并不是我觉得他怎么样，而是他觉得他自己如何，伤害他人的自尊是一种罪行。"

已故的德怀特·摩洛拥有把双方好战分子化解的神奇能力。他怎么办得到呢？他小心翼翼地找出两方面对的地方——他对这点加以赞扬和强调，小心地把它表现出来——不管他做何种处理，他从未指出任何人做错了。

每一个公证人都知道这一点——让人们留住面子。

世界上任何一位真正伟大的人，绝不浪费时间满足于他个人的胜利。举一个例子来说明：1922年，土耳其在经过几世纪的敌对之后，终于决定把希腊人逐出土耳其领土。穆斯塔法·凯末尔，对他的士兵发表了一篇拿破仑式的演说，他说："你们的目的地是地中海。"于是近代史上最惨烈的一场战争终于展开了。最后土耳其获胜。而当希腊两位将领——的黎科皮斯和迪欧尼斯前往凯末尔总部投降时，土耳其人对他们击败的敌人加以辱骂。

但凯末尔丝毫没有显出胜利的骄气。

"请坐，两位先生，"他说，握住他们的手，"你们一定走累了。"然后，讨论了投降的细节之后，他安慰他们失败的痛苦。他以军人对军人的口气说："战争这种东西，最佳的人有时也会打败仗。"

凯末尔即使是在胜利的全面兴奋情绪中，也还记着这条重要的规则：让他人保住面子。

是我错了

卡耐基金言

◇假如我们知道要受谴责,那么由我们自己来谴责自己,不是比让别人来做要好得多吗?

◇你如果知道某人想要或准备责备你,就自己先把对方要责备你的话说出来,那他就拿你没有办法了。十之八九他会以宽大、谅解的态度对待你、忽视你的错误。

在离我家一分钟行程的地方,是片原始未开发的森林。春天的时候,黑草莓的小树丛会镶上一层白霜,小松鼠也开始筑巢养育下一代。这片还没遭到破坏的树林叫作"森林公园"——它是森林没错,只是可能已不是哥伦布发现美洲大陆时的原来面貌了。我常带了小猎犬雷克斯到森林里散步,由于一向很少在森林公园内碰见其他的人,我也就不使用皮带或口罩,而让小雷克斯自由奔跑。

一天,我们在公园内碰见一位骑警,那位警察显然很想表示一下自己的权威。

"为什么让这只狗到处乱跑?为什么不用皮带或口罩?你知道这是犯法的吗?"他指责道。

"是的,我知道。"我温和地回答:"但我以为在这种荒无人烟的地方,不会有什么危险。"

"你以为?你以为!法律可一点也不在意你怎么以为。这只狗很可能会咬伤小孩或松鼠,知道吗?我这次不处罚你,但若是我再次见到它不戴口罩或系上皮带,你可就要直接去向法官解释理由了。"

我再次温和地表示一定遵守规定。

我是想遵守法律规定——有那么几次。但雷克斯不喜欢口罩,我也不喜欢。所以,我们决定冒一下险。一日下午,我又带了雷克斯到公园里去,我们跑过一座小山丘的顶部,忽然——那真是尴尬的一刻——我又见到那位法律所赋予的权威,正骑着一匹红棕色的马,而雷克斯正笔直地朝他跑过去。

我被逮个正着,是无法逃脱的了。所以不等他开口,我便抢先发言:

"警官先生，我是被你逮个正着，罪证俱在，没什么借口了。上星期你还警告我，假如不戴口罩、不系上皮带的话，不可让狗到这里来，否则便要接受处罚。"

"是啊，我是这么讲过。"骑警的语气相当温和，"我知道，像这么一只小狗，让它在荒无人烟的地方跑跑，的确是很大的诱惑。"

"的确是很大的诱惑。"我回答，"只是，这违反了法律的规定。"

"啊，一只这么小的狗，应该不会伤到什么人。"骑警不表示同意。

"但它可能咬伤了小松鼠。"我又说道。

"啊，别把事情看得太严重了。"警察告诉我，"我告诉你怎么办。把这只小狗带到我看不见的地方去——我们就不用再提这件事了。"

看，这位警察先生，他身为一个人，需要的是一种"深具重要性"的感觉。所以，当我一再谴责自己的时候，能继续满足他自尊心的，就是对我采取一种宽大的态度。

假如我设法保护自己呢？啊，你可曾和警察先生争论过吗？

所以，我并不想与他发生冲突。相反地，我承认他是对的，而我是犯了错——我即刻承认错误，毫不掩饰，也毫不退缩。这件事就在我们彼此立场对换的情况下，完满结束了。

假如我们知道要受谴责，那么，由我们自己来谴责自己，不是比让别人来做要好得多吗？

你如果知道有某人想要或准备责备你，就自己先把对方要责备你的话说出来，那他就拿你没有办法了。十之八九他会以宽大、谅解的态度对待你，忽视你的错误——正如那位警察对待我和雷斯那样。

费丁南·华伦，一位商业艺术家，他应用这个技巧赢得了一位肝火很旺的艺术品顾主的好印象。"精确、一丝不苟，是绘制商业广告和出版物的最重要的项目。"华伦先生事后说。

"有些艺术编辑要求他们所交下来的任务立即实现。在这种情形下，难免会发生一些小错误。我了解，某一位艺术组长总是喜欢从鸡蛋里挑骨头。我离开他的办公室时，总觉得倒足了胃口，不是由于他的批评，而是由于他攻击我的方式。最近我交了一件很急的定稿给他，他打电话给我，要我立即到他办公室去。他说是出了问题。当我到办公室之后，正如我所料——麻烦来了。他满怀敌意，兴奋有了挑剔我的机会。他恶意地责备我一大堆——这正好是我运用所学自我批评的机会。于是我说：'某某先生，假如你的话不错，我的失误一定不可原谅。我为你工作了这么多年，确实该知道怎么画才对。我觉得惭愧。'

"他立即开始为我辩护起来：'是的，你的话并没有错，不过毕竟这不是一个严重的错误。只是……'

"我打断了他。'任何错误，'我说，'代价大概都很大，叫人不舒服。'

"他开始插嘴，但我不让他插嘴。我很满意。有生以来我第一次在批评自己——我从前不喜欢这样做。

"'我应当更小心一点才对，'我继续说，'你给我的工作很多，照理应当使你满意，于是我打算重新来。'

"'不！不！'他反对起来，'我不想那样麻烦你。'他赞扬我的作品，告诉我他只需要稍微修改一点就行了，又说一点小错不会花他公司多少钱；毕竟，这仅是小错——不值得担心。

"我急切地批评自己，使他怒气全消。结果他邀我共进午餐，分手之前他给我一张支票，又交代我另一项工作。"

一个人有勇气承认自己的错误，也能够获得某种程度的满足感。这不只能够清除罪恶感和自我卫护的气氛，而且有助于解决这项错误所制造的问题。

住在新墨西哥州的布鲁斯·哈维，错给一位因病请假的员工付了全职的薪水。哈维发现错误之后，急忙通知那位员工，并向他说明必须从下次的薪水中扣除。那位员工要求哈维不要这么做，因为那会使他的经济发生困难。员工要求是否可以过一段时期再扣除，哈维则表示必须得到上级的同意。"关于这一点，我知道必会引起老板的不快。"哈维向训练班的学员报告道，"为了解决这个困境，我思考了很久，并且认识到错误的确因我而起。我决定先向老板认错再说。"

"我走进老板的办公室，告诉他我犯了过错。然后把事情原委详细地向他报告。他听了十分生气，认为那是人事部门的错，但我向他说明那是我的错；他又发会计部门的脾气，认为那是会计部门的错，我又向他解释那是我的错；他接着指责办公室另两名职员，但每一次，我都不厌其烦地向他重复说明那是我的错。最后，他望着我说道：'好吧，就算是你的错，你把它改正过来吧！'事情就这样解决了。没有人因此而惹麻烦，我也觉得轻松无比。因为我处理了一个紧张的状况，并且有勇气不找借口，直接面对现实。自从这件事发生过后，老板对我比以前更加信任了。'"

只有傻子才为自己的过错辩解——的确，只有傻子才会如此——因为认错不但使你显得与众不同，而且给人崇高、喜悦的感觉。举例来说，历史上对罗勃·李有一段美丽的描写，那是毕克德将军攻击盖茨堡失败之后，罗勃·李坦然负起责任，出来认错接受指责的感人经过。

盖茨堡之战，无疑是西方世界最光辉动人的一次战役，毕克德将军本人则是这场动人战争的灵魂人物。他赤发垂肩，每天都在战场上写下热情如火的信件给所爱的人。就在那个悲剧性的7月下午，他骑着马，意气风发地朝联军的防线冲去，忠心的部队则随后紧跟而上。他的帽子潇洒地斜戴在头上，身后跟着欢呼拥戴他的军队——一个紧接着一个，一行紧跟着一行。只见旗帜飘扬，尖锐的刺刀在阳光下闪闪发亮，场面实在豪壮无比。纵使是联军看了，也为之赞叹不已。

毕克德的军队毫无阻碍地向前进。他们穿过了果园和玉米田，越过了草原和峡谷。每逢遭遇敌军的时候，纵然死伤无数，但随后的人马立刻填补空缺，毫不退缩。

忽然，联军的军队由一处墓园石墙后面冲出来，并且用步枪不停地向毕克德的军队扫射。顿时，整个丘陵上成了一片火海、屠杀场和有如火山爆发后的炽热场面。没多久，毕克德的5000名兵将，已折损有4/5之多。

阿米斯泰德将军带领其余的兵士做最后一次攻击。他向前冲，超过石墙，并且把帽子放在剑尖上挥舞着："杀过去，孩子们！"

那些士兵都奋勇地冲上前去，越过石墙，用利刀戳进敌人的胸膛，用枪托击碎敌人的头骨，然后把南方军的旗帜插在战场上。

军旗只在那儿飘扬了一会儿。即使那只是短暂的一会儿，但却是南军战功的辉煌纪录。毕克德的冲刺——勇猛、光荣，但是却是结束的开始。李将军失败了。他没办法突破北方，而他也明白这点。

南方的命运决定了，李将军大感懊丧，震惊不已，他将辞呈送交南方的戴维斯总统，请求改派"一个更年轻有为之士"。假如李将军要把毕克德的进攻所造成的惨败归咎于任何人的话，他能够找出数十个借口：有些师长失职啦，骑兵到得太晚不能接应步兵啦，这也不对，那也错了……

但是李将军太高明，不愿意责怪别人。当残兵从前线退回南方战线时，李将军亲自出迎，自我谴责起来。"这是我的过失，"他承认说，"我，因我一个人，败了这场战斗。"

历史上很少有将军有如此勇气和情操，自己独负战争失败的责任。

艾柏·赫巴是会闹得满城风雨的最具独特风格的作家之一，他那尖酸的笔触常常惹起强烈的不满。可是赫巴那少见的做人处世技巧，经常将他的敌人变成朋友。

例如，当一些愤怒的读者写信给他，表示对他的某些文章不以为然，结尾痛骂他一顿时，赫巴就这样回复：

回想起来，我也不全部同意自己。我昨天所写的东西，今天不见得全部满意。

我很兴奋了解你对这件事的看法。下回你在附近时，欢迎驾临，我们可以交换意见。

致诚意。

赫巴谨上

面对一个这样对待你的人，你还能说什么呢？

当我们对的时候，我们就要试着温和地、讲技巧地使对方赞同我们的看法；而当我们错了——若是对自己诚实，这种情形十分普遍——就要立刻而热忱地承认。这种技巧不仅能产生惊人的效果，而且，信不信由你，任何情形下，都要比为自己争辩有用得多。

批评勿忘多鼓励

卡耐基金言

◇一旦发现他人出现错误，我们很多人往往首先想到的就是如何批评。

◇当他人出现错误时，如果可能的话，尽量采取鼓励的方式。

一旦发现他人出现错误，我们很多人往往首先想到的就是如何批评，使之改正。事实上，与批评相比，鼓励似乎更容易使人改正错误，并且更易让对方去做你所期望的事情。所以，当他人出现错误时，你首先应该考虑一下，是否非得批评不可，应该怎样批评？如果可能的话，尽量采取鼓励的方式，这样一方面可以达到让对方知错改错的目的，同时也不影响你们之间的相互关系。

你要是跟你的孩子、伴侣、雇员说他或她做某件事显得很笨，很没有天分，那你就做错了，这等于毁了他所有求进步的心。但如你用相反的方法，宽宏地鼓励他，使事情看起来很容易做到，让他知道，你对他做这件事的能力有信心，他的才能还没有发挥，这样他就会练习到黎明，以求自我超越。

罗维尔·汤麦斯就是个处理人际关系的高手，他会给人勇气与信心，使人充满自信。举例来说：

一次，我与汤麦斯夫妇一起度周末，罗维尔·汤麦斯请我参加他们的桥牌友谊赛，桥牌对我来说是个全然陌生的游戏，我一点都不了解它的规则。罗维尔说："戴尔，为什么不试试呢？除了需要一些记忆与判断的能力外，它没有什么技巧可言。你曾经对人类记忆的组织有过深入的研究，所以打桥牌一定难不倒你。"当我还没有意识到什么时，已经被拉到桥牌桌边，我发现这是有生以来第一次参加桥牌比赛，完全是因为罗维尔给了我信心，使我觉得打桥牌不是件难事。

我有一个光棍朋友，年约40余岁，最近刚订婚。他的未婚妻一直怂恿他去学跳舞。这位朋友说道："天知道我的确应该去学跳舞。20年前，我第一次跳舞。当时的技术和现在一直都没什么两样。我的第一位老师讲的或许不假，她说，我的舞步全错了，必须从头学起。此话颇伤我的心，以致学舞的兴致完全消失无踪，我的学舞生涯也至此宣告结束。现在这位老师不知是不是哄我，但她讲的话我听了真喜欢。第一位老师由于强调的是我不对的地方，以致让我失去学习的兴趣；第二位老师则是正好相反，她一直称赞我的长处，对我的短处则尽量不提。她曾对我说：'你具有天生的节拍感，可说是天生的舞蹈家呢！'虽然，直到现在，我仍然感觉到自己并没有什么跳舞细胞，技术也一直没什么进步。但在内心深处，我还是希望这位新老师所说的话'或许'没错，所以便继续付钱让她讲这些话。'我知道，假如她没有告诉我我天生有韵律感，我今天还跳不到这么好。她鼓励我，给我希望，让我想要更进步。"

我的训练班的一个学员讲述了他的儿子是如何在他的鼓励下改变的事实：

"1970年，我的儿子大卫15岁，到辛辛那提来跟我住。他的命运坎坷。

1958年，在一次车祸中脑部受伤需要开刀，这次手术在他前额留下了一道难看的疤。直到15岁，他都是在达拉斯的特别班里，因为他的学习速度很慢。也许是因为疤的关系，学校当局判定他的脑部受伤，无法正常运作。他比同年的小孩慢了两年，所以他现在才七年级，但他还不会乘法表，他都用手指算算数，也不太会念书。

"但是，他喜欢研究收音机和电视。他想做个电视机技师。我鼓励他这件事，并告诉他需要数学好才能参加训练。我决心要在这种上帮他做到熟练。我们买了四组彩色卡片：加法、减法、乘法、除法。我们一边看卡片，大卫一边把正确的答案放在空白栏内，假如他漏掉了，我就给他正确的答案，再把它放上去，直到全部放完为止。我费了很大劲才让他把每一个卡片都弄对，尤其是先前错过一次的。每天晚上我们都放一次卡片，放完为止。每天晚上，都用一只不走的手表计时，我向他保证，假如他能在8分钟内做对全部的卡片而且没有错误，那就不用每天晚上做了。这对大卫来说似乎不太可能。第一次，他用了52分钟；第二次，48分钟；然后是45分钟，41分钟，40分钟；然后是少于40分钟了。每次的进步，我们都加以庆祝，到月底时，他已经能在8分钟之内正确地放完所有的卡片了。每当他有点进步时，他会要求再做一遍。他终于神奇地发现，学习是容易和有趣的。

"这时，他的代数成绩飞跃地进步了。他自己也觉惊奇，因他拿回家的成绩单，数学是B，这在以前从没发生过。其他的变化也快得令人难以置信。他的阅读能力也快速的进步，他开始会用他的天赋画图。在学期末，他的科学老师指定他筹办一个展览，他选择了去发展一种高难度的模型来证明杠杆的影响。那不但需要画画和制造模型的技巧，而且要应用数学。这个展览，他拿了学校科学展的第一名，因此而参加了市展的比赛，也拿到了辛辛那提市的第二名。"

他曾是一个留级两年的孩子，被学校认定脑部受损，被他的同学叫"摩臀原始人"，又说他的大脑在脑部的缺口漏了出去。突然，他发觉他能够学习而且去完成一些工作，结果呢？从八年级的最后一学期起一直到高中，他都排在荣誉榜上；在高中时，他被选拔至全国荣誉协会。一旦他发现学习是容易的，他整个生命都改变了。

第4章
如何使交谈更愉快

十之八九,你赢不了争论

卡耐基金言

◇争论的结果不仅伤了和气,往往使对方更加坚持其主张。
◇你可能有理,但要想在争论中改变别人的主意,你一切都是徒劳。
◇不论对方才智如何,都不可能靠辩论来改变他的想法。

在人际交往中,很容易出现双方观点、意见不一致的情况,怎样对待这种不一致,是检验一个人社交能力高低的一个重要尺度。善于交往的人应采取不争论的策略,可能有人认为这是缺乏原则性的表现,明明自己有看法,却有意隐蔽起来,这岂不是有点虚伪吗?

意见不一致的情况,具体表现很多,但不外乎两大类:一类是与己无关的情况,比如几个人闲聊,某人说拿破仑是英国人,这当然是一个明显的错误,这时你可以讲究一点策略,暗地提醒一下,他若仍然坚持,你可默不作声,而不必大张旗鼓、针锋相对地跟他争论,因为争论的结果他必输无疑,何必在大庭广众之下让他丢面子呢?再说经过人家提醒,他必定心虚,回去后查查书或问问别人也不难解决,大可不必用争论的办法为他纠正错误。另一类则是与己有关的情况。这时候的不争论绝不是轻易放弃自己的意见。恰恰相反,是通过种种方法、策略让对方自动放弃他的意见,从而按自己的意见办,只不过这"种种方法、策略"决不包括争论的方法。因为争论的结果不仅伤了和气,往往使对方更加坚持其主张。我们的目的既然是让他放弃,为什么要通过争论反而令其更加坚持呢?这方面生活、工作中有不少例子。

我曾在伦敦学到一个极有价值的教训。

有一天晚上,我参加一次宴会。宴席中,坐在我右边的一位先生讲了一个故事,并引用了一句话,意思是"谋事在人,成事在天"。他说那句话出自《圣经》,我知道,他错了。为了表现出优越感,我很讨嫌地纠正他。他立刻反唇相讥:"什么?出自莎士比亚?不可能,绝对不可能!那句话出自

《圣经》。"他自信确实如此！那位先生坐在右首，我的老朋友弗兰克·格蒙坐在左首，他研究莎士比亚的著作已有多年，于是，我俩都同意向他请教。格蒙说："戴尔，这位先生没说错，《圣经》里有这句话。"

那晚回家路上，我对格蒙说："弗兰克，你明明知道那句话出自莎士比亚。""是的，当然，"他回答，"哈姆雷特第五幕第二场。可是亲爱的戴尔，我们是宴会上的客人，为什么要证明他错了？那样会使他喜欢你吗？为什么不给他留点面子？他并没问你的意见啊！他不需要你的意见，为什么要跟他抬杠？应该永远避免跟人家正面冲突。"

永远避免跟人家正面冲突。天底下只有一种能在争论中获胜的方式，那就是避免争论。避免争论，要像你避免响尾蛇和地震那样。

十之八九，争论的结果会使双方比以前更相信自己绝对正确。你赢不了争论。要是输了，当然你就输了；即使赢了，但实际上你还是输了。为什么？如果你的胜利，使对方的论点被攻击得千疮百孔，证明他一无是处，那又怎么样？你会觉得洋洋自得，但他呢？他会自惭形秽，你伤了他的自尊，他会怨恨你的胜利。而且——"一个人即使口服，但心里并不服。"

潘恩互助人寿保险公司立了一项规矩："不要争论！"

真正的推销精神不是争论，甚至最不露痕迹的争论也要不得。人的意愿是不会因为争论而改变的。

几年前，有位爱尔兰人名叫欧·哈里，他受的教育不多，可是真爱抬杠。他当过人家的汽车司机。欧·哈里承认，他在口头上赢得了不少的辩论，但并没能赢得顾客。而欧·哈里现在是纽约怀德汽车公司的明星推销员。他是怎样成功的？这是他的说法：

"如果我现在走进顾客的办公室，而对方说：'什么？怀德卡车？不好！你要送我我都不要，我要的是何赛的卡车。'我会说：'老兄，何赛的货色的确不错，买他们的卡车绝错不了，何赛的车是优良产品。'这样他就无话可说了，没有抬杠的余地。如果他说何赛的车子最好，我说没错，他只有住嘴了。他总不能在我同意他的看法后，还说一下午的'何赛车子最好'。我们接着不再谈何赛，而我就开始介绍怀德的优点。

"当年若是听到他那种话，我早就气得脸一阵红、一阵白了——我就会挑何赛的错，而我越挑剔别的车子不好，对方就越说它好。争辩越激烈，对方就越喜欢我竞争对手的产品。现在回忆起来，真不知道过去是怎么干推销的!以往我花了不少时间在抬杠上,现在我守口如瓶了,果然有效。"

正如明智的本杰明·富兰克林所说:"如果你老是抬杠、反驳,也许偶尔能获胜,但那只是空洞的胜利,因为你永远得不到对方的好感。"

因此,你自己要衡量一下,你是宁愿要一种字面上的、表面上的胜利,还是要别人对你的好感?你可能有理,但要想在争论中改变别人的主意,你一切都是徒劳。

威尔逊总统任内的财政部长威廉·麦肯罗以多年政治生涯获得的经验,说了一句话:"靠辩论不可能使无知的人服气。"

不论对方才智如何,都不可能靠辩论改变他的想法。

释迦牟尼说:"恨不消恨,端赖爱止。"争强急辩不可能消除误会,而只能靠技巧、协调、宽容,以及用同情的眼光去看别人的观点才可达到影响他人的目的。

假如我是他

卡耐基金言

◇告诉自己:假如我是他,我会怎么想?我会怎么做?这么一来,不但可以节省时间,还会减少许多不快。

◇明天,在你开口要求别人熄火、购物或认捐任何款项之前,请先闭上眼睛,试着从别人的角度来思考事情。

记住,许多人做错事的时候,自己并不这么认为。所以,别去责怪这些人,只有傻子才会这么去做。要想办法去了解这些人。当然,这也只有聪明、有耐心而且具有超俗思想的人才会这么去做。

人会有独特的想法或做法,总有其特别的理由。把这个理由找出来,便可以了解他为什么要这么做。甚至,这理由还可以帮你了解此人的性格。

要真诚地站在此人的立场看事情。告诉自己:假如我是他,我会怎么想?我会怎么做?这么一来,不但可以节省时间,也会减少许多不快。因为,"假如你对事情的原因感兴趣,通常对其所具的影响也一样感兴趣",更何况这还可以大大增进你对人际关系的了解。

肯尼斯·谷迪在其著作《点石成金》一书中说道："且预留几分钟，先度量一下自己对本身事务感兴趣的情形，还有对一般事务关注的程度——两者相比较之后，你或许会了解，举世众人也大概都是如此。"

我们再由林肯和罗斯福等人的处世方法当中，学习处理人际关系的基本原则。那就是：由别人的观点去看事情。

住在纽约的山姆·道格拉斯夫妇，4年前刚迁入新居的时候，由于道格拉斯太太花了太多时间整理草地——拔草、施肥、每星期割两次草——但是，整片草地看起来也只不过和他们搬进去的时候差不多。于是，道格拉斯先生便常劝太太不用那么费力气，道格拉斯太太为此颇感沮丧。而每次道格拉斯先生这么说的时候，当晚家中的宁静气氛便被破坏了。

道格拉斯先生参加了训练班课程之后，深觉多年来的做法不对。他从没想过，或许他的太太本就喜欢园艺工作，她需要的是赞赏而不是指责。

一天傍晚，用过晚餐之后，道格拉斯太太又准备到庭院除草，并且问道格拉斯先生愿不愿意陪她一道去。道格拉斯先生本不太感兴趣，但一想到那是太太的嗜好，最好是不要拒绝，便急忙答应愿意帮忙。道格拉斯太太十分高兴，那天傍晚，他们除了用心除草之外，还谈得十分愉快。

自此以后，道格拉斯先生便常常帮太太整理庭院，也常常称赞太太把庭院整理得多么好。结果：他们的家庭生活大为改进。由于道格拉斯先生能站在太太的立场看事情——虽然只是除草这一类的小事——事情便能获得圆满解决。

吉拉德·奈伦保在其著作《与人交往》一书中评论道："在你同别人谈话的时候，假如能表现出十分重视对方的想法和感受，便可赢得对方的合作。所以，你应该先表明自己的目的或方向，然后倾听对方发言，再由对方的意见决定该如何应答。总之，要敞开心灵接受对方的观点，如此，对方也相对地会比较愿意接受你的看法。"

多年来，我常到离家不远的公园中散步、骑马，以此作为消遣，像古时高尔人的传教士一样。我很喜欢橡树，所以每当我看见一些小树及灌木被人为地烧掉时，就非常痛心，这些火不是由粗心的吸烟者所致，它们差不多都是由到园中野炊的孩子们摧残所致。有时这些火蔓延得很凶，以致必须叫来消防队员才能扑灭。

公园边上有一块布告牌，上面写道：凡引火者应受罚款及拘禁。但这布告牌竖在偏僻的地方，儿童很少看见它。有一位骑马的警察在照看这一公园，但他对自己的职务不大认真，火仍然是经常蔓延。有一次，我跑到一个警察那边，告诉他一场火正急速在园中蔓延着，要他通知消防队。他却冷漠地回答说，那不是他的事，因为不在他的管辖区中！我急了，所以在那以后，当我骑马的时候，我担负起保护公共地方的义务。最初，我没有试着从儿童的角度来看待这件事。当我看见树下起火时就非常不快，急于想做出正当的行为来阻止他们。我上前警告他们，用威严的声调命令他们将火扑灭。而且，如果他们拒绝，我就恫吓要将他们交给警察。我只在发泄我的情感，而没有考虑孩子们的观点。

结果呢？那些儿童遵从了——怀着一种反感的情绪遵从了。在我骑过山后，他们又重新生火，并恨不得烧尽公园。

多年以后，我增加了一些有关人际关系学的知识与手段，于是我不再发布命令，甚至威吓他们了，而是骑向火前，向他们说道："孩子们，这样很惬意，是吗？你们在做什么晚餐？……当我是一个孩童时，我也喜欢生火——我现在也很喜欢。但你们知道在这公园中生火是极危险的，我知道你们不是故意的，但别的孩子们不会是这样小心，他们过来见你们生了火，所以他们也会学着生火，回家的时候也不扑灭，以致在干叶中蔓延烧毁了树木。如果我们再不小心，这里就会没有树林。因为生火，你们可能被拘捕入狱。我不干涉你们的快乐，我喜欢看到你们感到很快乐。但请你们即刻将所有的树叶扫得离火远些，在你们离开以前，你们要小心用土盖起来，下次你们取乐时，请你们在山丘那边沙滩中生火，好吗？那里不会有危险。多谢了，孩子们，祝你们快乐。"

这种说法产生的效果有很大区别！它使孩子们产生了一种同你合作的欲望，没有怨恨，没有反感。他们没有被强制服从命令。他们保全了面子。他们感觉很好，我也感觉很好，因为我处理这事情时，考虑了他们的观点。

在澳州的伊丽莎白·诺瓦克，她的汽车分期付款已迟了6个星期。她在报告中说道："某个星期五，我接到一通十分不客气的电话，就是处理我分期付款账号的人打来的。他告诉我，假如我不能在星期一早上付清122元的欠款，公司就要进一步采取行动。我实在没有办法在周末筹到那笔钱，所以，星期一早上电话铃响的时候，我早有心理准备。我不准备向他抱怨或诉苦，相反的，我试着站在他的角度看事情。首先，我真诚地向他道歉，因为我时常不能如期付款，想必给他增添许多麻烦。听我这一说，他的语气马上改变了。他表示,我还不是最麻烦的顾客。有好几位顾客才真使他头痛,他举了好几个例子,说明有些顾客如何无礼,又如何会撒谎、耍赖等等。我一直没有开口,只静听他把所有不愉快的事情倾泻出来。最后,不等我提出意见,他就先表示我可以不用马上付清欠款,只要在月底以前先缴20元,然后等方便的时候再慢慢付清全额。"

所以,明天,在你开口要求别人熄火、购物或认捐任何款项之前,请先闭上眼睛,试着由别人的角度来思考事情。问问自己:"他们为什么要这么做?"不错,这可能要花点时间。但却可因此避免制造敌人,减少摩擦,并可达到最好的效果。

在哈佛商业学校的狄恩·唐璜说道:"我宁可在面谈之前,在办公室前踱上两个钟头,而不愿意毫无准备地走进办公室。我一定要清楚自己想要讲什么,更重要的,是根据我对他们的了解——他们大概会说些什么。"

这点十分重要,所以我要把这段话再重复一遍:

"我宁可在面谈之前,在办公室前踱上两个钟头,而不愿毫无准备地走进办公室。我一定要清楚自己想要讲什么,更重要的,是根据我对他们的了解——他们大概会说些什么。"

假如,读完本书之后,你只得了一样东西——能够从旁人的角度去思考、去看事情,那么,虽然这只是你由本书所得到的唯一东西,却很可能是你一生事业的踏脚石。

牵着他人的舌头走

卡耐基金言

◇ 交谈就像传接球,永远不是单向的传递。如果其中有人没有接球,就会出现一阵难堪的沉默,直到有人再次把球捡起来,继续传递,一切才能恢复正常。

◇ 在与人交谈中,除了要吸引对方的兴趣之外,还有一个重要事项,就是要引导对方加入交谈。

你必须注意:自己是否挫伤了对方的自信?是否给对方留有发表他们见解的机会,而不是拒之于谈话之外?

更重要的是你能否对他们的话表现出关注，而不是显得只对自己感兴趣。

交谈就像传接球，永远不是单向的传递。如果其中有人没有接球，就会出现一阵难堪的沉默，直到有人再次把球捡起来，继续传递，一切才能恢复正常。

一些青年学生常常向我诉说：他们在约会的时候老是不能保证交谈生动有趣。其实，这本来是一个非常易于掌握的技巧问题：问一些需要回答的话，这样谈话就能持续不断。

但是，如果你只问："天气挺好的，是吧？"对方用一句话就可以回答了："是啊，天气真不错！"有一回，马克·吐温一天之中听了12遍完全相同的问题："天气真好，是不是，马克·吐温先生？"最后，他只好回答说："是啊，我已经听别人把这一点夸到家了。"

"天气真好，是不是？"这也许是一个会产生僵局的提问，但是回答却不一定都会导致僵局。不管怎么说，大家还是关心天气的，否则电视台的新闻节目也不会花上好几分钟来播放预告，而且还要用图表来说明。如果感觉到很难让你的谈话对象开口畅谈，不妨用下列问句来引导：

"为什么……"

"你认为怎样才能……"

"按你的想法，应该是……"

"价钱怎么正好……"

"你如何解释？"

"你能不能举个例子？"

"如何"、"什么"、"为什么"是提问的3件法宝。

当然，如果回答还是个僵局，那就和提问是僵局一样，交谈仍然无法进一步展开。你必须尽一切努力把球保持在传递中，而不使它停在某一点。

有时，你的谈话对象一开始不同你呼应，那也许是他还有些拘束，也许是他太冷漠，或者太迟钝，或者根本没有接触到他感兴趣的话题。

在参加聚会之前，如果能够从主人、女主人那里打听到一些邻座客人的情况，一定会对谈话有所帮助。不过，即使如此，也未必能确保对方一定开口，打破矜持的气氛。也许在用餐时，你不得不和一位骆驼般高傲的律师同座，而你想方设法使他开口却没有办到。那也不要灰心，接着再试试。你提到非法越境进入美国的墨西哥人问题，他可能无动于衷。但你谈起潜水，也许他就很有兴趣，或许，你还可以提提鲸鱼的生活习性呢！

耐尔·柯华爵士曾经这么说过："我对于世界的重要性是微乎其微的，但从另一方面讲，我对于我自己却是非常重要的，我必须和自己一起工作，一起娱乐，一起分担忧愁和快乐。"

这完全正确，人类总是以自我为中心的。

如果你对这个最基本的人类本性已不再感到震惊，你就会懂得如何调节自己适应谈话了。坦率地说，和对方谈他们感兴趣的话题，实际上对你自己也是有益的，尽管他们所爱好的和你所爱好的可能不尽相同。你可以先满足他们的自尊心，然后再满足你自己的。

这是一种自嘲吗？完全不是。

如果你能够谦恭诚恳地对待你的亲人和朋友，想象着他们对于你有多么重要，你就会发现他们在你生活中的意义的确不容忽视，同时，你还会发现你自己对于他们也变得越来越重要了。我们大家都期望能得到别人的赞扬，而且还会因此更加追求上进。总有一天，你会欣喜地认识到这样一个事实：任何一个看上去有缺陷、不聪明或反复无常的人身上都存在一些美好的东西。

心理分析专家认为，精神病患者一旦开始对别人及其他自我之外的事物产生兴趣，就说明他已进入健康阶段了。

如果说关注自我到了一定程度就是疯狂的表现，那么可以说没有一个人是绝对正常的。然而，我们愈是同他人交往——给予而不是索取，那我们就会愈接近正常了，除此之外，你还会有一个收益：你越关心别人，别人也就越关心你；你越尊重别人，你也能更多地受到别人的尊重。

争取让对方说"是"

卡耐基金言

◇跟别人交谈的时候，不要以讨论不同意见作为开始，要以强调——而且不断强调双方都同意的事作为开始。

◇使对方在开始的时候就说"是的，是的"，渐渐地，当你提出双方的分歧时，对方也会习惯性地说"是的"。

奥弗斯基教授在他的《影响人类的行为》一书中说："一个否定的反应，

是最不容易突破的障碍。当一个人说'不'时，他所有人格尊严，都要求他坚持到底。事后他也许觉得自己的'不'说错了，然而，他必须考虑到宝贵的自尊！既然说出了口，他就得坚持下去。因此，一开始就使对方采取肯定的态度而非否定的态度，是最为重要的！"

善于交际的人，都在一开始就力求得到对方的一些"是的"反应，这样就把对方心理导入肯定的方向。就好像一粒撞击的小球运动，从一个方向打击，它就偏向一方；要使它从反方向回来的话，则要花更大的力。

从生理反应上说，当一个人说"不"，而本意也确实否定的时候，他的整个组织——内分泌、神经、肌肉——全部凝聚成一种抗拒的状态，通常可以看出身体产生了一种收缩，或准备收缩的状态。反过来，当一个人说"是"时，身体组织就呈现出前进、接受和开放和状态。因此，开始时我们越多地造成"是，是"的环境，就越容易使对方接受我们的想法。

这是一种非常简单的技巧——但是它却被许多人忽略了！在某些人看来，似乎人们只有在一开始就采取反对的态度，才能显示出他们的自尊感。因此，激进派的人一跟保守派的人碰到一块，就必然要愤怒起来！事实上，这又有什么好处呢？如果他只是希望得到一种快感，也许还可以原谅。但假如他要达成什么协议的话，那他就太愚蠢了。

正是这种使用"趋同"的方法，使得纽约市格林尼治储蓄银行的职员詹姆斯·艾伯森，挽回了一名青年主顾。

艾伯森先生说："那个人进来要开一个户头，我照例给他一些表格让他填。有些问题他心甘情愿地回答了，但有些他根本拒绝回答。在我研究为人处世技巧之前，我一定会对那个人说：如果拒绝对银行透露那些材料的话，我们就不让他开户。我很惭愧过去我就采取那种方式。当然，像那种断然的方法会使我觉得很痛快。我表现出谁才是老板，也表现出银行的规矩不容破坏。但那种态度，当然不能让一个进来的开户头的人有一种受欢迎、受重视的感觉。

"我决定那天早上采用一下学到的技巧。我决定不谈论银行所要的，而谈论对方所要的。最重要的，我决意在一开始就使他说'是，是'。因此，我不反对他。我对他说，他拒绝透露的那些资料并不是绝对必要的。

"'但是，'我接着说，'假如你把钱存在银行一直等到你去世，难道你不希望银行把这笔钱转移到你那依法有权继承的亲友那里吗？''哦，当然。"

他回答道。

"我继续说：'你难道不认为，把你最亲近亲属的名字告诉我们是一种很好的方法吗？万一你去世了，我们就能准确而不耽搁地实现你的愿望。'他又说：'是的。'

"当他发现我们需要的那些资料不是为了我们而是为了他的时候，那位年轻人的态度软化下来——改变了！在离开银行之前，那位年轻人不但告诉我所有关于他自己的资料，而且在我的建议下，开了一个信托户头，指定他的母亲为受益人，同时还很乐意地回答所有关于他母亲的资料。"

西屋公司的推销员约瑟夫·阿立森也有类似的经验："在我的区域内有一个人，我们卖给了他几个发动机。如果这些发动机不出毛病的话，我深信他会填下一张几百个发动机的订单。这是我的期望。"阿立森向大家介绍道：

"我对我们公司的产品很有信心。3个星期之后，我再去见他的时候，我兴致勃勃。但是，我的兴致并没有维持多久，因为那位总工程师对我说：'阿立森，我不能向你买其余的发动机了。'

"'为什么？'我惊讶地问，'为什么？''因为你的发动机太热了，我的手不能放上去。'

"我知道跟他争辩不会有什么好处。因此，我说：'嗯，听我说，史密斯先生，我百分之百地同意你。如果那些发动机太热了，你就不应该买。你的发动机热度不应该超过全国电器制造商公会所立下的标准，是吗？'他同意地说：'是的。'我已经得到我的第一个'是'。

"'电器制造公会的规定是：设计的发动机可以比室内温度高出华氏72度。对不对呢？''是的，'他同意，'的确是的，但你的发动机热多了。'

"我还是没有跟他争辩。我只是问：'厂房有多热呢？''呵，大约华氏75度。'他说。

"我回答道：'那么，如果厂房是75度，加上72度，总共就等于华氏147度。如果你把手放在华氏147度的热水塞门下面，是不是很烫手呢？'他又必须说'是的'。

"'那么，不把手放在发动机上面，不是一个好办法吗？'我提议说。'嗯，我想你说得不错。'他承认说。我们继续聊了一会儿。接着他叫他的秘书过来，为下月开了一张价值35万美元的订单。

"我花了很多钱，失去了好多生意，才知道跟人家争辩是划不来的，懂得了从别人的观点来看事情使他说'是的，是的'才更有收获和更有意思。"

被誉为世界上最卓越的口才家之一的苏格拉底，做了一件历史上只有少数人才能做到的事：他彻底地改变了人类的整个思潮。而现在，在他去世23个世纪后，这个方法依然如此行之有效。

他的整套方法，现在称之为"苏格拉底妙法"，以得到"是，是"为根据。他所问的问题，都是对方所必须同意的。他不断地得到一个同意又一个同意，直到他拥有许多的"是，是"。他不断地发问，到最后，几乎在没有意识之下，使他的对手发现自己所得到的结论，恰恰是他在几分钟之前所坚决反对的。

以后当我们要自作聪明地对别人说他错了时候，可不要忘了苏格拉底妙法，应提出一个温和的问题——一个会得到对方的"是，是"反应的问题。

鼓励对方多说

卡耐基金言

◇ 多数人使别人同意他们的观点时，总是费尽口舌，其实，这种人得不偿失，因为话说多了，既费精力，又可能稍有不慎，伤害到别人。

◇ 须知世界上多半是欢迎专门听人说话的人，很少欢迎爱说话的人。

多数人使别人同意他们的观点时，总是费尽口舌，其实，这种人得不偿失，因为话说多了，既费精力，又可能稍有不慎，伤害到别人；另外，他们无法从他人身上吸取更多的东西，当然问题不在于别人吝啬，而是他不给别人机会。让对方尽情地说话！他对自己的事业和自己的问题了解得比你多，所以向他提出问题吧，让他把一切都告诉你。

如果你不同意他的话，你也许很想打断他。不要那样做，那样做很危险。当他有许多话急着要说的时候，他不会理你的。因此，你要耐心地听着，抱着一种开阔的心胸，诚恳地鼓励他充分地说出自己的看法。

这种方式在商界会有所收获吗？我们来看看某个人被迫去尝试的例子：

几年前，美国的一家汽车制造公司正在洽购一年所需要的布匹。3家厂商已做好了样品，并都经那家汽车公司的高级职员检验过，而且发出通知说,在一个特定的日子,3家厂商的代表都有机会对合同提出最终的申请。

其中一家厂商的代表抵达的时候正患着严重的咽炎。"轮到我去会见那些高级职员的时候,"这位先生在训练班上叙述事情的经过时说,"我的嗓子已经哑了。几乎一点声音也发不出来。我站起来,努力要说话,但只能发出吱吱声。汽车公司的几位高级职员都围坐在一张桌边,这时,我只好在一张纸上写着:'诸位,我的嗓子哑了,说不出话来。'

"'我来替你说吧!'汽车公司的董事长说。于是,他展示我的样品,代替我称赞它们的优点。一场热烈的讨论展开了。讨论的是我那些样本的优点。而那位董事长,因为是代表我说话,在讨论的时候就站在我的一边。我听着他们的讨论,只是微笑、点头、做几个手势而已。这次特殊会议的结果,使我得到了合同,50万码的坐垫布匹,总值160万美元——我所得到的一笔最大的订单。

"事后我想,如果自己不是哑了嗓子,就不一定能这么顺利地得到这笔订单。这事使我很偶然地发现,有时候让对方来讲话,可能得到预料不到的收获。"

法国哲学家罗西法考说:"如果你要树敌,就表现得胜过你的朋友;但如果你要得到朋友,那就让你的朋友胜过你。"事实上,即使是朋友,也宁愿对我们谈论他们自己的成就而不愿听我们吹嘘自己的成就。

如果有几个朋友聚在一起谈话,当中只有一个人口若悬河地滔滔长谈,其他的人只是呆呆地听着,这就不成其为谈话。每一个人都有着自己的发表欲。小学生见到老师提出一个问题,大家争先恐后地举起手来,希望老师叫他回答。即使他对于这个问题还不曾彻底地了解,只是一知半解,他还是要举起手来。成人们听着人家在讲述某一事件,虽然他们并不像小学生争先恐后地举起手来,然而他的喉头老是痒痒的,他恨不得对方赶紧讲完了好让他来发表一下自己的观点。

如果阻遏他人的发表欲,就容易引起他人的反感,从而不会得到人家的同情。所以不但应该让人家有着发表意见的机会,还得设法引起人家的话机,使人家感觉到你是一位使人欢喜的朋友,这对你是只有好处而没有害处的。如果你愿意和人家疏远,暗地里遭受着人家的白眼,你只需在和人家说话的时候,专门讲述你自己的话,不要听人家的所讲,而且,也不要给人家说话的机会。现实中这种人多得很,这样你将不会受人欢迎,大家以后见到你就会避开了。

著名的记者麦克逊说:"不善于倾听,这是不受人欢迎的原因之一。一般的人,他们只注意自己应该怎样地说,绝不管人家。须知世界上多半是欢迎专门听人说话的人,很少欢迎爱说自己话的人。"这几句话是确确实实的。

假如一个商店的售货员,拼命地称赞他的货物怎样好,而不给顾客说一句话的机会,那他未必就能做成这位顾客的生意。因为顾客认为你天花乱坠的说话,不过是一种生意经,决不会轻易相信而就购买的。反过来,如果给顾客说话的机会,使他对货物有了批评的机会,你成为和他对此货物互相讨论的人员,你的生意就容易做了。因为上门的顾客,他早有选择和求疵的心理,他尽管把货物批评得不好,他选定了自然会掏出钱来购买的。你一味地只是夸耀自己的货物,或是对顾客的批评加以争辩,这无异于说顾客没有眼光,不识好货,不是对顾客一个极大的侮辱吗?他受了极大的侮辱,还会来买你的货物吗?所以,与其自己唠唠叨叨地多说废话,还不如爽爽快快,让人家去说话,反而会得到意想不到的效果。

你如果能够给人家有说话的机会,你就给人留下了一个好印象,以后,人家和你谈话决不会见你讨厌而避开了。

查尔斯·古比里就在他的面试中运用了此法。在去面谈以前,他花了许多时间去华尔街,尽可能地打听有关那个公司老板的情况。在与公司老板面谈时,他说:"如果能替一家你们这样的公司做事,我将感到十分骄傲。我知道你们在28年前刚成立的时候,除了一个小办公室、一位速记员以外,什么也没有,对不对?"

几乎每一个功成名就的人,都喜欢回忆自己多年奋斗的情形,当然,这位老板也不例外。他花了很长时间,谈论自己如何以450美元和一个新颖的念头开始创业。他讲述自己如何在别人泼冷水和冷嘲热讽之下奋斗着,连假日都不休息,一天工作16个小时。他克服了无数的不利条件,而目前华尔街生意做得最好的那几个人都向他请教和索取资料。他为自己的过去而自豪。他有权自豪,因此,在讲述过去时十分得意。最后,他只简短地询问了一下古比里的经历,就请一位副董事长进来,说:"我想这是我们所要找的人。"

古比里先生花了很大工夫去了解他未来老板的成就,表示出对对方感兴趣,并鼓励对方多说话,从而给人留下了一个很好的印象。

想要赢得朋友,这也是一个很好的方法。

纽约的亨丽耶塔便是例子。她是一家经纪公司的雇员。上班前几个月,她在公司里交不到一个朋友。原因何在?因为每天她总要向同事吹嘘自己取得多少生意,开了多少户头,还有种种其他的成就,等等。

"我深以自己的工作绩效为傲。"亨丽耶塔说道,"但我的同事并没有兴趣分享我的成就,反而显得极不高兴。我也希望在公司里受到欢迎,与大家成为好朋友。来训练班上过几堂课之后,我发现了自己的问题所在,便改变了待人的方式,尽量少谈自己,而多听别人讲话。别人也有许多事情想吹嘘一番。这比只听我个人吹嘘有意思多了。现在,只要一有聊天的机会,我都要求他们把自己的欢乐拿出来分享,而我只在他们提出要求的时候,才谈一点自己的成就。这样一来,大家便开始与我接近,因而很快我就交了许多朋友。"

无声胜有声

卡耐基金言

◇不指责对方的失败和错误,而是采取沉默的态度,这等于是给对方提供了扪心自问、冷静反思的机会。

一位高中棒球队的教练曾经讲过这样一个故事:有一次,一个选手未经教练许可,擅自离队去看电影。后来,事情被发现了,他想这次一定会受到教练的严厉斥责,结果出乎他的预料,教练一句话也没说。从此以后那个选手再也没有逃脱过训练。当教练在选手们的聚会上见到了已经步入社会的他时,他深切地说:"那时,虽然教练没有批评我,但那比批评还难受"。

像这样不指责对方的失败和错误而是采取沉默的态度,是一种极具效果的说服术。这样就等于是给对方提供了扪心自问、冷静反思的机会。

一家著名的电机制造厂召开管理员会议,会议的主题是"关于人才培养的问题"。会议一开始,瑞恩斯董事就用他那特有的声音提出自己的意见:

"我们公司根本没有发挥人才培训的作用,整个培训体系形同虚设,虽然现在有新进职员的职前训练,但之后的在职进修却成效不显。职员们只能靠自己的摸索来熟悉自己的工作,很难与当今经济发展的速度衔接在一起,因而造成公司职员素质水平普遍低下、效益不高。所以我建议应该成立一个让职员进修的训练机构，不知大家看法如何？"

"你所说的问题的确存在，但说到要成立一个专门负责培训职员的机构，我们不是已经有职员训练组织了吗？据我了解，它也发挥了一定的作用，我认为这一点可以不用担心……"

"诚如总经理所说，我们公司已经有职员训练组织，但它是否发挥实际作用了呢？实际上，职员根本无法从中得到任何指导，只能跟着一些老职员学习那些已经过时的东西，这怎么能够将职员的业务水平迅速提升呢？而且我观察到许多职员往往越做越没有信心、越做越没干劲。所以还是坚持……"

"瑞恩斯，你一定要和我唱反调吗？好，我们暂时不谈这个话题，会议结束后，我们再做一番调查。"

就这样，一个月后公司主管们重新召开关于人才培训的会议。这次总经理首先发言：

"首先我要向瑞恩斯道歉，其次我错怪了他。他的提案中所陈述的问题确实存在。这个月我对公司的职员培训进行了抽样调查，结果发现它竟然未能发挥应有的功效。因此，今天召集大家开会是想讨论一下应该如何改变目前人才培养的方法。请大家尽量发表意见吧！"

总经理的话一出口，大家就开始七嘴八舌地提出建议，但令人奇怪的是，这一次瑞恩斯董事却始终一语不发地坐在原位，安静地聆听着大家的意见，直到最后他都没说一句话。

会议结束以后，总经理把瑞恩斯董事叫进社长办公室晤谈，"今天你怎么啦？为什么一句话也不说？这个建议不是你上次开会时提出来的吗？"

"没错，是我先提出来的。不过上次开会我把该说的都说了，其实那无非是想引起总经理您对这问题的重视罢了，现在目的已经达到，我又何必再说一次呢？还不如多听听人家的建议。"

"是吗？不错，在此之前我反对过你的提议，你却连一句辩解也没有。今天大家提出的各种建议都显得很空洞，没有实际的意义，反倒是你的沉默让我感到这个问题带来的压力。这样吧，这件事就交给你去办好了！今天起由你全权负责公司的人才培训工作。请好好努力吧！"

"是，谢谢您对我的信任，我一定会努力把这件事做好！"

用耳朵来交谈

卡耐基金言

◇如果你想成为一个善于谈话的人,那就先做一个注意静听的人。

◇始终挑剔的人,甚至最激烈的批评者,常会在一个忍耐、同情的静听者面前被软化或者降服。

有一次,我在一个朋友的桥牌晚会上,与一位女士聊起天来。这位女士知道我刚从欧洲回来,于是就对我说:"啊,卡耐基先生,你去欧洲演讲,一定到过许多有趣的地方,欧洲有很多风景优美的地方,你讲给我听听好吗?要知道,我小时候就一直梦想着欧洲旅行,可是到现在我都不能如愿。"

我一听这位女士的开场白,就知道她是一位健谈的人。我知道,让一位健谈的人长久地听别人的长篇大论,心中一定憋着一口气,而且很快就对你的讲话失去兴趣。刚进晚会时我就听朋友介绍过她,知道她刚从南美的阿根廷回来。阿根廷的大草原景色秀丽,到那个国家去旅游的人都要去看看的,她肯定会有自己的一番感受。

于是我对那位女士说:"是的,欧洲有趣的地方可多了,风景优美的地方更不用说了。但是我很喜欢打猎,欧洲打猎的地方就只有一些山,很危险的。就是没有大草原,要是能在大草原上边骑马打猎,边欣赏秀丽的景色,那多惬意呀……"

"大草原,"那位女士马上打断我的话,兴奋地叫道,"我刚从南美阿根廷的大草原旅游回来,那真是一个有趣的地方,太好玩了!"

"真的吗?你一定过得很愉快吧。能不能给我讲一讲大草原上的风景和动物呢?我和你一样,也梦想到大草原去的。"

"当然可以,阿根廷的大草原可……"那位女士看到有了这么好的一个倾听者,当然不会放过这个机会,滔滔不绝地讲起了她在大草原的旅行经历。然后在我的引导下,她又讲了布宜诺斯艾利斯的风光和她沿途旅行的国家的风光,甚至到了最后,变成了她对自己这一生去过的美好地方的追忆。

我在一旁一直耐心地听着,不时微笑着点点头鼓励她继续讲下去。那位女士一直讲了足足有一个多小时，直到晚会结束，她才余意未了地对我说："卡耐基先生，下次见面我继续给你讲，还有很多很多呢！谢谢你让我度过了这样美好的一个夜晚。"

我在这一个小时中只说了几句话，然而，那位女士却向晚会的主人说："卡耐基真会讲话，他是一个很有意思的人，我非常愿意和他在一起。"

我知道，其实像她这样的人，并不想从别人那里听到讲些什么，她所需要的仅仅是一双认真聆听的耳朵。她想做的事只有一样：倾诉。她心里真想将自己所知道的一切全都讲出来，如果别人愿意听的话。

还有一次，我在一位植物学家身上运用了同样的方法，我专注地坐在椅子边沿倾听着他谈论大麻、印度以及室内花园。他还告诉我有关马铃薯的一些惊人事实。

需要提一下，我们是在一个晚宴上，在场的还有十多个人。但是我违反了所有的礼仪，忽略了其他所有的人，只顾听那位植物学家谈话，听了好几个小时。

午夜来临了，我向每一个人道了别，走了。那位植物学家接着转向我们的主人，说了几句赞美我的话。说我是"最有意思"的人。他最后说，我是一个"最有意思的谈话家"。

说我口才好，让我很惊讶。我记得当时几乎什么都没说。即使想说，因为对植物学完全没有概念，又没有转变话题，所以找不到谈话的材料，而代替讲话的方法就只有听了，而且是很专心地倾听。于是我就转换成听众了，而对方也觉得很高兴。那种专注的倾听，就是我们所能给予别人的最高赞词了。

一次成功的商业会谈的秘诀是什么？注重实际的学者以利亚说："关于成功的商业交往，没有什么神秘——把注意力集中到讲话的人身上。没有别的东西会如此使人开心。"其中的道理很明显，是不是？你无须在哈佛读上4年书才发觉这一点。但你我也知道，有的商人租用豪华的店面，陈设橱窗动人，为广告花费千百元钱，然后却雇用一些不会静听他人讲话的店员，中止顾客谈话，反驳他们，激怒他们，甚至几乎要将客人驱出店门。

乌顿的经验可谓是极好的一例。他在我班中讲述过这么一个故事：

在近海的新泽西，他在一家百货商店买了一套衣服。这套衣服令人失望：上衣褪色，把他的衬衫领子都弄黑了。后来，他将这套衣服带回该店，找到卖给他衣服的店员，告诉他事情的情形。他想诉说此事的经过，但被店员打断了。"我们已经卖出了数千套这种衣服，"这位售货员反驳说，"你还是第一个来挑剔的人。"正在激烈辩论的时候，另外一个售货员加入了。"所有黑色衣服起初都褪一点颜色，"他说，"那是没有办法的，这种价钱的衣服就是如此，那是颜料的关系。"

"这时我简直气得起火，"乌顿先生讲述他的经过说，"第一个售货员怀疑我的诚实，第二个暗示我买了一件便宜货。我恼怒起来，正要骂他们，突然间经理踱了过来，他懂得他的职责。正是他使我的态度完全改变了。他将一个恼怒的人，变成了一位满意的顾客。他是如何做的？他采取了3个步骤：

"第一，他静听我从头至尾讲我的经过，不说一个字。第二，当我说完的时候，售货员们又开始要插话发表他们的意见，他站在我的观点与他们辩论。他不但指出我的领子是明显地被衣服所污染，并且坚持说，不能使人满意的东西，就不应由店里出售。第三，他承认他不知道毛病的原因，并率直地对我说：'你要我如何处理这套衣服呢？你说什么，我都可照办。'

"就在几分钟以前，我还预备要告诉他们留下那套可恶的衣服。但我现在回答说：'我只要你的建议，我要知道这种情形是暂时的，是否有什么办法解决。'他建议我这套衣服再试一个星期。'如果到那时仍不满意，'他应许说，'请您拿来换一套满意的。使您这样不方便，我们非常抱歉。'

"我满意地走出了这家商店。一星期后这衣服没有毛病。我对于那家商店的信任也就完全恢复了。"

始终挑剔的人，甚至最激烈的批评者，常会在一个忍耐、同情的静听者面前软化降服，这位静听者即使在气愤的寻衅者像一条大毒蛇张开嘴巴吐出毒物一样的时候也要静听。

纽约电话公司数年前应付过一个曾咒骂接线生的最险恶的顾客。他咒骂，他发狂，他恐吓要拆毁电话，他拒绝支付他认为不合理的费用，他写信给报社，还向公众服务委员会屡屡提出申诉，并使电话公司引起数起诉讼。

最后，公司一位最有技巧的调解员被派去拜访这位暴戾的顾客。这位调解员耐心倾听，使这位好争论的老先生发泄他的大篇牢骚，他表示十分同情他的"遭遇"。

"他继续发狂，我倾听了差不多3个小时，"这位调解员在我的班里叙述他的经验时说，"以后我再到他那里，再听他发牢骚，我拜访过他4次，在第四次拜访结束前，我成为他正在创办的一个组织的会员，他称之为'电话用户权益保障委员会'。我现在仍是这一组织的会员，但据我所知，除了该先生以外，我是唯一的会员了。

"在这几次拜访中，我倾听，并且同情他列举的任何一点。他从未与电话公司的人作过那样的谈话，他几乎变得友善了。我要见他的意图，第一次访问时，没有提到，第二、第三次也没有提到，但在第四次，我结束了这个案件！他付清了所有欠账，在他与电话公司交涉的过程中，他第一次撤消了他对公众服务委员会的投诉。"

无疑，此先生自认为公理而战，保护公众的权利，使他们不受电话公司的无情剥削，但实际上他要的是自重感。他挑剔、抱怨，以得到这种自重感，但当他从公司代表身上得到自重感时，他的不切实际的怒气立即消失了。

多年前的一个早晨，一位愤怒的顾客，闯入德弟茂毛呢公司创办人德弟茂的办公室，这家公司后来成为世界最大的毛呢公司。

"这个人欠我们15元钱。"德弟茂先生对我解释说，"这位顾客不承认，但我们知道是他错了，所以我们公司信用部坚持要他付账。在接到我们信用部职员的几封信以后，他衣冠楚楚来到芝加哥，匆匆忙忙地奔进我的办公室，告诉我说，他不但拒绝支付那笔欠账，并且永远不再购买德弟茂公司1分钱的货物。

"我耐心地倾听所有他要说的话。几次我忍不住要打断他，但我知道那不是上策，所以我让他尽情发泄。最后当他沉住气的时候，我平静地说：'我要谢谢你到芝加哥来告诉我这件事。你已经帮了我一个大忙，因为如果我们信用部得罪了你，他们也可能惹怒其他顾客，那就更糟了。你可以相信我，我要听到这些比你要告诉我这些还来得急切。'他怎么也没有想到我会说这种话。我想他肯定有一点失望，因为他到芝加哥是为了和我吵架。但我在这里感谢他，不与他争论。我明确地告诉他，我们要在欠账中取消那笔15元钱的账款并把这件事忘掉。因为他是一个很细心的人，只需打理一份账目，而我们的业务员却要管理几千份，所以他比我们不容易弄错。

"我告诉他我十分了解他的感觉，如果我处在他的境地，无疑，我也同他的感觉完全一样，因为他不想再买我们的货物了，所以我推荐了几家别的毛呢公司。再后来，每当他来芝加哥时，我们常常共进午餐。那天我请他吃午餐，他勉强地同意了，但当我们回到办公室的时候，他订了比过去都要多的货物。他以平和的态度回去了，为了对待我们同我们待他的那么好，他检查了他的账单，找出一张他以前放错了地方的账单，于是，他寄给我们一张15元的支票和他的道歉。"

后来他妻子生了一个男孩，他为他的儿子取名"德弟茂"，他成为这家公司的一位永久朋友和顾客，直到许多年后他去世。

多年前，有一个贫苦的从荷兰移居来美的儿童，在学校下课后，为一家面包店擦窗，每星期赚半美元。他家非常贫寒，他平常每天到街上用篮子捡拾煤车送煤时落在沟渠里的碎煤块。那个孩子叫马可，一生仅受过6年的学校教育，但最后竟使自己成为美国新闻界一个最成功的杂志编辑。他是怎么成功的？说来话长，但他如何开始，我们可以简单地叙述。因为他采用的正是本章所提出的原则作为他的开端。

他13岁离开学校，在西联做童工，每星期工资6.25美元。但他从未放弃寻求教育的意念。他不坐车、不吃午饭把钱省下积攒起来，直到足够买一部《美国名人传全书》。他读了名人的传记，写信给他们，请他们寄来有关他们童年时代的补充材料。他是一个善于静听的人，他鼓励名人讲述自己的故事。他写信给那时正在竞选总统的加菲大将，问他是否真的在一条运河上做过拉船童工，加菲给他写了回信。他写信给格莱德将军，询问某一战役，格莱德给了这位14岁的孩子一张地图并邀请他吃晚饭，和他谈了一整夜。

他写信给爱默生并希望爱默生讲述关于他自己的情况。这位为西联送信的小孩不久便和全美最著名的人通过信：爱默生、勃罗克、夏姆士、浪番洛、林肯夫人、爱尔各德、秀门将军及戴维斯。

他不只与这些名人通信，并且在他们假期的时候去拜访过他们中间的好多位，成为他们家里受欢迎的一个客人。这种经验，使他产生了一种无比的自信心。这些名人激发了他的理想与志向，改变了他的人生。而所有这一切，只是因实行了我们所讨论的这一原则而已。

马可先生大概算得上世上最优秀的名人访问者，他说许多人不能让他人对自己产生好印象，因为他们不注意静听。"他们只关心自己下面要说什么，他们不懂得用耳朵。一些大人物曾告诉我，他们更喜欢善于静听者而非善于谈话者，但能静听的能力，好像比任何其他好性格都少见。"不只大人物要求他人善于静听，平常人也如此。《读者文摘》中曾写道："许多人之所以请医生,他们所要的只不过是一个静听者。"

在美国内战最紧张的时候,林肯写信给在伊利诺伊的一位老朋友,请他到华盛顿来商讨一些问题。这位老朋友到白宫拜访,林肯跟他谈了数小时关于释放黑奴的宣言是否适当的问题。谈论数小时以后,林肯与他的老朋友握手道声晚安,送他回伊利诺伊,竟然没有征求他的意见。整个谈话中所有的话都是林肯说的,那好像是为了舒畅他的心境,"谈话之后他似乎稍感安适",这位老朋友说。林肯没有要求得到建议,他只要一位友善的、同情的静听者,使他可以发泄苦闷。那是我们在困难中都需要的,那常是愤怒的顾客所需要的,一些不满意的雇员、感情受到伤害的朋友也都是这样。

如果你想让周围的人躲避你,背后笑你,甚至轻视你,这里有一个最好的办法就是决不静听别人说话,不断地谈论你自己。如果在别人谈话时,你有自己不同的意见,别等他说完,他没有你伶俐。为什么浪费你的时间去听他无谓的闲谈?即刻插嘴,在一句话当中打断他。

那些讨厌的人就是为自私心及自重感所麻醉的人。那些只谈论自己的人,只为自己设想。而只为自己设想的人,哥伦比亚大学校长巴德勒博士说:"是无可救药的缺乏教育者"。"他确实没有教育,"巴德勒博士说,"无论他如何受人教导。"

所以如果你希望成为一个善于谈话的人,那就先做一个注意静听的人。要使人对你感兴趣,那就先对人感兴趣。问别人喜欢回答的问题,鼓励他谈论自己及他所取得的成就。不要忘记在与你谈话的人,对他自己、他的需要、他的问题,比对你及你的问题要感兴趣 100 倍。他的牙痛、肚子痛是件天大的事,胜过任何其他的世界大事。

3/4 的人渴望得到的

卡耐基金言

◇同情在中和酸性的狂暴感情上,有很大的化学价值。明天,你所遇见的人中,有 3/4 的都渴望得到同情。给他们同情吧,他们将会爱你。

你想不想拥有一个神奇的短句,可以阻止争执,除去不良的感觉,创造良好意志，并能使他人注意倾听？

想？好极了。下面就是："我一点也不怪你有这种感觉。如果我是你，毫无疑问，我的想法也会跟你的一样。"

像这样的一段话，会使脾气最坏的老顽固软化下来，而且你说这话时，可以有百分之百的诚意，因为如果你真的是那个人，当然你的感觉就会完全和他一样。让我举例说明。以亚尔·卡朋为例。假设你拥有亚尔·卡朋的躯体、性情和思想，假设你拥有他的那些环境和经验，你就会和他完全一样——也会得到他那种下场。因为，就是这些事情——也只有这些事情——使他变成他那种面目。

例如，你并不是响尾蛇的唯一原因，是你的父母并不是响尾蛇。你不去亲吻一只牛，也不认为蛇是神圣的，唯一原因是因为你并不出生在恒河河岸的印度家庭里。

你目前的一切，原因并不全在你——记住，那个令你觉得厌烦、心地狭窄、不可理喻的人，他那副样子，原因并不全在于他。为那个可怜的家伙难过吧。可怜他，同情他。你自己不妨默诵约翰·戈福看见一个喝醉的乞丐蹒跚地走在街道上时所说的这句话："若非上帝的恩典，我自己也会是那样子。"

明天，你所遇见的人中，有3/4都渴望得到同情。给他们同情吧，他们将会爱你。

我有一次在电台发表演说，讨论《小妇人》的作者莎易洛·梅·艾尔科特。当然，我知道她住在马萨诸塞州的康科特，并在那儿写下她那本不朽的著作。但是，我竟未假思索地贸然说出我曾到新罕布什尔州的康科特，去凭吊她的故居。如果我只提到新罕布什尔州一次，可能还会得到谅解。但是，老天！真可叹！我竟然说了两次。无数的信件、电报、短函涌进我的办公室，像一群大黄蜂，在我这完全没有设防的头部绕着打转。多数是，愤慨不平，有一些则侮辱我。一位名叫卡洛妮亚·达姆的女士，她从小在马萨诸塞州的康科特长大，当时住在费城，她把冷酷的怒气全部发泄在我身上。如果我指称艾尔科特小姐是来自新几内亚的食人族，她大概也不会更生气了，因为她的怒气实在已达到极点。我一面读她的信，一面对自己说："感谢上帝，我并没有娶这个女人。"我真想写信告诉她，虽然我在地理上犯了一个错误，但她在普通礼节上犯了更大的错误，这将是我信上开头的两句话。于是我准备卷起袖子，把我真正的想法告诉她，但我没有那样做，我控制住自己。我明白，任何一位急躁的傻子，都会么做——而大部分的傻子只会那么做。

我要比傻瓜更高一等。因此我决定试着把她的敌意改变成善意。这将是一项挑战，一种我可以玩玩的游戏。我对自己说："毕竟，如果我是她，我的感受也可能跟她的一样。"于是，我决定同意她的观点。当我第二次到费城的时候，就打电话给她。我们谈话的内容大致如下：

我：某某太太，几个星期前你写了封信给我，我要在此向你道谢。

她：（声音听起来颇犀利，但讲究辞藻，颇有教养的样子。）请问是哪一位？

我：对你来说，我可能是个陌生人。我名叫戴尔·卡耐基，前不久在电台广播节目中谈及艾尔科特女士，我把她的故居地点说错了——说成新罕布什尔州的康科特，这错误实在太不可原谅。由于你花了时间写信给我，所以我觉得应该向你表示歉意。

她：很抱歉，卡耐基先生，是我不该写那样一封信给你，我才应该向你致歉。

我：不，不，该道歉的绝不是你，而是我。连小学生都知道我实在是讲错了。我曾在第二个星期的节目中更正道歉，现在则是亲自向你表示歉意。

她：我是在马萨诸塞州的康科特长大的。两个世纪以来，我们的家族一直在那个地方具有影响力，我也一直引以为荣。所以，当我听到你说艾尔科特女士是住在新罕布什尔州的时候，实在觉得很生气。但无论如何，我还是不应该写那样的信。

我：我十分了解你的心情，但我的心情比你更不好过。因为，我所造成的错误对马萨诸塞州并没有造成什么伤害，却对我本身造成极大损伤。我明了，若不是我犯了错误，像你这般对文化有认识的人，是不会花时间写信到电台去的。所以，我想告诉你的是，以后若再犯错，仍希望你继续写信来。

她：我很高兴你能接受我的批评，你一定是个极有修养的人，我应该早些认识你才是。

就是这样，由于我道歉在先，而且对她的观点表示同意，于是她也转而向我道歉，并表示同意我的观点。我很满意自己能控制住脾气，也很满意这种"以德报怨"的处理态度。

住在白宫里的人，大概每天都要面对许多棘手的人际关系问题。塔夫脱总统也不例外。他在其著作《服务的伦理》一书中，曾对一位有某种企图的母亲做了相当生动有趣的描述：

"华盛顿有位女士，她的丈夫在政治圈还颇有影响力。"塔夫脱如此写道，"这位女士跑来找我，并且花了6个星期的时间对我下工夫，希望我能把某个职位指派给她的儿子。她认识许多参议员和众议员，也要他们向我强调这件事。由于这个职位需要特别技术上的鉴定，所以我便指派了另一个人。没多久，这位母亲写了一封信给我，认为我'忘恩负义'，而使她成为一个'最不快乐的女人'。她说她曾为一项我所关心的法案奔走，好不容易争取到州内各代表的支持，才使这项法案顺利通过。如今我却如此回报她。

"当你接到像这样的一封信时，你马上会想，怎能跟一个行为不当或甚至有点无礼的人认真起来。然后，你也许会写封回信。而如果你够聪明的话，就会把这封回信放进抽屉，然后把抽屉锁上，先等上两天——像这类的书信，通常要迟两天才回信——经过这段时间，你再把它拿出来，就不会想把它寄出去了。我采取的正是这种方式。于是，我坐下来，写一封信给她，语气尽可能有礼貌，我告诉她，在这种情况下，我很明白一个做母亲的一定十分失望，但是，事实上，任命一个人并不是凭我个人的喜好来决定的，我必须选择一个有技术资格的人，因此，我必须接受局长的推荐。我表示，希望她的儿子在目前的职位上能完成她对他的期望。这终于使她的怒气化解，她写了一张便条给我，对于她前次所写的那封信表示抱歉。

"但是，我送出去的那项任命案，并未立刻获得通过，经过一段时间之后，我接到一封声称是她丈夫的来信，虽然，据我看笔迹完全一样。信上说，由于她在这件事情上过度失望，导致神经衰弱，病倒在床上，演变成严重的胃癌。难道我就不能把以前那个名字撤销，改由她儿子代替，而使她恢复健康？我不得不再写一封信，这次是写给她的丈夫。我说，我希望那项诊断是不正确的，我很同情，他的妻子如此病重他一定十分难过，但要把送出去的名字撤销，是不可能的。我所任命的那个人最后终于获得通过，在我接到那封信的两天之后，我在白宫举行一次音乐会。最先向塔夫脱夫人和我致意的，就是这对夫妇，虽然这位做妻子的最近差点'死去'。"

杰伊·曼古是俄克拉荷马州吐萨市一家电梯公司的业务代表。这家公司和吐萨市一家最好的旅馆签有合约，负责维修这家旅馆的电梯。旅馆经理为了不给旅客带来太多的不便，每次维修的时候，顶多只准许电梯停开两个小时。但是修理至少要8个小时，而在旅馆便于停下电梯的时候，他的公司都不一定能够派出所需要的技工。

在曼古先生能够为修理工作派出一位最好的技工的时候，他打电话给这家旅馆的经理。他不去和这位经理争辩，他只说：

"瑞克，我知道你们旅馆的客人很多，你要尽量减少电梯停开的时间。我了解你很重视这一点，我们要尽量配合你的要求。不过，我们检查你们的电梯之后，显示如果我们现在不彻底把电梯修理好，电梯损坏的情形可能会更加严重，到时候停开时间可能会更长。我知道你不会愿意给客人带来好几天的不方便。"

经理不得不同意电梯停开8个小时总比停开几天要好。由于曼古表示谅解这位经理要使客人愉快的愿望，他很容易而且没有争议地赢得了经理的同意。

乔爱丝·诺里斯是密苏里州圣路易市的钢琴教师。她告诉我们如何处理一个女学生的问题。

贝蒂是名十多岁的少女，喜欢留修长的指甲，这对练习钢琴妨碍很大。诺里斯太太在报告中说道："贝蒂的长指甲对练琴当然是个障碍，但我不想因此让她对弹琴失去兴趣，所以在讨论课程的时候，一直都不去提指甲的事。因为我知道她费了不少心神去保养那些指甲，而且一直引以为傲。

"上完第一课之后，我觉得情况不错，便趁机对她说：'贝蒂，你的双手和指甲都长得很好看……听着，假如你想把钢琴学好，其实比你想象的还要简单。只是，若能把指甲剪短一点，对你一定大有帮助。你愿意考虑考虑吗？'她对我扮了一个鬼脸，意思显然是不愿意。我也同她母亲谈起这个问题，而她也不表示同意。因为贝蒂漂亮的指甲对她来说也很重要。

"第二个星期，贝蒂过来上第二堂课。很让我惊奇的是，她居然把指甲剪短了。我对她的牺牲精神大大夸奖一番，见到她母亲的时候，也感谢她的帮忙。但她回答：'这件事我一点也没帮什么忙，是贝蒂自己决定的。这可是头一次她愿意为别人把指甲剪短。'"

诺里斯太太恐吓过贝蒂吗？她有没有说，假如贝蒂不把指甲剪短，她就不愿教她学琴了呢？没有。诺里斯太太只是告诉贝蒂她的指甲很漂亮，要把指甲剪短对她来说是个牺牲。这等于是说："我同意你，我知道这不容易做到。但为了把琴学好，这牺牲是值得的。"

S.胡洛克可能是美国最佳的音乐经纪人。多年来，他一直跟艺术家有来往——像查理·亚宾、伊莎朵拉·邓肯，以及拔夫洛华这些世界闻名的艺术家。胡洛克先生告诉我，他和这些脾气暴躁的明星们接触，所学到的第一件事，就是必须同情，同情，对他们那种荒谬的怪癖更是需要同情。

他曾担任查理·亚宾的经理人3年之久——查理·亚宾是最伟大的男低音之一，曾风靡大都会歌剧院。然而，他却一直是个问题人物。他的行为像个被宠坏的小孩。以胡洛克先生的特别用语来说："他是个各方面都叫人头痛的家伙。"

例如，查理·亚宾会在他演唱的那天中午，打电话给胡洛克先生说："胡先生，我觉得很不舒服。我的喉咙像一块生的碎牛肉饼，今晚我不可能上台演唱了。"胡洛克先生是否立刻就和他吵了起来？哦，没有。他知道一个经纪人不能以这种方式对付艺术家。于是，他马上赶到查理·亚宾的旅馆，表现得十分同情。"多可怜呀，"他会很忧伤地说，"我可怜的朋友。当然，你不能演唱，我立刻就把这场演唱会取消。这只不过使你损失一二千美元而已，但跟你的名誉比较起来，根本算不了什么。"这时，查理·亚宾会叹一口气说："也许，你最好下午再过来一趟。5点钟的时候来吧，看看我那时候觉得怎么样。"

到了下午5点钟，胡洛克先生又赶到他的旅馆去，仍旧是一副十分同情的姿态。他会再度坚持取消演唱，查理·亚宾又会再度叹口气说："哦，也许你最好待会儿再来看看我，我那时候可能好一点了。"

到了7点30分，这位伟大的男低音答应登台演唱了。他要求胡洛克先生走上大都会的舞台，宣布查理·亚宾患了重伤风，嗓子不太好。胡洛克先生就撒谎说，他会照办，因为他知道，这是使这位伟大的男低音走上舞台的唯一方法。

亚瑟·盖茨在其《教育心理学》一书中说道："同情，是所有人类最渴望的东西。孩童会急着展示伤口给你看，甚至制造伤口或淤肿以获取大量的同情。成人也一样……展示青肿之处，讲述各种意外、疾病，尤其是外科手术的详细经过，还有对那些真实或虚构的不幸所发出的'自怜'，等等，可说是屡见不鲜。"

从双方都同意的事说起

卡耐基金言

◇语词上,强调的是"我们",而不是"你""我"的对立。不但没有任何贬抑的用语,反而只有诚意的邀请,邀请对方一起来解决问题。

不论对方持有什么样的先入之见或偏见,也不论他的主观认识与你的观点有多大的差异,大多数情况下两者之间总会有一些相同之处。

跟别人交谈的时候,不要以讨论不同意见作为开始,要以强调而且不断强调双方所同意的事情作为开始。不断强调你们都是为相同的目标而努力,唯一的差异只在于方法而非目的。

在建立良好关系的过程中,实现双方兴趣上的一致是很重要的。只要双方喜欢同样的事情,彼此的感情就容易融洽,这是合乎逻辑的,推而广之,对其他许多事情,彼此也就愿意合作了,说服也不例外。

每一个人都有某个方面的兴趣。兴趣可分为两种:一种是对有关系的事物的兴趣;一种是对无关系的事物的兴趣。所谓有关系的事物,是指与你和别人共同发生兴趣的事物。利用这种兴趣,常常可以在彼此之间建立良好的关系。

一般人都有许多不同的兴趣,有的特别喜欢,有的会比较淡泊。如果可能的话,你应尽量找出他们最感兴趣的事,然后再从这方面去接近他。倘若没有机会,或者这种机会不容易得到,那么也该尽可能地去选择他最大的兴趣供你利用,主要的目的是要使他对你发生兴趣,从而接受你的说服。

欲与别人的特殊兴趣建立一种特殊关系,单单说一句很感兴趣的话是不够的,在对方的询问下,你不能掩饰你真正的兴趣,免得弄巧成拙。必须把你的真实的兴趣表现出来。

问题在于你怎么能使他人了解你对某件事情的确和他有同样的兴趣。因此,你必须对这题目具有相当的知识,足以证明你是有过相当研究的。越是值得接近的人,你就越应该努力对他所感兴趣的事情,作进一步的了解,使你能够应付他,使他乐意提供你所想知道的事情。

就像幼儿园的教师，有许多办法去哄小朋友，把一群哭哭闹闹的小孩训练得高高兴兴。这当然有她们成功的门道，其原因是由于她们能放弃自己的个性去迎合小朋友的兴趣和思想。

罗伯特的女儿几年前就已经结婚了，但是当年订婚时，却是利用了"仅有的一点共同之处"进行说服后，才成就了这桩美满的姻缘。罗伯特是以非常开明的态度来对待女儿的终身大事的，但是其妻子却一直坚持很严格的条件，她心目中的女婿在学历、家庭条件、年龄等各方面都是相当好的青年。

但是，姑娘却不在乎这些，这与母亲的愿望完全相反，母亲当然反对，作为姑娘的父亲罗伯特当时也面带难色。不久，提亲者前来做夫妇俩的说服工作。但是夫妇二人表示感谢后，还是婉言拒绝了。他们说："这件事太麻烦您了，不过考虑到小女将来的幸福，我们还是不同意这桩亲事。"

于是，介绍人说："在考虑姑娘的幸福这一点上我们是相同的。"并且利用这一共同点进行了劝说。他说："如果你们站在姑娘的立场上，考虑她的幸福的话，就请你们重新考虑这桩亲事吧。"夫妇俩经过认真考虑之后，认为很有道理。他们认为，如果一定坚持自己的标准，追求"理想中的女婿"，那么女儿恐怕要终身独守空闺了。因此，改变了态度，收回了自己的意见，终于答应了。后来罗伯特苦笑着说："那位介绍人真是一语惊醒了梦中人。"

当然，这两个年轻人能终成眷属，还有很多因素，但是，如果不是介绍人那句"姑娘的幸福"这一"相同之处"，这桩亲事恐怕就不可能成功。

像这样，找到自己与持先入之见者的共同处并加以扩大、利用，是说服对方时很有效的办法之一。相反，表示出和对方的"不同之处"，在说服对方时也具有良好的效果。因为这两种方法都能使对方有机会客观认识自己的先入之见。

当我们意见、感受、观点遇到不同时，可以用诚恳的语气说："在这里我们有不同，让我们一起来想出我们两人都满意的方法。"或："让我们一起想出最有利的解决策略。"

语词上，强调的是"我们"，而不是"你"、"我"的对立。不但没有任何贬抑的用语，反而只有诚意的邀请，邀请对方一起来解决问题。

重点是要找出"我们两人都愿意"的可能性与可行性，把协调视为"寻找交集点"、"扩展思维"的过程，而不是"制造敌人"的时候。甚至，要认清双方的不同不是敌对，只是不同而已。因此，切勿心存"打倒"对方的偏激想法，只求赢得个人主观的世界。

不只如此，协调时应积极地视分歧为拓展人际影响范围的关键时刻，也就是培育个人恢弘气度，建立人际关系的时候。

在有分歧的时候，说服的过程便成为协调的过程。对于一个成熟的说服者而言，分歧就是人际关系需要"重组"的信号，甚至是调整关系，培养关系的契机，也是说服的最好契机。

在分歧中，必须先明确对方真正诉求的主题。到底是单纯寻求问题解决的可能性；或只是抒发个人的不满、牢骚、愤怒；或是纯为鸡毛蒜皮的小事，无理取闹；又或是一味玩其个人游戏，借此以引起注意；或是对方的自我困惑与矛盾。

分歧，就是了解的时候；是探索对方需求的时候，而不是自我表达的时候；是帮助对方——理清作为困扰及方向的时候。

要想成为一位成功的说服者，就切勿落入对方情绪的漩涡里，跟着团团转。

"执拗的人自以为拥有看法，其实是看法拥有了他！"这句话很值得深思！

遇有观点差异或人事困扰时，便要强调人性化的互动，而不是权威的屈服或强悍的抗拒。因为，赢得一时的争论，却换得每日上班见面时的痛苦，又有何益！任何协商，并非为所欲为，一吐为快，必须依规则来进行。

人性化的互动，至少包括5个内容：

第一，表达诚意。千万不玩游戏或耍手段。有的人只要不合乎其意，就颠倒是非一味抹黑；或赌气冷战；或制造小圈圈，丧失应有的诚恳，使得办公室成为战场。

要拿出诚意来与人沟通，这绝不是流于一种口号——说说而已。两个都赢是强调先把个人解决问题的诚意让对方了解，要确实使对方感受到你的诚意。

第二，保持礼貌。说服时，仍需保持应有的礼貌风范，或体制中应遵循的规则，而不是自以为是的兴师问罪，咄咄逼人，藐视或刻意挖苦他人。

"进退得宜"不只解除他人的防卫，而且给予对方有思考的空间，如此反而强化其说服力！

第三，维护尊严。有尊严，才能真正地沟通。没有尊严的维护，就谈不上沟通，而尊严必须包括双方的尊严。

每次在协调时，上司总是口无遮拦、冷嘲热讽，或以高傲的语气贬损他人，借以突显其观点，结果只能酝酿更大的纷争或愤恨。在协调过程中，每个人的尊严都必须被维护，不得有人身攻击。不论是冷嘲热讽的字眼，轻蔑鄙视的挑衅式肢体语言，咆哮怒吼的争吵方式，都必须受到禁止。

第四，平等尊重。当别人尚未说完，上司不仅频频打断话题，抢先发言，更以其不屑的语气，用食指数落别人，这种"威权"的作风，令下属们深感不是滋味。

在说服过程中双方要轮流发言，并且不可有强势与弱势之分，或威迫、恫吓等不平等待遇。若有违反此规则，便可运用暂停法，中止协调的进行。

第五，营造气氛。有分歧，就是需要"放松"的时候。观点不同时绝不能带有肃杀之气，应该努力营造愉快的气氛，这不只是一种人格成熟的表现，也是一种高度领导能力的象征。

说服不是在于解决问题而已，在协调过程中，还需懂得运用幽默来营造气氛。

一个过分严肃的说服，只会造成下次分歧时更大的敌意表现。气氛的营造，非常重视以柔性化的自我，表达出诚挚、礼貌的态度。在语气及肢体上，充分的传送善意给对方，如此，使得双方减少不必要的防卫，能在轻松愉快的气氛下，创造出协调的高度艺术。

在说服艺术中，你和对方辩难，开头应讲一些你和对方都同意的事，然后再提出对方所乐于得到解答的一些合适的问题，那不是比较有益得多吗？你提出了问题之后，再去和对方共同地探讨着答案，就在这探讨之中，你把你观察得十分清楚的事实提示出来，那对方便会不自觉地被引导去接受了你的结论。他会对你十分地坚信，因为他觉得这些重要的见解是他自己所发现的。

和对方气势汹汹地辩论，这是一种近乎不正当的行为，这只能增加了人家的倔强，不易使你获取胜利。威尔逊总统说："凡是交涉的问题，如果你紧握了两个拳头而来，我会把拳头握得比你更紧一些；如果你很和善地走来说：'让我们坐下来商议一下吧，要是我们的意见不同，我们可以研究一下不同的原因是什么，主要的矛盾在那里？'这样，我们商谈下来，大家的意见是不会相差得很远的，只要我们彼此有耐心，肯诚意地去接近，就是相差一点,也不难完全解决。""最佳的辩论好像是解说。"真的,我们与其涨红了脸去和人家辩论,为什么不用解说的态度、商讨的方法去解决呢?所以,我们即使和人家辩论了,请你还得要平心静气,去找出共同点来商讨,切不可紧握了拳头,这是要注意的。

任何冲突的意见,不论双方的意见是怎样的严重和远离,我们总可以找出一些共同之点来讨论的。甚至银行家的领袖摩根,他在国内银行学会开会之中去演讲或是辩论,他也可以寻出一些双方相同的信条以及听众共有的相同的希望来的。这句话你不相信吗?你不妨看看下面的例子:

"贫穷向来是社会上最最残酷的问题之一。我们的人民常常感觉到我们的责任是不论在什么地方,什么时候,只要可能的话,便要去解救穷人们的痛苦。我们是一个慷慨的国家,在历史上,我们并不能找出别的民族也和我们一样慷慨而不自私地捐钱去扶助那些不幸的人们的。现在,让我们保持和过去一样的精神上的慷慨和不自私来一同研究一下我们工业界的生活情况,并看看我们是否可以找出一些公平正当且为各方都接受的办法,去防止并减轻那些穷困的罪恶。"

上面这一大段话,有谁能够加以反对呢?就是银行家领袖的摩根,他也是点头同意的。我们在人家点头同意之后,然后再慢慢地把人家引向我们的主张,我们自己并不脸红势盛,然而我们获得了胜利了。这一个辩论的机智,我们是应该采取的。

其实,人与人之间,由于观点不同,信仰各异,性格有别等等原因,存在分歧,应该是完全正常的事情。遇到这种情况,必须透过一方或双方的让步,取得大的原则、方向上基本一致(即求同),在枝节问题上不纠缠(即存异),达到互谅互惠的目的。

究竟该如何做到求同存异呢?一是要设法找出双方的共同点。即使是很小的共同点,也可以使双方的距离越拉越近,共同点越多,双方的感情就会越来越亲密,也会很容易说服对方。即使双方固执己见,似乎毫无什么共同点可言,你还是可以强调同学、同事、同乡及都有解决问题的热忱等来寻求共同的途径。由于你一再强调共同点,对方自然而然就会慢慢地开启他的心扉。二是要设法使双方的心理"共同"。人与人之间或多或少存有"共同"的心理,当双方利害关系发生冲突时,这种"共同"心理就被掩盖了;当双方利害关系趋于一致时,这种"共同"心理就会明显地呈现出来。要使双方的心理"共同"显现出来，便要设法营造这样的氛围。例如，有两家厂商为了生意上的竞争，互相杀价，此时突然听到消费者在一旁幸灾乐祸地戏谑，于是这两家厂商顿时停止了杀价竞争，而共同谋求新的解决办法。三是要提出对方容易接受的大前提，而不要纠缠一些细节问题。因为商场交易，双方所关注的问题不尽相同，有的是从大前提着想；有的则是在细节上推敲。我们首先要提出大前提，这是双方能否达成一致的焦点，非常重要。例如：你可以说："我们的这笔生意可不可能做？"对方如说"可能做"，"可能做"就是大前提。至于怎么做的一些细节问题，你可以说："细节问题我们稍后再谈。"如果大前提双方都接纳了，此生意就成功一大半了。如果首先就在细节问题上纠缠，则很容易引起争论，更别提大前提了。

当然，有的人十分注意细节问题，一定要坚持先谈细节，这也是对方发出的一种"共同"信号，你则要灵活一点，将重点转移到细节上，然后再逐步回到大前提上来，问题就更容易解决了。

使用建议的方式

卡耐基金言

◇用"建议"而不是"命令"，不但能维持对方的自尊，而且能使他乐于改正错误，并与你合作。

我最近有幸和美国最有名的传记作家塔贝尔小姐坐下来吃饭。我说我目前正在写作一本有关人性的书，接着我们就围绕"如何为人处世"展开讨论。她显然对这个题目也深有体会，她说她当初为了写欧文的传记，专门拜访了与欧文共事了3年的朋友。他们说，欧文在3年内从来没有说过要做什么、不要做什么的话，他都是以尊重的口吻问别人，比如"你可以考虑一下这件事吗？"或者是"你觉得这样做合适吗？"他在让别人替他做速记后都要问："你觉得怎么样？"如果哪里写得不是很好，他会说："假如我们把这一句改成这个样子，你觉得会不会好一点？"他总是让别人尝试着自己去动手。他不会命令别人该怎么样，他希望大家都自己动手，有错误了就从错误中学习。这样的方法反而能让别人积极地处理问题，因为这是一种尊重的体现，当人们的自尊心得到认可的时候，他希望与你合作，而不是反抗你。

反之，即使别人确实有错误，而你声色俱厉地指责别人，那产生抵触甚至愤怒的情绪是非常正常的事，他甚至能够很长的时间生气。而如果这样的粗鲁行为和言语来自一个有一定权威的人，那后果也很不好。桑塔尔是威名市的一位职校老师，他班上的一个学生因为没有按照规章制度停车，给学校的一个入口带来麻烦。学校的一位老师为此怒气冲冲地来到班上狂吼："是谁把车停在过道上？"车主举手应答。那位老师又转向他大吼："你赶快把它开走，否则我就用铁链把它捆起来拖走。"

那位学生是犯错了，他把车放在那里，妨碍了交通。但是结果呢，不但那位车主没有理会他，其他人也把车停在那里，以增加他的不便。事情原本不用这样。假如他换一种方式来说话，假如他平和友善地和班里的人说："请问堵住门口的那位车主是谁，您好，如果您能把它移开，别的车就方便通过了，麻烦您帮个忙，谢谢啦！"那位同学听到这样的话肯定乐意把车开走，心里还会有歉疚，其他人下次也会小心。

一个疑问句就能有这样的作用，因为这包含了尊重的前提。在企业里少一些命令，多一些提问，往往会激发员工的积极性和创造力。麦克是约翰内斯堡一家小工厂的老板，一次他有机会获得一张大订单。但如果签了，货期不一定能跟上，除非工人们加班加点地工作。他没有发出强制性的命令，而是把大家召集到一起，先谈了这个大订单对整个公司的意义，然后用诚恳地语气问大家："我们是不是能想出办法来完成这张订单，有没有好的办法来处理时间和工作量的分配问题，大家想想办法，如果实在不行我们就不接这个订单了。"

工人们听到这样的话马上要求接下订单，然后一起讨论办法。他们的态度只有一个，就是"我一定能办得到"。

最后在所有人共同的努力下，他们接下了单子，保证了货期的兑现。而这一切，是强制所不能带来的。

第 5 章
做好一生的规划

目标是人生的灯塔

卡耐基金言

◇心中拥有目标，便会使自己不会太留意与之不相关的烦恼，不会与一般的不相关的小麻烦计较，这会使你变得豁达、开朗。

◇一个人之所以伟大，首先在于他有一个伟大的目标。

每一个奋斗成才的人，无疑都会有一个选择、确定目标的问题。正如空气、阳光之于生命那样，人生须臾不能离开目标的引导。

有了目标，人们才会下定决心攻占事业高地；有了目标，深藏在内心的力量才会找到"用武之地"。若没有目标，绝不会采取真正的实际行动，自然与成功无缘。

首先，心中拥有目标，给人生存的勇气，在困苦艰难之际赋予我们坚忍不拔的毅力。有了具体目标的人少有挫折感。因为比起伟大的目标来说，人生途中的波折就是微不足道的了。因此，拥有科学的目标可以优化人生进程。

其次，由于目标事物存在脑海某处，所以即使我们从事别的工作，潜意识里依然暗自思量图谋对策。遂在不觉之间接近目标，终于梦想成真。拥有目标的人成大功立大业的几率，无疑要比缺乏志向的人高。目标激励人心，产生活动能源。

再者，实现目标好像攀登阶梯一般，循序渐进为宜，尽管前途险阻重重，也要自我勉励，不断做出更大的挑战。当时认为不可能做到的事情，往往几年之后，出乎意料之外地简单达成了。

不甘做平庸之辈的人，必须要有一个明确的追求目标，才能调动起自己的智慧和精力。

心中拥有目标，便会使自己不会太留意与之不相关的烦恼，不会与一般的不相关的小麻烦斤斤计较，这会使你变得豁达、开朗。因为人的注意力是很有限的，一旦他全身心地为自己的目标而努力，去冥思苦想时，其他的事情是很难在其脑子里停留的，这个道理极其明显。

心中有了目标，人就会专门去找一些相关的麻烦来解决，以便自己为实现目标而进行一些必要的锻炼，这样，使人在不知不觉中培养起了积极的人生态度和勇于迎接困难的优良品质。

在现实生活中，确有许多"平庸之辈"有不甘平庸之心，这是一个积极入世的人不容回避的问题。作为一个平凡的人，尽管不可能都轰轰烈烈，但是能使平凡的人生较常人稍许不平凡一些，尽可能比别人强一些，是肯定能办到的。

我们需要提升生存的智慧，思考成功，追求卓越，对人生的意义、人生的价值、人生的幸福等问题交出较完美的答卷。不甘平庸，崇尚奋斗，正是人生之歌的主旋律。

没有明确的目标，没有目标的努力，显然如竹篮打水，终将一无所有。

目标是获得成功的基石，是成功路上的里程碑。目标能给你一个看得见的靶子，你一步一个脚印去实现这些目标，你就会有成就感，就会更加信心百倍，向高峰挺进。

成功，是每一个追求者的热烈企盼和向往，是每一个奋斗者为之倾心的夙愿。在目标的推动下，人就能够被激励、鞭策，处于一种昂扬、激奋的状态下，去积极进取、创造，向着美好的未来挺进。

目标是一种持久的热望，是一种深藏于心底的潜意识。它能长时间调动你的创造激情，调动你的心力。你一旦想到这种强烈的愿望，就会产生一种原子能般的动力，就会有一种钢铸般的精神支柱。一想到它，你就会为之奋力拼搏，就会尽力完善自我，在艰难险阻面前，决然不会轻易说"不"字。为了目标的实现，去勇敢地超越自我，跨越障碍，踏出一条坦途。

目标是信念、志向的具体化，奋斗者一定要有梦想，并敢于做大梦，梦想正是步入成功殿堂的动力源。许多精英俊杰都是出色的梦想者，他们无一不是笃信大梦能成真的。他们梦想的目标一旦确立，就会万难不屈、坚毅果敢，充分发掘自己的潜能，将自己的才华优势发挥到极致，以百倍的努力冲刺、攀登。

正如美国成功学家拿破仑·希尔所言："你过去或现在的情况并不重要，你将来想获得什么成就才最重要。除非你对未来有理想，否则做不出什么大事来。一有了目标,内心的力量才会找到方向。"

可以说,一个人之所以伟大,首先在于他有一个伟大的目标。

在人的成长过程中,必经历胎儿期、继承期、创造期和发展期几个阶段,在第二、三阶段中,有一个目标选择期。即从学校毕业到就业前后,是确定奋斗目标的阶段。

一个人能否成功,确定目标是首要的战略问题。目标能够指引人生,规范人生,是人成功的第一要义。目标之于事业,具有举足轻重的作用。忽视目标定位的人,或是始终确定不了目标的人,他的努力就会事倍功半,很难达到理想的彼岸。确立目标,是人生设计的第一乐章。

确立人生的起跑点

卡耐基金言

◇不少人青年时代就功成名就,不能不说与他的人生起跑点选择的准确有关。

人生的全流程,虽是一个连续不断的时空整体的客观存在,但它明显地划分为几个阶段。把人生流程中生理年龄、人的成熟和发展过程以及主要内容的更替综合起来看,分为4个大阶段较为科学,每个大阶段内又分几个小段。自降生至18岁,我们称之为人生流程的补建期。如果说任何人对自己所获得的遗传因素、母体条件都无法选择,那么我们就可以降生为界。降生以前主要是获得先天的生理预应力,出生后社会环境便开始施加影响以造就其社会适应力,以使他提高对社会的适应能力。第二个阶段是成熟期,即18~25岁左右,是充满理想、浪漫色彩和激情的青年期。这个时期,努力总结在补建期所得到的一切知识和社会经验、实践体会,中心任务是使自己初步成熟起来。这一时期有两个明显标志:一是初步形成世界观,即获得社会观、人生价值观,认识方法协调统一化,形成对客观世界的整体性认识;二是基本选定了一生所从事的事业的目标。在这个阶段上,人生的中心任务就是要全力促进成熟,早成熟早立志,就可以早进入创造期,早出成果,为社会多做贡献。第三个阶段是创造期,即25~55岁左右这个年龄段。这是人生全程中的黄金时代,无论从事什么工作的人,这个阶段都是进行创造性工作的最佳时期。不仅因为这个年龄段上的人年富力强，而且因为他们积累了丰富的经验，历经了磨炼，使他们有稳定的情绪和持久的耐力。第四个阶段是总结期，即55岁以后。这个时期，因年龄增长所发生的心理变化，以及体力精力的减退，迫使人不得不离开第一线，做一些总结切身经验的工作。

如果把人生比做是运动场上的竞赛，那么，补建期就好像运动员竞赛前的预备活动期，而成熟期就是运动员在选择自己的起跑点，创造期就是正式竞赛中的角逐。不同点在于，运动上的竞赛是练兵千日于瞬间决一雌雄，而人生的竞争则是集千万个瞬间的科学灵感和运动场上的冲刺比高低。要说哪一个容易哪一个难，不好分辨；但有一点可以肯定：人生漫长的征途上更需要持久的耐力。

人生起跑点的选择，对于一生有重要作用。如果一开始起跑点就选得准确，总比几经周折年近迟暮还在徘徊之中要好得多，不少人青年时代就功成名就，不能不说与他的人生起跑点选择的准确有关。

有的人说"选择目标，实际上是自己设计自己的过程"，"自己设计自己，首先要考虑社会的需要，时代的需要，还要考虑自己的所长和爱好"。持这种主张的人认为，选择人生目标就是自己设计自己。我们并不完全同意这种主张，因为选择人生目标仅仅是人生设计的一项内容，而不是人生设计的全部内容，人生设计除目标设定外，还包括阶段规划、环境分析、反馈和核心内容的研究等。而目标的选择，仅是确定人生起跑点的前提之一。

该如何确定自己的人生起跑点呢？用我们的话来说，就是在对自身条件优劣和环境利弊的自觉认识的基础上，根据扬长避短的原则，按照社会需要所指示的方向，在环境的最大容许度上确立自己的人生起跑点较为妥当。

身处顺境，依自己对于宏观和微观的自觉认识的水平，对自己的长处短处的自觉认识，确立一生所从事的事业(范围或更具体到特定项目)的目标，这就是人生起跑点。

身处逆境，同样也应依照对环境和自身的自觉认识水平，确立一生所从事的事业的目标，不过有两种情况：一种是在微观环境容许度以内确立，叫作安全性人生起跑点；另一种是在微观环境容许度之外，依自己对宏观需要的自觉认识确立所从事的目标，叫作风险性人生目标。

上述关于人生起跑点的思想在确立过程中所涉及的因素和判断过程是一致的，不同仅在于担风险还是找安全。

描绘生命的蓝图

卡耐基金言

◇ 成功人士与平庸之辈的差别，就在于前者为生命计划，决定一生的方向。
◇ 只有你知道需要什么，这样你才能更肯定地实现目标。

生命比盖房更需要蓝图，然而很多人从来没有计划过生命，每天只是醉生梦死地度过。

成功人士和平庸之辈的差别，就在于前者为生命计划，决定一生的方向。我们可以为生命做出计划，如拟订10年、5年、3年计划；或拟订最接近此刻的1年的计划；最后是短期计划，如1月、1周、1天。

1.订出一生大纲：你这一辈子要做什么？当然，有很多事只能订出个大概，但你可以好好选择自己所喜欢做的事。

你退休后要做什么？你的第二阶段要怎么过？也许你要终日徜徉于山水之间。如果现在你还不到30岁，以后也不想退休，那就不必为这些烦恼。

2.20年大计：有了大概的人生方向，就可以拟订细节。第一步是20年。订下这20年内你要成为什么样子，有哪些目标完成。然后想想从现在起，10年后你要成为什么样的人。

3.10年目标：20年大计一定要20年才能完成吗？不一定。你越富裕，就越快达到目标。

4.5年计划：只需要一台计算机和几秒钟时间，你就知道5年内要赚多少钱。

5.3年计划：3年是重要的一环，一生大计通常只是简单的方向，而3年计划是最重要的决定点。

6.下年计划：这是你每周至少要检视一次的预算表和工作计划。每年都要有计划，尽量简单扼要，以数字为主。像赚得的金额、认识的人数等。12个月的计划不是论文，而是行动大纲。

7.下月计划：认真地执行下个月的计划。以每月15号开始算起，是最适合的日子。

8. 下周计划：对大多数人而言，这是时间计划的关键所在。

9. 明日计划：这是最具体的生命计划。

别被20年大计吓倒了。好好写下来，修改是难免的。订计划是件愉快的事，而非一项任务，如果你的计划是一串上升的数字，你很快会对它发生兴趣。

如果短期计划超过了90天，你会对它丧失兴趣，把它分散成单项，然后逐一在90天内完成。

只有你知道自己需要什么，这样你才能更肯定地实现目标。

改变你一生的决定

卡耐基金言

◇当你到了18岁时，你可能面临着两个重大的决定：你将如何谋生？你将选择一个什么样的人生伴侣？

◇一个人只要无限热爱自己的工作，他就可能获得成功。

如果你已经到了18岁，那么你可能要作出你一生中最重要的两个决定——这两个决定将深深改变你的一生，影响你的幸福、收入和健康，这两个决定可能造就你，也可能毁灭你。那么这两个重大决定是什么？

1. 你将如何谋生？也就是说，你准备干什么？是做一名农夫、邮差、化学家、森林管理员、速记员、兽医、大学教授，还是去摆一个摊子？

2. 你将选择一个什么样的人生伴侣？

对有些人来说，这两个重大决定通常像在赌博一样。哈里·艾默生·佛斯迪克在他的一本书里写道："每位小男孩在选择如何度过一个假期时，都是赌徒。他必须以他的日子做赌注。"

那么你怎样才能减低选择假期中的赌博性呢？

如果可能的话，应尽量找到一个自己喜欢的工作。有一次，我请教轮胎制造商古里奇公司的董事长大卫·古里奇，我问他成功的第一要件是什么，他回答说："喜欢你的工作。"他说："如果你喜欢你所从事的工作，你工作的时间也许很长，但却丝毫不觉得是在工作，反倒像是游戏。"

爱迪生就是一个好例子。这个未曾进过学校的报童，后来却使美国的工业革命完全改观。爱迪生几乎每天在他的实验室里辛苦工作18个小时，在那里吃饭、睡觉。但他丝毫不以为苦。"我一生中从未做过一天工作，"他宣称："我每天其乐无穷。"

所以他会取得成功！

我曾听见查理·史兹韦伯说过类似的话："每个从事他所无限热爱的工作的人，都能取得成功。"

也许你会说，刚入社会，我对工作都没有一点概念，怎么能够对工作产生热爱呢？艾得娜·卡尔夫人曾为杜邦公司雇用过数千名员工，现为美国家庭产品公司的公共关系副总经理，她说："我认为，世界上最大的悲剧就是，那么多的年轻人从来没有发现他们真正想做些什么。我想，一个人如果只从他的工作中获得薪水，而别无其他，那真是最可怜的了。"卡尔夫人说，有一些大学毕业生跑到她那儿说："我获得了达茅斯大学的文学士学位或是康莱尔大学的硕士学位，你公司里有没有适合我的职位？"他们甚至不晓得自己能够做些什么，也不知道希望做些什么。因此，难怪有那么多人在开始时野心勃勃，充满玫瑰般的美梦，但到了40多岁以后，却一事无成，痛苦沮丧，甚至精神崩溃。事实上，选择正确的工作，对你的健康也十分重要。琼断霍金斯医院的雷蒙大夫与几家保险公司联合作了一项调查，研究使人长寿的因素，他把"合适的工作"排在第一位。

我为你提供下述建议——其中有一些是警告——以便你选择工作时作参考：

1. 阅读并研究下列有关选择职业的建议。这些建议是由最权威人士提供的，由美国最成功的一位职业指导专家基森教授所拟定。

如果有人告诉你，他有一套神奇的制度，可指示出你的"职业倾向"，千万不要找他。这些人包括摸骨家、星相家、"个性分析家"、笔迹分析家。他们的法子不灵。

不要听信那些说他们可以给你作一番测验，然后指出你该选择哪一种职业的人。这种人根本就已违背了职业辅导员的基本原则，职业辅导员必须考虑被辅导人的健康、社会、经济等各种情况；同时他还应该提供就业机会的具体资料。

找一位拥有丰富的职业资料藏书的职业辅导员，并在辅导期间妥为利用这些资料和书籍。

完全的就业辅导服务通常要面谈两次以上。

绝对不要接受函授就业辅导。

2. 谨慎选择那些原已拥挤的职业和事业。在美国，谋生的方法共有两万多种以上。想想看，两万多！但年轻人可知道这一点？除非他们雇一位占卜师的透视水晶球，否则他们是不知道的。结果呢？在一所学校内，2/3 的男孩子选择了 5 种职业——两万种职业中的 5 项——而 4/5 的女孩子也是一样。难怪少数的事业和职业会人满为患，难怪白领阶级之间会产生不安全感、忧虑，和"焦急性的精神病"。特别注意，如果你要进入法律、新闻、广播、电影以及"光荣职业"等这些已经过分人满为患的圈子内，你必须要费一番大功夫。

3. 谨慎选择那些维生机会只有 1/10 的行业。例如，兜售人寿保险。每年有数以千计的人——经常是失业者——事先未打听清楚，就开始贸然兜售人寿。根据费城房地产信托大楼的弗兰克林·比特格先生的叙述，以下就是此一行业之真实情形。在过去 20 年来，比特格先生一直是美国最杰出而成功的人寿保险推销员之一。他指出，90% 首次兜售人寿保险的人弄得又伤心又沮丧，结果在一年内纷纷放弃。至于留下来的，10 人当中的一人可以卖出 10 人销售总数的 90%，另外 9 个人只能卖出 10% 的保险。换个方式来说：如果你兜售人寿保险，那你在一年内放弃而退出的机会比例为九比一；留下来的机会只有 10%。即使你留下来了，成功的机会也只有 1% 而已，否则你仅能勉强糊口。

4. 在你决定投入某一项职业之前，先花几个星期的时间，对该项工作做个全盘性的认识。如何才能达到这个目的？你可以和那些已在这行业中干过 10 年、20 年或 30 年的人士面谈。

这些会谈对你的将来可能有极深的影响。我在二十几岁时，向两位老人家请教职业上的指导。可以说那两次会谈是我生命中的转折点。事实上，如果没有那两次会谈，我的一生将会变成什么样子，谁都难以想象。

索可尼石油公司的人事经理保罗·波恩顿在他过去的 20 年中，至少接见了 75000 名求职者，并出版过一本名为《求职的六大方法》的书。我问他："今日的年轻人求职时，所犯的最大错误是什么？""他们不知道他们想干些什么，"他说，"这真叫人万分惊骇，一个人花在选购一件穿几年就会破损的衣服上的心思，竟比选择一件关系将来命运的工作要多得多——而他将来的全部幸福和安宁全都建立在这件工作上了。"

面对竞争日益激烈的社会，你该怎么办呢？你应如何解决这一难题？你可以利用一项叫作"职业指导"的新行业。也许他们可以帮助你，也许将会损害你——这全靠你所找的那位指导者的能力和个性了。这个新行业距离完美的境界还十分遥远，甚至连起步也谈不上，但其前程甚为美好。你如何利用这项新科学呢？你可以在住处附近找出这类机构，然后接受职业测验，并获得职业指导。

当然他们只能提供建议，最后作出决定的还是你。记住，这些辅导员并非绝对可靠。他们之间经常无法彼此同意。他们有时也犯下荒谬的错误。

职业指导专家，也并非绝对可靠。你也许该多找几个辅导员，然后凭普通常识判断他们的意见。

智慧家约翰·史都家·米勒宣称，工人无法适应工作，是"社会最大的损失之一"。是的，世界上最不快乐的人，也就是憎恨他们日常工作的"产业工人"。

你可知道在陆军"崩溃"的是哪种人？他们就是被分派到错误单位的人！我所指的并不是在战斗中受伤的人，而是那些在普通任务中精神崩溃的人。威康·孟宁吉博士，是我们当代最伟大的精神病专家之一，他在第二次世界大战期间主持陆军精神病治疗部门，他说："我们在军中发现挑选和安置的重要性，就是说要使适当的人去从事一项适当的工作……最重要的是，要使人相信他手头工作的重要性。当一个人没有兴趣时，他会觉得他是被安排在一个错误的职位上，他会觉得他不受欣赏和重视，他会相信他的才能被埋没了，在这种情况下，我们发现，他若没有患上精神病，也会埋下精神病的种子。"

是的，为了同一个原因，一个人也会在工商企业中"精神崩溃"，如果他轻视他的工作和事业，他也可以把它搞砸了。

如果你很害羞，不敢单独会见"大人物"和他们面谈，这里有两项建议，可以帮助你。

第一，找一个和你同年龄的小伙子一起去。你们彼此可以增加对方的信心。如果你找不到跟你同年龄的人，你可以请求你父亲和你一同前往。

第二，记住，你向某人请教，等于是给他荣誉。对于你的请求，他会有一种被奉承的感觉。记住，成年人一向是很喜欢向年轻的男女提出忠告的。

如果你不愿写信要求约会，那么不需约定，就可直接到那人的办公室去，对他说，如果他能向你提供一些指导，你将万分感激。

假设你拜访了5位会计师，而他们都太忙了，无暇接见你（这种情形不多），那么你再去拜访另外5位。他们之中总会有人接见你，向你提供宝贵的意见。这些意见也许可以使你免去多年的迷失和伤心。

你应该记住，你是在从事你生命中最重要且影响最深远的两项决定中的一项。因此，在你采取行动之前，多花点时间探求事实真相。如果你不这样做，在下半辈子中，你可能后悔不已。

如果能力许可，你可以付钱给对方，补偿他半小时的时间和忠告。

5. 克服"你只适合一项职业"的错误观念！每个正常的人，都可在多项职业上成功，相对地，每个正常的人，也可能在多项职业上失败。

拥有自己的计划

卡耐基金言

◇谁没有用以检查其行为标准的计划，那他的行为就会为眼前的影响所支配；他认为今天所寻求到的自信说不定明天就又会失去。

◇有了计划，就意味着有了保障。

一位著名的外交官曾说过："日常事情一件一件地向我们涌来。如果我们没有一个可以将之加以检查的计划，那么我们就会遇到许多困难。"

他所陈述的这种道理在外交、政治以及我们每个人的工作和生活中统统适用。应该按照自己的标准，去检查每天发生在我们身边的事情，谁若不懂得这一点，谁就将陷入不稳定的漩涡之中。他自己的个人意愿将难以实现，所定目标也将停滞不前。

所以，影响我们生活的有两件事情。其一就是日常之事，这是我们社会不断强加给我们的对立；其二就是拥有一份计划，我们按照这份计划来评判日常之事对我们自己是否有利，我们是否有能力处理好这些事情。

谁没有用以检查其行为标准的计划，那他的行为就会为眼前的影响所支配；他认为今天所寻求到的自信说不定明天就又会失去。谁拥有一份长期计划，谁就会凭借它创造有利的前提，正确看待眼前的一切诱惑。

在此，还应进一步说明一下，拥有一份检视我们行为的计划到底有哪些好处：

拥有一份计划并贯彻它，意味着可以事先知道应该怎样度过这繁忙的一天。拥有一份长期计划，就如同建立了一个安全网，当我们在日常生活中遇到困难时，它会及时地给予我们保障，就如空中飞人表演遇险而由安全网接住一样。也意味着，可以及时界定我们的能力和可能性的范围，以期更接近我们所期望的目标。这样，我们就不会受外界影响和诱惑。

谁没计划，谁就会陷入危险之中。

在过去的几年里我遇到过一些人，他们给我留下的印象是：他们生活得比别人好，这时我总会向他们讨教几招。其中一个人给我举了一个印象颇深的例子。这个例子说明，计划如何帮助人们去克服生活中大大小小的问题。

我有一个朋友，他是在乡下一个贫苦的家庭中长大的，他父亲早逝。之后他上了大学，毕业后当了一名法官，再之后又当了外交官和部长。

当我在他的办公室拜访他时，我问他："您曾经说过，您是个心满意足的人。您是怎样做到这一点的呢？"

他思考了一会儿，然后以他那独特的、从容不迫的方式回答道："严格地说，我几乎可以称得上是个心满意足、十分幸福的人。这当然有多方面的原因。但其中有两点是肯定的：人必须自信。同时也必须能够独立做事，而且不要过分依赖于外部事物。"

对某些人来说，读了这几句话后，会感觉它们只是空洞的说教或者只是抽象的愿望、幻想。但对以它为原则而生活的我的朋友来说，这是他获得几乎可以称得上是心满意足、十分幸福的生活的关键因素。从这个伟大的生活计划中，他推导出解决日常问题的许许多多小计划。

举一个他向我讲述过的例子，是关于他怎样控制体重的。当别人都在大量地吞服药片或偶尔接受减肥疗法并向别人推荐时，他却用自己的方式来解决问题：

"每周日洗完澡后，我就称体重。如果称的是80公斤，那么在接下来的一周内，我接着吃与上周同量的东西；如果称得的体重大于80公斤，那么周内我只吃一半的东西。在这段时间内，我的体重又可以减到适合于我的体型的最理想的 80 公斤。"

你或许会问:"这样一件无关紧要的小事和他幸福的计划有什么内在的联系?"非常之简单:举一反三。他说:"人必须自信并且不要过多地依赖于外部事物。"

他不问:"谁帮我解决我的体重问题呢?哪些药片能帮我,哪些疗法能有效呢?"而是更多地去寻求一种不依赖于任何人的解决之道。他控制自己每天吃多少东西,不受偶然因素或所提供的食物的影响,而是严格按照计划行事。他这样做使他充满自信。

这是考察内在联系的一个方面。

在前面,我列举了大量事例,阐述了如何制定一个最适合自己的计划,同时也阐述了坚定不移地贯彻计划的优点。但你要认识到,计划并不是一剂灵丹妙药,光靠它还不能解决问题,它只是为解决问题而创造尽可能最好的前提条件。

有了计划,就意味着有了保障。由此而得出的最重要的结论是:

我不再相信,当自己碰到问题时,总能想出解决问题的办法或者总会有贵人相助;或者认为"还没这么糟糕!"或者"到目前为止,一切都挺好!"而是为解决问题做好充分准备。不靠碰运气,不只顾眼前,不依赖别人,而是自己为此担负起责任。

拥有一份计划就意味着:

今天就考虑好明天和后天会出现什么样的情况及应对策略。就像一个优秀的战略家,在真正采取行动之前,先练习沙盘作业,直至他认为已能圆满完成任务为止。或者像一名消防队员,平时坚持不懈地练习,以使自己在紧急情况下能应付自如。

一旦真的发生紧急情况,他早已做好了充分准备。他很清楚自己应做什么,并投入全部精力尽量做好,而不是惊慌失措,急于为自己的失败找替罪羊或为自己寻找托辞。

这就是有计划的优点之一。另一个优点是,知道自己想做什么。在这种情况下,我可能这样做,而另一种情况下也许会采取完全相反的做法。不管怎样,我每次只做有利于更接近我所设定的目标的事情。

在这儿,我就不一一列举其他优点了,为的是你能自己勾画自己的生活,而不是让别人牵着鼻子走。

所有该说的，我想我都已经说过了。

现在就看你的了。读到这儿，如果你只说一句："是的，是的，这样活着，就不错了！"这是远远不够的。之后，你会很快就翻过这一页，而不是尝试着去实际做点什么。你也许会说："听起来都很美，但是……"还会成百上千次地说"如果"和"但是"，你应该知道，说这些都没用，坐着说，不如起来行动。

如果你已确定了一个目标，制定了一份最适合你的计划并下定决心：从今天开始，没有任何事情可以阻止我去执行我的计划，那么你就已经向成功又迈进了一大步了。

如果你制定了这项计划，你就将它写在一张纸上，放在书桌上。这样你就可以每天早上和晚上都能看到它了。早上你会说："我要这样去做。"晚上，你会问："我是这样做的吗？"

当然，你可在下周利用一周的时间，每天晚上都回顾一下自己的生活。之后，确定新的目标，并制定出实现目标的方案。

或者你现在就开始，寻找每次失败的原因。从自己的认识出发，制定出具体方案，以使自己在以后的日子里不会重蹈覆辙。

对自己进行"盘点"

卡耐基金言

◇这些问题的目的，在于使你发现哪些地方应进行改善，而不是要给什么奖赏。
◇没有人是一夜之间就成功的。想要获得成功是需要花时间的。

对自己提出下列问题并诚实作答，切勿故意说假话来满足自己的虚荣心，因为这些问题的目的，在于使你发现哪些地方应进行改善，而不是要给什么奖赏。

1. 你确定了明确目标了吗？制定执行计划了吗？每天花多少时间在执行计划上？主动执行或是想到了才执行？
2. 你的明确目标是一种强烈欲望吗？多久振奋一次这个欲望？
3. 为了达到明确目标你做了什么付出？正在付出吗？何时开始付出？

4. 你采取了什么步骤来组织智囊团？你多久和成员接触一次？你每个月、每周、每天和多少成员谈话？

5. 你有接受一些小挫折作为促使自己做更大努力之挑战的习惯吗？你从逆境中找出等值利益的种子的速度有多快？

6. 你是把时间花在执行计划上或是老想着你所碰到的阻碍？

7. 你经常为了将更多的时间用来执行计划而牺牲娱乐吗？或者经常为了娱乐而牺牲工作？

8. 你能把握每一分钟时间吗？

9. 你把你的生活看成是你过去运用时间的方式的结果吗？你满意你目前的生活吗？你希望以其他方式支配时间吗？你把逝去的每一秒钟都看成是生活更加进步的机会吗？

10. 你一直都葆有积极心态吗？是大部分时候都保持积极心态或有的时候积极？你现在的心态积极吗？你能使自己的心态立刻积极起来吗？积极之后呢？

11. 当你以行动具体表现了积极心态时，经常会展现你的个人进取心吗？

12. 你相信你会因为幸运或意外收获而成功吗？什么时候会出现这幸运或意外收获呢？你相信你的成功是努力付出所换得的结果吗？你何时付出努力？

13. 你曾经受到他人进取心的激励吗？你经常受到他人的影响吗？你经常真正地以他作为榜样吗？

14. 你何时表现出多付出一点点的举动？每天都为付出或只有在他人注意时才会表现多付出？你在表现多付出一点点的举动时心态正确吗？

15. 你的个性吸引人吗？你会每天早晨照镜子，并且改善你的微笑和脸部表情吗？或者你只是单纯地洗脸刷牙而已？

16. 你如何应用你的信心？你何时奉行得自无穷智慧的激励力量？你经常忽视这些力量吗？

17. 你培养自己的自律能力吗？你的失控情绪经常使你失去做一些会令你很快就感到遗憾的事情吗？

18. 你能控制恐惧感吗？你经常表现出恐惧吗？你何时以你的信心取代恐惧？

19. 你经常以他人的意见作为事实吗？每当你听到他人的意见时你会抱

着怀疑的态度吗？你经常以正确的思考来解决你所面对的问题吗？

20. 你经常以表现合作的方式来争取他人的合作吗？你在家里？在办公室？在你的智囊团？

21. 你给自己发挥想象力的机会吗？你何时运用创造力来解决问题？你有什么需要靠创造力才能解决的问题吗？

22. 你会放松自己的运动并且注意你的健康吗？你计划明年才开始吗？为什么不现在开始？

这份检讨问题单的目的，在于促使你对自己做番思考。你对于各项事情的运用方式充分反映出你将成功原则化为你生活一部分的程度。如果你对上述问题的回答不能令你满意时，请不要气馁。曾经有好几百万人买过我的书，而且我也对成千上万人举行过演讲。虽然这些人当中有许多人都获得成功；但是没有人是一夜之间就成功的。想要获得成功是需要花时间的。

不断翻新人生计划

卡耐基金言

◇执着的追求是应该嘉许和称道的。但如明知道不行，却仍一条巷子走到黑，或明知客观条件造成的障碍无法逾越，还要硬钻牛角尖，这就不可取了。

◇为目标下定义，不断修正，相信它会实现——成果就这样出现了。

执着的追求是应该嘉许和称道的。但如明知道不行，却仍一条巷子走到黑，或明知客观条件造成的障碍无法逾越，还要硬钻牛角尖，这就不可取了。

目标、志向的调整，实际上是一种动态调整，是随机转移的。若发现你原来确定的目标与自己的条件及外在因素不适合，那就得改弦易辙，另择他径。

这种动态调整有以下的基本形式：

一是主攻方向的调节。若原定目标与自己的性格、才能、兴趣明显相悖，这样，目标实现的概率趋向为零。这就需要适时对目标做横向调整，并及时捕捉新的信息，确定新的、更易成功的主攻目标。扬长避短是确定目标、选择职业的重要方法。在科学、艺术史上，大量人才成败的经历证明，有的人在某一方面具有良好的天赋和能力，但他不可能有多方面的强项；有的人在研究、治学上是一把好手，而一到管理、经营的岗位，他就一筹莫展，能力平平，甚至很差。

二是在原定目标基础上的调节。这是主攻方向不变，只是变革层次的调整。若是原目标定得过高了，只有很小的实现可能，必须调低，再继续积累，增强攻关的后劲。若原目标已实现，则要马不停蹄地制定新的更高层次的目标。若原目标定得太低，轻易就已跃过，则要权衡自己的能力、水平，将目标向上升级。实现目标自然需要长期的努力。在为人生目标奋斗时，不能幻想一劳永逸，而要务实笃行、稳扎稳打、奋力前行。同时，也要看到，每取得一点成功，都是向总目标靠近一步。取得了全局性的成功，也不是目标的终止，而恰恰是向更高一级目标攀登的开始。

三是在获得信息反馈之中调节。即在原定目标中受挫而幡然醒悟，调整通道，重新把目标定在自己拿手的领域。美国科学家迈克尔逊，青年时曾入海军学校，但他学习成绩很差，特别是军事课，长期不及格。学校多次批评教育，仍然不起作用，最后学校不得不把他开除。但是，他对物理实验却非常感兴趣，被开除后，他投入对物理的学习和研究，很快显示出才华。他长期孜孜不倦，苦苦钻研，不断攀登了一个又一个高峰，终于做出被荣称为"迈克尔逊光学实验"的伟大创举，为相对论奠定了实验基础，成为美国第一个获得诺贝尔奖的人。

四是从预测未来中进行调节。社会的需要和个人的兴趣、才能、性格等都经常会发生变化。要善于打一个"提前量"，进行预测。如才能的发展与年龄大小关系极大。任何才能都有其萌发期、发展期和衰退期，这样顺势而为，做出设想、规划，显然对目标定向是大有益处的。

五是对具体阶段目标视情况进行调节。大的目标要终生矢志追求，而小的阶段目标则可以进行适当的调节。科研人员在研究方向的选择上，有时为了能快出成果，改变思路而取得成功的结果，在科学史上不乏先例。

那么目标在什么情况下需要适时调整呢？一般来说如下几种情况必须调整人生目标：

第一，环境发生重大变化的时候，任何人的人生目标都是特定时代特定环境的产物，而各种环境中主要是社会环境对人生目标具有决定作用。社会环境、自然环境的变化，会影响人生目标的变化，特别是重大的环境变化，常造成人生目标的重大改变。

所谓环境的重大变化时刻，是指两个方面发生的重大变化：一是国内外经济、政治、思想文化领域的大动荡；二是人们的家庭的经济、政治、亲属关系等发生重大变化。这两个方面发生的重大变化，对人生目标都将发生影响。我们的原则是，无论环境发生什么变化，具体的目标(某个阶段的目标或某个方面的目标)可以变通，随时做好调节，但总目标应该矢志不移。

第二，在人才竞争的胜败转折的时刻。奋斗中的成与败，常常形成人生道路的转折点，这已为无数事实所证明。

第三，人生总流程中，前后两个阶段相更替的时刻。这种时刻，称为人生转折时刻。这种转折，或发生在人的生理发生转折时(发育和疾病造成的)，或发生在人的社会地位发生突变的时候，或发生在人的社会智能结构发生质变前后，总之，是人自身某种或某些条件发生重要变化的时刻。这个时刻，也是容易引起人生目标发生改变的时刻。我们应努力防止在人生转折时刻发生人生目标的不良转变，防止因社会地位升高或降低而腐化或丧志，因疾病而颓丧，或因智能提高而骄傲，应使人生目标始终保持正确的大方向，具体目标始终切实可行。

为目标下定义，不断修正，相信它会实现——成果就这样出现了。任何人都能完成他们所想的，你也一样。但第一步，你必须知道这伟大的成就是什么；下一步就是设计许多能令你保持高昂情绪的小目标，让它们逐步引导你迈向成功。

每天对工作选择实行，对优先顺序做了解，对你大有助益。确信自己的努力没有白费，而且要求事半功倍。谨慎而自觉地决定事情先后，一般人从不这样做。他们只是任性而为，随波逐流。他们是基于恐惧、气愤和报复，而非为了活得更好而努力；他们不求提高效率，而周旋于私人党派或政治成功的梦想，幻化为泡影。

了解自己的需要和如何得到自己所想的。明了这些事情的轻重缓急，你可以按部就班地计划自己的一天。

第 6 章
与金钱和睦相处

聪明地运用金钱才能使人感到快乐

卡耐基金言

◇很少人能聪明地运用金钱，人们对金钱有许多自以为是的错误看法，其中有些甚至荒谬极了。

◇钱能够对提高我们的生活品质起到多少作用，要看我们是否能聪明地运用手上的钱，而不是看我们到底有多少钱。

虽然很少有人真正知道自己想从生活中获取什么，但大部分的人却坚定地宣称，有了很多钱就可以使他们得到想要的一切。他们不仅错失了生活的本质，也曲解了金钱的本来意义。钱常被误用、滥用，很少人能聪明地运用金钱，人们对金钱有许多自以为是的错误看法，其中有些甚至荒谬极了。

长久以来，人们一直受物质主义的主宰和操纵，不断地以追求财富、积累金钱作为奋斗的目标，认为拥有了巨大的财富就拥有了快乐。诚然，金钱对人们的生活的确有作用，但是并不像大多数人想的那么重要。

人们对金钱最为普遍的一种错误认识是，钱可以使他们快乐。实际上，金钱聚积过多，不仅不会带来快乐，反而成为仇恨、相争等烦恼的根源。

皮德鲁幸运地中了500万美元的彩券，当他发横财的时候其他人正在失业。在一般人的眼里，皮德鲁真是走了大运，有了这么多钱，他一定快乐得不得了。然而事实是，皮德鲁不仅没有得到快乐，反而陷入了不幸。自从皮德鲁中了彩券后，他就再也没见过自己的女儿，而且好多亲朋好友也都离他而去，原因是他没有把这一大笔天降横财分给他们。皮德鲁说："我现在要什么东西就可以买什么东西，但除此以外，我比其他任何人还要痛苦……我买不到感情和人心。有了这一大笔钱，我反而成了忌妒和仇恨的对象，人们不愿和我接近，我也时刻在担心有人接近我只是为了钱，我累极了……有朋友就是有朋友，没有就是没有，爱是买不到的，爱一定要建立。"

现实生活中，许多人通过努力工作、继承遗产、运气或是不合法的手段得到了大笔钱,然而,或者是因为不满足,或者是因钱而导致朋友的纷争、感情的背离,或是因为钱已够多而失去了目标,总之,他们都没有得到快乐。许多有钱人拥有一切物质上的享受,却过着自暴自弃的生活。

不管人们处于何种地位,钱都是生存的必需品,钱也是增进休闲方式、提高生活品质的一种途径。然而,不幸的是,人们都被贪婪蒙住了眼睛,把钱视为生活的目的,而不是改善生活的手段。把金钱本身当成了目的,人们就会陷入失望和不满,并且永远无法达到提升生活品质的目标。

对钱的另外一种误解是,人们把钱看作生活的保障和建立安全感的基础,就会制约我们去相信应该一心一意地积蓄物质财富,作为我们退休或遭到意外时的保障。如果你开始把钱看成完全的保障,你对钱就会有问题,就像不能买爱、朋友和家人,你也买不到真正的保障。

人所能拥有的真正的保障应该是内在的保障。这种内在的保障来源于天赋、创造力、才能、健康的体魄等内在因素,使你相信你能够运用自身的条件,去应付或克服作为一个独立的人所要面对的一切问题和情况。你如果一旦拥有了这种内在的实际的保障,你就不会有那么多的惶恐和害怕,也不会将时间和精力专注于给自己建立外在的财务上的保障。最好的财务保障就是内在的创造能力,这种保障任何人都夺不去,你永远都能想办法谋生。你的本质建立于你本身是什么人,拥有怎样的精神状态,而不是你所拥有的外在的物质。你即使失去了所拥有的,你也还是自己生活的中心,这使你能保持健康明朗的生活过程。

将个人的安全感建立在金钱上,不外乎修建空中楼阁。那些努力于为自己建立保障的人是最没有保障的人。情感上缺乏保障的人积累大量的金钱来抵御人格上所受的打击,填补空洞脆弱的内心,宣泄不愉快的感觉。追求保障的人本质上极为缺乏安全感,因此试图通过外部的事物,比如金钱、配偶、房屋、车子和名声,来求得心理上的安稳和平衡,他们一旦失去了自己所拥有的金钱财富,就失去了自己,因为他们的安全感、对自己的认同感,完全是以金钱为根本。

以物质和金钱追求为基础保障有很多褊狭之处,就算你是超级富翁,也可能遇车祸身亡,有钱人的健康状况和没钱的人一样会逐渐衰败,战争爆发影响穷人,也影响富人。以钱为保障的人还时刻担心金融崩溃时他们会失去所有的钱财。他们不仅没得到什么确实的保障,反而还增加了许多让他们恐慌的事。

那么，钱和快乐到底有什么关系？我们承认钱是生存的一项重要因素，但这并不能告诉我们，要多少钱才能够快乐。为这个社会主流所认同的那些成功人士，总是时时刻刻在宣扬，百万富翁才是生活的胜利者，也就是说，我们其他人就是失败者。很多事实证明，大部分财力平平的人比我们在报纸上读到的百万富翁更有资格当胜利者。

钱是生活中的权宜办法，钱能够对提高我们的生活品质起到多少作用，要看我们能多聪明地运用手上的钱，而不是看我们到底有多少钱。

在我们的社会中，很多人都认为钱代表权力、地位和安全，但其实钱在本质上没有一点能使我们快乐。要看清钱的本质，请做如下练习：现在把你身上或放在附近的钱拿出来，摸一摸，感觉它的温度。注意，它是冷冰冰的，晚上不能使你温暖。你和你的钱说话，它不会有任何反应，它的面目永远是那么僵硬，一成不变。不管你有多么爱它，它也不会给你一点回报。

麦克·菲力普曾是一位银行副总裁，他认为大多人把自己的身份牢牢地和钱结合在一起，在他的书《金钱七定律》中，他讨论了几种有趣的金钱观：

1. 如果你做了事情，钱自然会到你的手中。

2. 金钱是个梦——像传说中的花衣服、吹笛手一样吸引人。

3. 金钱是梦魇。

4. 你永远都不能把钱当作礼物送走。

5. 有的世界里没有钱这个东西。

当然钱的确有很多用途，没有人会否认钱在社会上和商场上所扮演的重要角色，但是人人都可以推翻错误的观点——认为钱越多就会越快乐。每个人所要做的就是留心。

我通过对以下问题的观察，提出了几点重要的意见：如果钱使人快乐，那么……

1. 为什么年薪7万美元以上的人当中，对自己薪水不满意的比率，比那些年薪7万美元以下的人高？

2. 阿尔伯伊斯基通过华尔街地线交易非法聚敛了1000万美元，为什么他累积到200万美元或者是500万美元的时候还不愿停止这种非法行为，却继续累积，直到被捕？

3. 为什么我所认识的一家人(他们的财产总值列居北美家庭的前100名)告诉我,他们如果中了彩票赢了大奖会有多么快乐?

4. 为什么纽约的一群中了彩票的人要组成一个自助团体来处理中奖后的各种痛苦和忧郁的症状,他们在赢得大笔奖金之前从来没有经历过这种严重的痛苦和忧郁?

5. 为什么这么多高薪的棒球、足球、曲棍球球员有毒品和酒精的问题?

6. 医生是最有钱的行业之一,为什么他们的离婚、自杀和酗酒比例高于其他行业?

7. 为什么穷人捐给慈善事业的钱比富人捐得多?

8. 为什么有这么多有钱人犯法?

9. 为什么这么多有钱人去看精神科医生和心理治疗师?

以上只是一些警讯,提醒我们钱并不能保证快乐。

当我们满足了基本的生活需要后,钱不会使我们快乐,也不会使我们不快乐。如果我们每年挣到25000美元就能够快乐,并且能够妥善地处理各种问题,当我们比现在更有钱时,还是会快乐,还是能妥善地处理问题。如果我们一年只挣25000美元就使自己不快乐、神经过敏,而且不能很好地处理问题;那么即使年薪100万美元也是如此,还是神经过敏、不快乐,也不能好好地处理问题。差别只在于,我们是在豪华的住宅、丰富的物质享受里神经过敏、不快乐。

不要总是为金钱发愁

卡耐基金言

◇人类70%的烦恼都跟金钱有关,而人们在处理金钱时,却往往意外地盲目。

◇即使我们拥有整个世界,我们一天也只能吃三餐,一次也只能睡一张床——即使一个挖水沟的人也能做到这一点,也许他们比洛克菲勒吃得更津津有味,睡得更安稳。

人类70%的烦恼都跟金钱有关,而人们在处理金钱时,却往往意外地盲目。

根据《妇女家庭月刊》所作的一项调查，我们70%的烦恼都跟金钱有关。盖洛普民意测验协会主席盖洛普·乔治说，从他所作的研究中显示，大部分人都相信，只要他们的收入增加10%，就不会再有任何财政的困难。在很多例子中并不尽然。我曾向预算专家爱尔茜·史塔普里顿夫人请教。她曾担任纽约及全培尔两地华纳梅克百货公司的财政顾问多年。她曾以个人指导员身份，帮助那些被金钱烦恼拖累的人。她帮助过各种收入的人——从一年赚不到1000美元的行李员，至年薪10万美元的公司经理。她对我说："对大多数人来说，多赚一点钱并不能解决他们的财政烦恼。"事实上，我经常看到，收入增加之后，并没有什么帮助，只要徒然增加开支——增加头痛。"使多数人感觉烦恼的，"她说，"并不是他们没有足够的钱，而是不知道如何支配手中已有的钱！"……你对最后那句话表示不屑一听，是吗，在你再度表示轻蔑之前，请记住，史塔普里顿并没有说"所有的人"，她说"大多数人"。她并不是指你而言，她指的是你姊妹和表兄弟，他们的人数可多了。

有许多人可能会说："我希望举个例子来试试看：拿我的月薪，付我的账款，维持我应有的开支。只要他来试一试，我保险他会知道我的困难，不再说大话。"说得不错，我也有过财政困难：我曾在密苏里的玉米田和谷仓做过每天10小时的劳力工作。我辛勤地工作，直至腰酸背痛。我当时所做的那些苦工，并不是一小时一块美金的工资，也不是5毛钱，也不是1毛钱，我那时所拿的是每小时5分钱，每天工作10小时。

我知道一连20年住在一间没有浴室、没有自来水的房子里是什么滋味。我知道睡在一间零下15℃的卧室中，是什么滋味。我知道徒步数里远，以节省一毛钱，以及鞋底穿洞、裤脚打补丁的滋味。我也尝过在餐厅里点最便宜的菜，以及把裤子压在床垫下的滋味——因为我没钱将它们交给洗衣店。

然而，在那段时间里，我仍设法从收入中省下几个铜板，因为如果我不那么做，心里就不安。由于这段经验，我们就必须和一些公司一样：我们必须拟定一个花钱的计划，然后根据那项计划来花钱。可惜，我们大多数人都不这样做。例如我的好朋友黎翁西蒙金，他指出人们在处理金钱事务时，对数字表现得意外盲目。他告诉我，有位他所认识的会员，在公司工作时，对数字精明得很，但等到他处理个人财务时……就毫不犹豫地将它买下来——从不考虑房租、电费，以及所有各项杂费，迟早都要由这个薪水袋里抽出来付掉。然而这个人却又知道，如果他所服务的那家公司以这种贪图目前享受的方式来经营，则公司势必破产。

我认为，当牵涉到金钱时，你就等于是在为自己经营事业。而你如何处理你的金钱，实际上也确实是你"自家"的事，别人无法帮忙。

那么，什么是管理我们钱的原则呢？我们如何展开预算和计划？

1. 把事实记在纸上。亚诺·班尼特50年前到伦敦，立志做一名小说家，当时他很穷，生活压力大。所以他把每一便士的用途记录下来。他难道想知道他的钱怎么花掉了？不是的。他心里有数。他十分欣赏这个方法，不停地保持这一类记录，甚至在他成为世界闻名的作家、富翁、拥有一艘私人游艇之后，也还保持这个习惯。约翰·洛克菲勒也保有这种总账。他每天晚上祷告之前，总要把每便士的钱花到哪儿去了弄个一清二楚，然后才上床睡觉。

我们都一样，必须去弄个本来，开始记录，记录一辈子？不，不需要。预算专家建议我们，至少在最初一个月要把我们所花的每一分钱作准确的记录——如果可能的话，可作3个月的记录。这只是提供我们一个正确的记录，使我们知道钱花到哪儿去了，然后便可依此作一预算。

2. 拟出一个真正适合你的预算。预算的意义，并不是要把所有的乐趣从生活中抹杀。真正的意义在于给我们物质安全和免于忧虑。"依据预算来生活的人，"史塔普里顿夫人说，"比较快乐。"史塔普里顿夫人告诉我，假设有两个家庭比邻而居，住同样的房子，同样的郊区，家里孩子的人数一样，收入也一样——然而，他们的预算需要却会截然不同。为什么？因为人性是各不相同的，她说，预算必须按照各人需要来拟定。

但怎么进行呢？如同我所说的，你必须把所有的开支列出一张表来，然后要求指导。你可以写信到华盛顿的美国农业部，索取这一类的小册子。在某些大城市——主要的银行都有专家顾问，他们将乐于和你讨论你的财务问题，并帮你拟定一项预算。

有一本名叫《家庭金钱管理》的书，由家庭财务公司发行。顺便提一下，这家公司出版了一整套的小册子，讨论到许多预算上的基本问题，例如房租、食物、衣服、健康、家庭装饰，和其他各项问题。

3. 学习如何聪明地花钱。意思是说，学习如何使金钱得到最高价值。所有大公司都设有专门的采购人员，他们啥事也不做，只要设法替公司买到最合理的东西。身为你个人产业的主人，你何不也这样做？

4. 不要因你的收入而增加头痛。史塔普里顿夫人告诉我，她最怕的就是被请去为年薪5000美元的家庭拟定预算。我问她为什么。"因为，"她说，"每年收入5000美元，似乎是大多数美国家庭的目标。他们可能经过多年的艰苦奋斗才达到这一标准——然后，当他们的收入达到每年5000美元时，他们认为已经'成功'了，他们开始大事扩张。在郊区买栋房子——'只不过和租房子花一样多的钱而已。'买部车子，许多新家具，以及许多新衣服——等你发觉时，他们已进入赤字阶段了。他们实际上不比以前更快乐——因为他们把增加的收入花得太凶了。"

我们都希望获得更高的生活享受，这是很自然的。但从长远方面来看，到底哪一种方式会带给我们更多的幸福——强迫自己在预算之内生活，或是让催账单塞满你的信箱，以及债主猛敲你的大门？

5. 投保医药、火灾，以及紧急开销的保险。对于各种意外、不幸，及可意料的紧急事件，都有小额的保险可供投保。但并不是建议你从澡盆里滑倒至染上德国麻疹的每件事皆投上保险，但我们郑重建议，你不妨为自己投保一些主要的意外险，否则，万一出事，不但花钱，也很令人烦恼。而这些保险的费用都很便宜。

6. 教导子女养成对金钱负责的习惯。《你的生活》杂志上有一篇文章，作者史蒂拉·威斯顿·吐特叙述她如何教导她的小女儿养成对金钱的责任感。她从银行里取得一本特别储金簿，交给她9岁大的女儿。每当小女得到每周的零用钱时，就将零用钱"存进"那本储金簿中，母亲则自任银行。然后在那个星期之中，每当她须使用1毛钱或1分钱时，就从账簿中"提出"，把余款结存详细记录下来。这位小女孩不仅从其中得到很多的乐趣，而且也学会了如何处理金钱的责任感。

7. 家庭主妇可在家中赚一点外快。如果你在聪明地拟好开支预算之后，仍然发现无法弥补开支，那么你可以选择下述两事之一：你可以咒骂、发愁、担心、抱怨，或者你想赚一点额外的钱。怎么做呢？想赚钱，只需找人们最需要而目前供应不足的东西。

家住纽约杰克森山庄的娜莉·史皮尔夫人，在1932年，她自己一个人住在一间有3个房间的公寓里，她的丈夫已去世，两个儿子都已结婚。有一天，她到一家餐馆的苏打水柜台买冰淇淋，发现柜台也兼卖水果饼，但那些水果饼看起来实在令人不敢恭维。她问掌柜的愿不愿向她买一些真正的家制水果饼。结果他订了两块水果饼。"虽然我自己也是个好厨师，"史皮尔夫人对我讲述她的故事说,"但以前我们住在佐治亚州时,一直请有女佣,我亲手烘制饼干的次数大概只有十多次而已。在那位掌柜的向我预订两块水果饼之后,我向一位邻居请教了制苹果饼的方法。结果,那家餐厅的顾客对我最初的两块水果饼——一块苹果味、一块柠檬味——赞不绝口。餐厅第二天就预订了5块,接着,其他餐馆也陆续来向我订货。在两年之内,我已经成为每年必须烘制5000块饼的家庭主妇。我是单独一人在我自己的小厨房内完成全部工作的,我一年收入已高达1万美元,除了一些制饼的材料之外,我一毛钱也没多花。"

对史皮尔夫人家制烤饼的需求量愈来愈大,她不得不搬出厨房租下一间店铺,雇了两个女孩子帮忙。水果饼、蛋糕、卷饼。在世界大战期间,人们排队一个多小时等着买她的家制食品。

史皮尔夫人认为她一生中从未如此快乐过,虽然她一天在店里工作12~14小时,但她从不觉得厌倦,因为对她来说,那根本不算是工作。那是生活中的奇异经验。

娥拉·史令达夫人也有相同的看法。她住在一个3万人口的小镇——伊利诺州梅梧市。她就在厨房里以一毛钱价值的原料开创了事业。她的丈夫生病了,她必须赚点钱补贴家用。但怎么办呢?没有经验,没有技术,没有资金,只不过是一名家庭主妇。她从一颗蛋中取出蛋清加上一些糖,在厨房里做了一些饼干;然后她捧了一盘饼干站在学校附近,将饼干售给正放学回家的学童,一块饼干一分钱。"明天多带点钱来,"她说,"我每天都会带着饼干在这儿。"第一周,她不只赚了4.15元,同时也为生活带来情趣。她为自己及儿童们带来了快乐,现在没有时间去忧愁了。

这位来自伊利诺州梅梧市的沉静的家庭主妇相当有野心,她决定向外扩展——找个代理人在嘈杂的芝加哥出售她的家制饼干。她羞怯而害怕地和一位在街头卖花生的意大利人接洽。他耸耸肩膀,说他的顾客要的是花生,不是饼干,第一天就为她赚了2.15元。4年后,她在芝加哥开了第一家商店。店面只8尺宽。她晚上做饼干,白天出售。这位以前相当羞怯的家庭主妇,从她厨房的炉子上开创饼干工厂,现在已拥有19家店铺——其中18家都设在芝加哥最热闹的鲁普区。

娜莉·史皮尔和娥拉·史令达不为金钱而烦恼,反而采取积极的做法。她们以最小的方式从厨房出发——没有租金,没有广告费,没有薪水。在这种情况下，一名妇人要被财务烦恼拖垮，几乎是不可能的。

看看你的四周，你将会发现许多尚未达到饱和的行业。例如，如果你自己是一名很优秀的厨师，你也许可开设烹饪班，就在你自己的厨房内教导一些年轻小姐，这也是赚钱之道。说不定上门求教的学生不绝于途。

提升财商

卡耐基金言

◇财商可以通过后天的专门训练和学习得以改变，改变你的财商可以连动地改变你的财务状况。

◇财商是一个人最需要的能力，也是最被人们忽略的能力。

许多终日为钱辛苦、为钱忙碌的上班族，都曾有过一些共同的体验，眼看着成功人士穿着名牌服装，住在豪华别墅，开着名贵轿车，羡慕不已。然而在羡慕之余，他们可能也曾经想过："是什么使得他们能够拥有财富，而我却没有？"

一次调查结果表明，有47%以上的受访者认为"炒作股票或房地产"是贫富差距拉大的主因；其次是"个人工作能力与努力"（34%）；第三是"家庭原因"（19%）。根据调查结果可以发现，大部分的受访者认为，造成贫富差距越来越大的主因并非个人努力的成果，而是运气、机会等不公平游戏的结果。

的确，造成贫富差距扩大的直接原因是"股票与房地产"、"个人工作能力与努力"、"家庭原因"，但是这些都是表面现象。人们习惯将贫穷的原因归咎于外在的因素，如制度、运气、机会等，或者用负面的说词，为自己无所作为作解脱。他们认为有钱人大多是因为投资房地产或股票而致富，而造成财富增加主要是因为"拥有适当的投资"。

那么我们更深入一步提问，为什么他们拥有资金来投资房地产和股票，他们又是如何操作使他们能够不断赚钱的呢？到底那些富人拥有什么特殊技能，是那些天天省吃俭用，日日勤奋工作的上班族所欠缺的呢？他们何以能在一生中累积如此巨大的财富呢？

所有这些问题都不是用家世、创业、职业、学历、智商与努力程度等因素能解释得了的。

专家们经过观察、归纳与研究，终于发现了一个被众人所忽略但却极为重要的原因，那就是是否具有较高的财商。

每个人都有一个成功的梦想，一个创富的梦想。在市场经济社会里，金钱从某种意义上讲是成功的一种体现，财富也自然成为衡量成功的一个标尺。

不同的人有不同的追逐财富的方式，那么如何衡量一个人的理财能力呢？以往人们更多的是根据财富的多少来评价一个人的能力，但往往只能看到结果，而不能预先做出相对准确的评估。

财商则提供了一个新的维度，来衡量一个人的理财能力和创造财富的智慧。那么，什么是财商呢？

财商是指一个人在财务方面的智力，是理财的智慧。财商可以通过后天的专门训练和学习得以改变，改变你的财商，可以连动地改变你的财务状况。财商是一个人最需要的能力，也是最被人们忽略的能力。可以想象，一个漠视财商的人，一定是现实感很差的人。

财商包括两方面的能力：一是正确认识金钱及金钱规律的能力；二是正确使用金钱及金钱规律的能力。财商并不仅是人们现实的唯一能健康发展的智能，而且是人为观念和智能中的一种，当然也是非常重要的一种。财商常常被人们急需，也被忽略。财商不是孤立的，而是与人的其他智慧和能力密切相关的。事实上，财商与智商、情商一样，都是一种指导人们行为的无形力量。而财商也是可以通过学习来获得的。

财商不仅是一个理财的概念，更是一种全新的金钱思想。富人之所以成为富人、穷人之所以成为穷人的根本原因就在于这种不同的金钱观。穷人是遵循"工作为挣钱"的思路，而富人则是主张"钱要为我工作"。富人是因为学习和掌握了财务知识，了解金钱的运动规律并为己所用，大大提高了自己的财商；而穷人则是缺少财务知识，不懂得金钱的运动规律，没有开发自己的财商。尽管有的人很聪明能干，接受了良好的学校教育，具有很高的专业知识和工作能力，但由于缺少财商，还是成不了富人。

金钱是一种思想，有关金钱的教育和智慧是开启财富大门的金钥匙。财富是一个观念，但观念可以变成财富。

当我决定去做一项房地产投资时，我参加了一个385美金的课程，去学房地产，更新自己关于房地产投资的知识。我花16个月的时间去看所有能购买的房地产。我的朋友到海边去玩冲浪，或者是打高尔夫球，或者是喝酒，而我是去看房地产。6个月之后，我终于获得一个交易。我第一个房地产是花1.8万元买的，我只付了1/10的预付款，那也是我跟人家借来的，所以事实上我一分钱都没放进去，这个事情好得不得了，所以我又借了两次1.8万元的美金，这样，以后我就有了3个这样的投资了。有一年，我就把这3个投资每个都卖了4.8万美金，加起来赚了9万美金。用这些利润，我又买了许多其他的房地产。

这件事情对于我来说，并不是说挣了多少钱，而是说赚钱首先应当改变自己的观点，并通过实践和行动，学到更多的东西。

思维和观念对现实有支配作用，金钱是一种思想，如果你想要更多的钱，只需改变你的思想。善于利用金钱的力量，是聪明人的重要财富。

在数以万计的前来向我咨询的人中，非常多的人是花了一生的时间来寻找大生意，或者试图筹集一大笔钱来做大生意，但是这是愚不可及的一种想法。我见到过太多的不老练的投资者将自己大量的资本投入一项交易，然后很快损失掉其中的大部分，他们可能是好的职员却不是好的投资者。

在我看来，有关金钱的教育和智慧是非常重要的。早点动手，买一本好书，参加一些有用的研讨班，然后付诸实践、从小笔金额做起，逐渐做大。我将5000美元现金变成100万美元资产，并每月产生5000美元现金流量，花了不到6年时间，但是我依然像孩子一样学习。我鼓励你学习，因为这并不困难，事实上，只要你走上正轨，一切都会十分容易。

我们每个人都有两样伟大的东西：思想和时间。当钞票流入你的手中，只有你才有权决定你自己的前途。愚蠢地用掉它，你就选择了贫困；把钱用在负债项目上，你就会进入中产阶层；投资于你的头脑，学习如何获取资产，财富将成为你的目标和你的未来。选择是你做出的，每一天面对每一元钱，你都在做出自己是成为一名富人、穷人还是中产阶级的抉择。

高薪不等于富裕，改变固有的思维方式才能让你真正获得财务自由。人类最大的资产其实就是自己的脑子。但你最大的负债也是你的脑子。事实上，不是你做什么，而是你想的是什么。一个房子可能是一个资产，也可能是负债。如果一个人住在价值500万美金的房子里，但是这房子仍旧是一项负债。

每个月要花费两万美金来维护、支持这套房子。你可以看到，每个月钱都从他的兜里跑掉了。其实，资产可以是任何东西，只要它能给你带来现金收入。

人有好多种，一种是穷人的心态，一种是中产阶级的心态，一种是富人的心态。一个人应该尽早决定他到底是处于穷人的心态，还是处于中产阶级的心态，还是变成一种富人的心态。这是迈向成功的第一步。

节俭意味着明智

卡耐基金言

◇节俭意味着科学地管理自己和自己的时间与金钱，意味着最明智地利用我们一生所拥有的资源。

◇节俭的习惯表明人的自我控制能力，同时也证明一个人不是其欲望和弱点的不可救药的牺牲品，他能够支配自己的金钱，主宰自己的命运。

节俭不仅适用于金钱问题，而且也适用于生活中的每一件事，从明智地使用一个人的时间、精力，到养成小心翼翼的生活习惯。节俭意味着科学地管理自己和自己的时间与金钱，意味着最明智地利用我们一生所拥有的资源。

罗斯贝利勋爵在论述节俭时认为，所有伟大的帝国必须遵循的原则就是节俭。

"就拿伟大的罗马帝国来说吧，它有许多方面在历史上都是最伟大的，曾经一度雄霸世界。它因节俭而建国，然而当它奢侈浪费时，就开始衰退并走向灭亡。又比如普鲁士，它开始时是位于北欧的一个小而窄的沙滩地带。正如有人所说的，从普鲁士的地形到它全副武装的居民，所有这一切都使普鲁士咄咄逼人。弗雷德里克大帝赋予普鲁士以节俭的品格。他甚至通过近乎吝啬的节俭手段敛聚了巨额的财富，建立了庞大的军队。节俭最终成为普鲁士建立伟大基业的有力武器，并且今天的日耳曼帝国也由此发轫。再比如法兰西，在我看来，法兰西实际上是最节俭的国家。我不知道法兰西人是不是总把钱存在银行，是不是也像其他某些国家一样去计算有多少存款。然而，在1870年这个灾难的年头以后，当法兰西顷刻间被外国军队击败，因几乎没有一个国家能够承受的赔款而遭受重创时，你知道什么事情发生了吗？法兰西的农民把他们多年的积蓄统统献给了国家,在短得令人难以置信的时间内付清了巨额赔款和战争费用。罗马和普鲁士以节俭建国,而法兰西以节俭救国。"

节俭不仅是财富的一块基石,也是许多优秀品质的根本。节俭可以提升个人的品性,厉行节俭对人的其他能力也有很好的助益。节俭在许多方面都是卓越不凡的一个标志。节俭的习惯表明人的自我控制能力,同时也证明一个人不是其欲望和弱点的不可救药的牺牲品,他能够支配自己的金钱,主宰自己的命运。

我们知道一个节俭的人是不会懒散的,他有自己的一定之规。他精力充沛,勤奋刻苦,而且比起那些奢侈浪费的人更加诚实。

节俭是人生的导师。一个节俭的人勤于思考,也善于制定计划。他有自己的人生规划,也具有相当大的独立性。

如果你养成了节俭的美德,那么就意味着你证明了自己具有控制自己欲望的能力,意味着你已开始主宰你自己,意味着你正在培养一些最重要的个人品质,即自力更生、独立自主、谨慎小心、深谋远虑,以及聪明机智和独创能力。换言之,就表明了你有生活的目标,你是一个非同一般的人。

一个作家在谈到节俭时说:"节俭不需要超常的勇气,也不需要超常的智力和任何超人的本领,它只需要常识和抵制自私享乐欲望的能力。实际上,节俭不过是日常工作活动中的常识。它不一定要有强烈的决心,而只要有一点点耐心和自我克制。养成节俭习惯的方法就是马上开始厉行节俭!自我克制者越节俭,节俭就变得越容易,他们为此所做的牺牲就越快得到回报。"

节俭的别名不叫吝啬

卡耐基金言

◇仅有少数人懂得节俭的真正意义。真正的节俭并非吝啬,而是经常的、有效率的节省用度,并非一毛不拔,而是用度适当。

◇所谓节俭,从宽泛的角度讲,包含了深谋远虑和权衡利弊的因素。

我们崇尚节俭,同样我们也反对不恰当的节俭。

所罗门说过:"普种广收","没有投资就没有回报","小处节省,大处浪费","省一分油钱,毁一艘轮船"。还有许多家喻户晓的谚语都反映了错误的节约不仅无益反而有害的常识。

美国作家约瑟·比林斯说:"有几种节俭是不合适的,比如忍着痛苦求节俭就是一个例子。"

我认识一个富人,他就成了一个节俭的奴隶。比如,他老是为了节省10个美分而牺牲大好光阴,他常把半页未曾写过字的信纸撕下来,并裁下信的背面,作为稿纸。他这种浪费宝贵的时间去节省细小东西的做法,确实是得不偿失。他甚至在经营商业的时候,也有此种过度节省的吝啬精神。他对雇员们说,包扎时不论如何都要节约一些绳索,并把这一条作为公司的规定。即使由于这一条规定而浪费的时间要远远超过一绳一索的价值,但那位富人仍然在所不惜。像这一类的节省,其实是极度愚蠢的做法。

仅有少数人懂得节俭的真正意义。真正的节俭并非吝啬,而是经济的、有效率的节省用度,并非一毛不拔,而是用度适当。

善于节俭的人与不善节俭的人,其实有很大的不同。那不善节俭的人常常为了节省一分钱的东西,却费去价值一角钱的光阴。我从来没有见过斤斤计较的人成就了大事业。吝啬的节俭确实是最不合算的。而企图做大事业的人,一定要有度,切不可斤斤计较于一分一厘。只有靠理智的头脑、合理的处事,才能成功。

所谓节俭,从宽泛的角度讲,包含了深谋远虑和权衡利弊的因素。最聪明的节省,有时却常需要过分的消费,比如做大生意使用交际费并不是一种浪费,乃是一种大度的用法,是一种恰当的投资。

慷慨大度经常有助于人的雄心的实现,能够使人们获得多方面的收获,帮助我们在社会的阶梯中上升,这远比把金钱存入银行更有价值。因此,欲成大业者,应该做到深谋远虑,切勿因吝啬而妨碍自己希望的实现,使很好的机会丧失。

节省的习惯,假如行之过度,反而得不到良好结果,非但不能成为进身之阶,反而常常成为绊脚的石头。商人吝啬得不肯多花资金来经营,农夫吝啬得不肯在地里多播种,是同样不正确的节省。俗话说:"种得少,收成也少。"

有一个人为了建造新房子,就把旧房子拆掉了,但他把旧地基留下来,因为他认为这样可以节省几百块钱。新房子要比旧房子高好几层,仅仅几个星期的时间就完工了，但是房子由于地基不牢，看上去摇摇欲坠，人还没住进去，房子就已经倒塌了。这样的人不止他一个，到处都有为了节省地基费用而铸成大错的人。

过去有些年轻人吝啬个人的教育投资，认为花那么多钱就是为了找个好职业真是不值得，因为他认为即使读了许多书，自己也不会成为什么了不起的人。有些年轻人在校期间就只选容易的题目做，跳过难题，只要求自己达到一个基本的底线就行了，而且还经常因为自己逃学、考试作弊等等洋洋得意。还有的年轻人买东西不想给钱，不愿意为了提高自己的素养而牺牲暂时的娱乐。他们对工作敷衍了事，由于无知和缺乏必要的能力准备，他们在职业竞争中总是处于劣势，事业上难有发展。许多失败的人就是由于基础打得不牢，致使后来所作的努力都化为了泡影，整个人形销骨立。

在我们的社会中，居然还有那么多的父母为了增加家庭收入，剥夺了孩子上大学的权利，竟然让他们半路出去工作，妄图让他们抓住只有接受高等教育才有可能抓住的机会！

在我们的社会中，居然还有那么多人为了在交友上省钱而忽略了朋友，为了在社交上省钱而借口没时间拜访别人，也没时间接待客人！我们省去了假期，直到工作太累而被迫休长假，而当我们那组织严密却脆弱无比的身体筋疲力尽时，任何关键部位出毛病都是很危险的。许多人总是恐惧"可怕的未来"而不敢享受现在。他们克制自己的种种欲望，声称掏不起那个钱；他们放弃了真正的生活；他们在今天活着，却渴望在明天来真正地生活和享受。如果他们出去休几天假，或者旅行一次，就好像有莫大的损失一样。他们连花一分钱都感到害怕，但实际上那是他们必须支出的费用和最起码的生活底线。

有一个商人，他曾在第一次世界大战前出国游览过很多名胜古迹，但是他太吝啬了，连去历史建筑物里面看一看的门票钱都舍不得花。例如，他去过很多名人故居所在的地方。在那些国家，那些名人故居被认为是但凡去过该国的人都要朝拜的圣地，但是他却从来没有进去过，因为他舍不得买门票。他说在建筑物外面看看就足够了。所以，此人虽然去过相当多的地方，但他却不能颇有见地地谈论他所到过的任何一个地方。

慷慨大方对于年龄不大的人来说可能是奢侈，但它有时却是一种最佳的节约。友好的帮助和激励，以及与有教养的人交际都是用钱买不来的。

一个人是否能拿得出 10 ~ 15 元钱参加一次宴会,这本身并不是什么问题。他可能为此花掉了 15 元钱,但他也许通过与成就卓著的客人结交,获得了相当于 100 元钱的鼓舞和灵感。那样的场合常常对一个人的雄心壮志有巨大的刺激作用,因为他可以结交到各种博学多闻、经验丰富的人。在自己力所能及的情况下,对任何有助于增进知识、开阔视野的事情进行投资都是明智的消费。

当然,我不鼓励任何人都将其知识商业化,或者以见不得人的方式出售其脑力,但我确实想建议奋发向上的年轻人结交那些能鼓励和帮助他的人。与厉行节俭、精力充沛、事业有成的人建立亲密关系,对一个人的高远志向有着巨大的激励作用,我们由此可能做得更好,充分挖掘出自己的潜力。因此,与这样的人相识相知是年轻人最有利的投资。如果一个人要追求最大的成功、最完美的气质和最圆满的人生,那么他就会把这种消费当作一种最恰当的投资,他就不会为错误的节约观所困惑,也不会为错误的"奢侈观念"所束缚。

我认识一个年轻的商人,他总是在小的方面过度吝啬,结果竟然使他的生意失败。他的一套衣服和一条领带,非到破旧不堪才肯抛弃。他从没想到过,邀请一个有密切业务往来的客户吃一顿饭,在旅行时即便与熟悉客户偶然相遇,也从不替客户付一次旅费。于是,他落得个吝啬的名声,结果大家都不愿与他做交易。而他竟然还不知道,使他蒙受极大的损失的就是他那过度节省的习惯。

很多人为要节省些小钱,竟损坏了他们自己的健康。要想在职业上获得成功,必须防止不正确的节省。不论怎样贫穷,你可以在别的地方讲节省但却不可在食物上节省,由于食物是健康的基础,也是成功的基础。

过度的、不当的节省,常常会消耗人的体力和精力。许多人身体患着疾病,但为了节省金钱竟不去求医,不但受着痛苦,并且由于身体的病弱,在自己的职业上也做不出出色的业绩来。

凡是足以阻碍我们生命前进的,不论是疾病还是其他障碍物,我们应当不惜一切代价来设法诊治和补救,这是我们生命中最重要的事情。

应当将增进我们的体力和智力作为目标,因此,凡可增加体力和智力的事情,不管要耗费多少代价,都要去做。那些可以促进我们成功、有利于我们事业的,我们在金钱方面一定不可吝啬。

英国著名文学家罗斯金说："通常人们认为，节俭这两个字的含义应该是'省钱的方法'；其实不对，节俭应该解释为'用钱的方法'。也就是说，我们应该怎样去购置必要的家具；怎样把钱花在最恰当的用途上；怎样安排在衣、食、住、行，以及生育和娱乐等等方面的花费。总而言之，我们应该把钱用得最为恰当、最为有效，这才是真正的节俭。"

减少消费，你也做得到

卡耐基金言

◇要想达到经济独立，首先你就得明确经济独立的定义。
◇只要稍微谨慎一点用钱，大多数人都能减少可观的花费。

杰里·吉果斯在他所著的《钱爱》一书中提出的一种观点就是，你可以把借来的钱当作自己的收入。如果你一时还无法接受这种观点，是因为你觉得用自己的钱才能心安理得，才能真正轻松自在，那么你必须达到经济独立。要达到真正的经济独立以享受自在的生活，其实并不像人们通常想象的那么难，这并不是以庞大的财力为基础。

要想过悠闲轻松的快乐生活，并不一定要住大厦、开名车、穿金戴银。重要的是，你拥有什么生活态度。如果有了健康正确的心态，你即使靠着借来的钱，也能舒舒服服、痛痛快快地享受人生。

要想达到经济独立，首先你就得明确经济独立的定义。你可以不用增加收入或财产就能达到经济独立，你所要做的只是改变自己的想法，重新想想什么是经济独立，什么不是经济独立。为了明确你对经济独立的认识，你可以看看下面的几项选择中，哪一项是达到经济独立的重要因素。

1. 中了百万元的奖券。
2. 有一大笔公司退休金再加上政府的养老金。
3. 继承有钱亲戚的巨额遗产。
4. 和有钱人结婚。
5. 找财务顾问来协助做正确的投资。

我曾做过一项调查，发现将要退休的人最关心的事，以重要性依次排列是：财务保障、身体健康和可以共同分享退休生活的配偶或朋友。然而，有趣的是，这些人退休之后不久通常就改变了想法。健康成为他们最关注的头等大事，而经济状况则下降到了第三位：很明显，虽然他们所预期的收入还是不变，但他们对经济的看法却已经改变了。

调查结果显示，人们退休之后实际生活所需比他们原先想象的少得多，钱对高品质的生活没有那么大的影响和作用，同时，这个结果也证明了上述的几项因素没有一个是真正经济独立的必要条件。

多明奎兹，1940年生于美国科罗拉多州一个富豪之家，从小过着优裕的生活。然而随着年龄的渐渐增长，他不愿再依赖家里。18岁的时候，多明奎兹靠着一份极其微薄的薪水实现了经济独立。在其他人尤其他家里人的眼中，这样的收入比贫民还不如。但多明奎兹觉得，只要自己愿意，不管收入多少，都可以达到经济独立。不要以为百万富翁才具有经济独立的能力，一个月500美元或者低于500美元就可以达到经济独立。如何能够？他说："真正的经济独立无非是量入而出，如果你每个月只挣500元，但能够把开支控制到499元，你就是经济独立了。"多明奎兹多年来每个月就靠500美元生活，并拒绝家里人的援助。到1969年他29岁的时候，就经济独立地退休了。退休之前，他是华尔街的股票经纪人，看到许多人虽然社会地位颇高，收入丰厚，但却活得艰辛劳苦，一点也不快乐，这使他感到这种生活一点也没有意思。多明奎兹决定脱离这种工作环境，于是他设计了个人的财务计划，过一种简化的生活方式。他的生活舒适轻松，而且从来没有什么负担和压力，但一年却只需要6000美元，这是他把积蓄投资在国库债券的利息。由于多明奎兹的生活中没有过多的物质需求，他把从1980年以来主持公开研讨会"扭转你和钱的关系并达到真正经济独立"的额外收入，以及在《新生活杂志》上发表指导人们正确运用金钱的文章时获取的稿费，全数捐给了慈善机构。

我们其实不需要那么多物质和财富，对于金钱，只要使我们能吃饱肚子、有水喝、有衣服取暖再加一个可以遮风避雨的地方足矣。现代人大都过着奢侈的生活却不自觉。两套以上的替换衣服可以算是奢侈，拥有一幢房子也是奢侈，一台电视机是奢侈品，一辆车也是奢侈品。很多人会大声疾呼这些都是必需品，但它们并不是必需品，如果它们是，在还没有这些东西出现的古代，人们是不是无法生活了，至少也是无法快乐。显而易见，事实并不是这样。

当然，我并不是要每个人的思想都必须有180度的大转弯，只维持最起码的需求，更不是要人们都去当清教徒、苦行僧。我自己在过去几年来也时常收入低微，生活里还是保持着某些奢侈享受，而且不愿放弃。重点是在于，一般人至少可以减少一些花费。许多奢侈品其实没有任何意义，只能带给人们虚伪的自我膨胀。招摇阔绰地展示奢华和富有是一种浅薄的手段，想要借着炫人的财富——大过所需的房子、移动电话、豪华轿车以及最先进的音响——在别人面前，尤其是比较没有钱的人面前，证明自己高人一等。这种行为显示出缺乏自尊和内在本质。

人们那种追求金钱、炫耀金钱的虚荣心态实在该改一改了，疯狂地攫取金钱，买一些只能说是垃圾的东西，目的就是展现给别人看，以此来显示自己的价值，而实际上却失去了生命中更为宝贵的东西：本质、自尊以及真实的生活。

住在阿巴达锁镇阿巴达街的莫瑞德夫妇，有两个小女儿，他们是一个真正经济独立但并不富裕的家庭。他们靠着一份差不多只有一半的收入，就过着很好的生活。莫瑞德夫妇都是只受过专业训练的学校老师，如果他们想，一年加起来可以挣10多万美元，可是只有丈夫布兰特在工作，而且是一份半职的工作，他们一家四口，一年只用不到3万美元就过得很舒服，因为他们学会了聪明地花钱，所以能够达到经济独立。莫瑞德一家过去10年来都过着简单的生活，他们说这种生活一点都不难过，他们觉得自己很好，因为他们对环保尽了一份力量。事实上，他们的哲学已经变成了"少就是多"。他们的收入虽然比一般人低，但却买到了一个珍贵的东西，很多收入比他们高上10倍的人却还买不起这个东西。这个珍贵的东西就是大量的休闲时间，他们可以用来做自己想做的事情。

只要稍微谨慎一点用钱，大多数人都能减少可观的花费，人们如果能充分运用创造力和机智，不花什么钱，都可以过上逍遥快活的生活。

避开负债陷阱

卡耐基金言

◇ 要保持自己良好的名誉,必须要遵守一条规律:那就是赚得多花得少。没有什么比这件事更需要人们加以小心防范。

假如你认为只要借得一笔资本,就能够创业了,那你就完全想错了。实际上,即便你已经借到了资本,你也未必会创业成功。由于据我所知,那些毫无商业经验的人靠借来的钱做生意而最后能成功的实在不多见。

一个毫无成功把握的人去创业,没有不遇到经济困难的。但是,假如他确实有相当能力和充分的成功把握,这样无形中就已经在别人面前树立了信用,那么即便他靠借来的本钱创业,也没有太大关系。

一个立意要创业的人,首先必须掌握所要从事的业务范围的详细情况;其次,还要有挑选录用合格雇员的眼力。假如这两点做不到,你对于所要经营的事业竟然毫无头绪,在挑选录用员工方面也不加区别,那么即便你做事很忠诚,待人很诚恳,当你向别人开口借钱以作为你的创业资本时,其他人也会毫不犹豫地一口回绝。

当你准备创业之时,最好不要心存太大的奢望,开始规模小些也不要紧,只要你确实是一个杰出的人、能干的人,经过一段时间的筹划经营后,自然能发展得非常喜人。假如你能做到这一点,即使资本是借来的,倒也无妨。

比彻教导他的儿子说:"你得像逃避恶魔一样避免借债。"你要快下决心,不论你怎样急需金钱,也不要让你的名字出现在人家的账簿上!

富兰克林那"贫穷的查理"里有句话说得好:"借钱等于白投苦恼的罗网。"是啊,法庭上每天又有多少的民事纠纷案都能够为这句话作证。

当然,这句话并不适用全部的情形,也有一种例外。当一个人由于意外事件而陷入困境时,当遭遇很多从天而降的祸患时,往往任何人都难以靠自己的努力去避免,即便是满怀希望事业也难免遇到意外的困难和阻力,到了那时,不论你怎么小心谨慎,无论你思想上如何正确,无论你怎样不爱向人借钱，为了应一时之急，你都必须硬着头皮去向银行贷款。但就是到了那时，也要谨记一条："借得慢，还得快。"

这一原则也适用于生意上的放账和借款，事实上放账和借款都是在所难免的，但你在两个方面都得有一个限度。

一个步入生活的正轨、沿着事业的健康道路前进的人，首先要注意的是，要在自己的才能、意愿、目标之间建立适当的平衡。不要因为野心太大，眼光太高，便走上举债经营的道路。

一些年轻人由于大意的缘故，经常因为借贷不立契约或不立书面的凭据而发生许多有损名誉的纠纷，使他们的前途受到不利的影响，渐趋暗淡，并且还使他们在道德与精神上受到极大的伤害。

世界上每年有无数本来大有前途的年轻人由于借债而遭到了意外的失败。当他们刚跨进入社会时，或许还没有染上借债这种恶习；他们原先或许非常看重名誉，也从不喜欢到处去借钱来胡乱花用，那时他们的前途是非常光明的。但后来由于一点小小的用途无意中开启了借债的大门后，他们便渐渐陷入了难以自拔的危险境地。

每年因债务纠纷而丧生的人，比因战争而死的人要多出数十倍以上。现代的天才人物中，居然有7个人因举债而丢掉了性命，包括一个小说家、一个学者、两个法学家、两位政界名人和一个演讲天才。

美国的一位闻名人物斯蒂芬逊做人是特别小心谨慎的，这为人所共知，人皆敬仰。可是他在描述自己理想中的生活时，还战战兢兢地希望自己不要陷入借债的漩涡中去。

斯蒂芬逊说："我们对他人必须示以爱和忠诚，平时应当量入为出。对于自己的家庭，应当保持快乐的气氛。对朋友，必须竭力避免仇恨，当然也决不可忍受无谓的屈辱。假如遇到蛮不讲理的人，最好还是早些避开为好——这是通向理想生活的捷径。"

纽维尔·希里斯博士也说："你要使自己过上一种安稳的生活，要保持自己良好的名誉，必须要遵守一条规律：那就是赚得多花得少。"没有什么比这件事更需要人们加以小心防范。

有的人之所以喜欢向人借债，是由于他们看不到借债背后所隐藏着的危险。假如他们考虑到万一不能还清债务的严重后果：包括丧失人格、迫不得已的撒谎、可能的营私舞弊、为逃避债务而东躲西藏等等，他们真不知道要急成什么样子，甚至连觉也睡不香，饭也吃不下。假如他们弄清了一旦戴上了债务的手铐无法挣扎的情形，他们一定会喊起来："宁可穷苦而死也不做债务的奴隶。"

负债是世界上最苦恼不过的事情。只要那些因债务缠身、时刻受着债主的要求与压迫、因债务而吃尽苦头的人，才了解负债是人生最大威胁。债务会把一个人的体力、气魄、人格、精神、志趣、雄姿消磨得一干二净；因为债务对人的压迫，还会把一个人一生的希望全部毁灭。

为你的明天而储蓄

卡耐基金言

◇我们必须学习以所存的钱，而非所花的钱，来衡量成功。

◇由于没有多少现款，我们失去了生活中的许多好机会，而这仅仅是因为我们在一帆风顺的时候总是把钱花得精光。

你孩提时是否拥有过储蓄罐呢？它是在金属盖上开一个小缝，有杯子作装饰的铁罐，还是底部有紫色墨水写着"Hechoen Mexico"，油彩斑斓的猪型石膏储蓄罐？那时候我们是储蓄的一代，每个家庭起码都会存一点钱。而在每个领薪水的日子，父亲都会到银行存款，就是在最艰难的时候，每个家庭也总要在每个月存上一点。

现在时代改变了，美国比其他国家的储蓄率低，只不过隔了一代，我们的平均存款便较以往下跌了6%。相对于日本人平均每月储蓄薪水的19.2%，瑞士每月储蓄薪水的22.5%，美国人只存2.9%。

你每月储蓄多少薪金呢？你的银行存款有多少足以用来度过危机？记住基本的储蓄原则：你起码需要有一个月的薪金存款，以保障你在危难时可以应用。根据这个标准，你超过了或仍然未及？

《我们在哪儿》（Where We Stand）的编辑总结道："长期来说，不断下降的存款，非但危害家庭安全，也严重削弱了国家未来的投资资金。"

存钱对某些人来说是困难的，特别是在负债时和日常必须要有充裕资金来周转的情况下。但是长远来看，假如你每天存下一小部分钱，你会惊讶地发现,就是在最恶劣时期,你仍有可观的金钱可供使用。

记得伽纳,那做冰箱维修生意的人吗？1929年股市崩溃时,他还是一个年轻小伙子,他把宝贵的经验传授给女儿。

"家父教我对金钱要有责任感,"她告诉我们,"他这样说道：'假如你还有钱可花,就该为明天而把这钱存起来！'"

在个人和国家财政赤字日益升高之际,大家不妨记住这句法国的古老格言："远离债务就是远离危险！"前美式足球员布莱恩·布络辛曾如此说："我这一生中,一直带着破口的钱袋,直到有一天,我才警觉自己要赶紧把它缝起来。"

我们花了一生追逐金钱,时常想象金钱用之不尽,如今钱没了,这岂不是一个大好时机。可以问一下自己：我真需要它吗？还是我可以等？我们是否每次都有必要从皮夹掏出信用卡,或拿着存款簿提钱呢？我今年今月今日,存了多少钱？我们必须学习以所存的钱,而非所花的钱,来衡量成功。我认识一个非常有才气的年轻人,他挣了很多钱,对未来很有信心,所以他总是把钱花得精光。突然有一天,他年轻的妻子得了重病,为了保住妻子的生命,他不得已请了一位著名的外科医生为妻子做一个性命攸关的手术,但是,医生要等他交足费用以后才能动手术。年轻人只好去借钱,这可是一笔巨款啊！妻子的命终于保住了,但是妻子随之而来的疗养和孩子们接二连三的生病,加上饱受焦虑的折磨,终于使他积劳成疾,赚的钱一年比一年少。最后,这个人职业受挫,全家穷困潦倒,没有钱渡过难关。在妻子害病之前,他本可以在一年之中就轻而易举地存上千把元钱,但他当时认为没这个必要,相信以后挣钱也这么容易。

美国节俭协会主席向全国教育协会所作的名为"伟大的节俭"的演讲中说："法庭的记录显示,在去世的男人中,只有3%的人留下了10000美元以上的遗产,另有15%的人留下了2000～10000美元的遗产,而82%的男人根本就没有任何遗产。因此,这就造成了只有18%的寡妇良好舒适的生活条件,而有47%的寡妇被迫出去工作,35%的寡妇则一无所有。"

罗斯福上校说："我鄙视那些不养家糊口的男人,每个男人都有责任拿出一定的收入来养家糊口。这不是一个生意上的投资问题,这是每个男人的责任！要他的亲人跟着他自己去冒险是很不公平的。就他个人的能力来说,让他自己独自去冒这个险还差不多。而且,想到自己去世,或发生变故,或由于经营不善造成生意失败以后,亲人们可以得到安顿,这种感觉对任何男人来说,都是一种极大的满足。"

我不知道还有什么东西能在需要的时候代替存款,存款是我们为生活中的不幸购买的保险,否则,没有人能承受不幸的打击。

一次,葛列格·邓肯问我:"假如你受聘为幕僚,你要选择每个月收入10000元,抑或第一个月1分钱,第二个月2分钱,第三个月4分钱,第四个月8分钱,如此类推为期30个月?"我还没有明白过来,葛列格便建议我采用第二种法子,他证明若这样能增加每月所得,那第30个月你便会有10727418.24元。

存下每个月赚来的辛苦钱,先撇开暂时的物质诱惑,为你的长远目标努力。开始时你可能毫无收获,一段时间后必能满载而归。

有许多年轻人经常向别人夸耀说,他们每月可以赚很多的钱,但拿到之后总是花个精光,他们从来不愿存一分钱。这种年轻人将来到了晚年,一定不会剩下几个钱,他们晚年的景象可能会很凄凉。

许多年轻人往往把他们本来应该用于发展他们事业的必备资本,用到雪茄烟、香槟酒、舞厅、戏院等无聊的地方。如果他们能把这些不必要的花费节省下来,时间一久一定大为可观,可以为将来发展事业奠定一个经济基础。

不少青年一踏入社会就花钱如流水一般,胡乱挥霍,这些人似乎从不知道金钱对于他们将来事业的价值。他们胡乱花钱的目的好像是想让别人夸他一声"阔气",或是让别人感到他们很有钱。

关于这个问题,有位作家的一段话说得特别好。他说,在我们的社会中,"浪费"两个字不知使人们失去了多少快乐和幸福。浪费的原因不外乎3种:(1)对于任何物品都想讲究时髦,比如服饰、日用品、饮食都要最好的、最流行的。总之,生活的一切方面都愈阔气愈好。(2)不善于自我克制,不管有用没用,想到什么就去买什么。(3)有了各种各样的嗜好,又缺乏戒除这些嗜好的意志。总结起来就是一个问题,他们从来没有考虑过要修养自己的性格,克制自己的欲望。造成这种追求浮华虚荣的最大原因就是人们习惯于随心所欲、任性为之的做法。

当然,节俭不等同于吝啬。然而,即便是一个生性吝啬的人,他的前途也仍然大有希望;但如果是一个挥金如土、毫不珍惜金钱的人,他的一生可能将因此而断送。不少人尽管以前也曾经刻苦努力地做过许多事情，但至今仍然是一穷二白，主要原因就在于他们没有储蓄的好习惯。

有的年轻人从来不存钱，到中年以后仍然是不名一文。一旦失去了职业，又没有朋友去帮助他，那么他就只好徘徊街头，没有着落。他要是偶然遇到一个朋友，就不断地诉苦，说自己的命运如何不济，希望那个朋友能借钱给他。这样的人一旦失业稍久，就容易落到饥肠辘辘、衣不遮体的地步，甚至到了寒冬沦落到可能会挨冻而死的地步。他所以落到这种地步，要吃这样的苦头，就是因为不肯在年轻力壮时储蓄一点钱。他似乎从来没有想到过，储蓄对他会有怎样的帮助，也从来不懂得许多人的幸福都是建立在"储蓄"这两个字之上的。

为什么有那么多人如今都过着勉强糊口的生活呢？因为这些人不懂得，以前少享些安乐、多过些清苦的日子。他们从来不知道去向那些白手起家的伟大人物学一学；他们从来不懂得什么叫自我克制，无论口袋里有多少钱都要把它花得分文不剩；他们有时为了面子，即便债台高筑也在所不惜。

我从来没有见过挥金如土的青年人最后竟能成就大业。挥霍无度的恶习恰恰显示出一个人没有大的抱负、没有希望，甚至就是在自投失败的罗网。这样的人平时对于钱的出入收支从来漫不经心，从来不曾想到要积蓄金钱。如果要成功，任何青年人都要牢记一点：对于钱的出入收支要养成一种有节制、有计划的良好习惯。

存款是我们为生活中的不幸购买的保险，否则，没有人能承受不幸的打击。如果你不节约金钱、爱惜时间，那么你就不会成功地主宰自己。当然，也有许多在某个方面具有才能的人完全没有金钱价值的概念，他们一有钱就挥霍无度。但是，只要他们不为未来储蓄，他们就会章法大乱，无异于野蛮的原始人。

那些因为自己不够富有而烦躁的人，那些不能克制自我的人，那些被自己的冲动所支配，不愿为未来积蓄而放弃及时行乐的人，都将处于不利的境遇。

由于没有多少现款，我们失去了生活中的许多好机会，而这仅仅是因为我们在一帆风顺的时候总是把钱花得精光！预留一些现钱，在银行存些钱，花点钱买保险，或者做一些固定投资，这样可以预防不测。

每个年轻人都应当有储蓄的远见和机智。这能使他在患病、面对死亡或紧急情况下镇定自若,而且万一遭受重大损失,也可以东山再起。没有储蓄,他可能许多年都不得翻身,尤其是在还有一大家子指望他供养的情况下。

在恐慌或危急情况下,少量的现金就可能带来许多的幸运。多数人通常都会碰到几次急需现金的情况,或许1000块钱就决定着人们是成功还是失败。但要是没有这1000块钱,他们也许就失败了,从此陷入绝望之中。

几年前,报纸上曾报道过这样一位富人,他和别人一样,通过自己的努力挣了很多钱,但是很愚蠢地花掉了。一篇报告登出了如下从印第安纳波利斯拍来的电报:

"在英格兰大酒店里,匹兹堡的弗兰克·福克斯先生用一张50美元的钞票擦完脸后,就把钞票扔到地板上。然后他从兜里的一摞5元和10元的钞票中抽出一叠扔到吧台上,说道:'伙计,给我一杯酒,快点!要不我就买下整个酒店,然后炒你的鱿鱼!'"

我们很容易就能猜出这个人最后的命运。除了知道他是靠自己敛聚财富外,我们对他的过去一无所知。他如果要拥有巨额财富,也必须和别人一样相当节俭。但是,他从来不知道节俭为何物,而节俭能教会人们如何花钱和储蓄。有许多人积累了很多钱,却不知如何明智地花钱。

有些消费行为看起来似乎是浪费,但其实往往是最节约的。有许多家庭,特别是小城镇和农村的家庭拥有私人汽车,但是家里却没有浴缸,而他们又在考虑支付其他的昂贵开支。

消费最重要的就是做到物有所值。有些人表面上穿的是绫罗绸缎,戴的是金银珠宝,坐的是豪华轿车,肚子里却是一包稻草,骨子里更是龌龊不堪,这是很为人所不齿的。要穿舒适的衣服,但同时也要给自己以自尊的品格、好学而健康的头脑和美好的性情。把金钱和时间花在更具有持久影响力的事情上,进行自我投资来提升自己,把钱花在追求更高的目标方面,不仅个人会获得极大的满足,而且更高的素质也有利于进一步的创富。

选择在最有价值的事情上进行投资,这是一种有益的消费和积极的生活方式,它将会使你活得诚实、简朴而有价值,最终得到你梦想的财富。

有些人收入不高,但花起钱来可真是愚蠢之极。他们会为了买只有富人才买得起的小古玩和衣服,把所有的钱都花光,但等到想做点事情时却身无分文。

有一个原本相当出色但如今却穷困潦倒的女人，她从小到大就不知道怎样衡量物品的价值。她要去市场上买许多食物，但她心里很清楚，自己没有可以穿得出去的衣服来遮蔽难堪。但她只知道哀叹餐桌上没有丰富多样、美味可口的食物。和许多奢侈浪费、不计后果的人一样，这位家庭主妇如今从家庭的开支分配中得到了教训。

很多人没有考虑过这个问题：我们无时无刻不在花钱。许多不切实际的需要都让我们把钱往外掏，如果我们没有坚定的自制力，粗心大意，没有良好的判断能力，那么我们就会浪费金钱。

今天，在原本事业受挫的人中，在贫穷的家庭中，在接受慈善组织救济的群体中，有许多人已经相当独立了，他们懂得了明智消费的艺术。我们说"不恰当地花一分钱，就是浪费了一分钱"，那么，为什么不记住这句格言，从中获益呢？

第 7 章
学会"享受"工作

工作是生活的第一要义

卡耐基金言

◇生活的准则可以用一个词表达：工作。工作是生活的第一要义；不工作，生命就会变得空虚，就会变得毫无意义，也不会有乐趣。

◇无论世事如何变化，也要坚持这一信念。它就是，在充分考虑到自己的能力和外部条件的前提下，进行各种尝试，找到最适合自己做的工作，然后集中精力、全力以赴地做下去。

在古希腊，有一个人看到蜜蜂从一朵花飞到另一朵花，四处采集花粉，辛苦异常，顿生怜悯之心。他把各种花堆积在家中，把蜜蜂的翅膀剪掉，放在花上。结果，蜜蜂酿不出一点蜂蜜。飞上很远的距离，从远处收集花粉，然后酿出甘甜的蜜，这是自然的法则。

生活是什么？菲利浦斯·布鲁克斯这样回答："当一个人知道他要做什么，他就可以大声地说：'这就是生活！'"这并不是说，一个人必须工作到筋疲力尽，在工作中尝尽了酸甜苦辣，才叹息道："这只是为了生活。"

即使是最卑微的职业，人们也能从自己的工作中体验到快乐与满足。在每个人的心灵里，都会不时受到悲伤、悔恨、迷惑、自卑、绝望等不良情绪的侵扰，如果此时能集中精力于工作上，这些让自己无法正常生活的负面影响就会被抛在一边。它们就像弹簧一样，当你用力挤压时，它们自然会弱下去。此时，人也真正成了坚强、自尊的人。在劳动中，幸福的荣光会从心底迸发，像火一样温暖着自己和周围的人。

"生活中有一条颠扑不破的真理，"英国哲学家约翰·密尔说，"不管是最伟大的道德家，还是最普通的老百姓，都要遵循这一准则，无论世事如何变化，也要坚持这一信念。它就是，在充分考虑到自己的能力和外部条件的前提下，进行各种尝试，找到最适合自己做的工作，然后集中精力、全力以赴地做下去。"

"重要的是参与,而不是赢得赛后的奖励。"

古希腊取得奥林匹克比赛胜利的运动员,会得到一个象征着荣耀的花环。其价值不在于花环本身,而是一种象征,让人的精神得到极大的满足。工作对于我们的价值也是如此。不管工作多么体面,或从中得到多少报酬,与从工作中得到的快乐相比,简直是微不足道的。积极参与到比赛中能够与戴上胜利的桂冠一样伟大。

爱默生说:"只要你勤奋工作,就必有回报。"

"人们认为日常生活中应尽的职责是枯燥乏味的,"诗人朗费罗则说,"但是它们非常重要,就像时钟的发条一样,可以让钟摆匀速地摆动,让指针指示正确的时间。当发条失去动力时,钟摆就会停止,指针也不再前进,时钟静静地躺在那里,也不会有任何价值的。"

英国政治家布鲁厄姆勋爵说过,当他在晚上反思一天的工作时,如果一事无成,就觉得非常难受,是在虚度时光。他认为,认真履行职责、努力工作是一个人的护身法宝,不但可以保持健康的心灵,而且可以强身健体。

许多医师常常散播这样的观念——认为过度工作会伤害人的身体,而休息则有益人体的健康。但是,也有不少医师持不同的看法。英国伯明翰大学医学院的阿诺德教授便认为过多的休息其实对人体有害。他指出:"至今尚没有什么证据可以证明工作会影响人体组织……辛劳的工作,只要不具有危险性,不影响睡眠或营养等……都不会伤害人体健康。相反地,却是对人大有帮助。"

是的,辛苦的工作不会是致命的,但是忧虑和高血压却会。跟传统看法相反,那些猝然倒地而亡、罹患各种溃疡症、行色匆匆、肩负重任的工商业主管,并不是因过度工作所致。他们每天的工作对精力的消耗并算不了什么。但是伴随着工作一起到来的紧张的气氛和压力、痛苦的失眠、畏惧竞争的失败、无休止的焦虑,却形成恶性循环,疯狂地吞噬着他的生命力。这样,他只好借助酒精、安眠药、苯丙胺和去高尔夫球场或手球场上疯狂地运动来逃避,但是身体和神经系统最后只能以死亡或精神崩溃来结束这种折磨。

现在,美国所有医院的病床有一半以上都被精神方面的病人所占据——远高于小儿麻痹症、癌症、心脏病和其他所有疾病病人相加的总和——这个可怕的事实表明,一定是哪儿出了问题,而出问题的原因绝不在于工作的辛苦与否。

科学上的进步使我们摆脱了我们的祖辈们视为生活中必要的一部分的辛苦工作，即使技术含量很低的职业，其工作环境也有了改善，工薪阶层的工作时间缩短，机器取代了过去由人力或畜力完成的工作。我们的休闲时间比以前更多了。所以，我们不能说是工作的辛苦导致我们身处痛苦的境地。

日常工作对一个人影响最大。可以使他肌肉发达，身体强壮，血液循环加快，思维敏捷，判断准确；也可以在工作中唤醒他那沉睡已久的创造力，激发他的雄心，把更多的聪明才智发挥到工作中去。正是工作，使他觉得自己是一个人，必须从事工作，承担责任，这才能显示出人的尊严与伟大。

你可以让儿子继承万贯家财，但是你真正给了他什么呢？你不能把自己的意志、阅历、力量传给他；你不能把取得成就时的兴奋、成长的快乐和获取知识的骄傲感传给他；也不可能把经过苦心训练才得来的严谨作风、思维方法、诚实守信、决断能力、优雅风度等传给他。那些隐含在财富之中的技巧、洞察力和深思熟虑，他是感受不到的。那些优良品质对于你十分重要，但是对于你的继承人来说，没有一点用处。为了挣得巨额财富，保住自己高高在上的地位，你培养出了坚强的毅力和苦干的精神，这都是从实际生活中逐步锻炼和塑造出来的。对于你来说，财富就是阅历、快乐、成长、纪律和意志。而对于你的继承人来说，财富则意味着诱惑，可能会让他更焦虑、更卑微。财富可以帮助你取得更大的成功，但对于他来说，则是个大包袱；财富可以使你得到更大的力量，更积极进取，但却会使他松懈怠惰，好逸恶劳，萎靡不振，变得更加软弱、无知。总之，你把最宝贵的也是他最需要的上进心，从他那儿拿走了。而正是这种力量激励着人类取得了巨大的成绩，将来也还是如此。

迪恩·法拉说："工作是人类与生俱来的权利，至今仍保存完好，它是最有效的心灵滋补剂，是医治精神疾病的良药。这从自然界就可以得到体现。一潭死水会逐渐变臭，奔流的小溪会更加清澈。如果没有狂风暴雨，没有飓风海啸，地球上全部是陆地，空气静止不动，这样的世界就毫无生趣。在气候宜人、四季温暖如春的地方，人们十分惬意地享受着生活，自然容易无精打采，甚至对生活产生厌倦。但是，如果他每天要为自己的生计奔波，与大自然作殊死的搏斗，他就会精神抖擞，经受各种锻炼，发展出最强的力量。"

"每天早晨起床后，"金斯利说，"不管你喜不喜欢，你都得有事做，强迫自己工作并尽最大努力做好，可以培养自控能力、勤奋、意志力等各种美德。在懒惰的人那里，是没有这些优点可言的。"

千百年来，除了勤奋工作，还有什么能够给我们带来繁荣充实？它为贫穷的人开创了新的生活，它使千百万人免于夭折，特别是拯救了那些精神上有问题、甚至企图自杀的人。

古希腊著名的医生加龙说："劳动是天然的保健医生。"

美国小说家马修斯说："勤奋工作是我们心灵的修复剂，可以让生理和心理得到补偿。可惜的是，人们常常只对受人关注的行业和要职感兴趣，而不再愿意经受艰辛劳作的磨炼。但是，它却是对付愤懑、忧郁症、情绪低落、懒散的最好武器。有谁见过一个精力旺盛、生活充实的人会苦恼不堪、可怜巴巴呢？英勇无敌、对胜利充满渴望的士兵是不会在乎一个小伤的。出色的演说家不会因为身有小恙就口齿木讷，词不达意的。这是为什么呢？当你的精神专注于一点，心中只有自己的事业时，其他不良情绪就不会侵入进来。而空虚的人，其心灵是空荡荡的，四门大开，不满、忧伤、厌倦等各种负面情绪，就会乘虚而入，侵占整个心灵，挥之不去。"

俾斯麦把勤奋工作看成是一个人拥有真正生活的保护神。在他去世前几年，当被问及用一句简单的话概括生活的准则时，他说："这条准则可以用一个词表达：工作。工作是生活的第一要义；不工作，生命就会变得空虚，就会变得毫无意义，也不会有乐趣。没有人游手好闲却能感受到真正的快乐。对于刚刚跨入生活门槛的年轻人来说，我的建议只是3个词：工作，工作，工作！"

"劳动永远是光荣与神圣的。"卡莱尔说，"劳动是一切完美的源泉。没有艰辛的劳动，没有谁能有所成就，或者能成为一个伟人。懒散、无聊、无事可做，就像传染病一样，会迅速蔓延，使人类的灵魂失去依托。"

有的人声称现代工业文明的突飞猛进已扼杀了工作本身的创造性，无非就是机械化的动作，不断地重复一个动作而不必了解整个过程的工作有什么好得意的呢？他们说，当一个人痛苦不堪地在生产装配线上忙碌时，他足以自傲的成就感又从何而来？

以我自己的亲身经验，我可有几句话要说。好几年前，我在一家大公司担任打字员，主要的工作便是打字——一大堆的财务报告，日复一日，月复一月，好像永远也做不完。这项工作首要是正确性，其次是速度。由于这做起来并不容易，而且单调无聊，因此我并不喜欢这份工作。

但是，老实说，当我把这份工作做得近乎完美的时候，还是颇能引以为荣。因为这项工作虽然呆板，仍然需要精练的技术，因此在达到所要求的标准之后，实在有一种满足感。虽然在整个公司的运作过程里，我所担任的工作显然十分渺小，但它对我个性的成长十分有益，使我在处理每件小事的时候，都能力求正确、完美。

契斯特顿有句十分动人的隽语："要想不再当秘书的最好办法，便是尽量把现任的秘书职务做好。"

有许多家庭主妇把每天的家务事当成是不可忍受的苦差事，如洗碗碟等。但是，有一名妇女却将此看作是有趣的事。她的名字叫波西德·达尔。达尔女士是个职业作家，曾写过一本自传和许多其他著作，并且为杂志撰写文章。她曾失明多年，等到视力稍微恢复之后，根据她的说法，她把每日的家务杂事当成是有趣的奇迹来看，并为此衷心感谢上苍。她说："从我厨房的小窗户，我可以看见一小片蓝天。而透过洗碗槽上飞舞的肥皂泡沫，那五颜六色彩虹般的美丽景观，更使我百看不厌。经过多年不见天日的黑暗生活，能在做家务的时候再重新体会这世界美丽的色彩，真使我衷心感激不尽。"

不幸的是，我们大部分人虽然都拥有健康的眼睛，却对周遭的环境视而不见。我们不但没有达尔女士所具有的成熟想象力，也不能由日常工作中捕捉到对我们最有意义的价值。

住在德州的丽达·强森女士，以她亲身的经历向我们说明：如何因勤奋工作而解除了精神上的危机。

1941年，强森先生和太太带着两个小孩，搬到新墨西哥一处约有360英亩大的农庄里。根据强森太太记载："没想到，那个农庄其实是个大蛇坑，住了许多可怕的响尾蛇，我们实在吓坏了。

"那时，我们的农舍还没有水电和瓦斯，但这些不便倒不令我担心，我日夜所忧虑的，是那些可怕的响尾蛇。万一有一天家人被蛇咬了，该怎么办呢？我夜里经常梦见孩子遭到不幸，白天也一直担心在田里工作的丈夫。只要有片刻不见家人的踪影，我就紧张不已。

"这种持续的恐惧，使我的精神近乎崩溃。若不是我开始勤奋工作，相信早就支撑不住了。我把玉米粒刮下来播种，直到双手起茧为止；我为小孩缝制衣服，把多出来的食物装罐收藏好——我不停地工作，直到疲累地倒在床上为止。如此我便没有精力担忧其他的事了。

"一年之后，我们搬离那个农庄，全家大小都安然无恙，没有人被蛇咬过。虽然自此以后我不再那么辛劳工作，但我一直为那段时间的境遇感谢上帝。那一年，辛劳的工作确实拯救了我的理智。"

正如强森太太的亲身经历一样，我们若能自困境中体会出辛勤工作所能产生的力量，往后若再遭遇危机，便有坚利的武器可以自我防卫了。工作通常可以支持我们渡过难关、危机、个人不幸，或失去所爱的人等。

爱德蒙·伯克说过："永远不要陷入绝望。但是如果你产生绝望情绪时，就去工作。"爱德蒙·伯克的话可不是空谈——他是有过亲身经历的。他曾经痛失爱子，他经过悉心研究之后，开始痛苦地深信文明快要堕落了。工作对他而言，就像对其他很多人一样，成为这个疯狂的世界上唯一清醒的标志。因此他不断地工作，即使在他绝望之时。

是的，工作是生活第一要义。不管我们出于什么原因离开工作，都会受苦。

树立正确的工作态度

卡耐基金言

◇一个人的态度直接决定了他的行为，决定了他对待工作是尽心尽力还是敷衍了事，是安于现状还是积极进取。

◇态度就是你区别于其他人，使自己变得重要的一种能力。

每个人都有不同的职业轨迹，有的人成为公司里的核心员工，受到老板的器重；有的人一直碌碌无为，不被人知晓；有些人牢骚满腹，总认为自己与众不同，而到头来仍一无是处……众所周知，除了少数天才，大多数人的禀赋相差无几。那么，是什么在造就我们、改变我们？是"态度"！态度是内心的一种潜在意志，是个人的能力、意愿、想法、价值观等在工作中所体现出来的外在表现。

要看一个人做事的好坏，只要看他工作时的精神和态度。某人做事的时候，感到受了束缚，感到所做的工作劳碌辛苦没有任何趣味可言，那么他决不会作出伟大的成就。

在企业之中，我们可以看到形形色色的人。每个人都持有自己的工作态度。有的勤勉进取；有的悠闲自在；有的得过且过。工作态度决定工作成绩。我们不能保证你具有了某种态度就一定能成功，但是成功的人们都有着一些相同的态度。

企业中普遍存在着3种人。

第一种人：得过且过。

玛丽的口头禅是："那么拼命干什么？大家不是拿着同样的薪水吗？"

她从来都是按时上下班，按部就班；职责之外的事情一概不理，分外之事更不会主动去做。不求有功，但求无过。

一遇挫折，她最擅长的就是自我安慰："反正晋升是少数人的事，大多数人还不是像我一样原地踏步，这样有什么不好？"

第二种人：牢骚满腹。

史密斯永远悲观失望，他似乎总是在抱怨他人与环境，认为自己所有的不如意，都是由环境造成的。

他常常自我设限，使自己的无限潜能无法发挥。他其实也是一个有着优秀潜质的人，然而，却整天生活在负面情绪当中，完全享受不到工作的乐趣。

他总是牢骚满腹，这种消极情绪会不知不觉地传染给其他人。

第三种人：积极进取。

在企业里，人们经常可以看到桑迪忙碌的身影，他热情地和同事们打着招呼，精神抖擞，积极乐观，永争第一。

他总是积极地寻求解决问题的办法，即使是在项目受到挫折的情况下也是如此。因此，他总能让希望之火重新点燃。

同事们都喜欢和他接触，他虽然整天忙忙碌碌，但却始终保持乐观的态度，时刻享受工作的乐趣。

一年后，玛丽仍然做着她的秘书工作，上司对她的评价始终不好不坏。一年一度的大学生应聘热潮又开始了，上司开始关注起相关的简历来，也许新鲜的血液很快就会补充进来，玛丽的处境似乎有些不妙。

人们已经很久没有见到史密斯，去年经济不景气，公司裁员，部门经理首先就想到了他。经济环境不好，公司更需要增加业绩、团结一致，史密斯却除了发牢骚，还是发牢骚。第一轮裁员刚刚开始，史密斯就接到了解聘信……

而桑迪还是那么积极进取，忙碌的身影依然随处可见，他已经从销售员的办公区搬走，这一年，他被提升为销售经理，新的挑战才刚刚开始。

在公司里，员工与员工之间在竞争智慧与能力的同时，也在竞争态度。一个人的态度直接决定了他的行为，决定了对待工作他是尽心尽力还是敷衍了事，是安于现状还是积极进取。态度越积极，决心越大，对工作投入的心血也越多，从工作中所获得的回报也就相应地更为理想。

玛丽、史密斯、桑迪三人，一个面临失业的危险，一个已经被解聘，一个得到晋升。这并不是说得到晋升的桑迪比史密斯、玛丽在智力上更突出，而是不同的工作态度导致的。尤其是在一些技术含量不高的职位上，大多数人都可以胜任，能为自己的工作表现增加砝码的也就只有态度了。这时，态度就是你区别于其他人，使自己变得重要的一种能力。

如果一个人轻视他自己的工作，而且做得很粗陋，那么他绝不会尊敬自己。如果一个人认为他的工作辛苦、烦闷，那么他的工作绝不会做好，这一工作也无法发挥他内在的特长。在社会上，有许多人不尊重自己的工作，不把自己的工作看成创造事业的要素，发展人格的工具，而视为衣食住行的供给者，认为工作是生活的代价、是不可避免的劳碌，这是多么错误的观念啊！

人往往就是在克服困难过程中，产生了勇气、坚毅和高尚的品格。常常抱怨工作的人，终其一生，决不会有真正的成功。抱怨和推诿，其实是懦弱的自白。

在任何情形之下，都不要允许你对自己的工作表示厌恶，厌恶自己的工作，这是最坏的事情。如果你为环境所迫，而做着一些乏味的工作，你也应当设法从这乏味的工作中找出乐趣来。要懂得，凡是应当作而又必须做的事情，总要找出事情的乐趣来，这是我们对于工作应抱的态度。有了这种态度，无论做什么工作，都能有很好的成效。

各行各业都有发展才能、增进地位的机会。在整个社会中，实在没有哪一个工作是可以藐视的。一个人的终身职业，就是他亲手制成的雕像，是美丽还是丑恶，可爱还是可憎，都是由他一手造成的。而人的一举一动，无论是写一封信，出售一件货物，或是一句谈话，一个思想，都在说明雕像的或美或丑，可爱或可憎。

不论做何事，务须竭尽全力，这种精神的有无可以决定一个人日后事业上的成功或失败。如果一个人领悟了通过全力工作来免除工作中的辛劳的秘诀，那么他也就掌握了达到成功的原理。倘若能处处以主动、努力的精神来工作,那么即便在最平庸的职业中,也能增加他的权威和财富。

当一个人喜爱他的工作时,你可以一眼看出来。他非常投入,他表现出来的自发性、创造性、专注和谨慎,十分明显。而这在那些视工作为应付差事、乏味无聊的人那里,是根本看不见的。

即使是补鞋这么个低微的工作,也有人把它当作艺术来做,全身心地投入进去。不管是一个补丁还是换一个鞋底,他们都会一针一线地精心缝补。这样的补鞋匠你会觉得他就像一个真正的艺术家。但是,另外一些人则截然相反。随便打一个补丁,根本不管它的外观。好像自己只是在谋生,根本没有热情来关心自己活儿的质量。前一种人好像热爱这项工作,不总想着会从修鞋中赚多少钱,而是希望自己手艺更精,成为当地最好的补鞋匠。

我知道100多年前有一位家住罗德岛的人,他殚精竭虑,砌了一堵石墙,就像一位大师要创作一幅杰作一样,其专注程度甚至有过之而无不及。他翻来覆去地审视着每一块石头,研究这块石头的特点,思考如何把它放在最佳的位置。砌好以后,站在附近,从不同的角度,细细打量,像一位伟大的雕刻家,欣赏着粗糙的大理石变成的精美塑像,其满足程度可想而知。他把自己的品格和热情都倾注到了每一块石头上。每年,到他的农庄参观的人络绎不绝,他也很乐意解说每一块石头的特点,以及自己是如何把它们的个性充分展现出来的。

你会问砌一堵石墙有什么意义呢?这堵围墙已经存在了一个多世纪,这就是最好的回答。

伟大的事业因工作的热忱而获得成功

卡耐基金言

◇对工作满怀热忱,是一切希望成功的人必须具备的条件。

◇对任何事都满怀热忱的人,做任何事都会成功。

◇有史以来,没有任何一件伟大的事业不是因为热忱而成功的。

已故的佛里德利·威尔森曾是纽约中央铁路公司的总裁,有一次他在广播访问中,被问到如何才能使事业成功,他回答:"我深切地认为,一个人的经验愈多，对事业就愈认真，这是一般人容易忽略的成功秘诀。成功者和失败者的聪明才智，相差并不大。如果两者实力半斤八两的话，对工作较富热忱的人，一定比较容易成功。一个不具实力而富热忱，和一个虽具实力但无热忱的人相比，前者的成功也多半会胜过后者。

"一个满怀热忱的人，不论是在挖土，或者经营大公司，都会认为自己的工作是一项神圣的天职，并怀着深切的兴趣。对自己的工作满怀热忱的人，不论工作有多么困难，或需要多么艰苦的训练，始终会用不急不躁的态度去进行。只要抱着这种态度，任何人都会成功，一定会达到目标。爱默生说过：'有史以来，没有任何一件伟大的事业不是因为热忱而成功的。'事实上，这不是一段单纯而美丽的话语，而是迈向成功之路的指标。"

因此，对工作满怀热忱，是一切希望成功的人——像创造杰作的艺术家、卖肥皂的人、图书馆的管理员，以及追求家庭幸福的人——必须具备的条件。

"热忱"这个字眼，源自希腊语，意思是"受了神的启示"。

对工作满怀热忱的人，具有无限的力量。威廉·费尔波是耶鲁最著名而且最受欢迎的教授之一。他在那本极富启示性的《工作的兴奋》中如此写道："对我来说，教书凌驾于一切技术或职业之上。如果有热忱这回事，这就是热忱了。我爱好教书，正如画家爱好绘画，歌手爱好歌唱，诗人爱好写诗一样。每天起床之前，我就兴奋地想着有关学生的事……人在一生中所以能够成功，最重要的因素就是对自己每天的工作有热忱。"

任何一项事业的老板，都知道雇用热忱者的重要，也知道这种人难以物色。亨利·福特说过："我喜欢具有热忱的人。他有热忱，就会使顾客也有热忱起来，于是生意就做成了。"

"十分钱连锁商店"的创办人查尔斯·华尔渥兹也说过："只有对工作毫无热忱的人才会到处碰壁。"查尔斯·史考伯则说："对任何事都满怀热忱的人，做任何事都会成功。"

如果没有热忱，那就几乎不可能保持你成为不可阻挡的人所需要的巨大能量和意志。实际上，没有了热忱，一个人就会将生活简化为仅仅是存在、平庸和漠不关心。

怎样选择全在于你自己。你可以选择保持你的生命力，方法是想好你的目标，并努力从事点燃你热忱的活动。或者你也可以选择像我们生活中大多的人一样，用忍受的心态在生活中艰难跋涉，错过了他们经历的大多数事情。这种人观察生活但却没有体会到生活的乐趣。如果生活是一部交响乐，那么，他们只是听到了其中的音符，却感受不到整个乐曲的内涵；如果生活像一块稀世宝石，那么，他们只是看到了它的颜色，却无法看到那复杂的构造；如果生活像一部小说，那么，他们只理解其中的情节，却忽略了微妙的形象和寓意。

怀有热忱的人们极少用"工作"这个词来说明他们从事的事业。这种人是在追求他们最喜欢做的事和对个人受益匪浅的事，每个人的时间都是有限的。我们生活的每时每刻，不论是在工作、玩耍，还是在抱怨、感谢时，我们都已花费了时间。在我们的人生中，没有什么东西比剩余的时间更宝贵了。当我们在热忱鼓励下从事某项事业时，我们不仅仅是为了达到某个目标而努力，因为追求目标的过程和目标的实现同样使人受益。这样，当我们走到生命的尽头时，我们就能说一句"我热爱过我的生命"——这就是我们成功的最高概括。

热忱是一种意识状态，能够鼓舞及激励一个人对手中的工作采取行动。而且不仅如此，它还是有感染性，不只对其他热心人士产生重大影响，所有和它有过接触的人也将受到影响。

当然，这是不能一概而论的。譬如，一个对音乐毫无才气的人，不论多么热情和努力，都不可能变成一位音乐界的名人。话说回来，凡是具有必需的才气，有着可能实现的目标，并且具有极大热忱的人，做任何事都会有所收获，不论物质上或精神上都是一样。

即使需要高度技术的专业工作，也需要这种热忱。爱德华·亚皮尔顿是一位伟大的物理学家，曾协助发明了雷达和无线电报，也获得了诺贝尔奖。《时代》杂志引用他的一句具有启发性的话："我认为，一个人想在科学研究上有所成就的话，热情的态度远比专门知识来得重要。"

这句话如果出自普通人之口，可能会被认为是外行话，但出自亚皮尔顿这种权威性的人物，意义就很深长了。如果在科学的研究上热忱都这么重要，那么对普通的职员来说，岂不是占着更重要的地位吗？

关于这点，我们可以引用著名的人寿保险推销员法兰克·派特的一些话加以说明。他那本《我如何在推销上获得成功》，在销路上，打破以往任何一本有关如何推销的书籍。以下是派特在他的著作中所列出的一些经验之谈：

"当时是1907年，我刚转入职业棒球界不久，遭到有生以来最大的打击，因为我被开除了。我的动作不起劲，因此球队的经理有意要我走路。他对我说：'你这样慢吞吞的，好像是在球场混了20年。老实跟你说，法兰克，离开这里之后，无论你到哪里做任何事，若不提起精神来的话，你将永远不会有出路。'

"本来我的月薪是175美元，走路之后，我参加了亚特兰斯克球队，月薪减为25美元。薪水这么少，我做事当然没有热忱，但我决心努力试一试。待了大约10天之后，一位名叫丁尼·密亨的老队员把我介绍到新凡去。在新凡的第一天，我的一生有了一个重要的转变。

"因为在那个地方没有人知道我过去的情形，我就决心变成新英格兰最具热忱的球员。为了实现这点，当然必须采取行动才行。

"我一上场，就好像全身带电。我强力地投出高速度的球，使接球的人双手都麻木了。记得有一次，我以猛烈的气势冲入三垒，那位三垒手吓呆了，球漏接，我就盗垒成功了。当天气温高达华氏100度，我在球场奔来跑去，极可能中暑而倒下去。

"这种热忱所带来的结果，真令人吃惊，产生了下面的3个作用：

"（1）我心中所有的恐惧都消失了，而发挥出意想不到的技能。

"（2）由于我的热忱，其他的队员也跟着热情起来。

"（3）我没有中暑；我在比赛和比赛后，感到从没有如此健康过。

"第二天早晨，我读报的时候，兴奋得无以复加。报上说：'那位新加进来的派特，无异是一个霹雳球，全队的人受到他的影响，都充满了活力。他那一队不但赢了，而且是本季最精彩的一场比赛。'

"由于我热忱的态度，我的月薪由25美元提高为185美元，多了7倍。

"在往后的两年里，我一直担任三垒手。薪水增加了30倍。为什么呢？就是因为热忱，没有别的原因。"

但后来，派特的手臂受了伤，不得不放弃打棒球。接着他到菲特列人寿保险公司当拉保险的人，整整一年多都没有什么成绩，因此他很苦闷。但后来他又变得热情起来，就像当年打棒球那样。

目前，他是人寿保险界的大红人，不但有人请他撰稿，还有人请他演讲自己的经验。他说："我从事推销，已经30年了。我见到许多人，由于对工作抱着热忱的态度，使他们的收入成倍地增加起来。我也见到另一些人，由于缺乏热忱而走投无路。我深信唯有热情的态度，才是成功推销的最重要的因素。"

多年来，我的写作大都在晚上进行。有一天晚上，当我正专注地敲打打字机时，偶尔从书房窗户望出去——我的住处正好在纽约市大都会高塔广场的对面——看到了似乎是最怪异的月亮倒影，反射在大都会高塔上。那是一种银灰色的影子，是我从来没见过的。再仔细观察一遍，发现那是清晨太阳的倒影，而不是月亮的影子。原来已经天亮了。我工作了一整夜，但太专心于自己的工作，使得一夜仿佛只是一个小时，一眨眼就过去了。我又继续工作了一天一夜，除了其间停下来吃点清淡食物以外，未曾停下来休息。

如果不是对手中工作充满热忱，而使身体获得了充分的精力，我不可能连续工作一天两夜，而丝毫不觉得疲倦。热忱并不是一个空洞的名词，它是一种重要的力量，你可以予以利用，使自己获得好处。没有了它，你就像一个已经没有电的电池。

热忱是股伟大的力量，你可以利用它来补充你身体的精力，并发展出一种坚强的个性(有些人很幸运地天生即拥有热忱，其他人却必须通过努力才能获得)。发展热忱的过程十分简单。首先，从事你最喜欢的工作，或提供你最喜欢的服务。如果你因情况特殊，目前无法从事你最喜欢的工作，那么，你也可以选择另一项十分有效的方法，那就是把将来从事你最喜欢的这项工作当作是你明确的目标。

缺乏资金以及其他许多种你无法当即予以克服的环境因素，可能迫使你从事你所不喜欢的工作，但没有人能够阻止你在脑海中决定你一生中明确的目标，也没有任何人能够阻止你将这个目标变成事实，更没有任何人能够阻止你把热忱注入到你的计划之中。

所以，任何人，只要具备这个"热忱"条件，都能获得成功，他的事业必会飞黄腾达。

乐队指挥鲍勃·克劳斯贝的儿子，曾被问到他父亲和他的叔叔平·克劳斯贝每天的生活情形。他回答："他们永远都在愉快地工作。"

"那你长大之后希望怎样呢？"好奇的人又问他。

"也是愉快地工作。"年轻的克劳斯贝毫不迟疑地回答。

别让激情之火熄灭

卡耐基金言

◇如果你只把工作当作一件差事，或者只把目光停留在工作本身，那么即使是从事你最喜欢的工作，你依然无法持久地保持对工作的激情。但如果你把工作当作一项事业来看待，情况就会完全不同。

◇保持长久激情的秘诀就是给自己不断地树立新的目标，挖掘新鲜感。

让我们先来看看美国前教育部部长、著名教育家威廉·贝内特的一段叙述：

一个明朗的下午，我走在第五大街上，忽然想起要买双短袜。于是，我走进了一家袜店，一个年纪不到17岁的少年店员向我迎来。

"您要什么，先生？"

"我想买双短袜。"

"您是否知道您来到的是世上最好的袜店？"他的眼睛闪着光芒，话语里含着激情，并迅速地从一个个货架上取出一只只盒子，把里面的袜子逐一展现在我的面前，让我赏鉴。

"等等，小伙子，我只买一双！"

"这我知道，"他说，"不过，我想让您看看这些袜子有多美，多漂亮，真是好看极了！"他脸上洋溢着庄严和神圣的喜悦，像是在向我启示他所信奉的宗教。

我对他的兴趣远远超过了对袜子的兴趣。我诧异地望着他。"我的朋友，"我说，"如果你能一直保持这种热情，如果这热情不只是因为你感到新奇，或因为得到了一个新的工作。如果你能天天如此，把这种激情保持下去，我敢保证不到10年，你会成为全美国的短袜大王。"

只是，很多时候我们会遇到这样的情形：在商店，顾客需要静候店员的招呼。当某位店员终于屈尊注意到你，他那种模样会使你感到是在打扰他。他不是沉浸在沉思中，恼恨别人打断他的思考，就是在同一个女店员嬉笑聊天，叫你感到不该打断如此亲昵的谈话，反而需要你向他道歉似的。无论对你，或是对他领了工资专门来出售的货物，他都毫无兴趣。

然而就是这个冷漠无情的店员，可能当初也是怀着希望和热情开始他的职业的。刚刚进入公司的员工，自觉工作经验缺乏，为了弥补不足，常常早来晚走，斗志昂扬，就算是忙得没时间吃午饭，也依然开心，因为工作有挑战性，感受当然是全新的。

这种在工作时激情四射的状态，几乎每个人在初入职场时都经历过。可是，这份激情来自对工作的新鲜感，以及对工作中不可预见问题的征服感，一旦新鲜感消失，工作驾轻就熟，激情也往往随之湮灭。一切开始平平淡淡，昔日充满创意的想法消失了，每天的工作只是应付完了即可。既厌倦又无奈，不知道自己的方向在哪里，也不清楚究竟怎样才能找回曾经让自己心跳的激情。他们在老板眼中也由前途无量的员工变成了比较称职的员工。

有时，压力也是人们失去工作激情的原因之一。职场人士承担着巨大的有形或者无形的压力，同事之间的竞争、工作方面的要求，以及一些日常生活的琐事，无时无刻不在禁锢着我们的心灵。于是在种种压力的禁锢之下，无精打采、垂头丧气和漠不关心扼杀了我们对事业的激情。从热爱工作到应付工作再到逃避工作，我们的职业生涯遭到了毁灭性的打击。

但是，如果你在周一早上和周五早上一样精神振奋；如果你和同事、朋友之间相处融洽；如果你对个人收入比较满意；如果你敬佩上司和理解公司的企业文化；如果你对公司的产品和服务引以为豪；如果你觉得工作比较稳定；只要对以上任何一个问题，你的回答中有一个"是"字，我就要告诉你："你'可以'恢复工作激情。"

美国著名激励大师博西·崔恩针对如何恢复工作激情，提过5点建议：

1.对自己所做的事感兴趣。"告诉自己：对自己所从事的事喜欢的是什么，尽快越过你不喜欢的部分，转到你喜欢的部分。然后做得很兴奋，告诉旁人这件事，让他们了解为什么你会如此感兴趣。只要你做出对工作感兴趣的样子，你就会真的开始对它感兴趣。这样做的另一项好处是可以减少疲劳、压力与忧虑。"

千万不能失去热忱。我们每个人都应当有一些引以为荣的东西，对那些真正高贵的事物要保持一种景仰之情，对那些可以使我们的生活变得充实美丽的东西，永远不要失去热忱。

2.把工作当作一项事业。如果你只把工作当作一件差事，或者只把目光停留在工作本身,那么即使是从事你最喜欢的工作,你仍然无法持久地保持对工作的激情。但如果你把工作当作一项事业来看待,情况就会完全不同了。

3. 树立新的目标。任何工作在本质上都是同样的,都存在着周而复始的重复。如果是因为这永无休止的重复,而对眼前的工作失去信心的话,那么我要告诉你的是,如果你的态度不转变,不主动给自己树立新目标,即使那是一份让你称心的工作,即使那是一个令所有人艳羡的工作环境,它一样会因为一成不变而变得枯燥乏味,你也不会从中获得快乐。

保持长久激情的秘诀,就是给自己不断树立新的目标,挖掘新鲜感。把曾经的梦想拣起来,找机会实现它,审视自己的工作,看看有哪些事情一直拖着没有处理,然后把它做完……在你解决了一个又一个问题之后,自然就产生了一些小小的成就感,这种新鲜的感觉就是让激情每天都陪伴自己的最佳良药。

4. 学会释放压力。工作不是野餐会,一个人无论多么喜欢自己的工作,工作多多少少都会给他带来压力。面对压力,有些人一味忍受,有些人只顾宣泄,忍受会导致死气沉沉,宣泄则会带来无尽的唠叨。应该学会管理压力并科学地释放压力,减轻对工作的恐惧感,心情轻松才容易重燃激情。

5. 切勿自满。在工作中,最需要注意的是自满情绪。自满的人不会想方设法前进,对工作就会丧失激情。如果你满足于已经取得的工作成绩,忽略了开创未来的重要性,那么现在这个阶段的工作自然会丧失其吸引力。当你把过去的成绩当作激励自己更上一层楼的动力,试图超越以往的表现,激情就会重新燃烧起来。

工作给予你的报酬要比薪水更宝贵

卡耐基金言

◇一个人如果总是为自己到底能拿多少薪水而大伤脑筋的话,他又怎么能看到薪水背后的成长机会呢?

◇通过工作中的耳濡目染获得大量的知识和经验,这将是工作给予你的最有价值的报酬。

也许是亲眼目睹或者耳闻父辈、他人被老板无情解雇的事实,现在的年轻人往往将社会看得比上一代更冷酷、更严峻，因而也就更加现实。在他们看来，我为公司干活，公司付我一份报酬，等价交换，仅此而已。他们看不到薪水以外的价值，在校园中曾经编织的美丽梦想也逐渐破灭了。没有了信心，没有了热情，工作时总是采取一种应付的态度，宁愿少说一句话，少写一页报告，少走一段路，少干一个小时的活……他们只想对得起自己目前的薪水，从未想过是否对得起自己将来的薪水，甚至是将来的前途。

某公司有一位员工，在公司已经工作了10年，薪水却不见涨。有一天，他终于忍不住内心的不平，当面向雇主诉苦。雇主说："你虽然在公司待了10年，但你的工作经验却不到1年，能力也只是新手的水平。"

这名可怜的员工在他最宝贵的10年青春中，除了得到10年的新员工工资外，其他一无所获。

也许，这个雇主对这名员工的判断有失准确和公正，但我相信，在当今这个日益开放的年代，这名员工能够忍受10年的低薪和持续的内心郁闷而没有跳槽到其他公司，足以说明他的能力的确没有得到更多公司的认可，或者换句话说，他的现任雇主对他的评价基本上是客观的。

这就是只为薪水而工作的结果！

大多数人因为不满足于自己目前的薪水，而将比薪水更重要的东西也丢弃了，到头来连本应得到的薪水都没有得到。这就是只为薪水而工作的可悲之处。

如果要让我对于刚跨入社会的青年所遇到的切身问题发表意见，那么我希望每个青年都切切牢记："在你们开始工作的时候，不必太顾虑薪水的多少。而一定要注意工作本身所给予你们的报酬，比如发展你们的技能，增加你们的经验，使你们的人格为人所尊敬等等。"

雇主所交付给年轻人的工作可以发展我们的才能，所以，工作本身就是我们人格品性的有效训练工具，而企业就是我们生活中的学校。有益的工作能够使人丰富思想，增进智慧。

如果一个人只是为着薪水而工作，而没有更高尚的目的，那么这实在不是一种好的选择。在这个过程中，受害最深的倒不是别人，而是他自己。他就是在日常的工作中欺骗了自己，而这种因欺骗蒙受的损失，即便他日后奋起直追，振作努力，也不能赶上。

雇主只支付给你微薄的薪水，你固然可以敷衍塞责来加以报复。可是你应当明白，雇主支付给你工作的报酬固然是金钱，但你在工作中给予自己的报酬，乃是珍贵的经验、优良的训练、才能的表现和品格的建立，这些东西的价值与金钱相比，要高出千万倍。

许多年轻人认为他们目前所得的薪水太微薄了，所以竟然连比薪水更重要的东西也宁愿放弃了，他们故意躲避工作，在工作过程中敷衍了事，以报复他们的雇主。

这样，他们就埋没了自己的才能，消灭了自己的创造力和发明才能，也就使自己可能成为领袖的一切特性都无法获得发展。为了表示对微薄薪水的不满，固然可以敷衍了事地工作，但长期地这样做，无异于使自己的生命枯萎，使自己的希望断送，终其一生，只能做一个庸庸碌碌、心胸狭隘的懦夫。

每个人对于自己的职位都应该这样想：我投身于企业界是为了自己，我也是为了自己而工作；固然，薪水要尽力地多挣些，但那只是个小问题，最重要的是由此获得踏进社会的机会，也获得了在社会阶梯上不断晋升的机会。通过工作中的耳濡目染获得大量的知识和经验，使自己的能力得以提升，这将是工作给予你的最有价值的报酬。

能力比金钱重要万倍，因为它不会遗失也不会被偷。许多成功人士的一生跌宕起伏，有攀上顶峰的兴奋，也有坠落谷底的失意，但最终能重返事业的巅峰，俯瞰人生。原因何在？是因为有一种东西永远伴随着他们，那就是能力。他们所拥有的能力，无论是创造能力、决策能力还是敏锐的洞察力，绝非一开始就拥有，也不是一蹴而就，而是在长期工作中积累和学习得到的。

你的雇主可以控制你的工资，可是他却无法遮住你的眼睛，捂上你的耳朵，阻止你去思考、去学习。换句话说，他无法阻止你为将来所做的努力，也无法剥夺你因此而得到的回报。

许多员工总是在为自己的懒惰和无知寻找理由。有的说雇主对他们的能力和成果视而不见，有的会说雇主太吝啬，付出再多也得不到相应的回报……

一个人如果总是为自己到底能拿多少工资而大伤脑筋的话，他又怎么能看到工资背后的成长机会呢？他又怎么能理会到从工作中获得的技能和经验，对自己的未来将会产生多么大的影响呢？这样的人只会逐渐将自己困在装着薪水的信封里，永远也不会懂得自己真正需要什么。

总之，不论你的雇主有多吝啬、多苛刻，你都不能以此为由放弃努力。因为，我们不仅是为了目前的薪水而工作，我们还要为将来的薪水而工作，为自己的未来而工作。一句话，薪水是什么？薪水仅仅是我们工作回报的一部分。

世界上大多数人都在为薪水而工作，如果你能为自己的成长而工作，你就超越了芸芸众生，也就迈出了成功的第一步。

从前在宾夕法尼亚的一个山村里，住着一位卑微的马夫，后来这位马夫竟然成了美国最著名企业家之一，他靠着惊人的魄力和独到的思想撑起了事业的大厦，他一生的成就为世人所景仰。他就是查尔斯·齐瓦勃先生。

年轻的朋友们很关心齐瓦勃先生的成功，那么为什么他会获得成功呢？齐瓦勃先生的成功秘诀是：每谋得一个职位，他从不把薪水的多少视为重要的因素，他最关心的是新的位置和过去的职位相比较，是否前途和希望更为远大。

他最初在一家工厂里做工，当时他就自言自语地说："终有一天我要做到本厂的经理。我一定要努力做出成绩来给老板看，使老板主动来提拔我。我不会计较薪水的高低，我只要记住：要拼命工作，要使自己工作所产生的价值，远超过我所得的薪水。"他下定决心后，便以十分乐观的态度，心情愉快地努力工作。在当时，恐怕谁也不会想到齐瓦勃先生会有今日巨大的成就。

齐瓦勃的童年时代家境异常艰苦，家中一贫如洗，所以，他只受过很短时间的学校教育。齐瓦勃从 15 岁开始，就在宾夕法尼亚的一个山村里做马夫。两年之后，他又获得了另外一个工作机会，周薪为 2.5 美元。但他仍然无时无刻不在留心其他的工作机会，果然他又遇到一个新的机会，他应某位工程师之邀，去钢铁公司的一个建筑工场工作，工资由原来的周薪 2.5 美元变为日薪 1 美元。做了一段时间后，他就又升任技师，接着一步一步升到了总工程师的职位上。到了齐瓦勃 25 岁时，他晋升到房屋建筑公司的经理了。5 年之后，齐瓦勃开始出任钢铁公司总经理。到 39 岁时，齐瓦勃接过了全美钢铁公司的权柄，出任总经理。如今，他是贝兹里罕钢铁公司的总经理。

齐瓦勃只要获得一个位置，就决心要做所有同事中最优秀的人。他决不会像某些人那样脱离现实胡思乱想。有些人经常会不守公司的纪律，常常抱怨公司的待遇，甚至于宁愿在街头流浪静待所谓的良机，也不愿刻苦努力。齐瓦勃深知，只要一个人有决心，肯努力，不畏难，必定可以成为成功者。

在今天的年轻人看来,齐瓦勃先生一生的奋斗与成功故事,简直是一则情节曲折的传奇,但更是一个对人教益最大的典范。从他一生的成功史中,我们可以看到努力劳动所具有的非凡价值。干任何事情,他都能做到非常乐观而愉快,同时在业务上求得尽善尽美、精益求精。所以,在他与同事们一起工作时,那些有难度、要求高的事情,都得请他来处理。齐瓦勃先生做事的态度是一步一个脚印,他从不妄想一步登天、一鸣惊人,所以他地位的上升也是势所必至、天意使然。

别把工作当苦役

卡耐基金言

◇只要你在心中将自己的工作看成是一种享受,看成是一个获得成功的机会,那么,工作上的厌恶和痛苦的感觉就会消失。

◇这个世界的最好福音是,认识你的工作——它并不是苦役,然后便动手去做,像加西亚那样!

如果你对工作是被动而非主动的,像奴隶在主人的皮鞭督促之下一样;如果你对工作感觉到厌恶;如果你对工作毫无热忱和爱好之心,无法使工作成为一种享受,只觉得是一种苦役,那你在这个世界上绝不会取得重大的成就。

有这样一个故事,一天,主人把货物装在两辆马车上,让两匹马各拉一辆车。

在路上,一匹马渐渐落在了后面,并且走走停停。主人便把后面这辆车上的货物全放到前面的车上去。当后面那匹马看到自己车上的东西都搬完了,便开始轻松地前进,并且对前面那匹马说:"你辛苦吧,流汗吧,你越是努力干,主人越要折磨你。"

到达目的地后,有人对主人说:"你既然只用一匹马拉车,那么你养两匹马干吗?不如好好地喂一匹,把另一匹宰掉,总还能拿到一张皮吧。"于是主人便真的这样做了。

如果你对工作依然存在着抱怨、消极和斤斤计较,把工作看成是苦役,那么，你对工作的热情、忠诚和创造力就无法被最大限度地激发出来，也很难说你的工作是卓有成效的。你只不过是在"过日子"或者"混日子"罢了！

倘若如此，你每日所习惯的工作不仅不是合格的工作，而且简直跟"工作"有点背道而驰了！一些人认为只要准时上班，不迟到、不早退就是完成工作了，就可以心安理得地去领所谓的报酬了。他们没有想到，他们固然是踩着时间的尾巴上、下班，可是，他们的工作态度很可能是死气沉沉的、被动的。

那些每天早出晚归的人不一定是认真工作的人，对他们来说，每天的工作可能是一种负担、一种逃避、一种苦役。他们是在工作中远离了"工作"，不愿意为此多付出一点，更没有将工作看成是获得成功的机会。

因此，在任何时候，你都不能对工作产生厌恶感，或者把工作看成是苦役。即使你在选择工作时出现了偏差，所做的不是自己感兴趣的工作，也应当努力设法从这乏味的工作中找出兴趣。要知道凡是应当作而又必须做的工作，总不可能是完全无意义的。问题全在你对待工作的认知，对工作表现出积极的态度，可以使任何工作都变得有意义，变得轻松愉快。

如果你以为自己的工作是乏味的，是一种苦役，就会产生抵触的心理，这终究会导致你的失败。其实，只要你在心中将自己的工作看成是一种享受、看成是一个获得成功的机会，那么，工作上的厌恶和痛苦的感觉就会消失。不懂得这个秘诀，就无法获取成功与幸福。

一个人尽管如何冥顽不灵，尽管忘记他的崇高使命，但只要是踏踏实实、埋头苦干，这个人便不致无可救药，只有把工作当成苦役才会永无希望。努力工作，而绝不贪婪吝啬，这便是成功的唯一真理。

这个世界的最好的福音则是，认识你的工作——它并不是苦役，然后便动手去做，像加西亚那样！

我认识许多老板，他们多年来一直在费尽心机地去寻找能够胜任工作的人，他们所从事的业务并不需要出众的技巧，而是需要谨慎、朝气蓬勃与尽职尽责。他们雇请的一个又一个员工，却因为粗心、懒惰、能力不足、没有做好分内之事而频繁遭到解雇。与此同时，社会上众多失业者却在抱怨现行的法律、社会福利和命运对自己的不公。

许多人无法培养一丝不苟的工作作风，原因在于贪图享受、好逸恶劳，把工作看成是苦役，背弃了将本职工作做得完美无缺的原则。

我们在心中应当立下这样的信念和决心：从事工作，你必须不顾一切，尽你最大的努力。如果你对工作不忠实，不尽力，甚至把它当成是一个苦役，那将贬损自己，糟蹋自己，更不会从工作中得到应有的乐趣。

从工作中获得快乐

卡耐基金言

◇只有在工作时专心投入而且能够从工作中获得快乐的人，才能在游乐时感到喜悦。

◇最理想的状况当然是从工作及休闲二者中获取快乐。也只有二者兼得，我们才能达到快乐的最高潮。

许多著名的科学家、小说家、电影明星及其他有名的人物都曾描述工作时所得到的极大快乐与满足，只因为这项工作是他们真心想做的。这可能是促成他们成功的原因之一。

有一些终生不得志的人则把大部分时间用于玩乐之上。致使二者的成就差异如此之大，可见调整和分配工作与休闲时间的重要性。

马斯洛曾经定义"自我实现"的人就是喜欢并去做必须做的事。也就是想办法将工作变成游戏般轻松与自由，但是对一般人而言这是一件非常不容易做到的事。

许多人都有一些限制他时间、行动与想法的工作，这工作也就是不快乐的根源。事实上，最近密西根及哈佛二所大学的研究者发现大部分的美国人都有换工作的念头，而美国政府则在近些年花费4千万元去发展不使工作厌烦的技巧。

对许多人来说，快乐绝大部分出现于不工作的时候，例如晚间、周末及假期当中。

你该如何去除因工作而产生的不快乐呢？你又如何找到更多的快乐时光呢？

有一个很好的方式就是培养自己足够的知识、勇气及内力去做适合你的工作。当最著名的压力研究专家亚莉耶博士在一次接受美利坚新闻及寰宇报道的访问时被问到："人们如何应付压力呢？"

他回答："诀窍不在于如何避免压力，而在于'做你自己的事'，这就是我一直所强调的：做你喜欢做的事，但也别忘了做那些你该做的事。"

另外他还提到："药物治疗也能发挥效用，例如现在已有一些能有效治疗高血压的药。但是我想对大多数人而言，最重要的莫过于学习如何生活，在各种不同的场合中如何表现适当举止以及如何作最明智的决定。'我到底是想要接管父亲的事业还是成为音乐家？'如果你真的向往音乐家，那就朝这方面去做。"

许多人选择职业时只怀着赚钱、争取高职位或升迁的目的，结果往往无法从事真正有兴趣的工作。例如有位社会工作人员，过去经常到各地区与民众会谈，教他们学习面对及解决问题的技巧，如今却因为其他原因而停止这项工作。现在虽然跃升为一著名社会辅导站的主管，但同时他放弃了他喜爱的兴趣——终日待在办公室里。又如一位艺术大师被聘为世界上最著名、最有权威的博物馆之一的馆长之后，他必须将绝大部分时间用于繁琐的行政工作上，而不得不放弃钻研艺术的雅趣。

如果你问一些人在不考虑金钱因素及其他顾虑的情况下，他们真正想从事的工作是什么？往往你都会得到非常意想不到的答案。有一家广告公司的企划部主任曾说到他愿成为一家自然博物馆的制标本的技术人员，有一家出版社的董事长说他想成为餐厅的领班。另有位公共关系部门的主管回忆起她一生中从事的最愉快职位就是接待员，因为她每天必须与许多不同的人接触，这使她获得很多乐趣。而且这种工作也不会耗用她太多的私人时间及精力，毕竟拥有自己的时间是很重要的。此外，一位银行的副总裁将公余的时间大部分花费于研究制造各种锁。他还打趣地说，如果他不介意失去银行那份高高在上的职位，从事锁匠应该也可以维持温饱。

娱乐是一件非常重要的事。如何寻找到适合自己的娱乐，则是一件非常快乐的事。但是，切莫去随便模仿别人。你最好能够先自问，什么是真正能使自己感到快乐的事情。在我们周围经常会发现，许多人什么事都要掺和掺和，还整天忙忙碌碌，这样的人是享受不到任何快乐的。只有在工作时专心投入，而且能够从工作中获得快乐的人，才能在游乐时感到喜悦。

如果以此作为衡量的标准的话，在我心目中，古代雅典的将军阿尔基比亚地斯应该可以算是最合格的了。尽管他在言行举止上都可以称得上是一个放荡的人，但是在思想上和工作上，他却极其投入，并取得了令世人羡慕的成就。

恺撒大帝也是一位能够将心思均等地分配在工作和游戏上的人。在罗马人的心目中，恺撒原本是一位行为不轨的人，但是他事实上是一位非常优秀的学者，他具有一流的辩才，而且拥有统驭他人的实力。

只懂得如何游乐的人生不仅毫不令人感动，而且一点儿也不有趣。一个每天认真工作的人，他在娱乐时才会由衷地感到快乐。整天好吃懒做的人、喝酒喝得醉醺醺的人、沉迷于酒色之中的人，一定无法从工作中获得真正的快乐，这样的人每天只是在过着行尸走肉的日子。

精神生活层次低的人，大多只追求低级的享乐，他们也只能热衷于那些毫无品位的娱乐；与这类人相对的是，那些精神生活层次高的人，则善于结交一些品性和道德良好的朋友，他们所追求的娱乐也是适当的，它们既没有危险性，又不失品味。具有良知的人都十分明了，娱乐是不可以被当作目的的，它只不过是一种让人放松心情、给人安慰的方法而已。

为了使你步入高尚人的行列，你不妨实践一下我称之为"早上比夜晚聪明"的体验。

在工作和游戏的时间安排上，最好能够有一个明确的划分。读书、工作，或者是要同有知识的人及名流之士促膝交谈，这些事情最好排在早上比较恰当。一旦吃过晚饭之后，就应该尽量让自己放松心情，除非是发生了什么紧急的情况，否则不要占用它，最好利用这段时间让自己轻松地做自己所喜欢的事情，例如，和几个志同道合的朋友打打牌，或者和几个有节制的朋友玩玩愉快的游戏，即使有失误，也不会因此而吵架。也可以去看演出，或去看一场比赛，或者找几位好朋友一起吃饭、聊聊天，尽你所能地度过一个能够令你满足的夜晚。

如果你的工作让你做起来没意思或不快乐，当然按照常理，最好是换个工作。但事实上，并不是每个人都能随心所欲地换工作，有些人甚至于换工作后变得更不快乐。就像有一位想换工作却一直碰壁的人——因为年龄已50岁，别家公司不雇用他——或是一位离了婚的妇女无法搬离本地另找新工作，因为她必须住得离母亲家近些，以便每天下班后到母亲家看孩子——或是一位在住居地拥有本区唯一一间建筑公司的人必须留在当地，因为那儿是他发迹的地方，同时他也不愿离开朋友和亲戚搬到陌生的地方。

就算你非常不喜欢目前从事的工作，但也不要轻言放弃。有些技巧可以使工作愉快些，你不妨想想由于从事此项工作所赚得的钱使你能享受购物的乐趣，你可以开始培养新的爱好，这个爱好使你除了工作外另有新的目标，你应该尝试在工作之中建立起具体的目标，目标是使工作愉快的万灵丹。

有许多拿高薪的权威之士有时会感觉沮丧，就是因为他们没有目标，甚至有些人还不知道是为何而沮丧。

哈佛大学科技、工作及心理计划部的主任马柯毕谈及某些公司里的高级主管时，称他们为"游戏型人物"。他解释所谓"游戏型人物"就是以在工作或娱乐冒险活动上击败对手为最大享受，但是这类人没有长程目标。他描述此"游戏型人物"：漫无方向地跑完了人生旅程，到头仍是茫然。他叹息道："我倒宁愿做些真正能使我高兴的事。"

所谓最有意义的目标就是能带给我们最大快乐的目标。如果工作的目的只是赚钱或击败对手，则成功所带来的快感将不会持续很长时间。就如同马柯毕提到的"游戏型人物"，他说："一位又老又疲倦的游戏型人物，在输去几场比赛，失去信心之后，他们所剩下的只是一张痛苦扭曲的脸孔而已。一旦他失去了青春、精力，甚至荣耀，他变得绝望、茫然，不禁自问活着的意义为何？"马柯毕主张"游戏型人物"如要避免被老化与颓废打败就必须：除了一心一意获取胜利之外，该想想生命中是否有其他值得追求的目标？

最理想的状况当然是能从工作及休闲二者中获取快乐。也唯有二者兼得，我们才能达到快乐的最高潮。

人们经常梦想将工作放在一边，好好地放纵一下，但一旦他们这样做了，反而得到失望的结果。

例如，有许多人退休时都因为不习惯而非常的不快乐，所以不管他们找工作困难重重，他们仍急于找到一份工作以打发寂寞。有些佛罗里达酒店每年出售超过200万元的酒给退休后因无聊而以酒解愁的老人。

有一个人退休之后搬到佛罗里达，但他觉得在那儿很无聊、不快乐。最后他搬回纽约，每天中午吃饭时间他就回到过去工作的工厂找老同事聊天。他也经常在上下班时间到工厂看看老朋友。

有一位狂热的业余水手辞掉了工作，成为职业的水手，但他却失望了：他所梦想的日子是夏日的周末，但他很快地发觉每天航海并无乐趣可言，不像以前只能利用周末上船那般有意思。当他只能在周末航海时,航海的新奇感从未停止,一旦它成了连续性的动作就不再那么刺激、有趣了。所以每个人都必须学习从工作进入娱乐,再从娱乐返回工作,因为工作和娱乐两种不同感受的对照,能使你清新并协调享受二者。

65岁不退休

卡耐基金言

◇工作是对生活和健康最有用的东西。

◇如果你对幸福的看法是无止境的悠闲,如果你期望退休躺在摇椅上,那么你是活在一个愚人的天堂中。因为懒散是人类最大的敌人,它只会制造出悲哀、先衰和死亡。

◇工作是延迟衰老的一个不可忽视的因素。

马克·H.赫林德和史坦利·A.弗兰克医生在《健康世界》上介绍过一位住在堪萨斯市的81岁的女人,说她将一张摇椅退还给她女儿,并附言:"我太忙了,没有时间坐摇椅。"

这个母亲懂得了不要变老的方法。她知道工作才是对生活和健康最有用的东西。

如果你认为幸福就是获得无止境的悠闲,如果你希望退休后可以一直躺在摇椅上,那么你只是进入了愚人的天堂。要知道懒惰是人类最大的敌人,它只会制造悲哀、早衰和死亡。

适量的工作,只要不是过度紧张的工作,就不会对人造成伤害,但过分的安逸却会。

可见工作是对延迟年老造成影响的一个因素。德国脑科研究机构的欧·弗格特博士,在不久前的一次国际老年问题研讨会上提出:脑细胞的剧烈运动可延迟老化的进程。过度工作,不仅不会伤害神经细胞,反而可以延迟其向年老转化。弗格特博士公布了他对正常人脑神经细胞所作的显微研究结果,重点观察其随年龄而产生变化的情况。分别在90岁和100岁时去世的两个女人的非常活跃的脑中,发现她们的脑神经细胞老化的情况都相应地延迟。

"并且，"弗格特博士说，"我们通过对研究对象的观察，找不到因过度工作而加速神经细胞老化的证据。"

"退休的人早死"——听起来真实得令人感到悲哀。从活跃、忙碌、有益的活动状态中转人到整天虚掷光阴或漫无目的地排遣时日的薄暮世界中，破坏了我们的生命力，降低了承受力，以致造成早死。在退休后仍然保持快乐的人是那些把退休当作只是换个工作的人。

下面是汤玛士·克林先生的研究。他是芝加哥《每日新闻》的专栏编辑，也是《黄金年华》一书的作者。克林先生认为强制退休的规定"十分残忍"，以下是他的观点：

"7年来，我访谈了无数年届或刚逾65岁的工作者。根据我的观察，强制退休的规定十分残忍，假如同样的情形发生在狗或马的身上，相信它们必定无法忍受。至少，马在告老退休之后，还能随时奔跑到草原之上，嚼食青草；而狗也是被喂养到老死为止。

"但是，人的情形并不只是生计问题……这同时也伤害了这些人对自己能力的信心，更伤害了他们精神上的尊严。

"对人来说，因年老而变得无用是极为可怖的现实，连天使都无能为力。人被剥夺了工作权、收入甚至自尊，只因他已年届65岁——这不是极残酷吗？"

那么，为什么人们不起来反对这样的无理规定呢？根据印第安纳州的调查，有90%的工作者表示不愿在65岁的时候被强迫退休。在某些大工厂里面，此百分比更高达95%。

从来没有任何心理学或生理学上的理论，说明人在这个年龄会失去工作能力。衰弱或无能，可发生在任何年纪；而对不同的人来说，发生的时间也可能各不相同。假如我们不常常使用双手，双手便不会那么灵巧；假如我们不常常使用大脑，大脑也会很快衰退。当然，每个人都必须在某个时期停止工作，却绝不是非在65岁时。

我们若把工作当成是谋生工具，必须等到退休或死亡才能告一段落，则无疑剥夺了生为人类所能拥有的最大满足感。工作本身是件极好的事，除了有益健康，更能影响一个人的气质。因此工作在我们的生命之中，是个极高贵的成分。

所有的工作都具服务性质。无论是烹饪、刷地板、装配零件或是练习一个舞步，它的主要目的是要使生活更美好、更舒适、更快乐。因此，工作本身极富创意性。假如我们想从工作中获得快乐或好处，都得重视这个富有创意性的目的。

英国著名的电影制作人蓝克先生说过："许多人常常忘记'为什么'会有某个行业的理由。一个制造坐椅的工厂，不仅只是生产坐椅和获取利润，其主要任务是要制造出人人喜欢坐的椅子来。假如从事此行业的人，忘了自己工作的任务或目的，终有一天会发现——别人不但把他制造的椅子拿出去扔掉，连他想要的利润，也都不翼而飞了。"

是的，工作是生命之律。假如我们被剥夺了工作权，无论理由如何，我们都会感到十分痛苦。许多治疗机构都采用工作治疗法，比如：精神病院、监狱、疗养院，及其他被隔离起来的地方。一般人认为："人一旦退休，便开始步向死亡。"话虽残酷，却是事实。人一旦由各种活动中退休，由忙碌的有意义生活变成无目标的"纯消遣"生活，便会使原有的旺盛精力熄灭，因而降低了身体的抵抗力，迅速步入死亡。假如你想在退休后仍能快乐生活，最好是用别的工作来取代原有的忙碌生活。

鉴于工商业界对于雇用老年人所持的态度，令人感到欣慰的是他们有很多人都到外面为自己找份工作。朱丽艾达·K.亚瑟是一位社会福利方面的权威人士，根据她的调查显示："1950年的普查报告有一个最值得注意的就业事实，那就是有几十万超过75岁的老人仍在继续工作，他们之中很多都属于没有雇主的自由职业者。"

1954年，首都人寿保险公司公布了一项报告：65～69岁之间的男人有3/5就业；70～74岁之间的男人也有2/5就业；75岁以上的男人仍有1/5在工作。他们大多从事的是自由职业。

这些数字再一次有力地证明了这样一个事实——工作的能力和意愿并不在65岁生日时突然丧失。

只要有能力，大多数的人仍然想继续工作，而不愿因为某个养老金计划制订者说他们应该退休就退休。越来越多的工作者对不公平的强迫退休制度发出的抗议，已经收到一些良好的效果，一些公司延长了退休年龄年限或使它较具弹性。可惜的是，这样的公司还是很少。还要多久，人的工作权利才能不再因为年龄的增高，不再不顾他的需要、能力和意愿而被无情地剥夺掉？

在不久前于纽约州举行的一次老年问题研究会中，当场宣读了一份由杰出的老政治家伯纳德·M.巴鲁克发给大会的电报。在电文中，巴鲁克先生强烈呼吁废除强迫退休的制度，他说这种制度"对那些虽然年龄很大，但仍然愿意而且有能力继续工作的人来说不是恩惠，是否应该退休不应从年龄而应从能力的角度来考虑"。巴鲁克先生说："年纪越大的人就越是已经获得了无法取代的丰富经验资产的人。"

已经83岁还在担任密执安州老年问题研究委员会委员的亨利·S.柯特斯博士，是美国在这方面的权威人士之一，他的话直指对老年人就业的不公平歧视：

"强迫退休是存在于工商业界的一项严重的失误，因为它使许多最佳的人才闲置浪费，而且也使受雇者晚年时期想要做好工作的热情受挫。无论对有能力而且愿意继续工作的人，还是对纳税的大众，都是一个严重的错误。工作的权利是一项基本的人权，65岁退休制度的存在是一项基本的人类错误。"

说得精彩，柯特斯博士！愿策划者和官僚们能来听听反对"强迫退休法案"的睿智而强烈的呼声。"65岁退休的制度规定，"柯特斯博士又说，"是独断的、专横的，不管从生理学还是从心理学上来讲，都没有什么理论能证明一个人的工作能力会在65岁时突然失去。任何年龄都可能变得软弱，这因人而异。如果我们停止动手工作，双手很快就会失去它的灵敏；如果我们停止用脑思考，大脑就会很快衰老。每一个工作者都应该自己选择放弃工作的时间，在他自认不能胜任他的工作的时候。"

工作是年轻人所无法想象的成熟的快乐之一。不管是体力工作还是脑力工作，都是自然赋予我们的可以不断成长而不变老的最神奇的一种力量。

想要避免随一个人变老而来的危险，最好能像本章开始那个81岁的女人那样：退掉摇椅，忙碌起来！

第 8 章
写给将为或已为人妻的女子

前面总是有目标

卡耐基金言

◇我厌弃成功。成功就是在世上完成一个人所做的事，正如雄蜘蛛一旦授精完毕，就被雌蜘蛛刺死。我喜欢不断地进步，目标永远在前面，而不是后面。

◇一个目标达到之后，马上立下另一个目标，这是成功的人生模式。

尼克·亚历山大最渴望达到的目标是上大学。他在孤儿院长大——那是一种老式的孤儿院，孤儿们从早上5点工作到日落，伙食既差又不够。

尼克是一个聪明的小孩——太聪明了，因此14岁就从中学毕业。接着，他步入社会开始谋生。

他所能找到的工作，是在一家裁缝店里操作一架缝纫机。14年来，他一直在那种环境下工作。接着，那家裁缝店加入了工会。工资提高了，工作时间缩短了。

尼克·亚历山大幸运地娶了一个女孩，她愿意帮助他实现上大学的梦想。但事情可不容易。在他们结婚之后没多久，也就是1931年，店里开始裁员，于是他们这对年轻的夫妇决定自己去闯天下。他们把存款聚集在一起，开了一家亚历山大房地产公司。尼克的太太特丽莎甚至把订婚戒指也卖掉了，以便增加他们那笔小小的资本。

在两年之内，生意兴隆，于是特丽莎坚持尼克去上大学。他在36岁的时候，得到了学位——这是人生道路上所抵达的第一个里程碑。

尼克又回到房地产事业——成为他太太的生意伙伴。他们又有了一个新目标——海边的一幢房子。终于，他们也实现了那个梦想。

他们这对夫妇就这样坐下来轻松轻松吗？呵，没有。他们有一个小孩要受教育。如果他们能把他们商业大楼的分期付款缴清，把大楼变成公寓出租，收入的租金就能付他们孩子的大学费用了。因为一心一意要达到这个目标，他们终于做到了。

亚历山大太太说他们目前正在为他们的退休保险金努力。现在尼克单独主持事业，特丽莎则照顾自己的家。

亚历山大夫妇过着一种忙碌、幸福、成功的生活，因为他们面前总是有一个目标，使他们的努力有一个方向。他们已发现萧伯纳这句话的真理："我厌弃成功。成功就是在世上完成一个人所做的事，正如雄蜘蛛一旦授精完毕，就被雌蜘蛛刺死。我喜欢不断地进步，目标永远在前面，而不是在后面。"

许多人一辈子迷迷糊糊，因为他们没有真正的目标。他们只活在一度空间，过一天算一天。那些从人生中收获最多的人，都是警觉性高，积极等待着机会，机会一到马上就看出来的人。他们都有一个确定的目标。

在长期的计划上，最好是把每5年划分为一个阶段。你可以这么计划，"在5年之内，吉姆就可以拿到他的大学文凭，准备好升迁；在10年内，他就可以升为小主管了"。

安·海渥德引用一位顾客所说的话："我希望我丈夫永远不会感到自我满足而停滞下来。我们结婚5年了，每一年都有一个目标。首先，是他的学位，接着是进修课程，然后是一年的自由撰稿工作，现在是他自己的事业。一等到他告诉我他的钱够了，教育够了，经验够了，我就知道蜜月已经结束了。"

一个目标达到之后，马上立下另一个目标，这是成功的人生模式。因此，我们要跟自己的丈夫合作，不断地追求新的目标。

你我来自不同的星球

卡耐基金言

◇没有一对婚姻能够得到幸福，除非夫妇之间能够相互尊重对方的差异。

◇如果希望两个人有相同的思想、相同的意见和相同的愿望，这是很可笑的想法。这种事情是不可能的，也是不受欢迎的。

葛丝莉告诉我说："以前我总认为当我老公没有回应我时，是个白痴；现在我知道他只是陷入自己的思考中——虽然他可能真的坐在椅子上看着杂志，至少那绝对比我质疑他为何不将垃圾拿出去倒掉来得有趣多了。几年前，倘若我央求他帮忙倒垃圾，便会被骂'滚开'，最后只好亲自出马处理，接着我会大声朗读一年中他一共有多少天没倒垃圾。如今我可以察觉到男女间不同的关注点，对他而言，或许垃圾尚未达到要倒的标准吧！

"或许我只能忍受一周一次让海鸟在我头上排泄，这是我的标准。不过，书上并没有这方面的指引。

"我也知道男人对质问回应的反应十分直接，因为他们的属性是'目标取向'以及'直截了当'，女人则恰好相反。女人们喜欢探索、细查，以迂回转折的方法来达到同样的目标。"

我的一个朋友向我讲述了她和她丈夫的一些事情："上周查理问我正在办理离婚的友人艾伦近来可好。我以'不错'作为回应的开头，接着问查理是否曾后悔结婚，然后又问他是否觉得倘若我们没有结婚反而比较好以及假使不要那么早结婚是否会对孩子产生不同的影响。最后，我问他如果我们彼此都没有结婚，是否会比较苗条。他无法置信地看着我，说：'你到底在讲些什么？'显然他无法理解，我告诉他早知道他会如此回应，因为毕竟他根本不在意我的感受，我继续批评他可能从未关心过我。

"又有一次他目光呆滞地说：'这究竟怎么了？'我加强语气问：'如果你不关心我，那么你关心什么？''嗯，'他回答，'我会留意家里杜鹃花要用什么肥料才好以及和车厂约定更换机油的时间，还有公司内部库存货的清单。''我就知道你从未关心过我。'随后我哭了。查理出乎意料地走到外面，我摆出要人领情的姿态问：'你要去哪里？''到五金店去，'他说，'去买肥料。''你竟敢这样？老是不承认自己的过错？''随你怎么说，亲爱的，'他回道，'我几分钟后就回来。'

"我当下就打电话给好友蜜拉，她完全了解我的感受，支持我并向我保证这只是单纯的男性行为罢了。对我而言，其他男人的特征就比较明显，例如，我的继父只要出外旅行，就会安坐在车子里，从未要求停下来吃东西、喝水，或上厕所，一切的目标就只是抵达目的地，我不认为如果麦当娜一丝不挂地站在路旁会影响他，他所在意的只有到达目的地。"

巴纳姆先生说："婚姻中的许多冲突来自于女人不理解这样一个问题：为什么她丈夫的许多想法和情绪中有时会忽略了她的存在？但如果妻子们能够意识到这一点，宽容这一点，接受事实，就会避免发生许多不快。"

对于男人来说，尤其是对于一个好男人来说，爱是他生命中十分重要而美好的东西，也是不可或缺的东西，但绝不是他生命的全部。对于一个女人来说，如果爱——对她丈夫的爱——戒了她所有的一切的话，也是一种不幸，她将失去自我——和这份爱再也不能有短暂的分离，爱时刻影响着她的想法和情感，左右着她的行动。

而男人则不是这样，他会一连几个小时一直专注于某件事情，而不受到他心爱的妻子的任何影响，就好像她根本不存在。当然，这并不是背叛，这是一种无意识的行为。然而，困惑于男人此种个性特征的女人就会感到很苦恼，认为这不可思议。妻子常常责备丈夫没有一个好的品性，丈夫有时候会静静地听着，有时候则可能是不屑于或疲于和妻子发生争吵，而妻子经常这样做就会使丈夫生厌。丈夫可能会时不时地保持沉默，或专注于自己的事务，但这并不意味着他对自己的妻子漠不关心，或者对她非常厌烦；他可能会感到一点点不快，但不会认为结婚对他来说是一个错误；他可能会吹毛求疵地感到烦躁不安，但不会迁怒于他的妻子。

我无意于免除男人应该关心他的女人的责任，也不想为男人经常忽略家庭生活的礼仪进行辩护，但出于为妻子的利益考虑，我只想使她们相信，这些事情常常只是一种表象，其实他们之间根本没有出现内在的分歧，因此，作为一个妻子如果为此感到忧伤是不明智的。

"没有一对婚姻能够得到幸福，"安德瑞·摩里斯在《婚姻的艺术》这本书里面说，"除非夫妇之间能够相互尊重对方的差异。更深一层说，如果希望两个人有相同的思想、相同的意见和相同的愿望，这是很可笑的想法。这种事情是不可能的，也是不受欢迎的。"

所以对妻子来说，让丈夫有个私人的天地去做他的工作，譬如集邮，或是其他任何喜爱的事情是明智的做法。在你看起来，他的嗜好也许傻里傻气，但是你千万不可嫉妒它，或是因为你不能领会这些事情的迷人处你就厌恶它。你应该迁就他。

写威尔·罗杰斯传记的荷马·克洛伊，当他在写威尔的电影剧本的时候，经常住在加州杉塔·蒙尼卡罗杰斯的农场里。克洛伊先生告诉我，有一次当他住在农场的时候，威尔·罗杰斯突然想要一把大刀——一种外形丑陋、杀伤力很强的南美大刀。

罗杰斯太太不了解她的丈夫为什么要这件东西，她的第一个反应是劝他不要去买。如果他有了这么一把大刀，到底他想要拿来做什么呢？可能只是拿来看一两眼就把它搁到一边忘了吧。

想了一会儿以后，罗杰斯太太决定迁就威尔。她甚至还走了一段很远的路来到城里，亲自为他买回这把大刀。这使得威尔高兴得就像是要过圣诞节的小孩子那样。

在威尔心爱的牧场里，有一带长满了多刺的矮树丛。他经常带着这把大刀，在这个矮树丛砍伐几个小时，清理出可供马匹和行人通过的小路。在那儿大砍特砍是完全而彻底地自我消遣。过了一段时间以后他回家了，全身流着大汗，而他的困难解决了，他的牧场也更漂亮了。

他时常说，那把大刀是他所曾经接到的最好的礼物之一。罗杰斯太太想起她那时的情况，总是感到非常高兴。

你能不能想出另一种活动，比威尔·罗杰斯拿着那把大刀在牧场工作，更加健康和更能发泄紧张？那就是一种嗜好所带给男人的好处了：让他能够神清气爽，冷静而热心地回到自己的工作上。

承认并接纳两人之间的差异性，不仅能使男人得到好处，通常妻子也可以因而获得助益。

妻子如果能够接纳丈夫与自己的差异，就不必担心他去追求别的女人了。只有那些在生活里感到厌倦的丈夫，才会掉进别的女人的陷阱里。

我认为时机已成熟，我们知道无法借由两性间的各说各话，来支配彼此的行为、改变彼此的个性，我们真的需要好好阅读、研究、教育自己，了解男女间的差异。然而我们必须同意，如果凡事皆要依照书上的指示去做，我们一天24小时将忙个不停，累死在这样的关系里。

作为一对伴侣，我们能够贡献的、最值得向往的是共同欢笑的能力。当我们与自己的丈夫年岁渐增后，我们学到了凡事放松，无忧无虑地、轻松愉快地笑自己、笑彼此；或者因为我们已经疲惫，也了解我们是真心地喜爱彼此，最后终于将性别差异抛到一旁。

做丈夫最忠实的听众

卡耐基金言

◇一对敏感而善解人意的耳朵,比一对会说话的眼睛使一个女人更讨人喜欢。

◇一个男人的妻子所能做的一件最重要的事情,就是让她的丈夫把他在办公室里无法发泄的苦恼都说给她听。

1950年12月,一个叫作比尔·琼斯的人,在芝加哥从五楼楼顶上跳下来。他跳楼的原因是忧虑和害怕。他那曾经很兴盛的事业遭到危机了,因为他扩展太快——债权人正在催逼他——他的许多支票在银行里都无法兑现。最糟的是,他觉得他不能和他的太太一起承担这些灾祸。他的太太一直都以他的成功为荣,他没有勇气告诉她这些事,因为他害怕这些事会使她从幸福掉进羞耻和绝望的深渊中。

比尔·琼斯的困境使他走上了他自己仓库的屋顶。他迟疑了一下,然后跳进了空中。他跌下五层楼,穿过底楼窗上的遮阳篷而掉落在人行道上。从地心引力和常识来判断,他是死定了,但是,使人不敢相信的是,他受到的最大伤害只是摔破了大拇指的指甲。最可笑的是,他所穿破的遮阳篷是他唯一一件完全付清款项的东西。

比尔·琼斯意识清楚地醒过来,发觉自己还活着时感到很兴奋。和这个奇迹比起来,他从前的麻烦没有一件看来是重要的了。5分钟以前,他还觉得他的生命是一种毫无用处的污秽——现在他因为活着而感到激动。他赶忙回家把整个事情说给他太太听。他太太似乎慌乱了一会儿——但只是因为他从前没有把他的麻烦告诉他太太而已。她开始坐下来想办法为他解决困难。好几个月来,比尔·琼斯第一次放松心情做一些正确与有用的思考。

现在,比尔·琼斯在稳定的步骤下有了成功的事业,不再有他没法付的欠债了,更重要的是,他已经学会如何和他的太太一起分享困难,就像一起分享胜利那样。然而,比尔·琼斯也极可能只是因为不知道自己的太太也能和他一起度过难关而丧失了自己的生命。

比尔·琼斯的故事告诉我们,如果丈夫不信任自己的太太,不能完全算是太太的错误。有些男人，譬如以前的比尔·琼斯，对于用事业上的忧虑来麻烦自己的太太有个错误的看法。他们想带给太太所有美好的东西，想成为把成功的事业和上等的毛皮大衣带回家的大男人。当事情不顺利的时候，他们想办法瞒住自己的太太，以免她们的小脑袋里装满害怕与不安。他们耻于承认自己是会被征服的。他们从没有想到，不管好坏也应该让他们的太太一同来解决这些难题。

可是，更常看到的是一些男人们很想把他们的困扰说给太太听，但是太太们却不想或是不知道如何去听。

1961年秋天，《福星》杂志刊出了一篇对公司员工的妻子所做的调查报告。他们引述一位心理学家的话说："一个男人的妻子所能做的一件最重要的事情，就是让她的先生把他在办公室里无法发泄的苦恼都说给她听。"

能够尽到这个职责的妻子，被描述为"安定剂"、"共鸣板"、"哭墙"和"加油站"。

这个调查研究也指出，男人要的是主动、灵巧地听讲，他们通常不想听劝告。

任何一个自己曾经在外面工作过的女人都可以了解到，如果家里有个人可以谈谈这一天所发生的事情，不管是好的或坏的，都是很值得安慰的。在办公室里，常常没有机会对发生的事情发表意见。如果我们的事情特别顺利，我们也不能在那儿开怀高歌；而如果我们碰到了困难，我们的同事也不想听这些麻烦事——他们已经有太多自己的困扰了。结果，当我们回到家，我们觉得自己必须大声地发泄一番。

最常发生的事情是这样的：比尔回家，有点上气不接下气地说道："老天，梅白儿，这真是个伟大的日子！我被叫进董事会里，去告诉他们有关我所做的那份区域报告。他们要我把建议说出来，而且……"

"真的吗？"梅白儿说着，一点也不用心的样子，"那真好，亲爱的。吃点酱肉吧。我有没有告诉过你那个早上来修理火炉的人？他说有些地方需要换新了。你吃过饭后去看一下好不好？"

"当然好，蜜糖。噢，像我刚才说的，老索洛克蒙顿要我向董事会说明我的建议。起初我有一点紧张，但是我终于发觉我引起他们的注意了。甚至连毕林斯都很感动，他说……"

梅白儿说："我常认为他们并不够了解你、重视你。比尔，你必须和老么谈一谈他的成绩单。这学期他的成绩太糟了,他的老师说如果他肯用功的话,一定可以念得更好。我已经没有办法劝他了。"

到了这个时候,比尔发觉他在这场争夺发言权的战争之中已经失败了,于是他只好把他的得意和酱牛肉一起吞到肚子里,然后做完有关火炉和老幺成绩单的任务。

难道梅白儿自私得只希望她的问题有人听就好了吗?不是的,她和比尔同样都有找个听众的基本需要,但是她把时间搞错了。其实她只要全心全意地听完比尔在董事会里所出的风头,比尔就会在自己的情绪发散完了以后,很乐意地听她大谈家事了。

善于听讲的女人,不仅能够给自己的丈夫最大的安慰和宽心,也同时拥有了无法估计的社会资产。一个文静的女人对别人的谈话着了迷,她所发出的问题显示她已经把谈话中的每个字都消化掉了,这种女孩子最容易在社会上成功,不只是在她先生的男友群里成功,而且也在她自己的女友群里成功。

以机智而闻名的杜狄·摩尼,把一个懂礼貌的男人描述成"当他自己最清楚了解的事情被一个完全不懂的门外汉说得天花乱坠时,他仍旧很有兴趣地听着"。大部分的女人也都适合于这个描述。

怎样才能成为一个真正的"好听众"?至少要有下列3个条件——有3件事是好听众必须做到的。

1. 使用眼睛、脸孔、整个身体——而不是耳朵。

专心的意思是每一种功能的集中。如果我们真正热心地听别人说话,我们就会在他说话时看着他,我们会稍微向前倾着身子,我们脸部的表情会有反应。

玛乔丽·威尔森是魅力的权威,她说:"如果听众没有什么反应,很少人能够把话讲得好。所以当一句话打动你的心,你就应该动一下身体。当一个主意适时地感动你的时候,就像你心里的一根弦被震动了,你就该稍微改变一下坐姿。"

如果我们想要成为好听众,就必须做得好像我们很感兴趣——我们必须训练我们的身体机敏地表达。

注意那只在老鼠洞外等待着老鼠的猫,如果你想要知道如何才能有表情地听讲的话。

2. 擅长诱导性问话。

什么是诱导性的问题?诱导性问题是,在发问中灵巧地暗示着发问人内心已有的一个特殊答案。直截了当的问题有时候显得粗鲁无礼,但是诱导性的问题可以刺激谈话，并且继续推动话题。

"你如何处理劳工和主管的问题？"是个直截了当的问法。"史密斯先生，你难道不觉得，让劳工和主管在某些范围里获得相互的妥协是很有可能的吗？"则是诱导性的问法。

诱导性的问话，是任何一个想要成为好听众的人所必备的技巧。如果要聆听丈夫的谈话，而且不直接提出他不想要的劝告，则诱导性的问话就是一个不会失败的技巧。我们只要像这样发问："你认为，亲爱的，做更大的广告可能会增加你的销路，或者将是一种冒险吗？"提出问题并不是真的在给他劝告，但是这种问法常常会得到相同的结果。

当我们碰到陌生人时，正确的发问方法是克服羞怯，或打破要命的沉闷的最妙工具。当人们开始谈到自己的想法，而不谈天气、谈棒球，和谈某某人的疾病时，人们就会说得忘我了。一个想法可以引导出另一个想法。

3. 永远，永远不可泄露秘密。

有些男人从来不和他们的妻子讨论事业问题的一个原因是：这些男人无法相信他们的太太不会把这些事情泄露给她的朋友或美发师知道。他们讲给自己太太听的每一件事情，都从她们的耳朵进去而又从她们的嘴巴出来。"约翰希望在维吉先生退休以后，马上得到公司里的经理职位。"这是在桥牌桌上随便说出口的话，但是第二天就有人打电话给约翰对手的太太了。于是约翰就在完全不知道原因和真情之下，被暗中排掉了。

我访问过的一个总经理告诉我，他在家里谈论公司里的问题，竟也会流传得使他的职员丧失信心。"我很厌恶在超级市场或鸡尾酒会里大谈公司的业务。那些女人真是太多嘴了！"他轻蔑地说道。

甚至还有一些女人会利用丈夫的信任，在以后的争论中拿出来打垮他。"你自己亲口告诉过我，你只因为一纸契约，而买下那些过量而不必要的剩余物品。而现在你说我浪费太多钱去买衣服。难道只有我奢侈？哈！"

像这样的场面发生几次，这位女士就不会再受到她先生的骚扰了。她先生将会发现一个事实，自己只不过是给一些打倒自己的话柄而已。

成为一个好的听众的最佳条件是：妻子不必以为了解先生工作的细节，才能使他得到满足。如果她的先生是个绘图员，他就不会希望他太太了解如何画蓝图。

当他工作的时候，她对于发生在他身上的事情要有同情心，有兴趣，而且提高注意力。

真的，一对敏感而受过训练的耳朵，将会使女人更加可爱，使她有了一张比特洛伊城的海伦还要美丽的脸孔，而且也为她的丈夫带来更多好处。

再重申一下，以下就是可以帮助你成为好听众的3个条件：

1. 用脸部表情和身体姿势来表达注意力。
2. 学习问些智慧的问题。
3. 永远不要泄露秘密。

成为丈夫身旁的"信徒"

卡耐基金言

◇ 鼓励对于男人，就像燃料对于引擎那么重要，尤其是引擎发动不起来的时候。

◇ 这种信徒不会让她们的丈夫承认失败。

回想19世纪末，密西根底特律的电灯公司以月薪11美元雇用了一名年轻的技工。他每天工作10小时，回家以后，还常常花费半个晚上在屋后一间旧棚子里工作，想要设计出一种新的引擎。

他的父亲是个农夫，确信他的儿子正在浪费自己的时间。邻居们都说，这位年轻技工是个大笨牛。每个人都在取笑他，没有人认为他笨拙的修补能够造出什么东西来。

除了他的太太，没有人相信他了。当白天的工作做完以后，他的太太就在小棚子里帮助他研究。冬天，天色很早就暗了，他太太提着煤油灯，使他能够工作。他太太的牙齿在寒冷中颤抖着，手冻成了紫色。但是她相信他先生的引擎有一天会设计成功，所以她先生称呼她"信徒"。

在旧砖棚里艰苦工作3年以后，这个异想天开的稀奇玩意终于成功了。1893年，在这个年轻人30岁生日的前几天，他的邻居们都被一连串奇怪的声音吓了一大跳。他们跑到窗口，看到那个大怪人——亨利·福特——和他的太太，正乘坐着一辆没有马的马车，在路上摇晃着前进。那辆车子真的可以跑到转角那么远而又跑回来呢！

一个新工业在那天晚上诞生了——一个将会对这个国家有很深影响的工业。如果亨利·福特是这个新工业之父，当然福特夫人这位"信徒"，就有权利被叫作新工业之母了。

50年以后，福特先生，这位相信灵魂轮回再生的人，被问到他下一次出生时希望变成什么。"我不在乎，"福特先生说，"只要能够和我太太在一起。"他终生都称他的太太为"信徒"，而且希望永远和她在一起。

每一个男人都需要一个信徒，一个在与环境顽抗的时候，护卫着他的女人。当什么事情都不对劲的时候、当处境危急的时候、当他失败的时候，男人需要一个建立起他的抵抗力和信心的太太，让他知道没有任何事情能够动摇她对他的信任。如果连他的妻子都不信任他，还有谁会信任他呢？

信任是一种主动的特质。它不会承认失败，它会继续恢复失去的信心。

西孟·洛克曼尼诺夫，这位伟大的俄籍音乐家，在25岁的时候就是个成功的作曲者。由于过分自负，他写了一首很不成功的交响曲。结果，他觉得十分泄气，度过了许多失望的日子。最后他的朋友带他去看尼可拉斯·达尔医师，一位心理专家。达尔医师一次又一次地反复告诉他这个想法："你的身上潜藏着伟大的东西，等待着你向全世界宣示。"

这个想法渐渐在洛克曼尼诺夫心里生根，终于唤起他对自己的信心。在第二年还没有过完以前，他已经完成了那首伟大的C小调第二协奏曲，并且把这首曲子献给达尔医师。当这首曲子首次公演的时候，听众们都热烈得发狂。于是洛克曼尼诺夫再次回到成功之路了。

是的，鼓励对于男人，就像燃料对于引擎那么重要。鼓励使得男人的引擎继续发动，使人们心理和精神的电池充电，将失败转为成功。

运气有时候会挫败我们每个人的锐气，严重的打击似乎还会使我们挺不起腰来。但是如果有我们所喜欢的人告诉我们："别放在心上，像这样的事情是打不倒你的。我知道你一定会赢！"那么事情就不一样了。

这就是有信心的妻子们对于她们的丈夫的一种信任。她们以一种特殊的视觉看到了别人看不出来的特质。她们用眼睛去看，也用内心的爱去看。

但是如果信心没有用言语表达出来，也就毫无作用了，妻子必须运用技巧表达对丈夫的信心以鼓励、赞美与爱的语言和行动去表达。

罗勃·杜培雷的经验也是个好例子。

罗勃·杜培雷一直想要做个推销员。1947年他的机会来了，他开始招揽保险。但是不管他多么努力,事情都没有好转。他有点忧虑——对没有卖出的保险感到担忧。他紧张而痛苦,最后,他觉得必须辞职以免精神崩溃。我面前有一封杜培雷先生的信,他告诉我这个故事。

"我觉得我完全失败了,"罗勃·杜培雷写道,"但是桃乐丝,我的太太,坚持这只是个暂时的挫折。'下一次你将会成功,'她不断告诉我,'不要担心,罗勃。我知道你有办法成为一个成功的推销员。'"

罗勃在一家工厂里找到工作,桃乐丝也是。但是她不让罗勃忽略衣着和谈吐。"在接下去一年半之中,"罗勃说,"桃乐丝不断地赞美我的美好气质,并且指出我具有适于推销工作的天赋才华——一些甚至我自己都不知道我有的才华。如果不是她持续不停的鼓励,我可能已经放弃再试一次看看的想法了。桃乐丝不愿意我放弃。'你具有这种能力,'她告诉我,一次又一次,'只要你努力就能够办到!'

"我怎能违背她这么深切的信任?她成功地在我身上建立了她对我的信心。我离开工厂而回到推销工作上,这一次我信任自己了——因为我身旁有了个信徒。

"我仍然有一段长路要走。但是,谢谢桃乐丝,至少我已经上路了。她已经使我深信,只要我真想达到我就能够达成。"

如果我要雇用推销员,我会认为一个有个像桃乐丝·杜培雷这种太太的男人,是最值得试试的。这种信徒不会让她们的丈夫承认失败。她们在一次失败以后,会适当地鼓舞她们的丈夫,清除掉他们的秽气,然后把他们送回激烈的竞争中。

不要干预他的工作

卡耐基金言

◇很多太太自以为是丈夫工作上的顾问,可是她们的计策往往是使丈夫失业,而不是升职。

◇妻子的干预,即使有着最好的动机,也是一件危险的事。

在最近的一个晚宴里,我坐在全美最早设立的某家公司工业关系部经理的旁边。我请问他，太太们要怎么做才能帮助她们的丈夫成功。

"我相信，"这位经理说，"有两件最重要的事情，可以使妻子帮助丈夫事业的成功，第一件是，爱他，第二件是，让他独自去闯。一个可爱的妻子，将会带给她的丈夫愉快和舒服的家庭生活。而如果她聪明得能够让自己的丈夫不受干扰地处理业务，她的丈夫就一定能发挥出全部的能力而获得成功了，至少训练也会使他有成就。"

他继续解释说，这个不干扰的政策，可以直接应用于妻子和丈夫的工作的关系，以及妻子和丈夫业务伙伴的关系。

"妻子常常会严厉地干扰丈夫的工作，"他告诉我，"有些妻子喜欢劝告、干预和影响自己的丈夫，去反对和他一起工作的人，或是抱怨丈夫的薪水、工作时间和责任。把自己当作丈夫经营事业的非正式顾问，这种妻子常常扼杀了丈夫的成功，很少有其他的事情会具有如此的严重性。"

许多新娘子都做美梦，想要机灵地帮助自己的梦中王子爬上经理的宝座。她们计划出一些策略；她们提出了许多暗示和建议；她们试探、尝试，并且和丈夫的同事培养友谊。通常，她们的计策使得自己的丈夫丢掉工作，而不是升上一级。

我曾经看过这种事。有一次，我工作的小公司里请了一位经理。他很聪敏，看来很适合这个职位，令人迷惑的是，他接任新工作以后，他的妻子竟然一直干预着他。每天早上，她都和她先生一起到办公室，记下她先生的话，交到外头给打字小姐，而且又要变更她先生的整个工作系统。这不是我捏造的——这是真正发生过的事。

办公室的工作情绪被破坏了。有位女孩子辞职，其余的人也都在观望着时机的变化。在这位新经理到任的整整3个星期以后，他被叫到大办公室去，他们礼貌而肯定地告诉他，不能再留他了。他走了——带着他的太太一起走了。

太过分了吗？也许是的，但是有许多人都因为更轻微的原因就被解雇了。妻子的干预，即使有着最好的动机，也都是一件危险的事——这比大多数人所知道的事实都更加严重。

最近有个朋友告诉我，他公司里一位最受器重的经理在服务多年以后被迫辞职了，因为他的妻子坚持要干预他的业务。她设计了许多秘密计划，用来对抗公司里的其他几位经理，因为她认为他们是她丈夫的敌手。她在这些经理的太太之中挑拨一些麻烦事件。她开始有计划地散布谣言，攻击他们。她的丈夫没有办法控制她暗中的活动，只好做了他所能做的唯一一件事：他辞掉了他相当引以为荣的工作。

如果你是相信幕后操纵力的女孩子，我将告诉你操纵丈夫更简单的方法。下面列出了10种方法，你可以依照指示扯你丈夫的后腿，把他从阶梯上拉下来，使他爬不上去。如果依照以下的指示去做，你无法不使你的丈夫失业，而且也会使他变得精神崩溃。

1.对他的女秘书恶言恶语，尤其是对那些年轻又漂亮的，随时利用机会提醒她，她只是佣人而已。虽然她并不把你的丈夫当成是值得追求的、镀金的天才，但是你也不能放过她。失掉一个好的女秘书，对一个有事业心的男人来说固然是个很大的打击，但是如果她辞职了，也不必担心，你的丈夫还可以用一架记录机。

2.每天多打几次电话给你的丈夫。告诉他，你做家事所碰到的困难，问他中午和谁一起吃饭，不要忘了开给他一大堆东西的单子，要他在回家的路上买回来。发薪水那天，不要忘了到办公室去找他。他的同事将会马上发觉，谁在家里才是一家之主。而且他对于自己工作的注意力，就会像圣维达斯之舞里那只蚱蜢那样低了。

3.和其他的太太制造一些摩擦。这种情况是不会终止的，因为那些太太们没有一个是好人。你可以散播一些有趣的闲言闲语，说说老板曾经怎样谈过她的丈夫，以及你的丈夫对她的丈夫看法如何。再过不久，整个办公室就会分裂成许多派系，而你的目的马上就会达到了。

4.告诉他，他的工作太多，薪水太少，而且办公室里没有人看重他。不多久，他就会开始相信你的话，而他的工作将会变成你说的那样。然后他会去找适合他的工作。

5.不断地告诉他，他应该如何改善工作，如何增加销售以及如何奉承自己的上司，摆出坐在摇椅上的总经理的态度。毕竟，他只是在办公室里办办公而已，你才是真正的战略家和策划人。

6.举行豪华的舞会，花费大笔钞票，过着超过收入的生活，好像你的先生已经成功了那样。你将骗不了任何人，但是你却可以享受到许多乐趣，只要你继续这样做。

7.组织好你自己家里的秘密警察计划，长期侦查你丈夫和他的女主顾、办公室助理以及同事太太们之间的问题。女士们为了工作必须留下来，而男士们为了避免和她们过多地来往，只能在男士的房间里工作，这种事在你看起来是毫无意义的。你早就知道那些女孩子，个个都是喜欢勾引男人的野女人。

8.每当你有机会向丈夫的老板眉目传情的时候，你就尽量使出女性的魅力吧。如果在你的努力以后老板还没有开除你丈夫的意思，老板的太太也会特地为你的先生找个新上司，让你再试试你的计策。

9.在公司举办的宴会里，你不妨多喝一些酒，表现表现你是个多么风趣的人。说一些你丈夫在度假时如何玩闹，以及他穿着好像要跳波尔卡舞的睡裤上床的事，这些有趣的小事，将会带给宴会上的人群许多笑料。你将会变成宴会里最出风头的人物——拿你的丈夫来寻开心，你将有说不完的资料来发表你丈夫的趣事。

10.每当你的丈夫必须加班，或者是出差办公的时候，你就哭着向他抱怨和唠叨，让他知道你才是最重要的。你最值得照料而且应该受到照料，其他任何代价都可以牺牲。

如果你想要使用一流的手腕毁掉你丈夫升级的机会，你就依着上述的10条规则去做吧。结果是，他将失去他的工作，而你将失去你的丈夫。

你可以使他了不起

卡耐基金言

◇如果表演人员能够用普通的猫和马吸引大家，或是把一个女孩变成维纳斯，也许，聪明的太太就可以用他们的方法，使她的丈夫受到大家的普遍喜爱。

P.T.巴纳姆自称是"欺骗大王"——他以愚弄大众而出名。有一次他大肆宣传他有一匹头尾倒生的怪马，每人收费2角5分，吸引了一大群观众前去观看。这头怪物其实只不过是一只普通的马，它的尾巴绑在马槽这头，倒退着走进马厩里。

又有一次，巴纳姆很成功地怂恿一群头脑简单的家伙去看"一只樱桃色的猫"。这只猫是黑色的，但是，巴纳姆却解释说，有些樱桃也是黑色的。

已故的弗朗兹·齐格菲，曾经是一位出色的艺人。他不用怪物吸引观众，但他自称可以使女孩子变得漂亮，能够使任何一位身材美好、仪态高雅的女士在使用了他的设备后，变成迷人的美女。在演出的晚上，他总是送一捧花朵给剧场里的每一位表演女郎。他如此使女士们觉得漂亮——她们受到如同美女一般的对待，自然就会焕发出光彩。

如果表演人员能够用普通的猫和马吸引大家，或是把一个女孩变成维纳斯，也许，聪明的太太就可以用他们的方法，使她的丈夫受到大家的普遍喜爱。

妻子很少有机会在工作业务上帮助丈夫进展，但是她只要尽力，就能使丈夫在社交上受到重视。

社交接触常常会产生出有价值的商业伙伴，因为大部分人都最喜欢和朋友合作共事，而不喜欢和陌生人在一起。不管他是卖贝壳、鞋带或保险、开飞机或是经营小生意、为名人写专栏或是主持一家大公司，一个人只要受到别人的喜爱，就会得到更多受益。

我们怎样做才能帮助丈夫结交朋友，并且受到大家普遍喜爱呢？以下有3个方法：

1.我们可以使丈夫受人喜爱。

"几年前的一个晚上，我丈夫和我到后台去探访牛仔歌星吉尼·奥特利，那时候他正在艾逊广场花园主唱。在演出休息时，我们正要和吉尼以及他美国的太太伊娜一起去吃晚餐，可是，有一群年轻小伙子在出口处把我们挡回来了，他们要吉尼的签名。晚餐的时间很短，但是吉尼很乐意地向年轻人打招呼，在他们的节目单上签名。

"我向奥特利太太看了一眼，以为她可能会因为这个耽搁感到懊恼。她看到了我眼神里的抱怨，就笑着说：'吉尼从不对任何人说'不'——尤其是年轻小伙子们。'"

伊娜·奥特利脱口而出的话，比起一大堆新歌迷杂志和图书所介绍的语句更能表达出她丈夫的天性，这句话总结出她丈夫和善、热心和亲切的优点。

吉尼·奥特利当然是受欢迎的。如果一个男人并不受人欢迎，他妻子的态度能够对他有所帮助吗？我想这是可以的。我认识一个女人，她的丈夫在社交上并不受欢迎，只是因为他的妻子有好的风度，大家才接纳他。

这个男人傲慢自大，喜好争辩，缺乏耐心。但是，当他的太太把他不愉快的童年生活说给我听以后，我对他的厌恶感，就转变成同情心了。他是个孤儿，从这个亲戚家被转送到那个亲戚家，没有人要，也没有人爱，一直受到轻视和压制。

知道这个原因以后，我就能理解他的行为了。虽然他的妻子无法使他受人喜爱，但是她至少有替他的缺点创造出同情心的耐性。

一个人如想成功，就更需要一个善意的妻子，使他看起来很有人性和受欢迎。"你看他妻子注视他的眼神，就知道他的本性绝不会是这种坏蛋了。"这句话曾经把许多摇摇欲坠的公司主管从社交危机中解救出来。

2.使丈夫展现出他的才华。

有些女人以为，炫耀丈夫的方法，就是要炫耀自己——例如，如果可能的话，她们就想穿貂皮大衣来炫耀。聪明的女人知道使用其他更好的方法。

使丈夫引起别人的兴趣和注意力，最简单的方法就是在自己家里举行宴会，安排让丈夫表现他所拥有的任何特殊才华，如果这些才华能够使别人得到乐趣的话。每天待办的业务工作，使人很难有机会展现出压倒大众的才能——但是宴会却是最完美的机会。

加州格连载尔城有位亲切、聪敏的卡蒙隆·西普。他是个著名的舞台和银幕人物的传记作家，卡蒙隆天生喜好和朋友交往。通常，他的妻子卡莎琳总在他们的院子里宴请朋友。在这儿，卡蒙隆可以用木炭烤架烤他最出名的牛排，并且在不做作的非正式场合之下，说一些机智的笑话。

纽约的约瑟夫·福来斯是一位成功的小儿科医师，同时也是一位天才的业余魔术师。来到福来斯家里的宾客，常常会受招待观赏一场即兴的魔术表演。约瑟夫是表演明星，而他的妻子玛丽琳就充当助手——有时候他们的两个小儿子也帮忙和助阵。

这些有吸引力的男人，很幸运地拥有这种妻子，愿意隐藏自己，让社交场合里的注意力完全集中在她们丈夫身上。她们把自己压抑下来，使丈夫出人头地。她们情愿扮演次要角色，结果造成了家庭的和谐，这比起他们两人同时要表现出各自的优点，得到了更深更远的美满。

3.改变话题，使丈夫表现出最大的优点。

在业务上受人器重的人，到了社交场合就哑口无言了，这种事情是常会发生的。他没有谈天的经验，也不知道应该从何说起。一个机灵的妻子就是这种男人最好的朋友了,她能够很自然地引领自己的丈夫参加谈话,使丈夫毫无困难地接着说下去。"那使我想起了上个星期吉姆和一个顾客在一起谈的事。他告诉你什么呢,吉姆?"这是一招好棋,可以使吉姆很自然地说下去。

即使是世界上最害羞的人,如果谈起了他最感兴趣的事情,也不会再畏缩了。

有位年轻女士曾透露过,她如何改变她的丈夫从一名男性"墙花"变成一个喜爱参加宴会的人。"华尔特一向是个热心、受人喜爱的人,"她说道,"但是,只有他亲近的朋友才知道,他很少主动去认识新朋友。他的自我意识,使他看起来冷漠而毫不开心。我希望人们会喜欢和重视他。

"提醒他注意到这种情况,只会使他更加难过而已。所以我想出了一个计划,要在他不知情的时候帮助他。不管我们到哪里去,我就想办法找个喜爱摄影的人。摄影是华尔特的嗜好,我把这个人介绍给华尔特,让他们成为按快门的好友。

"谈论互相醉心的嗜好,很容易地就能使华尔特忘记了他自己,他能够表现出他真正的个性。逐渐地,当他想谈其他话题时,也会感到容易多了。

"我时常把他将要碰到的新朋友做个重点提示,使他有些谈话线索。'史密斯夫妇刚刚从波特兰搬到这儿,他做的是木材生意。'

"由于我做了这些小努力,华尔特的整个社交外貌都改变了。现在他很喜欢参加宴会,认识新朋友。家人们认为这是一件奇迹。当人们告诉我'你知道,你丈夫实在了不起'的时候,我觉得骄傲和快乐。"

我的生命掌握在你的手里

卡耐基金言

◇虽然没有了战争,但是,死于餐桌上刀叉旁的人,是比死于枪剑下的人还要多的。"我的生命掌握在你的手里",可能这是每个已婚男人的主题歌。

◇不管我们当妻子的人喜欢或不喜欢,都应该对丈夫的身体健康负起责任。

你想知道如何谋杀你的丈夫而且不露痕迹吗?只要不断地给他吃油腻和

高淀粉的食物，使他至少超重15%～25%就行了。然后，你就可以坐下来想象着，你将做个多么迷人的寡妇——因为这种事实已经离现在不远了。

根据专家的说法，在50岁出头去世的男人，比女人多70%～80%。

更糟的是，专家们认为这是我们做妻子的错误。

请听路易斯·艾·杜伯林博士的说法。刊载在《人生生活》的一篇名为《停止谋杀你的丈夫》的文章里，杜伯林博士说："40年来，我负责一家人寿保险公司的统计工作，所得到的结果是，许多男人在年限没到以前就死了，如果他们的妻子能够更加严谨地尽到自己的职责照料她们的丈夫，这些男人也许仍然健在。"

杜伯林博士当然知道。他曾经研究过超重和死亡率的关系，在这个问题方面，他是全国最具权威的人士之一。

赫尔伯特·柏拉克医生是纽约市西奈山医院新陈代谢疾病的医生。在《现代女性》刊载的一篇《为什么丈夫们死得这么早》一文中，柏拉克医生告诉我们："你想要保持丈夫健康的努力，确实能延长他的生命……现在，你的手里已经掌握了一种能力，可以延长你丈夫的生命。"

许多生活在半饥饿状态的苦力劳工，都会比你的丈夫活得更久——如果你的丈夫超重的话。在俄亥俄州克里夫兰的一次医学会上，《减肥与保持身材》的作者诺曼·乔利菲博士把肥胖称为"公共卫生最大的一个问题"。

美国科学促进协会在圣路易召开了一次会议，一位克莱顿大学的医生说："虽然没有了战争，但是，死于餐桌上刀叉旁的人，是比死于枪剑下的人还要多的。"

不可否认，我们对于丈夫的腰围是该负责任的。一个男人所吃的，就是他妻子摆在他眼前的食物。妻子的菜煮得愈好，丈夫的腰围就愈大。当妻子为丈夫端出那些精心特制的甜点，如果他说个"不"字，就太不领情了。甚至于亚当也会为自己辩解说："这个女人诱惑我，所以我就吃了。"

大多数男人在年纪增加以后，身体运动量都会减少，所以他们所需要的食物就更少了，但是，他们却吃得更多。提早养成良好的饮食习惯，是妻子的职责。

热量低而能量高的食物，就是最好的答案。如果你不知道这种说法，就去请教你的医生。他也会很乐意地告诉你如何安排你丈夫的饮食，使他的体重下降，而且精神提高。

F.万吉尼亚·怀特海德博士是面粉协会的营养专家。她相信，减肥的最好方法就是不要吃含脂肪太多的东西。依照怀特海德博士的看法，一天三餐应该按照体力情形每次都吃等量的食品。她还劝告我们，每一餐都要有包括动物和植物蛋白质的食物。

注意你丈夫在家吃饭的情况，不要慌忙和紧张。不要闹钟一响就爬起来，一边下楼一边吃早餐，公文包一夹就冲出门去。可悲的是，大多家庭都有这些相同的晨间冲刺。

巴尔第摩神经精神学院的精神科主任罗勃特·V.沙利格博士警告我们："早餐狼吞虎咽，冲出门赶7点58分的专车，然后开始工作，中午在小吃店吃15分钟的快餐，或是一边开业务会议一边吃工作餐。这种情形，对于生活在现代世界的男人们来说，真是太普遍了。"

如果需要的话，你应该早一点起床，至少也要使你丈夫吃一顿不慌不忙的营养早餐。

有个朋友把这个想法付诸实现，结果她发觉，情形很令人满意。她就是克拉克·布里森夫人。她的丈夫是纽约一家最老的房地产公司的代理商、华斯和艾利曼公司的财务主任兼副总经理。

布里森先生时常把一些文件带回家处理。他发觉自己太疲倦了，无法在晚上把这些工作处理完。他的妻子碰到这种情形，就建议早一点睡觉，隔天早晨提前一个钟头起床。他们两个都很喜欢这种安排，所以他们现在每天都这么做，不管布里森先生有没有"家课"需要处理。

"那么多出来的一小时，"布里森太太说，"是我们每天的享受。我们先吃一顿舒服的、不慌不忙的早餐，没有任何压迫或匆忙的感觉。然后，如果克拉克有工作要做的话，他就趁这时候把它做好。在这段时间里，没有电话或门铃的声响，没有任何的打扰。有时候他只是看看书放松心情，做做家里的琐事或画画。也许我们会到公园里，享受享受清晨漫步。

"由于我们每天早晨都有了安静舒适的时光，我们两人都觉得，不管这天会发生什么问题，我们都可以处理得很好。当然，对于晚睡的人来说，这个方法就不行了，但是我们睡得很早。"

如果你也是那种人，在早上开始一天的工作时，就觉得慌忙和紧张，那么，为什么你不试试看？也许这个额外的一小时计划也会对你有好处呢！

1.注意丈夫的体重。

注意丈夫的体重，就像注意自己的体重那样小心谨慎。写信给任何一家保险公司，向他们要一张体重和寿命的对照表。量一量你丈夫的体重，看看他有没有超重10%。如果他超重了，请你的医师替他开一张菜单。

千千万万不可以让他自行减肥，或是服用大量具有奇迹广告的减肥药。在使用任何减肥方法以前，一定要去请示你的医师。

为了配合医师的处方，要尽你的能力把给丈夫吃的食物做得美味可口。不可以老是无可奈何地告诉他，这是为了他的身体好。只要确实做到，给丈夫的食物看起来吸引人，吃起来也很可口。

2.坚持要丈夫接受一年一次的健康检查。

预防仍然是治病的最好方法。许多死于心脏病、癌症、肺结核和糖尿病的人，如果他们的病症能够在早期被发现，就可以预防了。

美国糖尿病协会的统计告诉我们，美国已知的糖尿病患者已有200万人——而且至少还有100万以上的人患有糖尿病，但是他们自己并不知道。许多人很会照顾自己的汽车，但是不知道如何照顾自己的身体。这件事听起来真可悲，但却是真的。所以，你一定要关照你的丈夫，接受定期的健康检查。

3.不要使丈夫操劳过度。

太大的野心可能会使他成功，但是这也容易使他无法活得长久以享受人生。所以，如果升迁必须背负很大的压力、紧张和过度操劳，你就应该下定决心劝说他放弃升级。

纽约马克尔协同教会的牧师诺曼·文森·皮尔博士，在印第安纳波里对一群听众讲演时说，现代的美国人，很可能是有史以来最神经质的一代。

皮尔博士说："美国人的生活太紧张、太激动，即使要使他们在听道以后能够平静地睡去，也是不可能的。"

所以，你应该同意你的丈夫少赚一些钱。如果赚大钱的代价是不幸或早死的话。如果他对自己鞭策得太严了，你应该鼓励他满足于稍低一层的成就。一个女人的态度对于丈夫要求自我的多少，往往具有决定性的作用。

4.要注意使丈夫获得充分的休息。

抵抗疲乏的秘密，就是要在疲倦以前就休息。短暂的放松心情，会有惊人的效果。如果你的丈夫每天回家吃午餐，在他回去工作以前，让他躺下来休息10分钟或15分钟。

鼓励他在晚餐以前小睡片刻。这可以使他多活几年。美国军队每行军1小时,就要强迫士兵们休息10分钟。小说家索莫西·莫姆到了70多岁,仍然精力充沛地工作。他说他的活力是来自每天午餐后的15分钟小睡。温斯顿·丘吉尔吃过午饭后要在床上休息一两个小时。朱利安·戴特蒙到了80多岁,还在纽约塔利顿一家全世界最好的苗圃里很活跃地工作着。戴特蒙先生每天下午都要睡长时间的午觉,他说午睡使你保持如同小提琴曲那样和谐的生活。

5.使丈夫的家庭生活快乐。

一个唠叨的、爱抱怨的妻子,对于男人的成功是一种障碍,因为她使自己的丈夫太伤心了,以致无法专心于自己的工作。对于丈夫的健康,这种妻子也会造成一种威胁。

一个不快乐的、忧虑的或是容易发怒的男人,是很容易"突然间倒下去"的——他的内心这么紧张,他的反射作用就不能适当地产生。他很可能会被一辆车子撞倒,或是在公路上把自己和旁人撞得粉碎,或是在工厂里被机器轧伤,如果他做的是机械工作。

他也很可能暴饮暴食。康奈尔大学的哈利·古德博士说:"人们在不快乐的时候,或是为了从压抑或紧张之中得到解脱,往往会大吃一顿。"

每个人生活的主要意义,就是要有足够的健康去享受人生。然而,不管我们当妻子的人喜欢或不喜欢,都应该对丈夫的身体健康负起责任。"我的生命掌握在你的手里",可能这是每个已婚男人的主题歌。

让他喜欢回家

卡耐基金言

◇为了使丈夫能够以最高的效率工作,丈夫的家庭必须供给他一些基本要素。

◇家是他能够放松的,变成他本来任性的、可爱的、自己的唯一的地方。

一个太好的家庭主妇,常叫人受不了,因为她认为一尘不染的地板比什么都重要。

你的丈夫忙碌了一天以后,回到家里看到的是一种怎样的气氛呢?哪一种家庭才能使他在每个早晨提高工作兴趣、恢复精神去努力呢?这些问题的答案和你丈夫事业的成功或是失败比你所想象的关系更密切。

"家庭对你的丈夫和小孩具有什么意义,这就要看你的表现了。"克里福特·R.亚当斯博士在《妇女家庭》杂志的专栏"如何创造婚姻幸福"里写道,"丈夫和小孩当然也有责任,但是决定性的影响就要看你创造出来的环境,你所培养出来的气氛,以及最重要的,你所呈现出来的榜样。"

为了使丈夫能够以最高的效率工作,丈夫的家庭必须供给他一些基本要素。

1.轻松。

不管一个男人多么喜爱他的工作,他的工作总会带给他某种程度的紧张。在他回家以后,如果这些紧张能够消除,他就能够为他心理的、身体的和情感的动能加油打气,好在第二天开始娴静热忱的生活。

每个女人都想做个好的家庭主妇,但是有时候男人在家里得不到休息和放松,因为他的太太是个太好太好的家庭主妇。我小的时候,我的邻居就有这么一个女人。她的孩子不可以把朋友带回家——小孩子们可能会弄脏她一尘不染的地板;她的丈夫不可以在家里抽烟——可能会使窗帘沾上烟味。如果她丈夫看完一本书或报纸,就必须准确地放回原处。精神病症状?也许是。但是这种情况比我们所了解的要更加普遍得多。

乔治·凯利所写的《克莱格的妻子》是在几年前获得普利策奖的戏剧。它之所以会普遍受到欢迎,主要是由于事实上有许多女人都很像哈丽莱特·克莱格。哈丽莱特生活的主要重心,就是保持家里绝对的干净,她甚至连放错了坐垫也无法忍受,朋友们来访并不受欢迎,因为他们会把东西搞乱。而她认为她那正常、不拘小节的丈夫是个破坏专家,因为她的丈夫会扰乱了她所创造出来的冷酷的完美。

当我们的丈夫把星期天的报纸、烟屁股、眼镜盒和其他各种东西随便乱丢在我们辛勤收拾干净的客厅里的时候,我们当妻子的常常都有一种冲动,想要拿一把利器去对付他。但是,在大骂他是个毫不体贴的莽汉以前,我们应该记得,家是他能够放松的、变成他本来任性的、可爱的、自己的唯一的地方。

2.舒适。

由于装饰和布置家庭通常是妻子的工作,她必须记住,舒适是男人最大的需要。细长的桌椅,过于精致的毛织物以及一堆堆的小装饰品,在女人的眼里也许是迷人的,但是这些东西令一个疲倦的男人讨厌,他需要一个地方去搁脚，放烟灰缸、报纸与烟斗。

你想知道男人所喜欢的布置方式吗？不妨研究一下单身汉整理房间的情形。

我们的家庭医师路易斯·C.派克医师，最近又重新装饰了他的办公室。他的办公室是他的家的一部分。那天我在那儿，一些在候诊室的男病人都颇感兴趣地羡慕着他那覆盖着皮革的、实木的桌子，宽敞的沙发，巨大的铜灯，以及笔直地下垂着、没有一点皱折的窗帘。

另一位擅长布置自己房子的单身汉华特尔·林克，是新泽西州标准石油公司的地质学家。林克先生的工作使他必须跑遍全世界最偏远的角落，而他在纽约城拥有一间超现代的公寓。他利用旅行带回来的纪念品装饰这个房子——爪哇的手工染布、刚果的木雕和东方的象牙雕塑品。林克先生的公寓由于明亮、宽敞和舒适，以及富有个性的趣味而显得特别迷人。

难怪这些有结婚资格的家伙仍然做单身汉了——很少有女人能够使他们像自己服侍自己那样舒适。

当我们布置的时候，常常会忽略男人对于舒适的要求。一位女士曾经从巴黎买了一些可爱的、古式的小瓷器烟灰缸回来。知道丈夫怎么做吗？他到廉价商店去，买回好几个大型玻璃烟灰缸，而且分别把它们放在楼上楼下使用。当客人来访的时候，他们也都用他那廉价商店的产品。这些烟灰缸尽到了他们本来的功用，而且看起来相当好——可是那精致的法国小东西就没有人要用了。

如果你的丈夫对于你辛苦布置好的家似乎会带来破坏，这很可能是因为你布置的方式有点错误了。他把报纸满地乱丢吗？可能是茶几太小，或上头堆满了装饰品，他根本就找不到地方放报纸。

他的烟灰到处乱弹，使你无法忍受吗？为他买个最大型的烟灰缸——而且要多买几个。他常常把脚搁在你心爱的、精致的脚凳上吗？把这个脚凳拿到客厅去，另外替你丈夫买个坚固的、塑胶做的脚垫。

他有个特定的地方放他的照相机、烟斗、收藏物、书本和报纸吗？——或是他只能把这些东西放在阁楼的小角落，与其他废弃物在一起？

让一个男人在家里感到舒适，是使他留在家里的最好方法。

3.有秩序和清洁。

大部分男人宁愿住在一间收拾整齐的帐篷里，也不愿住在凌乱不堪的漂亮房子里。开饭很少准时,早餐的盘子到了吃晚饭的时间还放在水槽里不洗,浴室里堆满废弃物,卧室不加整理,这些现象以及其他混乱的情形,会使男人跑到球场、酒吧去。对男人来说,除了自己的凌乱以外,似乎没有办法忍受任何人的不整洁。

一位女士的丈夫告诉她,他曾经打消了向一个漂亮的女孩子求婚的念头,只因为有一天他到她的公寓去找她,发觉她房间里杂乱的情形,就像刚刚被洗劫过。

我上面所说的是长期的不整理。任何一个有修养的丈夫,对于偶然发生的过失都是能够体谅的。他会在清扫日愉快地吃着剩菜,当我们碰到一些不寻常的问题必须应付的时候,他也会帮忙或是为我们解决——只是这种情况不是时常发生就好。

4.一种愉快、安详的气氛。

营造良好的家庭气氛,是女人的主要责任。你的丈夫在工作中的表现,将会受到你所创造的家庭环境的影响。

1951年,《福布斯》杂志曾做了一项有关公司生活的调查研究。他们引述一位总经理的话说:"我们控制一个人在工作上的环境,但是等他一回到家里,这些控制就失效了。"

作为女人,我们不希望我们的丈夫完全被他们的工作占据,或是身体和精神完全被工作控制。但是,我们又希望他们在这些工作上有最好的表现。我们如果能创造一种快乐而安详的气氛,等着他回到家来,我们就能够使他在这两方面都受益。

保罗·柏派诺博士是洛杉矶家庭关系协会会长。他相信,家庭应该是男人的避难所,使男人从业务的麻烦里得到安宁。"在现代商业或工业世界里的生活,"他说,"并不像野餐那样轻松愉快。他必须整天和对手竞争,在各种情况下都是,当下班铃响的时候,他就渴望着安详、和谐、舒适、爱情……

"在公司里头,大家都只看到——或是想办法要找出他错误的一面。这位天使不会把她自己的困扰加到她先生身上,也不会替他造一些新的困扰。她恢复了他的能力,保护着他的精神,在情感上使他愉快,使他在隔天早晨充满精神和热心地出门。

"在家里创造出那种气氛的妻子,"柏派诺博士作结论说,"她能够在丈夫的生活里尽到妻子的责任,可说是最了解自己职责的人了!"

5.要觉得家庭是丈夫的,也是妻子的。

丈夫觉得在家里像个国王,而不是在娇艳的女性王国里当个笨拙的破坏专家,这种努力是很值得的。

当你的家需要添件新家具或是重新装饰的时候,你应该询问他的意见,共同决定,不要只是把付款单交给他而已。为了买下你丈夫想要的摇椅,你必须放弃你心爱的古典式沙发。也许你会埋怨,但是,通常你会发觉,他对家的喜爱和你是同样深的——而且,如果他对于发生的事情拥有更多的决定权,家对他的意义将会更加重大。

如果他想亲自下厨做菜,不妨在星期天晚上让他在厨房里自由发挥——虽然他会留下堆积如山的锅子和碟子让你为他清洗。

男人对于家庭的关心程度和你是同样的。他需要一种感觉,觉得家庭没有他就不是完整的了。

还是举一个女孩子的例子,她擅长花费很少的钱来装饰屋子,所以她的房子充满精致、迷人、近于完美的味道:柔软温和的色调,易碎的摆饰器,精巧设计的风格。可是,这个女孩子却嫁给了一个高大的、浓眉粗发的、烟斗不离口的标准男性。她的丈夫在这个女性化的仙境里就完全格格不入。他爱他的妻子,但是他在自己的家里觉得非常不自在,所以他招待他的朋友和同事去钓鱼,或是到他可以表现自我的森林小屋里去玩。这个女孩子抱怨这种生活情况,但是她仍然坚持要把家布置得只适合于她自己的口味。

我们不可陷进庞杂单调的家务里,忘了家事的真正目的:为我们心里最爱的丈夫创造出一个充满爱情的、安全的和舒适的小岛。

携手应对生活的挑战

卡耐基金言

◇许多女人都认为,丈夫应该肩负所有的责任,不管时机是好是坏。她们忘了,有时候为了拖出陷在泥塘里的车子,当妻子的也需要付出额外的帮助。

约瑟夫·艾森保在一家洗衣店当了25年的送货员,突然间被解雇了。

一个没有受过特殊训练的人,想要找个职位是很困难的,对中年人来说尤其不容易。当艾森保夫妇正在为找不到工作发愁的时候，正好有一家面包店要出售。价钱还算合理，但是却必须把他们所有的积蓄都投资进去。

这只是开始而已。艾森堡太太知道，在生意还没有做稳以前，他们是没有能力雇人帮忙的。于是她便积极地努力拓展这个新行业。那时候，除了做家事以外，她还必须在面包店里长时间工作，以便招待客人。除了打扫、洗刷、做饭，她每天还要在面包店里站上8～10个小时——这些劳苦足以使任何一个人感到泄气了。

"但是，"珍妮·艾森保说，"我高高兴兴地做着这些事，因为我知道，这是我丈夫重新闯天下的一个机会。

"现在，面包店已经开业5年了，生意相当好。我们的经营很成功，而且一直扩展到足够应付一切需要。我们能够以自己的努力建立了这个事业，实在很值得骄傲。"

有许多家庭在碰到了像艾森堡先生失业的这种难题以后，由于妻子不愿意帮助丈夫挽救这个情况，整个家庭经济就会开始走下坡路。

许多女人都认为，丈夫应该肩负所有的责任，不管时机是好是坏。她们忘了，有时候为了拖出陷在泥塘里的车子，当妻子的也需要付出额外的帮助。这儿还有另一位女士的故事，她也是在必要的时候付出自己所有的能力。威廉·R.柯门太太，她不仅帮助她丈夫的生意，同时还有自己的职业，使他们的家庭有了很好的经济基础。

柯门太太是一名护士。当她在1936年嫁给比尔·柯门的时候，比尔白天工作，晚上到夜间部上课，以便取得高中的毕业证书。为了使比尔不至于放弃夜间部的学业，柯门太太婚后仍然继续做护士。她很希望她丈夫保持不缺课的纪录，所以在她生下小女儿的那个晚上，她仍然坚持她丈夫送她到医院以后赶去上课。在6年中，比尔从没有错过夜间部的一堂课。终于在他的母亲、妻子和女儿骄傲的注视中，得到了他的毕业证书。

当比尔得到了示范推销不锈钢厨具的工作以后，他的妻子海伦就充当他的助手。他们在一起举办示范餐会，由海伦做菜，而由比尔推销。

后来比尔的父亲去世了，比尔和他的兄弟得到一家印刷厂，比尔和海伦·柯门便从比尔的兄弟那儿买下了这家印刷厂。这时候他们必须向银行借一笔钱。于是海伦·柯门又去当护士，帮助偿还这笔债款。而每个晚上和周末，她都在印刷厂里当他的助手。

"我很高兴，"她写道，"如果我们能够继续健康地工作，五年以内，我们将可以付清房款和生意上的债款。然后我将辞掉工作，为比尔和孩子们做好家务。"柯门太太是一个能够在危难时候和丈夫一起工作，以及为丈夫工作的好妻子，就像艾森保太太那样。由于这种助手只是临时的，她们的效率都特别高。

家庭生活里的某些危机，例如欠债、疾病，或是丈夫的失业，常常需要妻子更多的工作。这种帮忙是广义的夫妇搭档的一种行动——因为妻子是在为家庭的幸福工作，而不是想以拥有自己的事业来达到自我满足。这是一种所谓的"紧急措施"。

我认识一位女士，她在这种情况下做得很好，甚至为整个家庭创造出新的生活意义。她就是强纳生·威特·史坦的太太。她和她的丈夫与5个小孩住在新泽西州。

史坦先生是个推销员。好几年前，一场重病使他无法全力工作。为了养活这个大家庭——3个小孩和一对双胞胎，他妻子就碰上这个难题了。

史坦太太很快地复习了一下她拿得出的本事。她对于办公室的工作没有经验，也没有才能。她做得最好和最喜爱做的事情，就是特制餐点：小孩子的生日点心、结婚蛋糕、宴会甜饼。从前她常常替朋友们做一些特别的餐点，但那只是因为她喜欢做而已。玛格丽特·史坦把她心里的想法告诉了一些人，于是她的朋友开宴会的时候，都特地请她去做。她做的精致而不寻常的餐点，都是那么可口，很快得到了赞赏。更多的订单便源源而来，使她必须训练助手来帮助她。由于所有的餐点都是在她自己的厨房做的，她的丈夫和孩子们就都来帮助她。后来，生意愈做愈大，玛格丽特就成为一个专办酒席餐点的人，并且做了宴席顾问。

现在，她的生意已经发展到必须雇请一位长期帮手的程度了。她把自己最著名的开胃菜包装后，送到冷冻食品市场去卖，并且为周围50里内的宴会准备餐点。

玛格丽特·史坦的紧急措施是如此的成功，史坦先生现在已经全天上班做个营业经理了，他和他的妻子有最完美的合作。"我讨厌价钱、成本和开账单，"史坦太太说，"我忙于创造新的方法，来准备供应我的特制餐点。让我的丈夫来照料所有生意上的细节可真是一项最伟大的事。"

我们大家都无法预料将来会发生什么意料之外的困难，使得我们的经济来源突然中断，迫使我们必须亲自去赚取部分或全部的家庭开支。为什么你现在不马上寻找出可以应用的才能，来看看如果发生意外的时候，你是否有足够的准备，去面对这个紧急变化?

第9章
营造幸福家庭

对婚姻的忠告

卡耐基金言

◇ 要互相坦诚,保持平和的心态,在热恋的时候就应该把缺点和不足暴露给对方。

◇ 从某种程度上讲,年轻人应该从实用的角度看待婚姻。

西奥多·帕克先生结婚时,夫妇两人进行了结婚旅行。在新婚期间,帕克先生列出了一些有用的建议来解决婚姻中可能出现的问题和矛盾:

第一,除非有特殊的理由,决不要违背妻子的意愿;

第二,按照妻子的意愿,相互履行义务;

第三,从来不要责备妻子;

第四,从来不要轻视妻子;

第五,从来不因为妻子的要求而抱怨;

第六,鼓励妻子柔顺的品质;

第七,分担妻子的压力和负担;

第八,宽恕妻子的缺点;

第九,永远珍爱妻子,保护妻子;

第十,记住,永远为妻子祈福,这样上帝就会为我们赐福。

帕克为自己列出的这些建议就像犹太教的十诫一样,都可以理解为一个字——爱。爱在犹太人的教义里无处不在,而爱也贯穿于整个婚姻过程中。

萨克雷对他的儿子说:"在所有的事情中,最为重要的就是找一个快乐的妻子,我亲爱的孩子。"

要想有一个幸福快乐的家,夫妻两个必须志趣相投,有共同的追求。如果丈夫是一个粗俗不堪的男人,而妻子是一个很有教养的女人,他们在一起就不会有多少欢乐可言。

"一个在男友追求她时就不断挑剔缺点的女孩,婚后会变本加厉地责怪他；而一个婚前就努力讨人欢喜的女孩，婚后会更加努力地做到这一点。"

约翰逊博士说："在男女恋爱期间，双方竭力掩盖自己的弱点，常常会成为他们相互了解的障碍，他们通过刻意的顺从和有意的伪装，掩饰他们本来的样子和真实的欲望。从他们开始恋爱起，他们就常常在对方面前戴着面具，但后来一旦有些东西被揭穿，每个人便都会觉得有理由怀疑对方是否发生了变化，如果发生一次严重的争吵或者冲突，就容易导致两人劳燕分飞，各奔东西。"

对未来的新郎和新娘，我想说："要互相坦诚，保持平和的心态，在热恋的时候就应该把缺点和不足暴露给对方。如果在婚前隐瞒的话，婚后一旦发现对方的性格或条件存在某些缺陷，就会对婚姻生活产生很大的负面影响。坦诚一些总比隐瞒要好得多，因为缺点和不足与优点一样，终归会在婚姻生活中显现出来。自然一些，一开始就表现出你的本色！"

从某种程度上讲，年轻人应该从实用的角度看待婚姻。一个好的妻子是一大笔财富。她以一种优雅的方式使你拥有比以前多得多的东西。为了使你更加精力充沛、迅捷高效地工作，她会表现出你所需要的品格。譬如，她会在你发达的智力中注入一些情感因素，而这些情感因素是使智力更好地发挥作用所不可或缺的。为了获得真理，需要心和脑的协同联合。我们不能断言，男人是天生冷酷的无情无义之人；我们同样也不认为，可以把女人想象成没有任何头脑的感情用事者。心灵和大脑、情感与理智在各自发挥作用的方面同样地宝贵。

一个女人，只要不被想成为一个强人的那种雄心壮志所感染，她就能够成为由夫妻双方组成的婚姻股份公司中的一员，并通过其特有的在情感方面的投资为公司的资本积累作出贡献。一些女人可能会讨厌这种说法，但是我要警告年轻的男士们，不要把美好的婚姻方案寄托在那些可能讨厌婚姻本身的女人身上。如果你想要的是一个妻子，而不仅仅是一个家庭主妇的话，你必须睁大你的眼睛，仔细寻找那种温柔体贴、甜美可人的女性特质。正如冬日里壁炉的熊熊火焰可以为你驱走身上的寒气一样，这种女性特质也会在你精神上施加无穷无尽的有益影响——就像一股温暖宜人的清风抚慰着你的灵魂，驱逐你思想中的僵硬、情感中的冷酷，并使得你的生活井然有序、融洽和谐。

爱与被爱

卡耐基金言

◇爱与被爱都是世界上最美好、最幸福的感觉。

◇只要和她在一起,即便再怎么清贫,我也甘之如饴;如果失去她的话,万贯家财对我也毫无意义。

"爱与被爱都是世界上最美好、最幸福的感觉。"西德尼·史密斯这样说。

霍尔姆斯说:"美是伟大的,但是衣物、房子和家具之美仅仅是用于衬托家庭之爱的装饰,即使把世界上所有华丽的东西堆积起来都比不上一个美好的家庭,因此,我将对自己的家庭更多地付出我的真爱,哪怕一点点,也胜过很多的家具和世界上所有的装饰师能够提供的最华丽的物品。"

拜伦有一个不幸的家庭和一个脾气暴躁的母亲,因此,他的一生都是不快乐和不幸福的。拜伦经常耻笑纯洁,怀疑一切美好的事物,嘲弄神圣的东西。他那放荡而悲惨的一生,是他有缺陷的家庭教育所带来的必然结果。

在一次公共讨论中,我曾听到别人讲起什么是男人,但是什么是女人呢?在没有人给出更好的定义之前,我想告诉大家我对什么是女人的看法。女人是来自于天堂的珍贵礼物,带着连无所不能的上帝都无法给予的伟大的爱;她会净化、抚慰和照亮我们的家庭、社会和国家;很少有人能意识到女人的这些价值,除非那个人的母亲与他共同生活了相当长的时间,才会使他明白;或是因为发生了一些重大的人生变故,当他连续失意、遭到所有人的抛弃时,他的妻子却坚定地站在他的身边,使他重新树立了对生活的全新信念,才会使他明白。

稳固的婚姻,使男女之间建立了一种在两性之间无法用其他方式建立的情感和兴趣的联系。拉法耶特将军在美国时,认识了两个年轻人。"你结婚了吗?"拉法耶特将军问其中一个。"是的,长官。"这位年轻人回答说。"你是个幸福的男人。"拉法耶特将军说。随后,他用同样的问题问了另一个年轻人,得到的回答是:"我还是一个单身汉。""多么不幸的家伙啊!"将军说。这好像就是对婚姻问题的最好评论。

对于一个由于对婚后生活心存顾虑而逃避婚姻的男人来说,他事实上是由于对微不足道的烦恼的恐惧,而与一生的幸福擦肩而过,这种人和那些为了免除鸡眼带来的疼痛而将整个脚或手切除并且还沾沾自喜的人不相上下。

有一些男人从来没有结婚,而且按通常的标准来衡量,他们的生活是成功的。但是,那些了解他们或者详细阅读过他们资料的人会感到,这样的人生尽管成功却算不上完整。

"'家'这个词包含着许多内容,"一位作家说,"它可以唤醒我们心中最美好的情感,不仅仅是给予你'家'的亲人们才会使你感到亲切,而且从小居住地周围的小山、岩石、小溪也会使人迷恋。弹起悠扬的竖琴,唱起'家,甜蜜的家',这是多么自然而然的感觉。"

饱含感情的路德在谈及他的妻子时说:"只要和她在一起,即便再怎么清贫,我也甘之如饴;如果失去她的话,万贯家财对我也毫无意义。"

解读问题婚姻

卡耐基金言

◇ 如果你的婚姻陷入危机的话,你是激动地放纵情绪,还是冷静下来找一找出现问题的原因呢?

1933年6月,艾麦特·克鲁西发表了一篇叫作《为什么婚姻会出现问题》的文章。下面是从这篇文章里摘录的一些问题,它们都很有回答的价值。如果你对每个问题的回答是肯定的话,你能得到10分的满分。

针对丈夫的问题:

1. 你还在"追求"你的妻子吗?比如送花,给她过生日,过结婚纪念日,或者给她意外的惊喜和殷勤等。

2. 在别人面前,你会注意不批评她吗?

3. 你会给她随意用的零用钱吗?

4. 在她遇到女性特有的问题的时期时,你会拿出时间和精力帮她度过吗?

5. 你的一半的娱乐时间,是和妻子一块儿过的吗?

6. 在赞扬她的长处之外，你会聪明地避免把你妻子的做饭本领及管理家庭的能力和你母亲或别人的妻子相比较吗？

7. 对你妻子的精神生活，如她参加的社团活动，她看的书，她对当地政府、政策的看法等等，你会有兴趣吗？

8. 当她和其他男人跳舞或接受他们的照顾时，你能保证不说吃醋的话吗？

9. 你会经常在合适的时机，对她表示你的赞赏吗？

10. 当她为你做一些缝缝补补、洗洗涮涮之类的琐碎的事情时，你会对她表示感谢吗？

针对太太的问题：

1. 你会让丈夫在处理他自己的工作方面有完全的自由吗？比如尽量不去议论和他交往的人，他选的秘书，给他一定的自由时间等。

2. 你是否使家庭更有情趣？

3. 你是否在做饭时，经常注意调节搭配？

4. 你是否对你丈夫的事业有一定的了解，能和他做良性的探讨？

5. 你是否能勇敢地、愉快地面对家庭财政出现的危机，而且不会抓住他的错误不放，或用不满的态度把他和成功的人做比较？

6. 你是否尽力地和他的母亲或其他亲戚很好地相处？

7. 你在买衣服时，是否考虑他对颜色和样式喜不喜欢？

8. 你是否会为了家庭和睦，而不那么固执己见？

9. 你是否培养对丈夫的爱好的兴趣，能和他一起玩得很高兴？

10. 你是否注意社会上新的信息、以便能和丈夫有趣地交流？

爱情是一串念珠

卡耐基金言

◇当丈夫离家上班的时候，太太向他挥手再见，可能就会使许多夫妇免于离婚。

◇大多数的男人忽略在日常的小地方上表示体贴。他们不知道：爱的失去，都是在细微之处。

自古以来，花就被认为是爱的语言。它们不必花费你多少钱，在花季的时候尤其便宜，而且常常街角上就有人在贩卖。但是从一般丈夫买一束水仙花回家的情形之少来看，你或许会认为它们像兰花那样贵，像长在阿尔卑斯山高入云霄的峭壁上的薄云草那样难于买到。

为什么要等到太太生病住院，才为她买一束花？为什么不在明天晚上就为她买一束玫瑰花？你是喜欢试验的人，那就试试看会有什么结果。

乔治·柯汉在百老汇那么忙，但他每天都要打两次电话给他母亲，一直到她去世为止。你是不是会认为每次他都能够告诉她一些惊人的消息？没有。这些小事的意义是：向你所爱的人表示你在想念着她，你想使她高兴，而你心里非常重视她是否幸福快乐。

女人非常重视自己的生日和结婚周年纪念——为什么这样，这将是永远没有人明白的女性神秘之一。一般的男人虽然不记得许多日子，但仍然能够凑合着过一生，但有些日子他还是必须记住的：1492年（哥伦布发现新大陆），1776年（美国独立），他太太的生日，以及他自己结婚的年月日。不然的话，他甚至还可以不管前面那两个日子——但绝对不可以忘记后面这两个！

芝加哥的约瑟夫·沙巴斯法官，他曾审理过4万件婚姻冲突的案子，并使2000对夫妇复合。他说："大部分的夫妇不和，根本是肇因于许多琐屑的事情。诸如，当丈夫离家上班的时候，太太向他挥手再见，可能就会使许多夫妇免于离婚。"

劳勃·布朗宁（英国诗人）和伊丽莎白·巴瑞特·布朗宁（英国女诗人）的婚姻，可能是有史以来最美妙的了。他永远不会忙得忘记在一些小地方赞美她和照顾她，以保持爱的新鲜。她如此体贴地照顾他的残废的太太，结果有一次她在写给姊妹们的信中这样写道："现在我自然地开始觉得我或许真的是一位天使。"

太多的男人低估在这些日常而又小的地方表示体贴的重要性。正如盖诺·麦道斯在《评论画报》中一篇文章里所说的："美国家庭真需要弄一些新噱头。例如，床上吃早饭，就是大多数女人喜欢放纵一下的事情。在床上吃早饭，对于女人，就像私人俱乐部对于男人一样，有很大的功效。"

这就是长久婚姻的真相——一连串细琐的小事情。忽视这些小事的夫妇，就会不和。艾德娜·圣·文生·米蕾，在她一篇小的押韵诗中说得好：

并不是失去的爱破坏我美好的时光，

但爱的失去，尽都是在小小的地方。

这是值得记下来的一节好诗。在雷诺有好几个法院，一星期有 6 天为人办理结婚和离婚，而每有 10 对来结婚，就有 1 对来离婚。这些婚姻的破灭，你想究竟有多少是由于真正的悲剧呢？我敢向你保证，真是少之又少。假如你能够从早到晚坐在那里，听听那些不快乐的丈夫和妻子所说的话，你就知道"爱的失去，尽都是在小小的地方"。

拿出一把小刀来，把下面一段话割下来，然后贴在帽子里面或贴在镜子上面，好让你每天早上刮胡子的时候都可以看到。

"凡事一逝不可追，因此，凡是有益于任何人，而我又可以做的事情，或是我可以向任何人表示亲切的事情，我现在就去做。不可因循，不可疏忽，因为凡事一逝不可追。"

大多数的男人，忽略在日常的小地方上表示体贴。他们不知道：爱的失去，都是在细微之处。

甜言蜜语永不嫌多

卡耐基金言

◇已婚夫妇也需要交谈，虽然说情感的交流是多渠道的，但语言交流是到什么时候也淘汰不了的。

◇对许多妇女来说，恋爱与感受到爱远比夫妻生活更重要。

人们常说，情人的话是最不值钱的，又是最值钱的。不论是一见钟情的少男少女，还是同舟共济几十年的老夫老妻，绵绵情话总是说了又说，讲了又讲。每每听到爱人说"我爱你"，总是能激起万般柔情，千种蜜意。恋爱总离不开交谈，这似乎是经验之谈，对初次相见的男女来说尤其如此。

我认为已婚夫妇也需要交谈，虽然说情感的交流是多渠道的，但语言交流是到什么时候也淘汰不了的。

艾莉结婚刚进入第三个年头，就和丈夫分居了。她对律师说："他一定是有问题。每天回家很少和我说话，吃完饭就一下躺到沙发上看电视，再也不想起来,一直到深夜。一句多情的话也没有,仿佛情话都在结婚以前说完了,实在让人难以忍受。"

艾莉需要的并非什么奢侈品,只是丈夫那柔情蜜意的私语。

亲密的私语是恋爱中的男女所不可缺少的。尤其是在进餐或是放松时的亲密交谈,可以称得上是爱情的一种"情感增效剂"。

美国加州医学院精神与心理临床研究专家巴巴克说:"对许多妇女来说,恋爱与感受到爱远比性交更重要。尤其对那些忙于家务、整天带孩子的妇女来说,更是如此。那种巧妙的、带刺激性的私语往往使她们获得真正的快慰。"

42岁的卡克与达娜已结婚8年,他记得曾一度羞怯于向妻子倾吐自己满腔的爱。"有一天晚上,我深吸了一口气后,滔滔不绝地向她倾诉了对她的柔情,对她的爱恋。我告诉她:对我而言,你是世界上最不平常的女子。我这番热情洋溢的话使她万分激动,连我自己也感动不已。现在,我一有机会便向她表露衷肠,而我每次都觉得感情比以前更为炽烈。"

可是,应该说什么呢?怎样说才能使说的人不至于做作,听的人不觉得肉麻呢?我建议:"当你感到一股穿堂风吹过或觉得闷热时,你会说些什么呢?你会脱口而出:'真凉快!'或'真热!'无须多想,也用不着长篇大论,爱的语言就是这样。如果你正和爱人待在一间屋里,你觉得能和她在一起真高兴,那你就对她说:'和你在一起我真高兴。'"

大家所熟悉的大文豪马克·吐温常常把写有"我爱你"、"我非常喜欢你"的小字条压在花瓶下,给妻子一份意外的惊喜。这种习惯伴随他们的一生。可见,甜言蜜语绝非多此一举,而是恋人及夫妻们增进感情的一个良好途径。

将批评赶出家门

卡耐基金言

◇许多罗曼蒂克的梦想破灭了!50%以上的婚姻不幸福。原因之一是:毫无用处,却令人心碎的批评。

狄斯累利在公职生活中最难缠的对手,就是那伟大的格莱斯顿(英国政治家,1868~1894年间四度担任首相)。这两位仁兄,对于在帝国之下的每一件可以争辩的事物，都相互冲突，但他们却有一个相同的地方：他们的私生活，都充满幸福和欢乐。

威廉和凯瑟琳·格莱斯顿在一起生活了59年，差一点就是60年了，他们一直彼此热爱。我喜欢想象这位英国最威严的首相格莱斯顿，轻握着他夫人的玉手，和她在火炉边的地毯上跳着舞，唱着这首歌：

夫衣褴褛，妻衣亦俗；人生浮沉，同甘与共。

在公开场合中，格莱斯顿是一位可畏的敌人，但在家中，则永远不批评。当他到楼下要吃早饭的时候，所能看到的，却是全家的人还在睡觉，他就以委婉的方式来表达他的不满。他提高了声音，唱着不知其名的圣歌，声音充满整个屋子，以告诉其他家里的人，全英国最忙的人已经独自一个在楼下等着吃早饭了。他保持着外交家的风度、体谅人的心意，并强烈地控制自己，不对家事有所批评。

俄国女皇加德琳二世也常常这样。加德琳统治了古今中外最大的帝国，对千百万臣民操有生杀大权。在政治上而言，她是一个残酷的暴君，发动毫无意义的战争，判许多的敌人死刑。但是如果她的厨子把肉烧焦了，她却什么话也不说，反而笑着吃掉。这种容忍的功夫，一般做丈夫的，都应该好好学习。

关于婚姻不幸福的原因，权威人士桃乐丝·狄克斯宣称说，50%以上的婚姻是不幸福的；许多罗曼蒂克梦想之所以破灭在雷诺（美国离婚城）的岩石上，原因之一是批评——毫无用处，却令人心碎的批评。

因此，如果你要维持家庭生活的幸福快乐，请记住："不要批评。"

如果你气得要去批评你的小孩……你以为我会对你说不要批评。但我不会那样说。我只是要对你说，在你批评他们之前，先看一看美国报纸上一篇典型的文章《不体贴的父亲》。

《不体贴的父亲》是一篇发自真诚，又能触动许多读者心弦的小文章，因此被人一再转载。自从15年以前第一次登出来以后，《不体贴的父亲》就一而再，再而三地被转载，原作者李文斯登·劳奈德写道："转载这篇文章的，遍及全国好几百家杂志和有关家庭的刊物，以及报纸。在国外，以不同文字转载出来的，也几乎同样地多。有好几千人希望把这篇文章在课堂里、教堂里，以及演讲台上宣读，我都同意了。电视和广播，也在不同的时间和节目中把它读出来。更奇妙的是，大学刊物也采用它，高中杂志也不例外。

有时候，一篇小文章竟能神奇地感动人心。"

不体贴的父亲

听着，我儿，在你睡着的时候我要说一些话。你躺在床上，小手掌枕在你面颊之下，金黄色的卷发湿湿地黏在你微汗的前额。我刚刚悄悄地一个人走进你的房间。几分钟之前我在书房里看报纸的时候，一阵懊悔的浪潮淹没了我，使我喘不过气来。带着愧疚的心，我来到你的床边。

我想到了太多的事情，我的孩子，我对你太凶了。在你穿衣服上学的时候我责骂你，因为你只用毛巾在脸上抹了一下；你没有擦干净你的鞋我又对你大发脾气；你把你的东西丢在地板上我又对你大声怒吼。

在吃早饭的时候，我又找到了你的错处。你把东西泼在桌上，你吃东西狼吞虎咽，你把胳膊肘放在桌子上，你在面包上涂的牛油太厚。在你出去玩而我去赶火车的时候，你转过身来向我挥手，大声地说："再见，爸爸。"而我则蹙起眉头对你说："挺起胸来！"晚上，一切又重新开始。我在路上就看到你跪在地上玩弹珠。你的长袜子上破了好几个洞，我在你朋友面前押着你回家，使你受到羞辱。袜子要花钱买的——如果你自己花钱买你就会多注意一点了！啊，我的孩子，做父亲的居然说这种话！

你还记得吗？过了一会儿，我在书房里看报，你怯怯地走了进来，眼睛里带着委屈的样子。我从报纸上面看到了你，对你的打扰顿感心烦，你在房门口犹豫着。"你要干什么？"我凶凶地说。你没有说话，但是突然跑过来，抱住我的脖子亲吻我，并且带着上帝为之感动，而我的忽视也不能使之萎缩的爱，用你的小手臂又紧抱了我一下。然后你走开了，脚步快速地轻踏楼梯上楼去了。

我的孩子，你离开了以后不久，报纸从我手中滑到了地板上，一阵使我难过的强烈的恐惧涌上了我的心头。习惯真是害我不浅，吹毛求疵和申斥的习惯——这是我对你作为一名小男孩的报偿。这不是我不爱你，而是对年轻人期望太高了。我以我自己年龄的尺度来衡量你。

而你的本性中却有着那么多真、善、美。你小小的心犹如照亮群山的晨曦——你跑进来并亲吻我祝我晚安的自发性冲动显示了这一切。今天晚上其他一切都显得不重要了，我儿，我在黑暗中来到你的床边，跪在这儿，心里充满着愧疚。

这只是个没有太大效用的赎罪；我知道如果在你醒着的时候告诉你这一切，你也不会明白。但是从明天起，我要做一名真正的父亲。我要做你的好朋友，你受苦难的时候我也受苦难，你欢笑的时候我也欢笑，我会把不耐烦的话忍住，我会像在一个典礼中一样不停地庄严地说："他只是一个男孩——一个小男孩！"我想我以前是把你当作一名大人来看。但是我儿，我现在看你，蜷缩着疲倦地睡在小床上，我看到你仍然是一名婴孩。你在你母亲怀里，头靠在肩膀上，还只是昨天的事。我以前要求得太多了，太多了。

我们不要责怪别人，我们要试着了解他们。我们要试着明白他们为什么会那样做。这比批评更有益处，也更有意义得多；而这也孕育了同情、容忍以及仁慈。

正如詹森博士所说的："先生，不到世界末日上帝都不会审判世人。"

停止致命的唠叨

卡耐基金言

◇许多做妻子的，不断地一点一点地挖掘，最后成为她们自己婚姻的坟墓。

◇在一切烈火中，地狱魔鬼所发明的狰狞的毁灭爱情的计划，喋喋不休是最致命的，它像毒蛇的毒汁一样，永远侵蚀着人们的生命。

法国拿破仑三世，也就是拿破仑的侄子，曾爱上了全世界最美丽的女人特巴女伯爵玛利亚·尤琴，并且和她结婚。他的顾问指出，她的父亲只是西班牙一位地位并不显赫的伯爵，但拿破仑三世反驳说："那又怎样？"她高雅、妩媚、年轻、貌美，使他内心产生一种强烈的向往之情。在一篇皇家文告中，他激烈地表示他要不顾全国的意见："我已经选上了一位我所敬爱的女人，"他宣称说，"她是我心目中第一个漂亮的女人！"

拿破仑三世和他的新婚妻子，拥有财富、健康、权力、名声、美丽、爱情、尊敬——一切都符合一个十全十美的浪漫史。而他爱情的火炬从未像今天燃烧得这么旺盛、狂热。

但，这圣火很快就变得摇曳不定，热度也冷却了——只剩下了余烬。拿破仑三世可以使尤琴成为一位皇后，但，不论是他爱的力量也好，他帝王的权力也好，都无法阻止这位法兰女人的唠叨。

由于她中了嫉妒的蛊惑变得疑心，竟然藐视他的命令，甚至不给他一点私人的时间。当他处理国家大事的时候，她竟然冲入他的办公室里。当他讨论最重要的事务时，她却干扰不休。她不让他单独一个人坐在办公室里，总是担心他会跟其他的女人亲热。

她常常跑到她姐姐那里，数落她丈夫的不好，又说又哭，又唠叨，又威胁。她会不顾一切地冲进他的书房，不停地大声辱骂他。拿破仑三世虽然身为法国皇帝，拥有十几处华丽的皇宫，却找不到一个安静的地方。

尤琴这么做，能够得到些什么？

莱哈特的巨著《拿破仑三世与尤琴：一个帝国的悲喜剧》中这样写道："于是拿破仑三世常常在夜间，从一处小侧门溜出去，头上的软帽盖着眼睛，在他的一位亲信陪同之下，真的去找一位等待着他的美丽女人，再不然就出去看看巴黎这个古城，溜达溜达神仙故事中的皇帝所不常看到的街道，放松一下自己经常受压抑的心情。"

这就是尤琴唠叨所得到的后果。不错，她是坐在法国皇后的宝座上。不错，她是世界上最美丽的女人。但在唠叨的毒害之下，她的尊贵和美丽，并不能保持住她那甜蜜的爱情。尤琴可以提高她的声音，哭叫着说："我所最怕的事情，终于降临在我的身上。"降临在她的身上？其实是她自找的，这位可怜的女人，都是由她的唠叨所导致的结果。

在地狱中，魔鬼为了破坏爱情而发明的既成功又恶毒的办法中，唠叨就是最厉害的了。它永远不会失败，就像眼镜蛇咬人一样，总具有强大的毒害性，常常使甜蜜的爱情破裂，更有甚者致人于死命。

托尔斯泰伯爵的夫人也发现了这点，可是太晚了，在她逝世之前，她向几个女儿们承认道："是我害死了你们的父亲。"她的女儿们没有回答，但却抱头大哭。她们知道母亲的错误和过失。她们知道她是以不断的埋怨、永远没完没了的批评，和永远没完没了的唠叨，把他害死的。

但是从各方面来说，托尔斯泰伯爵和他的夫人都应该是幸福的一对才是。他是最著名的不朽小说家之一。他的两本巨作《战争与和平》和《安娜·卡列尼娜》，在世界文学史上具有辉煌的成就。

然而，托尔斯泰的一生又确确实实是一场悲剧，而之所以成为悲剧，原因在于他的婚姻。他的夫人喜爱华丽，但他却看不起。她热爱名声和社会的赞誉，但这虚浮的事情，他觉得没有分文价值。她渴望金钱财富，但他认为财富和私人财产是罪恶的事。

多年以来，由于他坚持把著作的版权一毛钱也不要地送给别人，她就一直唠叨着、责骂着和哭闹着。她要那些书本所赚到的钱。

当他不理会她的时候，她就歇斯底里地叫起来，在地上打滚，手上拿着一瓶鸦片，发誓要自杀，来威胁托尔斯泰。

他们一生中的一次相谈，我认为是历史上最令人怜悯的一个场面。当他们刚结婚的时候，他们非常的快乐，但过了48年以后，他对自己太太的行为非常反感。有一天晚上，这位年华已逝而心已碎的妇人，由于渴望得到热情，走来跪在他的面前，乞求他为她大声读出他在50年前为她所写的一段充满浓情蜜意的日记。当他读了那早已永远逝去的美丽的快乐时光后，两个人都流下了眼泪。现实的生活与他们早先拥有的罗曼蒂克之梦多么的不同！而且多么明显地不同！

最后，当托尔斯泰82岁时，他再也不愿见到自己唠唠叨叨的太太。于是在1910年10月一个下着大雪的夜里，逃离了他的夫人——逃进寒冷的黑暗里，不晓得到哪里去了。

11天以后，他因肺炎死在一处火车站里。他临死的要求是，不让他的夫人到他的身边。

这就是托尔斯泰伯爵夫人唠叨、抱怨和歇斯底里所得到的结果。

或许你会觉得，她是有许多事情要唠叨的，而且是应该的。问题是她唠叨得到些什么好处呢？唠叨是否能把事情办好呢？

"我真的认为我是神经病。"这就是托尔斯泰伯爵夫人对这段经过的看法——但是已经太晚了。

我认为，林肯一生的大悲剧，也是他的婚姻，而不是他的被刺杀。随着一声枪响过后，林肯便失去了知觉，永远不知道他被杀了，但是几乎23年来的每一天，他所得到的是什么呢？根据他律师事务所合伙人荷恩所描述的，是"婚姻不幸的苦果"。"婚姻不幸"？说得还真婉转呢！几乎有1/4世纪，林肯夫人唠叨着他，骚扰着他，使他心里不能有半点安静。

她老是抱怨这，抱怨那，对林肯大加指责，他的一切，从来就没有对的。他老伛偻着肩膀，走路的样子也很怪。他提起脚步，直上直下的，像一个印第安人。她抱怨他走路没有弹性，姿态不雅观；她模仿他走路的样子以取笑他，并唠叨着他，要他走路时脚尖先着地，就像她从勒星顿孟德尔夫人寄宿学校所学来的那样。

他的两只大耳朵，成直角地长在他的头上的样子，她非常讨厌。她甚至还告诉他，说他鼻子不直，嘴唇太突出，看起来像痨病鬼，手和脚太大，而头又太小。

亚伯拉罕·林肯和夫人玛利·陶德，在各方面都是相反的，教育、背景、脾气、爱好，以及想法，都是相反的。他们之间根本没有共同语言。

"林肯夫人高而尖锐的声音，"参议员亚尔伯特·贝维瑞治写着，"在对街都可以听到，她盛怒时不停的责骂声，常常会使酣睡的邻居惊醒。她发泄怒气的方式，常常言语过激。她暴躁的行为真是太多了，真是说也说不完。"

贝丝·韩博格在纽约市家务关系法庭任职11年，曾经审判了好几千件遗弃的案子，她说男人离开家庭主要原因之一是——因为太太唠叨不停。或者如《泰晤士邮报》所说的："许多太太们不停地在慢慢挖，自掘婚姻的坟墓。"

不要试图改造对方

卡耐基金言

◇ 英国伟大的政治家狄斯瑞利说过："我一生或许会犯许多错误，但我永远在打算为爱情而结婚。"

◇ 与人交往，第一件应学的事情就是不要干涉他们自己快乐的特殊方法，如果那些方法不激烈地与我们相冲突的话。

英国伟大的政治家狄斯瑞利说过："我一生或许会犯许多错误，但我永远在打算为爱情而结婚。"他在35岁以前真的没有结婚。后来，他向一位有钱的、头发苍白且比他大15岁的寡妇求婚。也许我们都会问：他们之间存在爱情吗？她知道他不爱她，知道他为她的金钱而娶她！所以她只要求一件事：请他等一年，给她一个机会研究他的品格。一年快到了，她与他结了婚。

这故事听起来有些好笑，也够矛盾的，狄斯瑞利的婚姻，是在所有破坏了的、玷污了的婚姻史中一个最充溢生气的婚姻。他所选择的有钱寡妇既不年轻，也不美貌，更不聪敏。她说话时常发生文字或历史的错误，令人发笑。例如，她永远不知道希腊人和罗马人哪一个在先。她对服装的兴味古怪，她对房屋装饰的兴味奇异，但她是一个天才，一个确实的天才，在婚姻中最重要的事情——处置男人的艺术上。

她没有用她的智力与狄斯瑞利对抗。当他一整个下午与机智的公爵夫人们勾心斗角地谈得精疲力竭以后回家时，恩玛莉的轻松闲谈使他日增愉快，成为他获得心神安宁，并沐浴于恩玛莉的敬爱的温存中。这些与他的年长夫人在家所过的时间，是他一生最快乐的时间，她是他的伴侣，他的亲信，他的顾问。每天晚上他由众议院匆匆回来，告诉她日间的新闻：而这是重要的——无论他从事什么，恩玛莉简直不相信他会失败的。

30年来，恩玛莉为狄斯瑞利而生活，她尊重自己的财产，因为那能使他的生活更加安逸。反过来说她是他的女英雄，在她死后他才成为伯爵，但在他还是一个平民时，他就劝说维多利亚女王擢升恩玛莉为贵族。所以，在1868年，她被封为毕根菲尔特女爵。

无论她在公众场所显示出缺乏常识，或没有思想，他永不批评她，他从未说出一句责备的话；而且，如果有人敢讥笑她，他即刻起来猛烈忠诚地护卫她。恩玛莉不是完美的，但30年来，她从未厌倦谈论她的丈夫，称赞他。结果呢？"我们已经结婚30年了，"狄斯瑞利说，"她从来没有使我厌倦过。"

"谢谢他的恩爱，"恩玛莉习以为常地告诉他与她的朋友们，"我的一生简直是一幕很长的快乐。"在他俩之间有一句笑话。"你知道的，"狄斯瑞利会说，"无论怎样，我不过为了你的钱才同你结婚。"恩玛莉笑着回答说："是的，但如果你再重选择一次，你就要为爱情而与我结婚了，是不是？"而他承认那是对的。

正如詹姆斯所说的："与人交往，第一件应学的事情就是不要干涉他们自己快乐的特殊方法，如果那些方法与我们不相冲突的话。"如果你要你的家庭生活快乐，第二项原则是：不要试图改造你的配偶。

让爱成熟

卡耐基金言

◇我们大多数人往往对爱具有狭窄、单向的概念,而且完全从家庭或性关系的角度来理解它,同时将它和占有、自负、姑息、依赖等混杂在一起。

◇成熟之爱的观念,是耶稣所说"爱邻如爱己"时心中所保持的那种观念。

爱是世界上谈论最多,却也是最不易弄清楚的一个课题。它激发了艺术家的灵感,是婚姻和家庭的基础——失去或缺乏爱,会使人格破碎或阻碍人格的正常发展。

我们大多数人往往对爱具有狭窄、单向的概念,而且完全从家庭或夫妻关系的角度来理解它,同时将它和占有、自负、姑息、依赖等混淆在一起。

直到最近,爱才被认为是一个严肃的科学课题。许多心理学家、医生和科学家给予爱更多的思考和研究,将它视为人类的基本需要,以及还未加以探索的人类事务中一大影响和力量的源泉。基于这些发现,我们可能要将对于爱的一些传统观念加以修正和扩充。

爱和成熟有什么关系呢?罗洛·梅伊博士回答了这个问题。在他最近出版的《人的自我追寻》一书中写道:"能够付出和接受成熟的爱,是一个符合我们为完全人格所定的标准的人。"

梅伊博士同时断定大多数人都不知道如何付出和接受爱,一般人对爱的观念既矫情又幼稚。例如,一个将一生完全奉献给自己的丈夫和子女,以至于与世界其他一切完全隔绝的妈妈,她的占有欲就胜过于她的爱。真正的爱不是局限,而是扩展。一个崇拜女人到无法找到任何可以与之相比的境地的男人,不该被看作是"有爱心的"男性的模范——他是感情发展受到局限,仍然停留在婴儿时期依赖心态的一个案例。依恋和爱是两回事儿。

也许先弄清楚什么不是爱,再来肯定那种使得人格增强、成熟的爱比较容易些。

首先,爱与我们经常在电影中看到的那种男女相会、玫瑰与香槟式的罗曼史,或小说家偏爱的那种性剥削的激情少有相关之处。爱不限于年轻美貌的人。

　　泌尿科专家和美国婚姻顾问协会主席亚伯拉罕·史东博士告诉我们，当我们说"我爱"时，其真正的意思大多是"我要"、"我想要拥有"、"我从……得到满足"、"我利用"或甚至"我感到罪恶"。这是科学家所谓的"假爱"。

　　许多父母用"爱"作为放纵子女的借口。实际上，他们是在以溺爱来推卸自己的责任，并不是在帮助子女成长。纽约杜布斯波克的儿童村，是一个致力于重新训练需要指导的问题儿童的机构。理事史泰龙说："每一天我们都在解除将爱与姑息混淆的父母所造成的伤害。"

　　成熟之爱的观念是耶稣所说"爱邻如爱己"时心中所抱持的那种观念；是柏拉图在"对话录"中所分析的那种爱——从个人的关系开始，扩展到全人类和宇宙。爱的要素都是相同的，不管是夫妻之间的爱、父母与子女之间的爱或个人与全人类之间的爱。

　　人类之间的真爱不会阻碍人的成长，它肯定人的其他方面的人格，促进其成长发展。

　　我认识好多父母常常对女儿的婚姻愤愤不已，只因为女儿企图嫁到某个遥远的地方。记得有一个母亲曾悲叹说："为什么简就不能找一个本地男孩结婚？我们也好经常见到她了。我们为她奋斗了一辈子，而她却这么报答我们，去嫁给一个把她带到千里之外的地方去的人！"

　　如果你说她这样做并不是爱自己的女儿时，她一定会很吃惊。她是将占有和满足自我跟爱弄混淆了。

　　爱的真谛不是紧紧守住自己所爱的人，而是放手任他走。成熟的人不会占有任何人的感情，他让所爱的人自由，就如同让自己自由一样。这就像其他的创造性力量一样，爱存在于自由之中。

　　作家普瑞西拉·罗伯逊在《竖琴家》杂志上为爱下过这样的定义："爱，就是给你爱的人他所需要的东西，为了他而不是为了你自己。想想别人把你所需要的东西送给你时的感受。爱包含给予孩子他们所需要的独立，而不是那种所谓的'家长主义'的剥削和专制。爱包含各种性关系，但不是对自负或青春的狂乱追求的那种性格的利用。我的定义还包括你给予那些曾经让你明白自己是哪种人、你会成为哪种人的少数几个人——老师和朋友。它也包含善良——对全人类的关怀，它不是给一个需要面包的人投以石头，也不是在他需要理解时给他面包。

"我们认识好多总是自作聪明的'善心'人,他们把我们不想要的硬塞给我们,而愚蠢地留住我们需要的东西。我认为这些人不应归入有爱心的人的行列,而且我想心理学家们也会得出他们无用的爱心不经意地制造了敌意的结论。"

没有什么比"爱是盲目的"这句老话更能误导一个人了。只有擦亮爱的眼睛,我们才能看清身边的人们。我们体内有一个随意或冷漠的自我,一个我们怕招致伤害或误解而宁愿隐藏起来的敏感、封闭的自我。我们采用各种姿态或伪装保护它——沉默、害羞、进取、坚强等等,内心却又一直希望有人会帮助我们发掘内在的真正自我。爱可以透视人心,具有特殊的洞察力,它能为"她爱他什么"这个永恒的问题提供答案。

关怀我们所爱的人的成长和发展,肯定和鼓励他们个性化的存在,尊重他们的本来姿态,创造自由和温情的气氛,这些都是想要学会爱所应持的态度。爱为他人提供了可以在爱中成长的土壤、环境和营养。

嫉妒是一种经常与爱混为一谈的感情。事实上,它是我们对自己激发情爱的能力缺乏自信的结果,以及一种占有、俘虏他人的欲望。用付出来取代这种占有的欲望就可以克服嫉妒。在此举一个克服嫉妒学会爱人的女人的例子。她说:"我曾陷入嫉妒中无法自拔。我活在怕失去丈夫的恐惧之中。并不是他给了我嫉妒的任何理由,如果是这样,我反而会少受一点痛苦,因为这样一来,就可以避免那些恐惧和因神经质而自我想象出来的羞辱感。我偏执得像卡通电影里那可笑的妻子一样搜丈夫的口袋,查看汽车烟灰缸里的东西。我常常哭着入睡,白天却生出一些新的疑心。

"有一天,我照镜子。我看见一个不可爱的人——我自己。头发散乱、没有化妆、面容憔悴——而我穿的衣服看起来就像套在扫帚柄上的一个大袋子一样!'海伦,'我对自己说,'你怕失去丈夫。如果你真的失去了他,你能怪他吗?你想怎么办?'我决心实行一个计划。我开始减少擦地板和家具的时间而多留心自己的仪表。我每天下午都休息,增加了一些非常需要的体重。而且找到一份卖化妆品的工作,学习使用它。当我开始显得比较好看,感觉上也比较舒服时,我发现自己的态度慢慢地改变了。丈夫也感觉到我的变化,他的反应扫除了我心中的疑云。我利用原来浪费在嫉妒上的精力,使自己成为我丈夫理想中的妻子。"

这个女人一旦了解到爱不是命令而是肯定时，她便获得了爱的能力。

当我们发现占有、嫉妒和支配这些异质的因子进入我们心中时，对他人真实的爱便逐渐消失。如果让野草肆意蔓生而不加以清除的话，世界上最美的花园都会荒芜。

家庭关系的悲剧之一，是因为我们经常不知不觉地以爱的名义给他人造成伤害。过分严厉的父母告诉自己说之所以那样做是"为了小孩好"；溺爱纵容的父母说他们是为了子女的"幸福"着想。俄亥俄州哥伦布的 S.P. 艾伦太太讲述了有关这方面难题的一个动人故事。几年前，艾伦太太在和她丈夫离婚之后，发现自己面临着照顾自己和两个小孩的重任，她被母兼父职的责任压得喘不过气来。她感到为了培养好他们必须要严厉地管教。

"我订下规则，"艾伦太太说，"不接受任何借口。我不和小孩商量或者费心地去听他们的意见——而且还严肃地告诉他们什么时候必须做什么事。他们没有独立思考的机会，只有一套必须遵守的规则。

"我们家起了微妙的变化。刚开始，小孩们一见到我就躲开。他们躲避我任何示爱的企图。最后我了解到他们怕我，怕他们的妈妈！

"我反省了一下自己，得出结论，我的所作所为的出发点根本不是为孩子着想，不过是我把因离婚产生出来的压抑情绪发泄在他们身上。我在让孩子无形中承担我个人过错造成的苦难。难怪他们做出明显的反应，虽然他们还不了解。

"我开始破除这种压在他们身上的无形的压力。我向上帝求援，试着从新的角度发现孩子，首先把他们作为人，而不是作为负担或责任看待。我放下一些家务，抽时间多跟孩子在一起，陪他们玩游戏或到一些有趣的地方去。我学会了指导他们而不是只会下命令。

"当我的心情放松下来时，欢笑和歌声又重新回到了我们中间。爱、温情与快乐在我和孩子们的身上互相反映，我们的关系得到恢复进而增强。有了这样的气氛，所有问题都变得简单而容易解决了。"

艾伦太太学到的是爱，而且学会了用爱去治疗家庭生活的创伤。

爱的能力，不仅决定着我们与家人的亲密程度，而且也决定了我们与他人的关系。我们对朋友、工作、住地以及世界的态度，大多由我们对家庭所付出和接受的那种爱来决定。

心理学家米尔顿·格林布拉特说："如果一个孩子能接受爱的教育，那么他懂得了自爱和爱他的家人,直至以利他主义者的胸怀真诚地爱所有的人。"

亚希莱·孟德斯博士在他的《人类发展的方向》一书中指出,几乎所有的宗教都认为,生活和爱其实是同一个概念。他总结道:"现在看来很明显,人类能够依赖指引他们未来发展方向的主要原则只能是爱。"

只把爱留给家人和亲近朋友的观念是错误的。我们越是爱别人,就越容易获得爱的能力。爱充满在整个人格之中,爱是散布光辉在一切活动上的重大能源。有爱心的人总是对工作、同胞和生命充满热情。他们健康而长寿。

拥有成熟的爱的观念对我们每一个人来说都是非常重要的事。在美国,每一年都有40万对夫妻离婚,而且还有成千上万的婚姻岌岌可危。就世界来讲,世上一直存在着国家分裂、种族对抗、国与国的对立和战争的现象。人类如果想继续存在下去,就必须学会和谐相处。

经营你的夫妻生活

卡耐基金言

◇海密尔顿博士说:"只有很偏激、很不谨慎的精神病专家,才会说多数婚姻冲突,不是由于夫妻生活的不和谐造成的。无论如何,由其他困难产生的冲突,许多时候可以化作无有,如果夫妻生活关系本身是满意的话。"

◇鲍本诺博士说:"现在离婚减少了,其中一个原因是人们现在多读了有关夫妻生活和婚姻的书籍。"

美国社会卫生署总干事戴维斯博士请1000名已婚妇女,坦白地回答一系列切身问题。结果令人惊讶——这是对一般美国成年人夫妻生活不快乐的一种令人惊讶的真实评价。

看过她收到的这1000名已婚妇女的回答以后,戴维斯博士毫不犹豫地发表她的观点:离婚的一个主要的原因,是生理上的不和谐。

海密尔顿博士的调查也证实了这个结论。

海密尔顿博士花费4年时间,研究100个男子和100个女子的婚姻。他分别询问这些男女近400个有关他们夫妻生活的问题,并深入地探讨他们的问题,非常地详细,以至于整个调查耗时四载。这项工作被认为在社会学上极为重要，所以这个调查由许多著名慈善家资助。你要知道这项实验的结果，可读一读海密尔顿博士与马克哥文所著的《婚姻的症结是什么》一书。

那么，婚姻失败的症结是什么呢？

海密尔顿博士说："只有很偏激、很不谨慎的精神病专家，才会说多数婚姻冲突不是夫妻生活的不和谐造成的。无论如何，由其他困难产生的冲突，许多时候可以消亡，如果夫妻生活本身是满意的话。"

鲍本诺博士，洛杉矶家庭关系研究所主任，研究过数以千计的婚姻，他是美国家庭生活方面最著名的专家。

按鲍本诺博士的说法，婚姻的失败，常常由于4种原因。他按重要程度列举出来：

1. 夫妻生活的不和谐。
2. 关于休闲的意见不同。
3. 家庭经济困难。
4. 心理的、身体的或情绪的反常现象。

注意，夫妻生活居于此表第一，而且很奇怪，经济困难只居此表第三。

所有婚姻研究专家都同意夫妻生活的和谐是绝对必需的。

例如，数年前，辛辛那提家庭关系法庭的郝夫门法官，一位曾听过数千家庭悲剧的人宣称："离婚的十之八九，是因为夫妻生活的毛病。"

"夫妻生活，"著名的心理学家沃森说，"众所公认的是生活中最重要的问题。无疑那是造成感情破裂原因的东西。"我听过许多医生在我的班中演讲，说的差不多是一样的话。那么，在20世纪有众多的书及教育，但因对这种重要天然本能的无知，却导致婚姻破裂，生活毁灭，岂不可怜？

白德费尔特牧师做了监理会牧师18年以后，放弃了他的传教事业，去担任纽约市家庭辅导服务处主任，他大概为青年们举行婚礼比谁都多。他说："根据我早年做牧师的经验，我发觉到，虽然有恋爱及善意，许多到结婚台前来的男女是婚姻的文盲。"

婚姻的文盲！

他接着说："当你们想到我们将婚姻调适的艰难大部分交付给机会时，我们的离婚率只有16%，这是一件惊人的事。而处在这个惊人数目中的夫妇实际上并没有真正地结了婚，只不过是没有离婚而已：他们几乎是过着地狱生活。"

"快乐的婚姻,"白德费尔特牧师说,"很少是机会的产物,她们是像建筑似的,必需有理智的,用心去设计过的。"去帮助这种设计,许多年来,白德费尔特牧师坚持凡他证婚的男女,必须同他坦白地讨论他们未来的计划。就是由这些讨论所得的结果,他得出结论:许多急于结合的人,是"婚姻的文盲"。

"夫妻生活,"白德费尔特牧师说,"不过是在结婚生活中的多种满意中的一种,但除非这种关系适当。"但如何使之适当呢?

"奈于情面的不言语"——我仍在引证白德费尔特牧师的话——"必须代之以客观言论的能力,并有结婚生活的超然态度及实施。得到这种能力,没有比去从一本认识合理、情趣良好的书籍得到这方面的知识更好的方法了。"

保持家庭生活更快乐的一个原则就是:了解一些必备的夫妻生活知识。

夫妻间也要殷勤有礼

卡耐基金言

◇我认为结婚后的礼貌最重要。如果年轻的妻子们对她们的丈夫,像对待生人一样有礼貌,他们的婚姻一定是幸福的!无论哪一个男人都想逃避一个泼妇的口舌。

◇礼貌对婚姻的重要,正如汽油对你的汽车一样。

丹姆罗希与布雷的女儿结了婚,自从多年前他们在苏格兰卡内基家里认识并结婚以后,丹姆罗希夫妇就享受着快乐的家庭生活(布雷是一位美国著名演说家,曾是总统候选人)。他们的秘诀是什么?"除小心选择伴侣外,"丹姆罗希夫人说,"我认为结婚后的礼貌最重要。如果年轻的妻子们对她们的丈夫,像对待生人一样有礼貌,他们的婚姻一定是幸福的!无论哪一个男人都想逃避一个泼妇的口舌。"

无礼是侵蚀爱情的祸水,人人都知道这一点,但人人又都对生人比对自己的伴侣更尊重。

再次引证狄克斯的话:这是一件惊人的事,但却是真实:

"几乎唯一对我们说刻薄、侮辱、伤感情的话的人,是我们自己家中的人。"

"礼貌,"吕士纳说,"是一扇看不见的破门,是你能注意到门外、院中鲜花的那种品质。"

礼貌对婚姻的重要,正如汽油对你的汽车一样。

柯尔姆,可爱的"早餐桌上的专制君主",但在他自己的家中却绝不专制。事实上,他非常体恤他的家人,当他感觉忧郁扫兴时,他掩藏他的烦恼,不让家人看见。他自己不得已而承受,已经够苦的了,他说,何必使别人也同样受苦。

柯尔姆是这样做的,但普通人怎样呢?在办公室里出了问题——丢了一宗买卖,或受到上司的责骂,或发生了剧烈头痛,或误了火车时间,回到家后就将一切不愉快向家人宣泄。

在荷兰,在你进入屋子以前,要把鞋脱在门口。啊,我们可以从荷兰人那里学到一个经验了:将我们每天工作中的烦闷,在我们进入家门前"脱"去。

詹姆斯曾写一篇文章,名为《人类的某种盲目》,它值得你专门跑到附近的图书馆去找来一读。

"本文现在要讨论的人类盲目,"他写道,"是我们人人都患的,有关与我们不同的动物和人的感情的盲目。"

"人人都患的盲目。"许多男人都会想到不应该对他们的顾客、对他们的商业伙伴说带有刺激的话,但对他们的妻子狂吠,可以丝毫不假思索。

为他们个人的快乐着想,婚姻对他们比生意更重要、更有关系。

婚姻快乐的普通人比幽居的大富翁快乐得多。

德琴尼夫,俄国伟大的小说家,尽管受到世界各国人民的敬仰,但他说:"如果有个地方、有个女人关心我回不回家吃晚饭,我情愿放弃我所有的天才和我所有的著作。"

婚姻成功的机会,究竟多大?我们已经说过,狄克斯相信一半以上的婚姻是失败的,但鲍本诺博士想法不同。他说:"一个男人在婚姻上成功的机会比在其他任何事业上都多。在进入百货零售业的男子中,70%的失败,进入婚姻的男女,70%的成功。"

狄克斯这样概括起来:"与婚姻相比,出生不过是一生的一幕,死亡不过是一件琐屑的意外……女人永远不能明白,为什么男人不用同样的努力,使他的家庭成为一个发达的机关,如同他使他的经营或职业成功一样……虽然有一个妻子,一个和平快乐的家庭,比赚 100 万元对一个男人更有意义……女人永远不明白,为什么她的丈夫不用一点外交手段来对待她。为什么不多用一点温柔手段,而不是高压手段,这是对他有益的。"

他还说道:"大凡男人都知道,他可先让妻子快乐然后使她做任何事,并且不需任何报酬。他知道如果他给她几句简单的恭维,说她管家如何好,她如何帮他的忙,她就会要节省每一分钱了。每个男人都知道,如果他告诉他的妻子,她穿着去年的衣服如何美丽、可爱,她就不会再买最时髦的巴黎进口货了。每个男人都知道,他可把妻子的眼睛吻得闭起来,直到她盲如蝙蝠;他只要在她唇上热烈地一吻,即可使她哑如牡蛎。

"每个妻子都知道,她的丈夫都知道自己对他需要些什么,因为她已经完全给他表白过,她又永远不知道是要对他发怒,还是讨厌他,因为他情愿与她争吵,情愿浪费他的钱为她买新衣、汽车、珠宝,而不愿为一点小事去谄媚,按她所迫切要求的来对待她。"

爸爸们,请回家

卡耐基金言

◇ 父亲代表的首先是一个男人的力量和智慧,他将影响子女对世事的认识,他将教给子女怎样基于外界的经验而做出判断。

◇ 如果一个男人想要做一个真正意义上的父亲,就应该付出时间给孩子,必要时还要付出自己。

一个社区最近举办了教育委员会私下会议,教育委员们处理一个因旷课太多被高中开除的 16 岁男孩的问题。他每科成绩都非常差,还有两个科目不及格。

男孩和他父母都进入房间,接受委员们的询问。男孩很漂亮,尽管脸上显露着年轻人弄出麻烦时的那种半屈服半怨恨的神情。妈妈说起话来显得紧张、尴尬,不停解释她已经尽了最大的努力。爸爸是一个 59 岁、穿着体面的生意人,一直保持着沉默,直到一个委员问他和他的儿子关系怎么样。爸爸解释说他是个很忙的人，工作占去了他所有的时间。"我让我的太太照顾小孩子，"他说，"督促小孩做功课并告诉他通过考试是学生的责任。"

那些教育委员都身为人父，继续追问，你有没有看过你儿子的成绩单？有没有采取什么措施？小孩的爸爸承认他看过而且打过电话给校长。"但是，"他加上一句话，"电话占线，所以我就没有再打了。"

当这一家人离开时，校方决定再给那小孩一次机会。他们觉得，错在什么地方已是很明白的了，或许再给那小孩一次机会他会有好的表现、会有所改善。

不幸的是，为时已晚。小孩已经养成了很多不良习惯。缺乏父母较多的指导是无法克服的，过了不久，他又被开除了。更糟的是，小孩的爸爸从没有真正了解到他没做什么才使得他儿子被开除。这并不是个街头不良少年因为抢劫或杀人而被逮捕的案子，而是一个忙得没有时间去关心儿子是否按时上学的为人父者的故事。最悲哀的是这类故事经常发生。有很多的小孩正是在没有爸爸教导的情况下长大。他们是有爸爸，没错，但那只是个住在他们家的男人而已。他们不常见到他或和他没有多深的感情。爸爸每天一大早就出门，很晚才回家。有时候他加班，有时候他带着一手提箱的文件回家办理。当他不加班、不带公事回家时，也是忙了一整天太疲倦了，只能躺在椅子上埋头读晚报，一直到小孩们都上了床。他的休闲时间很少有小孩的份儿，而是在和公司同事打保龄球，周末打高尔夫球，以及和客户在鸡尾酒会上。

女人因为工作和事业而丢下家和小孩一直受到猛烈地批评。大家理直气壮地指出，没有任何一份工作，不管多么荣耀、薪水多么多的工作，值得她们去付出使小孩失去关怀、被冷落的代价。

但是很少有人批评不在家的爸爸。只要他继续维持和提高家庭的生活水平，他对子女在道德和感情上的责任便很少受到怀疑。除了经济上的责任之外把其他一切爸爸的职责都推卸掉的男人，在我们的社会中太普遍了，以至于大家都视为理所当然的了。

我认识一个大公司的高级主管。他说，他事业上的成功完全归功于他的太太。他的妻子为他提供了一个非常温馨的家，她能营造出一种祥和宁静的家庭气氛，以减轻他的工作压力。她能成功地款待他的朋友和同事。

我问他，他那两个儿子之所以让他自豪，一定跟他在学校和军中服役时的优良表现有很大关系。

"不,"他说,"养育孩子的事由我太太负责,我从不参与。我只需把养育他们和让他们受教育的钱交给她就行了。"

这位成功的、受尊敬的男人不为他没有养育儿子们而感到尴尬,也不为没能亲自帮助儿子们获得优良的表现而觉得惭愧。这种冷漠的态度,如果是两个孩子的母亲表现出来的,一定会被视为不可思议。

如果孩子在成长的过程中,只需要在物质上使其得到满足,那么这个世界就可以不需要父亲们或母亲们。但是,人的成长还有感情上的需要,所以父亲是应该存在的,而且跟母亲一样不可缺少。

辛辛那提大学医学院小儿精神病科诊所理事理查·E.沃尔夫博士这样诠释父亲的作用:

"一个孩子需要自己的父母亲,而且需要他们各自扮演好自己的角色。无论对于男孩,还是女孩,父亲代表的首先是一个男人的力量和智慧,他将影响子女对世事的认识,他将教给子女怎样基于外界的经验而做出判断。子女需要他能在家庭的重要决定中和母亲有共同的声音,也需要他一直都是母亲和他们的保护者和供养者。他们希望从父亲身上看到理想中的男人的典范,从他们身上学到男人应该怎样对待女人。如果所有这些男人的事情都是由母亲来完成的,而父亲只顾忙他们所谓的自己的事情,那么做子女的将可能困惑于自己的身份,这也必将对他们长大成人后的人际关系造成影响。"

在产业革命之前的社会,丈夫、妻子和子女一家人都在家里工作。无论在广场上,还是在田里工作,男人总不离开家人的视线范围。

当时家庭成员之间存在一种现今这工业社会业已失去的身体上的亲近感。现在大多数男人跟妻子和子女待在一起的时间与同事相比都很少。他们无法增加在家的时间,却可以决定他在家的时间的质量。有时候本来已经很累的父亲试图带孩子去看一场周末球赛作为他经常不在家的一种补偿,但他可能从内心觉得这样很无聊,而这对家长和孩子双方来说都毫无乐趣可言。引起过轰动的《养儿育女常识大全》一书的作者本杰明·史柏克博士说,如果每个父亲每天抽出15分钟把心思专注于孩子身上,比一整天没精打采地陪孩子逛动物园要有质量得多。

因为父亲必定比母亲跟孩子在一起的时间少,这是事实,所以他跟孩子相处的每一分钟都变得更为重要。父亲不应该认为这是累人的义务,而应把它当作促进父子关系的机会。

在某种程度上，妻子能帮助丈夫做一个称职的父亲。比如，她可以在白天处理发生在孩子身上的教导问题，而不等晚上丈夫回家时，留给他处理；她可以怀着爱和尊敬与丈夫谈论孩子问题，孩子会因母亲对待父亲的态度而受影响；她可以试着跟孩子交朋友，增加家庭成员之间的亲密感；她也可以安排野餐和组织家庭旅行，使丈夫和孩子对共同生活发生兴趣。

我认识一家人，这家人的关系在一次露营之后完全变样。12岁的儿子和10岁的女儿几个星期来一直缠着爸爸带他们去露营，而每天早九晚五上下班的爸爸总是太忙或太累了。但实际促成其事的是小孩的妈妈。她暗中安排租下营帐，备好地图以及露营的各种资料。

在这种情况下，小孩的爸爸不得不同意带小孩们去露营，他惋惜地看了最后一眼他那个周末计划，启程前往露营地。小孩的妈妈留在家里，坐立不安地等待着。

第二天傍晚他们回来了，3个人全身脏兮兮的，但却非常欢乐，不停地诉说一些有趣的事情，他们发现的那个湖、夜晚的蚊子、被风吹垮的帐篷以及那些"爸爸煎的蛋"。

事情就到此结束了吗？这只是开始而已。这一家人现在小孩的妈妈也加入了，每年夏天都到离露营地点不远的一间乡下小屋度假。他们有一条小船和滑水板，小孩的爸爸周末都从纽约赶去和家人同乐——不带公事包。原先忙得没有时间与小孩们共享天伦之乐的那个男人突然变得成熟了，了解了为人之父的意义。然而促成这种转变的却是精心设计的妈妈。

该是"翻修"我们不成熟的为人父母的观念，将"你的事"和"我的事"改变成"我们的事"的时候了。爸爸和妈妈的作用确实有所不同，然而他们的最终目标和满足应该是一致的。他们在小孩的成长和教养中各有各的角色要扮演，但是，如果双方中的任何一方不能负起责任，那样整个家庭关系就会变得乱七八糟。

好爸爸通常都是好丈夫。《婚姻——永恒之爱的艺术》一书作者大卫·麦斯说，当他的第一个女儿出生时，他得到灵感便写下了以下的诗句：

我有两个爱人，
尽管说来奇怪，
我越爱第二个，

"第一个越爱我！"

的确是这样。女人最感到舒心的是看到小孩跑到门口迎接爸爸下班时，脸上那种欢乐幸福的表情。

爸爸对小孩的成长所能作出的特殊贡献是什么呢？儿童研究协会理事甘纳·狄波瓦博士相信，爸爸在家庭中的地位，不仅对妻子、子女和他自己具有很重要的意义，而且对整个社会来说也是如此。以下是他的一些看法：

"对小孩来说，上教堂的意义可能只是和爸爸一起做一件事。但是基于这种共同参与感，小孩以后可能会发现他自己的宗教兴趣。同理，小孩也可能从双亲那里学会如何欣赏文学、艺术和音乐。通常只是妈妈与小孩们共同参与这一切。爸爸的加入赋予他们更丰富的内涵和深远的意义。"

根据狄波瓦博士所说的，爸爸同样有责任向小孩解说他本身是团体其中的一分子：

"他要借着带他去办公室、星期六去工厂参观、一起坐在送牛奶的卡车上等，让孩子对经常剥夺爸爸陪他的时间的工作有一种正面的感受，小孩可能无法了解爸爸为什么要做那些事，但是他会觉得爸爸是在做一些不仅帮助他，同时也帮助别人的事。"

如果一个男人想要做一个真正意义上的父亲，就应该付出时间给孩子，必要时还要付出自己。是的，他有工作要做，但是工作不是他用来逃避他履行人类一分子的责任的借口。那些老是忙得顾不过来陪伴孩子的父亲，就像H.L.孟肯活着时所说的："工作只是为了逃避思索人性时所感到的痛苦的人们……他们的工作，跟他们的游乐有着同样的作用，不过是他们逃避现实的可笑符咒罢了。"

戈登·H.史克罗德在《基督教先驱论坛报》上的一次调查中说，他连续两个星期让300个初一、初二的男生为他们跟父亲相处的时间做记录。得到平均每个星期父子单独相处的时间是7分半钟这个可怕的统计数字。

这似乎可以为严厉批评社会现象的评论家菲利浦·威利的话提供佐证。他说："绝大多数的美国男人都是不合格的父亲。"威利先生作过估计，即使最忙的人，大约每个星期也不得不花57个小时去吃饭、休息或做自己喜欢的事情。在这57个小时里面，他肯定能抽出7分半钟陪伴他的孩子。"但是爸爸不在家，"威利先生语气悲哀，"他不会回家，直到他明白一个男人一生最大的满足首先应该是做一个好父亲，然后才是成为最好的高尔夫球手或事业有成的风云人物。"

　　父亲的身份里面隐含着一个成人的身份，它是男人在身体上达到成熟的外在表现。不幸的是，从对待孩子角度来说，它并不意味着这个父亲的心灵和精神会像他的身体一样成熟。这需要这个男人靠他自己的努力获得。

　　是的，爸爸们，该回家了！就像生孩子是两个人的事一样，要培养出一个快乐、有用的人，也需要两个人——母亲和父亲——对他在精神上施加影响。

第10章
跟忧虑说"再见"

忧虑是健康的大敌

卡耐基金言

◇ 在纷繁复杂的现代社会，只有能保持内心平静的人才不会变成神经病。
◇ 不知道如何抗拒忧虑的人就会寿命减少。
◇ 再没有什么比忧虑使一个女人老得更快，进而摧毁她的容貌。

很多年以前的一个晚上，一个邻居来按我的门铃，要我和家人去种牛痘，预防天花。他是整个纽约市几千名志愿者中去按门铃的人之一。很多吓坏了的人都排了好几个小时的队以接种牛痘。在所有的医院、消防队、派出所和大工厂里都设有接种站。大约有2000名医生和护士夜以继日地替大家种痘。怎么会这么热闹呢？因为纽约市有8个人得了天花——其中2人死了——800万纽约市民中死了2人。

我在纽约市已经住了37年，可是还没有一个人来按我的门铃，并警告我预防精神上的忧郁症——这种病症，在过去37年里所造成的损害，至少比天花要大1000倍。

从来没有人来按门铃警告我：目前生活在这个世界上的人中，每10个人就有1个会精神崩溃，而大部分都是因为忧虑和感情冲突而引起的。所以我现在写作本章，就等于来按你的门铃，向你发出警告。

精神失常的原因何在？没有人知道全部的答案。可是在大多数情况下，精神失常是由恐惧和忧虑造成的。焦虑和烦躁不安的人，多半不能适应现实的世界，而跟周围的现实环境没有任何联系，缩到他自己的梦幻世界，借此解决他所有的忧虑。

如果你想看看忧虑对人会有什么影响，你不必到图书馆或医院去求证。只要从你现在坐着的家里望望窗外，就能够看到在不远的一栋房子里，有一个人因为忧虑而精神崩溃；另外一栋房子里，有一个人因为忧虑而得了糖尿病——股票一下跌，他的血和尿里的糖分就升高。

忧虑催人老，对女人来说更是如此。忧虑像损花折枝的风雨，它会很快地摧毁一个女人的如花容颜。忧虑会使我们的表情难看，会使我们咬紧牙关，会使我们的脸上产生皱纹，会使我们总是愁眉苦脸，会使我们头发灰白，甚至会使头发脱落。忧虑会使你脸上的皮肤发生斑点、粉刺甚至溃烂。

忧虑就像不停往下滴、滴、滴的水，而那不停地往下滴、滴、滴的忧虑，通常会使人六神无主而自杀。这里再重复卡瑞尔博士的话：不知怎样抗拒忧虑的人，往往会短命而死。

几年前，我在度假的时候，跟戈伯尔博士一起坐车经过德州和新墨西哥州。戈伯尔博士是圣塔菲铁路的医务负责人，他的正式头衔是海湾-科罗拉多和圣塔菲联合医院的主治医师。当我们谈到忧虑对人的影响时，他说：

"在医生接触的病人中，有70%的人只要能够消除他们的恐惧和忧虑，病就会自然好起来。他们的病都像你有一颗蛀牙一样实在，有时候还严重100倍。"我说的这种病就像神经性的消化不良，某些胃溃疡、心脏病、失眠症、一些头痛症和麻痹症，等等。

这些病都是真病，我这些话也不是乱说的，因为我自己就得过12年的胃溃疡。

恐惧使你忧虑，忧虑使你紧张，并影响到你胃部的神经，使胃里的胃液由正常变为不正常，因此就容易产生胃溃疡。

约瑟夫·蒙塔格博士曾写过一本《神经性胃病》的书，他也说过同样的话："胃溃疡的产生，不是因为你吃了什么而导致的，而是因为你忧愁些什么。"

梅奥诊所的阿尔凡莱兹博士说："胃溃疡通常根据你情绪紧张的高低而发作或消失。"

他的这种说法在对梅奥诊所的15000名胃病患者进行研究后得到了证实。每5个人中，有4个并不是因为生理原因而得胃病。恐惧、忧虑、憎恨、极端自私，以及无法适应现实生活，才是他们得胃病和胃溃疡的原因……胃溃疡可以让你丧命。

我最近和梅奥诊所的哈罗德·哈贝恩博士通过几次信。他在全美工业界医师协会的年会上读过一篇论文，说他研究了176位平均年龄在44.3岁的工商界负责人。他报道说：大约有1/3多的人因为生活过度紧张而引起下列3种病症之一——心脏病、消化系统溃疡和高血压。想想看，在我们工商界的负责人中，有1/3的人都患有心脏病、溃疡和高血压，而他们都还不到45岁，成功的代价是多么高啊！而他们甚至都不是在争取成功，一个身患胃溃疡和心脏病的人能算是成功之人吗？就算他能赢得全世界，却损失了自己的健康，对他个人来说，又有什么好处？即使他拥有全世界，每次也只能睡在一张床上，每天也只能吃三顿饭。就是一个挖水沟的人，也能做到这一点，而且还可能比一个很有权力的公司负责人睡得更安稳，吃得更香。我情愿做一个在阿拉巴马州租田耕种的农夫，在膝盖上放一把五弦琴，也不愿意在自己不到45岁的时候，就为了管理一个铁路公司，或者是一家香烟公司而毁了自己的健康。

说到香烟，一位世界最知名的香烟制造商，最近在加拿大森林里想轻松一下的时候，因为心脏病发作而死了。他拥有几百万元的财产，却在61岁时就离世了。他也许是牺牲了好几年的生命换取了所谓的"生意上的成功"。

在我看来，这个有几百万财产的香烟大王，其成功还不及我爸爸的一半。我爸爸是密苏里州的农夫，一文不名，却活到了89岁。著名的梅奥兄弟宣布，我们有一半以上的病床上，躺着患有神经病的人。可是，在强力的显微镜下，以最现代的方法来检查他们的神经时，却发现大部分人都非常健康。他们"神经上的毛病"都不是因为神经本身有什么异常的地方，而是因为情绪上有悲观、烦躁、焦急、忧虑、恐惧、挫败、颓丧等等的情形。柏拉图说过："医生所犯的最大错误是，他们想治疗身体，却不想医治思想。可是精神和肉体是一体的，不能分开处置。"

医药科学界花了2300年的时间才认清这个真理。我们刚刚才开始发展一种新的医学，称之为"心理生理医学"，用来同时治疗精神和肉体。现在正是做这件事的最好时机，因为医学已经大量消除了可怕的、由细菌所引起的疾病——比方说天花、霍乱、黄热病，以及其他种种曾把数以百万计的人埋进坟墓的传染病症。可是，医学界一直还不能治疗精神和身体上那些不是由细菌所引起、而是由于情绪上的忧虑、恐惧、憎恨、烦躁，以及绝望所引起的病症。这种情绪性疾病所引起的灾难正日渐增加，日渐广泛，而速度又快得惊人。

医生们估计说：现在活着的美国人中，每20人就有1人在某一段时期得过精神病。第二次世界大战期间被征召的美国年轻人，每6人中就有1人因为精神失常而不能服役。

精神失常的原因何在？没有人知道全部的答案。可是在大多数情况下，极可能是由恐惧和忧虑造成的。焦虑和烦躁不安的人，多半不能适应现实的世界，而跟周围的环境隔断了所有的关系，缩到自己的梦想世界，以此解决他所忧虑的问题。

在我写这一章的时候，我的书桌上就有一本书，是爱德华·波多尔斯基博士所写的《停止忧虑，换来健康》。书中就谈到了几个问题：

1. 忧虑对心脏的影响。
2. 忧虑造成高血压。
3. 风湿症可能因忧虑而起。
4. 为了保护你的胃，请少忧虑些。
5. 忧虑如何使你感冒。
6. 忧虑和甲状腺。
7. 忧虑与糖尿病患者。

著名的法国哲学家蒙泰格被选为老家的市长时，他对市民们说："我愿意用我的双手处理你们的事情，可是不想把它们带到我的肝里和肺里。"

但我那个邻居却把股票市场带到他的血液里，差点送了他的老命。

如果我想记住忧虑对人有什么影响，我不必去看我领导的房子，只要看看我现在坐着的这个房间，想想以前这栋房子的主人——他因为忧虑过度而进了坟墓。忧虑会使你患风湿症或关节炎而坐进轮椅，康奈尔大学医学院的罗素·塞西尔博士是世界知名的治疗关节炎权威，他列举了4种最容易得关节炎的情况：

1. 婚姻破裂。
2. 财务上的不幸和难关。
3. 寂寞和忧虑。
4. 长期的愤怒。

当然，以上4种情绪状况，并不是关节炎形成的唯一原因。而产生关节炎最"常见的原因"是塞西尔博士所列举的这4点。举个例子来说，我的一个朋友在经济不景气的时候，遭到很大的损失。结果煤气公司切断了他的煤气，银行没收了他抵押贷款的房子，他太太突然染上关节炎——虽然经过治疗和注意饮食营养，关节炎却一直等到他们的财务情况改善之后才真正痊愈。

忧虑甚至会使你蛀牙。威廉·麦克戈尼格博士在全美牙医协会的一次演讲中说："由于焦虑、恐惧等产生的不快情绪，可能影响到一个人身体的钙质平衡，而使牙齿容易长蛀虫。"麦克戈尼格博士提到，他的一个病人起先有一口很好的牙齿，后来他太太得了急病，他便开始担心起来。就在她住院的3个星期里，他突然有了9颗蛀牙——都是由于焦虑引起的。

你是否看过一个甲状腺反应过度的人？我看过。我可以告诉你，他们会颤抖、会战栗，看起来就像吓得半死的样子——而事实也差不多是这种情形。甲状腺原来应该能使身体规律化，一旦反常之后，心跳就会加快，使整个身体亢奋得像一个打开了所有风门的火炉，如果不动手术或加以治疗的话，就很可能死掉，甚至"把他自己烧干"。

不久以前，我和一个得这种病的朋友到费城去。我们去见伊莎瑞尔士内·布拉姆博士——一位主治这种病达38年之久的著名专家。在他候诊室的墙上挂了一块大木板，上面写着他给病人的忠告。我把它抄在一个信封的背面：

轻松和享受

最使你轻松愉快的是，

健全的信仰、睡眠、音乐和欢笑。

——对前途要有信心

——要能睡得安稳

——喜欢好的音乐

——从滑稽的一面来看待生活，

健康和快乐就都是你的。

他问我朋友的第一个问题就是："你的情绪是否已经使你影响了身体健康和心理平和？"他警告我的朋友说，如果他继续忧虑下去，就可能会染上其他并发症、心脏病、胃溃疡，或是糖尿病。"所有的这些病症，"这位名医说，"都互为亲戚关系，甚至是很近的亲戚。"一点都不错，它们都是近亲——由忧虑所产生的病症。

心脏病是美国的第一号凶手。在第二次世界大战期间，大约有三十几万美国人死在战场上，可是在同一段时间里，心脏病却杀死了200万平民——其中有100万人的心脏病是由于忧虑和过度紧张的生活引起的。不错，就因为心脏病，亚历西斯·戈锐尔博士才会说："不知道怎么抗拒忧虑的商人都会短命而死。"

中国人和美国南方的黑人却很少患这种因忧虑而引起的心脏病，因为他们处事沉着。死于心脏病的医生比农夫多20倍。因为医生过的是紧张的生活，所以才有这样的结果。

"上帝可能原谅我们所犯的罪，"威廉·詹姆斯说，"可是我们的神经系统却不会。"

这是一件令人吃惊而难以相信的事实：每年死于自杀的人，比死于种种常见的传染病的人还要多。

为什么呢？答案通常都是"因为忧虑"。

古时候，残忍的将军要折磨他们的俘虏时，常常把俘虏的手脚绑起来，放在一个不停地往下滴水的袋子下面，水滴着、滴着……夜以继日，最后，这些不停滴落在头上的水，变得好像是用槌子敲击的声音，使那些人精神失常。这种折磨人的方法，以前西班牙宗教法庭和希特勒手下的德国集中营都曾经使用过。

忧虑就像不停地往下滴、滴、滴的水，而那不停地往下滴、滴、滴的忧虑，通常会使人心神丧失而自杀。

当我还是密苏里州一个乡下孩子的时候，星期天听牧师形容地狱的烈火，吓得我半死。可是他从来没有提到，我们此时此地由忧虑所带来的生理痛苦的地狱烈火。比方说，如果你长期忧虑下去的话，你有一天就很可能会得到最痛苦的病症：狭心症。

这种病要是发作起来，会让你痛得尖叫，跟你的尖叫比起来，但丁的《地狱篇》听来都像是"娃娃游玩具国"了。到时候，你就会跟你自己说："噢，上帝啊！噢，上帝啊！要是我能好的话，我永远也不会再为任何事情忧虑——永远也不会了。"如果你认为我这话说得太夸张的话，不妨去问问你的家庭医生。

你爱生命吗？你想健康、长寿吗？下面就是你能做到的方法。我再引用一次亚历西斯·戈锐尔博士的话："在纷繁复杂的现代城市中，只有能保持内心平静的人，才不会变成神经病。"

已成定局,你所要做的就是接受

卡耐基金言

◇ 事情既然如此,就不会另有他样。
◇ 我们所有迟早要学到的东西,就是必须接受和适应那些不可避免的事实。
◇ 快乐之道无他——我们的意志力所不及的事情,不要去忧虑。

当我还是一个小孩的时候,有一天,我和几个朋友一起在密苏里州西北部的一间荒废的老木屋的阁楼上玩。当我从阁楼爬下来的时候,先在窗栏上站了一会儿,然后往下跳。我左手的食指上带着一个戒指。当我跳下去的时候,那个戒指钩住了一根钉子,把我整根手指拉脱了下来。

我尖声地叫着,吓坏了,还以为自己死定了,可是在我的手好了之后,我就再也没有为这个烦恼过。再烦恼又有什么用呢?我接受了这个不可避免的事实。

现在,我几乎根本就不会去想,我的左手只有4个手指头。

几年之前,我碰到一个在纽约市中心一家办公大楼里开货梯的人。我注意到他的左手齐腕砍断了。我问他少了那只手会不会觉得难过,他说:"噢,不会,我根本就不会想到它。只有在要穿针的时候,才会想起这件事情来。"

令人惊讶的是,在不得不如此的情况下,我们差不多都能很快接受任何一种情形,如使自己适应,或者整个忘了它。

我常常想起在荷兰首都阿姆斯特丹的一家15世纪的老教堂,它的废墟上留有一行字:

事情既然如此,就不会另有他样。

在漫长的岁月中,你我一定会碰到一些令人不快的情况,它们既是这样,就不可能是他样。我们也可以有所选择。我们可以把它们当作一种不可避免的情况加以接受,并且适应它,或者我们可以用忧虑来毁了我们的生活,甚至最后可能会弄得精神崩溃。

下面是我最喜欢的心理学家、哲学家威廉·詹姆斯所提出的忠告:要乐于接受必然发生的情况,接受所发生的事实,是克服随之而来的任何不幸的第一步。

住在俄勒冈州波特兰的伊丽莎白·康奈利,却经过很多困难才学到这一点。下面是一封她最近写给我的信:

在美国庆祝陆军在北非获胜的那一天,我接到国防部送来的一封电报,我的侄儿——我最爱的一个人——在战场上失踪了。过了不久,又来了一封电报,说他已经死了。

我悲伤得无以复加。在那件事发生以前,我一直觉得生命对我多么美好,我有一份自己喜欢的工作,努力带大了这个侄儿。在我看来,他代表了年轻人美好的一切。我觉得我以前的努力,现在都有很好的收获……然后却收到了这些电报,我的整个世界都粉碎了,觉得再也没有什么值得我活下去。我开始忽视自己的工作,忽视朋友,我抛开了一切,既冷淡又怨恨。为什么我最疼爱的侄儿会离我而去?为什么一个这么好的孩子——还没有真正开始他的生活——就死在战场上?我没有办法接受这个事实。我悲痛欲绝,决定放弃工作,离开我的家乡,把自己藏在眼泪和悔恨之中。

就在我清理桌子、准备辞职的时候,突然看到一封我已经忘了的信——一封从我这个已经死了的侄儿那里寄来的信。是几年前我母亲去世的时候,他写来给我的一封信。"当然我们都会想念她的,"那封信上说,"尤其是你。不过我知道你会撑过去的,以你个人对人生的看法,就能让你撑得过去。我永远也不会忘记那些你教我的美丽的真理:不论活在哪里,不论我们分离得有多么远,我永远都会记得你教我要微笑,要像一个男子汉承受所发生的一切。"

我把那封信读了一遍又一遍,觉得他似乎就在我的身边,正在向我说话。他好像在对我说:"你为什么不照你教给我的办法去做呢?撑下去,不论发生什么事情,把你个人的悲伤藏在微笑底下,继续过下去。"

于是,我重新回去开始工作。我不再对人冷淡无礼。我一再对我自己说:"事情到了这个地步,我没有能力去改变它,不过我能够像他所希望的那样继续活下去。"我把所有的思想和精力都用在工作上,我写信给前方的士兵——给别人的儿子们。晚上,我参加成人教育班——要找出新的兴趣,结交新的朋友。我几乎不敢相信发生在我身上的种种变化。我不再为已经永远过去的那些事悲伤,我现在每天的生活都充满了快乐——就像我的侄儿要我做到的那样。

伊丽莎白·康奈利学到了我们所有人迟早都要学到的东西——我们必须接受和适应那些不可避免的事情。这不是很容易学会的一课,就连那些在位的帝王也要常常提醒他们自己这样做。已故乔治五世在他白金汉宫的房里墙上挂着下面的这句话："教我不要为月亮哭泣，也不要为过去的事后悔。"叔本华也曾说过："能够顺从，就是你在踏上人生旅途中最重要的一件事。"

很显然，环境本身并不能使我们快乐或不快乐，只有我们对周围环境的反应才能决定我们的感觉。必要时我们都能忍受灾难和悲剧，甚至战胜它们。我们也许会以为我们办不到，但我们内在的力量却坚强得惊人，只要我们肯加以利用，就能帮助我们克服一切。

已故的布什·塔金顿总是说："人生加诸我的任何事情，我都能接受，只除了一样，就是瞎眼。那是我永远也没有办法忍受的。"然而，在他60多岁的时候，有一天他低头看着地毯，色彩整个模糊，他无法看清楚地毯的花纹。他去找了一个眼科专家，发现了一个不幸的事实：他的视力在减退，有一只眼睛几乎全瞎了，另一只离瞎也为期不远了。他唯一所怕的事情终于发生在他的身上。塔金顿对这种"所有灾难里最可怕的事"有什么反应呢？他是不是觉得"这下完了，我这一辈子到这里就完了"呢？没有，他自己也没有想到他还能觉得非常开心，甚至还能善用他的幽默感。以前，浮动的"黑斑"令他很难过，它们会在他眼前游过，遮断了他的视线，可是现在，当那些最大的黑斑从他眼前晃过的时候，他却会说："嘿，又是老黑斑爸爸来了，不知道今天这么好的天空，它要到哪里去。"

当塔金顿终于完全失明之后，他说："我发现我能承受我视力的丧失，就像一个人能承受别的事情一样。要是我5种感官全丧失了，我知道我还能够继续生存在我的思想里，因为我们只有在思想里才能够看，只有在思想里才能够生活，不论我们是不是知道这一点。"

塔金顿为了恢复视力，在一年之内接受了12次手术，为他动手术的是当地的眼科医生。他有没有害怕呢？他知道这都是必要的，他知道他没有办法逃避，所以唯一能减轻他受苦的办法，就是爽爽快快地去接受它。他拒绝在医院里用私人病房，而住进大病房里，和其他的病人在一起。他试着去使大家开心，而在他必须接受好几次手术时——而且他很清楚地知道在他眼睛里动了些什么手术——他只尽力让自己去想他是多么的幸运。"多么好啊，"他说，"多么妙啊，现在科学的发展已经达到了这种技巧，能够为人的眼睛这么纤细的东西动手术了。"

一般人如果要忍受12次以上的手术和不见天日的生活，恐怕都会变成神经病了。可是塔金顿说:"我可不愿意把这次经历拿去换一些不开心的事情。"这件事教会他如何接受,这件事使他了解到生命所能带给他的没有一样是他能力所不及而不能忍受的。这件事也使他领悟富尔顿所说的:"瞎眼并不令人难过,难过的是你不能忍受瞎眼。"

有一次我拒绝接受我所碰到的一个不可避免的情况,我做了一件傻事,想去反抗它,结果使我失眠好几夜,并且痛苦不堪。我让自己想起所有不愿意想的事情,经过了一年的自我虐待,我终于接受了我早就知道的不可能改变的事实。

我应该在好几年前,就会吟诵沃尔特·惠特曼的诗句:

噢,要像树木和动物一样,
去面对黑暗、暴风雨、饥饿、愚弄、意外和挫折。

我与牛打了12年的交道,但是从来没有看到哪一条母牛因为草地缺水干枯,天气太冷,或是哪条公牛追上了别的母牛而大为恼火。动物都能很平静地面对夜晚、暴风雨和饥饿。所以它们从来不会精神崩溃或者是得胃溃疡,它们也从来不会发疯。

我是不是说,在碰到任何挫折的时候,都应该低声下气呢?不是,那样就成为宿命论者了。不论在哪一种情况下,只要还有一点挽救的机会,我们就要奋斗。可是当普通常识告诉我们,事情是不可避免的——也不可能再有任何转机时——为了保持我们的理智,让我们不要"左顾右盼,无事自忧"。

哥伦比亚大学已故的迪安·霍克斯告诉我,他曾经作过一首打油诗当作他的座右铭:

天下疾病多,数也数不了,
有的可以医,有的治不好。
如果还有医,就该把药找,
要是没法治,干脆就忘了。

在写这本书的时候,我曾经访问过好几位在美国很有名的生意人。令我印象最深刻的是,他们大多数都能接受那些无可避免的事实,过着一种无忧无虑的生活。如果他们不这样的话,就会被过大的压力压垮。下面就是几个很好的例子:

创设了遍及全国的彭尼连锁店的彭尼告诉我:"哪怕我所有的钱都赔光

了，我也不会忧虑，因为我看不出忧虑可以让我得到什么。我尽己所能地把工作做好，至于结果就要看老天爷了。"

亨利·福特也告诉我一句类似的话。

当我问克莱斯勒公司的总经理凯勒先生，他如何避免忧虑的时候，他回答说："要是我碰到很棘手的情况，只要想得出办法解决的，我就去做。要是干不成的，我就干脆把它忘了。我从来不为未来担心，因为，没有人能够知道未来会发生什么事情，影响未来的因素太多了，也没有人能说出这些影响都从何而来，所以何必为它们担心呢？"如果你说凯勒是个哲学家，他一定会觉得非常困窘，他只是一个很好的生意人。可是他的想法，正和19世纪以前，罗马的大哲学家依匹托塔士的理论差不多。"快乐之道无他，"依匹托塔士告诉罗马人，"只有一点，只要是我们的意志力所不及的事情就不要为之忧虑。"

莎拉·班哈特可以算是最懂得怎么去适应那些不可避免的事实的女人了。50年来，她一直是四大洲剧院里独一无二的皇后——是全世界观众最喜爱的一位女演员。后来，她在71岁那年破产了——所有的钱都损失了，而她的医生——巴黎的波基教授告诉她必须把腿锯断：因为她在横渡大西洋的时候碰到暴风雨，摔倒在甲板上，使她的腿伤得很重，她染上了静脉炎，腿痉挛，那种剧烈的痛苦，使医生觉得她的腿一定要锯掉。这位医生有点怕去把这个消息告诉那个脾气很坏的莎拉。他简直不敢相信，莎拉看了他一阵子，然后很平静地说："如果非这样不可的话，那只好这样了。"这就是命运。

当她被推进手术室的时候，她的儿子站在一边哭，她朝他挥了下手，高高兴兴地说："不要走开，我马上就回来。"

在去手术室的路上，她一直背着她演过的一出戏里的一幕。有人问她这么做是不是为了提起她自己的精神，她说："不是的，是要让医生和护士们高兴，他们受的压力可大得很呢。"手术完成，健康恢复之后，莎拉·班哈特还继续环游世界，使她的观众又为她疯迷了7年。

"当我们不再反抗那些不可避免的事实之后，"爱尔西·迈克密克在《读者文稿》的一篇文章里说，"我们就能节省下精力，创造出一个更丰富生活。"没有人能有足够的情感和精力，既抗拒不可避免的事实，又创造一个新的生活。你只能在这两个中间选择一个。你可以在生活中那些无可避免的暴风雨之下弯下身子，或者你可以因抗拒它们而被摧折。

我在密苏里州的农场上就见过这样的事情。我在农场上种了几十棵树，它们长得非常快，后来下了一阵冰雹，每根细小的树枝上都堆满了一层厚厚的冰。这些树枝在重压之下并没有顺从地弯下来，而是骄傲地反抗着，终于承受不了重压而折断。这些树可不像北方的树木那样聪明，我曾经在加拿大看过长达好几百里的常青树林，从来没有看见一棵柏树或是松树被冰雪或冰雹压垮，因为这些常青树知道怎么去顺从重压，知道怎样弯垂枝条，怎么适应不可避免的情况。

日本的柔道大师教导他们的学生"要像杨柳一样柔顺，不要像橡树一样挺拔"。

你知道汽车轮胎为什么能在路上跑那么久，能忍受那么多的颠簸吗？起初，制造轮胎的人想要制造一种轮胎，能够抗拒路上的颠簸，结果轮胎不久就被切成了碎条。然后他们又做出一种轮胎来，吸收路上所碰到的各种压力，这样的轮胎可以"接受一切"。在曲折的人生旅途上，如果我们也能够承受所有的挫折和颠簸，我们就能够活得更加长久，我们的人生之旅就会更加顺畅！

如果我们不吸收这些曲折，而是去反抗生命中所遇到的挫折的话，我们会碰到什么样的事实呢？答案非常简单，这样就会产生一连串内在的矛盾，我们就会忧虑、紧张、急躁而神经质。

"对必然之事，且轻快地加以承受。"这几句话是在耶稣基督出生前399年说的。但是在这个充满忧虑的世界，今天的人比以往更需要这句话："对必然之事，且轻快地加以承受。"

不停地忙碌也许是最好的选择

卡耐基金言

◇工作——让你忙着，是精神疾病最好的治疗剂。

◇忧虑最能伤害你的时候，不是在你有行动的时候，而是在一天的工作做完了之后。

◇要是我们为什么事情担心的话，让我们记住，我们可以把工作当作很好的古老治疗法！

我永远也忘不了几年前的一天夜里，我班上的一个学生道格拉斯告诉我们，他家里遭受了不幸，不止一次，而是两次。第一次他失去了自己 5 岁的女儿，一个他非常喜欢的女孩子。他和妻子都以为他们没有办法忍受这个打击。可是，正如他说的：

"10 个月之后，上帝又赐给我们另外一个小女儿——而她只活了 5 天就死了。"

这接二连三的打击，对任何人来讲都无法承受。"我实在承受不了，"这个做父亲的告诉我们说，"我睡不着觉，吃不下饭，也无法休息或放松。我的精神受到致命的打击，信心尽失。"最后他去看医生。一个医生建议他吃安眠药，另外一个则建议他去旅行。他两个方法都试过了，可是没有一样能够对他有所帮助。他说："我的身体好像被夹在一把大钳子里，而这把钳子愈夹愈紧，愈夹愈紧。"那种悲哀给他的压力——如果你曾经因悲哀而感觉麻木的话，你就知道他所说的是什么了。

"不过，感谢上帝，我还有一个孩子——一个 4 岁的儿子，他教我们得到解决问题的方法。有一天下午，我呆坐在那里为自己感到难过的时候，他问我：'爸爸，你肯不肯为我造一条船？'我实在没有兴致去造条船。事实上，我根本没有兴致做任何事情。可是我的孩子是个很会缠人的小家伙，我不得不顺从他的意思。

"造那条玩具船大概花了我 3 个钟头，等到船弄好之后，我发现用来造船的那 3 个小时，是我这么多个月来第一次有机会放松我的心情的时间。这个大发现使我从昏睡中惊醒过来。它使我想了很多——这是我几个月来的第一次思想。我发现，如果你忙着去做一些需要计划和思想的事情的话，就很难再去忧虑了。对我来说，造那条船就把我的忧虑整个击垮了，所以我决定让自己不断地忙碌。

"第二天晚上，我巡视了屋子里的每个房间，把所有该做的事情列成一张单子。有好些小东西需要修理，比方说书架、楼梯、窗帘、门锁、漏水的龙头，等等。叫人想不到的是，在两个星期以内，我列出了 242 件需要做的事情。

"在过去的两年里，那些事情大部分已经完成。此外，我也使我的生活充满了启发性的活动：每个星期，我有两天晚上到纽约市参加成人教育班，并参加了一些小镇上的活动。我现在是校董事会的主席，参加很多会议，并协助红十字会和其他的机构募捐。我现在简直忙得没有时间去忧虑。"

没有时间忧虑,这正是丘吉尔在战事紧张到每天要工作18个小时的时候所说的。当别人问他是不是为那么重的责任而忧虑时,他说:"我太忙了,我没有时间去忧虑。"

查尔斯·柯特林在发明汽车的自动点火器时,也碰到这样的情形。柯特林先生一直是通用公司的副总裁,负责世界闻名的通用汽车研究公司,最近才退休。可是,当年他却穷到要用谷仓里堆稻草的地方做实验室。家里的开销,都须靠他太太教钢琴所赚来的1500美金。

后来,他不得不用他的人寿保险抵押借了500美金。我问过他太太,在那段时期她是否很忧虑?"是的,"她回答说,"我担心得睡不着,可是柯特林先生一点也不担心。他整天埋首于工作中,没有时间去忧虑了。"

伟大的科学家巴斯特曾经谈到"在图书馆和实验室中所找到的平静"。平静为什么会在那儿找到呢?因为在图书馆和实验室的人,通常都埋首于工作中,不会为他们自己担忧。做研究工作的人很少有精神崩溃的现象,因为他们没时间来享受这种"奢侈"。

为什么"让自己忙着"这么一件简单的事情,就能够把忧虑赶出去呢?有这么一个定理——这是心理学上所发现的最基本的一条定理。这条定理就是:不论一个人多么聪明,人类的思想,都不可能在同一时刻想一件以上的事情。让我们来做一个实验:假定你现在靠坐在椅子上,闭起双眼,试着在同一个时刻去想:自由女神,你明天早上打算做什么事情。

你很快地发现你只能轮流地想其中的一件事,而不能同时想两件事情,对不对?在你的情感上来说,也是这样。我们不可能既激动、热诚地想去做一些令人很兴奋的事情,同时又因为忧虑而拖累下来。一种感觉会把另一种感觉赶出去,就是这么简单的发现,使得军方的心理治疗专家们,能够在战时创造出这一类的奇迹。

当有些人因为在战场上的经历受到打击而退下来时,他们都被称为"心理上的精神衰弱症"。军方的医生都以"让他们忙着"为治疗的方法。

除了睡觉的时间以外,每一分钟都让这些在精神上受到打击的人充满了活力,比方钓鱼、打猎、打球、打高尔夫球、拍照片、种花,以及跳舞等,根本不让他们有时间去回想那些可怕的经历。

"职业性的治疗"是近代心理医生所用的名词,也就是拿工作来当治病的药。这并不是新的办法,在耶稣诞生500年以前,古希腊的医生就已经使用过了。

在富兰克林那个时代，费城教友会教徒也用这种办法。1774年有一个人去参观教友会的疗养院，看见那些精神病人正忙着纺纱织布，令他大为震惊。他觉得，那些可怜的不幸的人，在被压榨劳力——后来教友会的人才向他解释说，他们发现那些病人只有在工作的时候病情才能够真正地有所好转，因为工作能安定神经。

随便哪位心理治疗医生都能告诉我：工作——让你忙着——是精神病最好的治疗剂。名诗人亨利·朗费罗在他年轻的妻子去世之后，发现了这个道理。有一天，他太太点了一支蜡烛，来熔一些信封的火漆，结果衣服烧了起来。朗费罗听见她的叫喊声，就赶过去抢救，可是她还是因为烧伤而死去。有一段时间，朗费罗没有办法忘掉这次可怕的经历，几乎发疯。幸好他3个幼小的孩子需要照料。虽然他很悲伤，但还是要父兼母职。他带他们出去散步，讲故事给他们听，和他们一同玩游戏，还把他们父子间的亲情永存在《孩子们的时间》一诗里。他还翻译了但丁的《神曲》。这些工作加在一起，使他忙得完全忘记了自己，也重新得到思想的平静。就像班尼生在最好的朋友亚瑟·哈兰死的时候曾经说过的那样："我一定要让我自己沉浸在工作里，否则我就会在绝望中苦恼。"

对大部分人来说，在集中主要精力于工作或被工作忙得团团转的时候，"沉浸在工作里"大概不会有多大问题。可是在下班以后——就在我们能自由自在享受悠闲和快乐的时候——忧虑的魔鬼就会来攻击我们。这时候我们常常会想，我们的生活里有什么样的成就，我们有没有上轨道，老板今天说的那句话是不是"有什么特别的意思"，或者我们的头是不是秃了。

我们不忙的时候，脑筋常常会变成真空。每一个学物理的学生都知道"自然中没有真空的状态"。打破一个白炽灯的电灯泡空气就会进去，充满了理论上说来是真空的那一块空间。你脑筋空出来，也会有东西进去补充，是什么呢？通常都是你的感觉。为什么？因为忧虑、恐惧、憎恨、嫉妒和羡慕等情绪，都是由我们的思想所控制的，这种种情绪都非常猛烈，会把我们思想中所有的平静的、快乐的思想和情绪都赶出去。

詹姆斯·穆歇尔是哥伦比亚师范学院的教育学教授。他在这方面说得很清楚："忧虑最能伤害到你的时候，不是在你有行动的时候，而是在一天的工作做完了之后。那时候，你的想象力会混乱起来，使你想起各种荒诞不经的可能，把每一个小错误都加以夸大。在这种时候，"他继续说道，"你的思想就像一部没有载货的车子，乱冲乱撞，撞毁一切，甚至自己也变成碎片。消除忧虑的最好办法，就是要让你自己忙着，去做一些有用的事情。"

不见得只有一个大学教授才能懂得这个道理，才能付诸实行。战时，我碰到一个住在芝加哥的家庭主妇，她告诉我她如何发现"消除忧虑的好办法，就是让自己忙着，去做一些有用的事情"。当时我正在从纽约回密苏里农庄的路上，在餐车上碰到这位太太和她的先生。

这对夫妇告诉我，他们的儿子在珍珠港事件的第二天加入陆军。那个女人当时因担忧她的独子，而几乎使她的健康受损。他在什么地方？他是不是安全呢？这时正在打仗？他会不会受伤、死亡？

我问她，后来她是怎么克服她的忧虑的。她回答说："我让自己忙着。"她告诉我，最初她把女佣辞退了，希望能靠自己做家务来让自己忙着，可是这没有多少用处。"问题是，"她说，"我做起家事来几乎是机械化的，完全不用思想，所以当我铺床和洗碟子的时候，还是一直担忧着。我发现，我需要一些新的工作才能使我在一天的每一个小时，身心两方面都能感到忙碌，于是我到一家大百货公司里去当售货员。"

"这下好了，"她说，"我马上就发现自己好像掉进了一个大漩涡里，顾客挤在我的四周，问我关于价钱、尺码、颜色等问题。没有一秒钟能让我想到除了手边工作以外的事情。到了晚上，我也只能想，怎样才可以让我酸痛的双脚舒服一点。吃完晚饭以后，我倒在床上，马上就睡着了，既没有时间也没有体力再去忧虑。"

她所发现的这一点，正如约翰·考伯尔·波斯在他那本《忘记不快的艺术》里所说的："一种舒适的安全感，一种内在的安静，一种因欢乐而反应迟钝的感觉，都能使人类在专心工作时精神镇静。"

而能做到这一点是多么有福气的事。世界最有名的女冒险家奥莎·强生最近告诉我，她怎样从忧伤中解脱出来。也许你读过她的自传《与冒险结缘》。如果真有哪个女人能和冒险结缘的话，也就只有她了。马丁·强生在她16岁那一年，把她从堪萨斯州查那提镇的街上一把抱起，到婆罗州的原始森林里才把她放下。他娶了她。25年来，这对来自堪萨斯州的夫妇踏遍了全世界，拍摄逐渐绝迹的野生动物的影片。9年前他们回到美国，到处做演讲，放映他们那些有名的电影。在丹佛城搭飞机飞往西岸时，他们乘坐的飞机撞了山，马丁·强生当场死亡，医生们都说奥莎永远不能再下床了。可是他们对奥莎·强生并不了解，3个月以后，她就坐着一架轮椅，在一大群人的面前发表演说。在那段时间里，她发表过100多次演讲，都是坐着轮椅去的。当我问她为什么这样做时，她回答说："我之所以这样做，是为了让我没有时间去悲伤和忧虑。"

奥莎·强生发现了上一世纪的但尼生在诗句里所说的同一个真理："我必须让自己沉浸在工作当中，否则我就会挣扎在绝望中。"海军上将拜德也发现了这一点，他在覆盖着冰雪的南极小茅屋里单独居住了5个月，在那冰天雪地里，藏有大自然最古老的奥秘——在冰雪覆盖下，是一片无人知晓的、比美国和欧洲加起来还要大的大陆。在拜德上将独自度过的5个月里，方圆100英里内没有任何一种生物存在。天气奇冷，当风吹过他耳边的时候，他能听见他的呼吸被冻住，冻得像水晶一般。

在他那本名叫《孤寂》的书里，拜德上将叙述了在既难过又可怕的黑暗里所经过的那5个月的生活。他一定得不停地忙碌才能不至于发疯。

"在夜晚，"他说，"当我把灯吹熄以前，我养成了分配第二天工作的习惯。就是说，为我自己安排下一步该怎么做。比方说，一个钟点去检查逃生用的隧道，半个钟点去挖横坑，一个钟点去弄清那些装燃料的容器，一个钟点在藏飞行物的隧道的墙上挖出放书的地方，再花两个钟点去修拖人的雪橇……"

"能把时间分开来，"他说，"是一件非常有益的事情，使我有一种可以主宰自我的感觉……"他又说，"要不是这样做的话，那日子就过得没有目的。而没目的的话，这些日子就会像往常一样，最后弄得分崩离析。"

要是我们为什么事情担心的话，让我们记住，我们可以把工作当作很好的古老治疗法！已故的哈佛大学医学院教授李察·柯波特博士说："我很高兴看到工作可以治愈很多病人。他们所感染的，是由于过分迟疑、踌躇和恐惧等等所带来的病症。工作所带给我们的勇气，就像爱默生永垂不朽的自信一样。"

要是你和我不能一直忙着——如果我们闲坐在那里发愁，我们会产生一大堆达尔文称之为"胡思乱想"的东西，而这些"胡思乱想"就像传说中的妖精，会掏空我们的思想，摧毁我们的行动力和意志力。

萧伯纳把这些总结起来说："让人愁苦的原因就是，有空闲来想想自己到底快不快乐。"

所以不必去想它，摩拳擦掌地让自己忙起来，你的血液就会加速循环，你的思想就会开始变得敏锐。

从改善最坏的情况开始

卡耐基金言

◇能接受最坏的情况，就能在心理上让你发挥出新的潜能。

◇忧虑最大的坏处就是摧毁我们集中精神的能力，一旦忧虑产生，我们的思想就会到处乱转，从而丧失作出决定的能力。

预见困难，并在它到来之前做好充分的心理准备，才能在困难发生之时得到一份难得的平静。

忧虑是成功的杀手。这套消除忧虑的万灵公式，曾经使一个带着棺材航海旅行的垂死病人胖了40公斤。

你是否想得到一个快而有效的消除忧虑的办法——那种在你不必再多往下看之前，就能马上应用的方法？那么让我告诉你威利·卡瑞尔所发明的这个办法。卡瑞尔是一个很聪明的工程师，他开创了空气调节器制造业，现在是纽约州瑞西的世界闻名的卡瑞尔公司的负责人。我所知道的解决忧虑困难的最好办法，是我和卡瑞尔先生在纽约的工程师俱乐部吃中饭的时候亲自从他那里学到的。

"年轻的时候，"卡瑞尔先生说，"我在纽约州水牛城的水牛钢铁公司做事。我必须到密苏里州水晶城的匹兹堡玻璃公司——一座花费好几百万美金建造的工厂，去安装一架瓦斯清洁剂，目的是清除瓦斯里的杂质，使瓦斯燃烧时不至于伤到引擎。这种清洁瓦斯的方法是新的方法，以前只试过一次——而且当时的情况很不相同。我到密苏里州水晶城工作的时候，很多事先没有想到的困难都发生了。经过一番调整之后，机器可以使用了，可是成绩并不能好到我们所保证的程度。

"我对自己的失败非常吃惊，觉得好像是有人在我头上重重地打了一拳。我的胃和整个肚子都开始扭痛起来。有好一阵子，我担忧得简直没有办法睡觉。

"最后，我的常识告诉我忧虑并不能够解决问题，于是我想出一个不需要忧虑就可以解决问题的办法,结果非常有效。我这个反忧虑的办法已经使用30多年。这个办法非常简单,任何人都可以使用。其中共有3个步骤:

"第一步,我先毫不害怕而诚恳地分析整个情况,然后找出万一失败可能发生的最坏的情况是什么。没有人会把我关起来,或者把我枪毙,这一点很肯定。不错,很可能我会丢掉差事,也可能我的老板会把整个机器拆掉,使投进的两万块钱泡汤。

"第二步,找到可能发生的最坏情况之后,我就让自己在必要的时候能够接受它。我对自己说,这次的失败,在我的纪录上会是一个很大的污点,可能我会因此而丢差事。但即使真是如此,我还是可以另外找一份差事。事情可能比这更糟;至于我的那些老板——他们也知道我们现在是在试验一种清除瓦斯新法,如果这种实验要花他们两万美金,他们还付得起。他们可以把这个账算在研究费用上,因为这只是一种实验。

"发现可能发生的最坏情况,并让自己能够接受之后,有一件非常重要的事情发生了,我马上轻松下来,感受到几天以来所没体验过的一份平静。

"第三步,从这以后,我就平静地把我的时间和精力,拿来试着改善我在心理上已经接受的那种最坏情况。

"我努力找出一些办法,让我减少我们目前面临的两万元损失。我做了几次实验,最后发现,如果我们再多花5000块钱,加装一些设备,我们的问题就可以解决。我们照这个办法去做之后,公司不但没有损失两万块钱,反而赚了1.5万元钱。

"如果当时我一直担心下去的话,恐怕永远不可能做到这一点。因为忧虑的最大坏处,就是会毁了我集中精神的能力。在我们忧虑的时候,我们的思想会到处乱转,而丧失所有做决定的能力。然而,当我们强迫自己面对最坏的情况,而在精神上接受它之后,我们就能够衡量所有可能的情形,使我们处在一个可以集中精力解决问题的地位。

"我刚才所说的这件事,发生在很多年以前,因为这种做法非常好,我就一直使用着。结果呢,我的生活里几乎完全不再有烦恼了。"

如果你认为运用威利·卡瑞尔公式也有烦恼,那请听下面这则故事吧。

这则故事是艾尔·汉里在1948年11月17日于波斯顿斯泰勒大饭店亲口告诉我的:

"二十几年前,我因为常常发愁,得了胃溃疡。有一天晚上,我的胃出血了，被送到芝加哥西北大学的医学院附属医院里。我的体重从175磅下降到90磅。病情严重到医生警告我连头都不许抬。3个医生中，有一个是非常有名的胃溃疡专家。他们说我的病是'已经无药可救了'。我只能吃苏打粉，每小时吃一大匙半流质的东西，每天早上和晚上都要护士拿一条橡皮管插进我的胃里，把里面的东西洗出来。

"这种情形熬了好几个月……最后，我对自己说：'你睡吧，汉里，如果你除了等死之外没有什么别的指望了，不如好好利用你剩下的一点时间。你一直想在你死以前环游世界，所以如果你还想这样做的话，只有现在就去做了。'

"当我对那几位医生说，我要去环游世界、我自己会一天洗两次胃的时候，他们都大吃一惊。不可能的，他们从来都没听说过这种事。他们警告我说，如果我开始环游世界，我就只有葬在海里了。'不，我不会的。'我回答说，'我已经答应过我的亲友，我要葬在莱布雷斯卡州我们老家的墓园里，所以我打算把我的棺材随身带着。'

"我去买了一具棺材，把它运上船，然后委托轮船公司安排好，万一我去世的话，就把我的尸体放在冷冻舱里，一直等我回到老家。就这样，我开始踏上旅程。

"我从洛杉矶登上了'亚当斯总统'号轮船向东航行的时候，就觉得好多了，渐渐地不再吃药，也不再洗胃。不久之后，任何食物都能吃了——甚至包括许多奇怪的当地食品和调味品。这些都是别人说我吃了一定会送命的。几个星期过去之后，我甚至可以抽长长的黑雪茄，喝几杯老酒。多年来我从来没有这样享受过。我们在印度洋上碰到季风，在太平洋上碰到台风。这种事情就只因为害怕，也会让我躺进棺材里的，可是我却从这次冒险中得到很大的乐趣。

"我在船上和他们玩游戏、唱歌、交新朋友；晚上聊到半夜。我中止了所有无聊的担忧，觉得非常舒服。回到美国之后，我的体重增加了90磅，几乎忘记了我曾患过胃溃疡。我这一生中从没有觉得这么舒服。我回去做事，此后一天也没再病过。"

艾尔·汉里告诉我，他发现自己下意识地应用了威利·卡瑞尔的征服忧虑的办法：

"首先，我问自己：'所可能发生的最坏情况是什么？'答案是：死亡。

"第二，我让自己准备好接受死亡，我不得不如此，因为别无其他的选择，几个医生都说我没有希望了。

"第三，我想办法改善这种情况。办法是：'尽量享受我所剩下的这一点时间'……如果我上船之后还继续忧虑下去，毫无疑问，我一定会躺在我自备的棺材里，完成这次旅行了。可是我放松下来，忘了所有的忧虑。而这种心理平静，使我产生了新的体力，救了我的性命。"

所以，如果你有担忧的问题，就做到下面3件事情：

问你自己："可能发生的最坏的情况是什么？"

如果你必须接受的话，就准备接受它。

然后镇定地想办法改善最坏的情况。

莫把忧虑深藏心中

卡耐基金言

◇减轻忧虑最好的药就是"跟你信任的人谈论你的问题，我们称之为净化作用"。

◇就某方面来说，心理分析就是以语言的治疗功能为基础。从弗洛伊德的时代开始，心理分析家就知道，只要一个病人能够说话——单单只要说出来，就能够解除他心中的忧虑。

1930年，约瑟夫·普拉特博士——他曾是威廉·奥斯勒爵士的学生——注意到，很多到波士顿医院来求诊的病人，生理上根本没有毛病，可是他们却认为自己有那种病的症状。有一个女人的两只手因为"关节炎"而完全无法使用，另外一个则因为"胃癌"的症状而痛苦不堪，其他有背痛的、头痛的，常年感到疲倦或疼痛。他们真的能够感觉到这些痛苦，可是经过最彻底的医学检查之后，却发现这些女人没有任何生理上的疾病。很多老医生都会说，这完全是出于心理因素——"只是病在她的脑子里"。

可是普拉特博士却了解，单单叫那些病人"回家去把这件事忘掉"不会有一点用处。他知道这些女人大多数都不希望生病，要是她们的痛苦那么容易忘记，她们自己就这样做了。那么该怎么治疗呢？他开了一个班，虽然医学界的很多人都对这件事深表怀疑，但却有意想不到的结果。从开班以来，18年里，成千上万的病人都因为参加这个班而"痊愈"。有些病人到这个班上来上了好几年的课——几乎就像上教堂一样地虔诚。我的助手曾和一位前后坚持了9年并且很少缺课的女人谈过话。她说当她第一次到这个诊所来的时候,她深信自己有肾脏病和心脏病。她既忧虑又紧张,有时候会突然看不见东西,担心失明。可是现在她却充满了信心,心情十分愉快,而且健康情形非常良好。她看起来只有40岁左右,可是怀里却抱着一个睡着的孙子。"我以前总为我家里的问题烦恼得要死,"她说,"几乎希望能够一死了之。可是我在这里学到了忧虑对人的害处,学到了怎样停止忧虑。我现在可以说,我的生活真是太幸福了。"

这个班的医学顾问罗斯·希尔费丁医生认为,减轻忧虑最好的药就是"跟你信任的人谈论你的问题,我们称之为净化作用"。她说:"病人到这里来的时候,可以尽量地谈她们的问题,一直到她们把这些问题完全赶出她们的脑子。一个人闷着头忧虑,不把这些事情告诉别人,就会造成精神上的紧张。我们都应该让别人来分担我们的难题,我们也得分担别人的忧虑。我们必须感觉到世界上还有人愿意听我们的话,也能够了解我们。"

我的助手亲眼看到一个女人在说出她心里的忧虑之后,感到一种非常难得的解脱。她有很多家事的烦恼,而在她刚刚开始谈这些问题的时候,她就像一个压紧的弹簧,然后一面讲,一面渐渐地平静下来。等到谈完了之后,她居然能面露微笑。这些困难是否已经得到了解决呢?没有,事情不会这么容易的。她之所以有这样的改变,是因为她能和别人谈一谈,得到了一点点忠告和同情。真正造成变化的,是具有强而有力的治疗功能的语言。

就某方面来说,心理分析就是以语言的治疗功能为基础。从弗洛伊德的时代开始,心理分析家就知道,只要一个病人能够说话——单单只要说出来,就能够解除他心中的忧虑。为什么呢?也许是因为说出来之后,我们就可以更深入地看到我们面临的问题,能够找到更好的解决方法。没有人知道确切的答案,可是我们所有的人都知道"吐露一番"或是"发发心中的闷气",就能立刻使人觉得畅快得多了。

所以,下一次我们再碰到什么情感上的难题时,何不去找个人来谈一谈呢?当然我并不是说,随便到哪里抓一个人,就把我们心里所有的苦水和牢骚说给他听。我们要找一个能够信任的人,跟他约好一个时间,也许找一位亲戚,一位医生,一位律师,一位教士,或是一个神父,然后对那个人说:"我希望得到你的忠告。我有个问题,我希望你能听我谈一谈,你也许可以给我一点忠告。也许旁观者清，你可以看到我自己所看不见的角度。可是即使你不能做到这一点，只要你坐在那里听我谈谈这件事情，也等于帮了我很大的忙了。"

如果你真觉得没有一个人可以谈一谈的话，那我要告诉你所谓的"救生联盟"——这个组织和波士顿那个医学课程完全没有关联。这个"救生联盟"是世界上最不寻常的组织之一。它的组成是为了防止可能发生的自杀事件。可是多年之后，它的范围扩大到给那些不快乐或是在情感和精神方面需要安慰的人。

把心事说出来，这是波士顿医院所安排的课程中最主要的治疗方法。下面是我们在那个课程里所得到的一些概念。其实我们在家里就可以做到这些事。

1. 准备一本"供给灵感"的剪贴簿——你可以贴上自己喜欢的令人鼓舞的诗篇，或是名人格言。

往后，如果你感到精神颓丧，也许在本子里就可以找到治疗方法。在波士顿医院的很多病人都把这种剪贴簿保存好多年，她们说这等于是替你在精神上"打了一针"。

2. 不要为别人的缺点太操心——不错，你的丈夫有很多的错误，但如果他是个圣人的话，恐怕他根本就不会娶你了，对不对？

在那个班上有一个女人，发现她自己变成一个专门对人苛刻、责备别人、爱挑剔，还常常拉着一张脸的妻子。当人家问她"要是你丈夫死了你怎么办"的问题时，她才发现自己的短处。她当时着实吃了一惊，连忙坐下来，把她丈夫所有的优点列举出来。她所写的那张单子可真长呢。所以下一次要是你觉得你嫁错了人，何不也试着这样做呢？也许在看过他所有的优点之后，会发现他正是你希望遇到的那个人哩。

3. 要对你的邻居有兴趣——对那些和你在同一条街上共同生活的人，有一种很友善也很健康的兴趣。

有一个很孤独的女人，觉得自己非常"孤立"。她一个朋友也没有。有人要她试着把她下一个碰到的人作为主角编一个故事，于是她开始在公共汽车上为她所看到的人编造故事。她假想那个人的背景和生活情形，试着去想象他的生活怎样。后来，她碰到别人就谈天，而今天她非常的快乐，变成一个很讨人喜欢的人，也治好了她的"痛苦"。

4. 今晚上床之前，先安排好明天工作的程序——在班上，他们发现很多家庭主妇，因为做不完的家事而感到很疲劳。

她们好像永远也做不完自己的工作，老是被时间赶来赶去。为了要治好这种匆忙的感觉和忧虑，他们建议各位家庭主妇，在头一天就把第二天的工作安排好，结果呢？她们能完成许多的工作，却不会感到那么疲劳。同时还因有成绩而感到非常骄傲，甚至还有时间休息和打扮。每一个女人每一天都应该抽出时间来打扮，让自己看来漂亮一点。我认为，当一个女人知道她外观很漂亮的时候，就不会"紧张"了。

5. 避免紧张和疲劳的唯一途径就是放松——再没有比紧张和疲劳更容易使你苍老的事了。

也不会再有别的事物对你的外表更有害了。我的助手在波士顿医院思想控制课程里坐了一个钟点，听负责人保罗·约翰逊教授谈了很多能够放松的方法。在10分钟放松自己的练习结束之后，我那位和其他人一起做这些练习的助手几乎坐在椅子上睡着了。为什么生理上的放松能够有这么大的好处呢？因为这家医院——和其他医生一样——知道，如果你要消除忧虑，就必须放松。

与忧虑比耐力

卡耐基金言

◇ 拿起纸笔坐下来把你忧虑的细节通通写下来。然后把这张纸放在你书桌抽屉的最下层。几个星期后，你再去看它。你看的时候，如果还是觉得很烦，就再把它放回抽屉，再过两个星期。

◇ 只要有足够的耐心，那些想干扰我的烦恼，后来都会自动一一瓦解。

在我的培训课上，有一个叫路易斯·蒙坦特的学员，他以前曾经忧伤得不想继续活下去，后来，他说："忧伤使我浪费了 10 年的大好光阴。这 10 年应该是生命中最丰富，生命力最强的时候——18 岁到 28 岁。我现在体认到失去了这 10 年宝贵的光阴不能怪罪任何人，完全是我自己的错。"

那时所有的事都会令他担心：工作、健康、家庭及自卑感。他羞于见人，因为怕跟熟人打招呼，不惜绕道而行。真在街上遇到朋友，他也假装没有看见，因为他怕别人不屑理他。

他恐惧与陌生人会面，怕得在两周内连连失去3个工作机会，只因为他没有勇气告诉这3位老板他有胜任的能力。

8年前某一天，他在一个下午克服了他的忧虑——后来也很少再烦恼过。事情是这样的，他说："那天下午我坐在一个人的办公室里，那个人所遭遇的问题比我麻烦得多，而他却是我所认识的人中最开心的人。1929年他发了财，不久又一贫如洗。1933年，他又发了一笔财，可是又没保住。1939年，他东山再起，却同样地没法保住财产。他经历了破产，并被债主、仇家追得无处容身。这些打击足以令人崩溃，甚至于想不开自杀，但是他却举重若轻。"

蒙坦特说："8年前我坐在他的办公室里，我真羡慕他，希望自己也能像他一样。我们谈话的当儿，他丢过来一封他当天早上收到的信，并说：'看看这封信。'

"那是一封愤怒的信，提出的都是一些令人难堪的问题，如果收到信的是我，那我一定如坐针毡了。我问：'迈克，你打算怎么回这封信？'

"迈克说：'让我来告诉你一个小秘密。下次你再有什么烦心的事，拿起纸笔，坐下来把你忧虑的细节通通写下来。然后把这张纸放在你书桌抽屉的最下层。几个星期后，你再去看它。你看的时候，如果还是觉得很烦，就再把它放回抽屉；再过两个星期，它在抽屉里很安全，没有什么不妥。但同时，却可能有很多事影响到你所忧虑的事。我发现，只要有足够的耐心，那些想干扰我的烦恼，后来都会自动一一瓦解。'

"他的忠告给我留下深刻的印象。我采纳迈克的做法也有好几年了，结果是，我真的很少再为什么事烦心过。"

时间可以解决很多事情，时间也能抚平你今天所担心的事。

忧伤的事情很多，遭受的挫折也很多，但是挫折也许是很有价值的，因为它让你知道自己为何失败。

人生活在世界上的短暂时光中，有一些特殊的时刻，诸如体验洞察自己的内心，发现真理的刹那，及生命中的转折点等。而这些特别的经历多半源自于重大的失败，而非发自成功之时。因为失败令我们如此地惊惶沮丧，学得的经验自然深铭于心。当你被迫接受真理降临的伟大时刻，努力撷取这宝贵一课的精华，其余就当作人生的插曲而将之遗忘吧！从挫折中学习，然后忘记沮丧，继续前行。

不因小事垂头丧气

卡耐基金言

◇我们通常都能很勇敢地面对生活里那些大的危机,却被那些小事情搞得垂头丧气。

◇大多数时间里,要想克服因为一些小事情引起的困扰,只要把自己的看法和重点转移一下就可以了。你就会找到一个新的、使你开心一点的想法。

人生短暂,如白驹过隙,却浪费了很多时间,去愁一些一年内就会被忘却的小事。下面是一个也许会使你终生难忘、很富戏剧性的故事。这个故事的主人叫罗勒·摩尔:

"1945年3月,我学到了一生最重大的一课。我是在中南半岛附近276英尺深的海底下学到的。当时我和另外87个人一起在'贝雅'号潜水艇上。我们通过雷达发现,一小支日本舰队正朝我们这边开来。黎明时分我们升出水面发动了攻击。我由潜望镜里发现一艘日本的驱逐护航舰、一艘油轮和一艘布雷舰。我们朝那艘驱逐护航舰发射了3枚鱼雷,但是都没击中。那艘驱逐舰并不知道它正受到攻击,还继续向前驶去,我们准备攻击最后的一条船——那条布雷舰。突然,它调过头来,直朝我们开来(一架日本飞机,看见我们在60英尺深的水下,把我们的位置用无线电通知了那艘日本的布雷舰)。我们潜到了150英尺深的地方,以避免被它侦测到,同时准备好应付深水炸弹。我们在所有的舱盖上都多加了几层栓子,同时为了使我们的沉降保持绝对的静默,我们关掉了所有的电扇、整个冷却系统和所有的发电机器。

"3分钟以后,突然天崩地裂。6枚深水炸弹在我们的四周爆炸开来,把我们直压到海底——深达276英尺的地方。我们都吓坏了,在不到1000英尺深的海水里,受到攻击是非常危险的事情——如果不到500英尺的话,差不多都难逃劫运。而我们却在不到500英尺一半深的水里受到了攻击——要怎么样才算安全,说起来,水深等于只到膝盖部分。那艘日本的布雷舰不停地往下丢深水炸弹,攻击了15个小时,如果深水炸弹距离潜水艇不到17英尺的话,爆炸的威力可以在潜艇上炸出一个洞来。有十几二十个深水炸弹就在离我们50尺左右的地方爆炸,我们奉命'固守'——就是要静躺在我们的床上,保持镇定。我吓得几乎无法呼吸:'这回死定了。'电扇和冷却系统都关闭以后,潜水艇的温度几乎有100多度,可是我却因为恐惧而全身发冷,穿上了一件毛衣,又穿上一件带皮领的夹克,可还是冷得发抖。我的牙齿不断地打战,全身冒着一阵阵的冷汗。攻击持续了15个小时之久,终于停了下来。显然那艘布雷舰把它所有的深水炸弹都用光了,就驶了开去。这15个小时的攻击,感觉上就像过了1500万年。我过去的生活都一一在我眼前浮现,我想起了以前做过的所有的坏事,所有我曾担心过的一些小事情。我在加入海军以前,是一个银行的职员,曾经为工作时间太长、薪水太少、又没有多少升迁机会而发愁。

"我曾经忧虑过,没办法买自己的房子,没有钱买部新车子,没有钱给我太太买好的衣服。我非常讨厌我以前的老板,因为他老是找我的麻烦。我还记得,每晚回到家里的时候,我总是又累又难过,经常和我的太太为一些鸡毛蒜皮的小事吵架。我也为我额头上的一个小疤——是一次车祸所留下的伤痕——发愁过。

"多年前,那些令人发愁的事看起来都是大事,可是在深水炸弹威胁要把我送上西天的时候,这些事情又是多么的微不足道啊。就在那时候,我告诫自己,如果我还有机会再看见太阳和星星的话,我永远永远不会再忧愁了。永远不会!永远不会!永远也不会!在潜艇里面那可怕的15个小时里,我在生活所学到的,比我在大学念了4年的书所学到的还要多得多。"

我们通常都能很勇敢地面对生活里面那些大的危机——可是,却会被一些小事搞得垂头丧气。白布斯在他的"日记"里谈到他看见哈里·维尼爵士在伦敦被砍头的情景:在维尼爵士走上断头台的时候,他没有要求别人饶他的性命,却要求刽子手不要一刀砍中他脖子上那块伤痛的地方。

这也是拜德上将在又冷又黑的极地之夜里所发现的另外一点——他手下的人常常为一些小事情而难过,却不在乎大事。"他们能够毫不埋怨地面对危险而艰苦的工作,在零下80度的寒冷中工作,可是,"拜德上将说,"我却知道好几个同室的人彼此不讲话,因为怀疑对方把东西乱放,占了他们自己的地方。我还知道,队上有一个讲究所谓空腹进食、细嚼健康法的家伙,每口食物一定要嚼过28次才吞下去;而另外有一个人,一定要在大厅里找一个看不见这家伙的位子坐着,才能吃得下饭。"

"在南极的营地里,"拜德上将说,"像这一类的小事情,都可能把最训练有素的人逼疯。"而拜德上将，你还可以加上一句话："小事"如果发生在夫妻生活里，也会把人逼疯，还会造成"世界上半数的伤心事"。

至少，这话也是权威人士说的。比方，芝加哥的约瑟夫·沙巴士法官在仲裁过4万多件不愉快的婚姻案件之后说道："婚姻生活之所以不美满，最基本的原因通常都是一些小事情。"而纽约郡的地方检察官法兰克·霍根也说："我们的刑事案件里，有很多都起因于一些很小的事情：在酒吧里逗英雄，为一些小事情争争吵吵，讲话侮辱了人，措辞不当，行为粗鲁——就是这些小事情，结果引起伤害和谋杀。很少有人真正天性残忍，一些犯了大错的人，都是因自尊心受到小小的损害。一些小小的屈辱使虚荣心不能满足，结果造成世界上半数的伤心事。"

在多数的时间里，要想克服被一些小事所引起的困扰，只要把着眼点和重点转移一下就可以了——让你有一个新的，能够使你开心一点的看法。我的朋友荷马·克洛伊是个写过好几本书的作家。他为我们举了一个怎么能够做到这一点的好例子。以前他伏案写作的时候，常常被纽约公寓热水灯的响声给吵得烦恼不堪。蒸汽会砰然作响，然后又是一阵噪音——而他会坐在书桌前气得哇哇大叫。

"后来，"荷马·克洛伊说，"有一次我和几个朋友一起出去露营，当我听到木柴烧得啪啪作响时，我突然想到，这些声音多么像热水灯的响声，为什么我会喜欢这个声音，却讨厌那个声音呢？回到家以后，我和自己说：'火堆里木头的爆裂声，是一种很好听的声音，热水灯的声音和它相差无几，我该埋头大睡，不要去理会这些噪音。'结果，我果然做到了。头几天我还会感觉热水灯的声音，可是不久我就把它们全部忘了。"

狄士雷里说过："生命太短促了，不能再只顾小事。"

"这句话，"安德烈·摩瑞斯在《本周》杂志里说，"曾经帮我捱过许多很痛苦的经历。我们常常让自己因为一些应该不屑一顾和忘了的小事情给弄得心烦意乱……我们活在这个世上只有短短的几十年，而我们浪费了无可追回的时间，去愁一些一年之内就会被所有的人忘了的小事。不要这样，让我们把我们的时间只用在值得做的行动和感觉上，去想伟大的思想，去经历真正的感情，去做必须要做的事情。因为生命太短促了，不该再顾及那些小事。"

如果你想改掉忧虑的习惯，请记住：不要因为小事而烦恼。

养成良好的工作习惯

卡耐基金言

◇秩序,是天国的第一条法则。

◇没有人能永远按照事情的轻重程度去做事。但我知道,按部就班地做事,总比想到什么就做什么要好得多。

良好的工作习惯之一:清除你桌上所有的纸张,只留下与你正要处理的问题有关的东西。

芝加哥与西北铁路公司的总裁罗兰德·威廉姆斯说:"一个桌上堆满很多文件的人,若能把他的桌子清理开来,留下手边待处理的一些,就会发现他的工作更容易,也更实在。我称之为家务料理,这是提高效率的第一步。"

如果你走进位于华盛顿区的国会图书馆,你就可以看到天花板上悬挂着几个字,这是著名诗人波普曾写过的一句话:

秩序,是天国的第一条法则。

秩序也应该是商界的第一条法则。但是否如此呢?一般生意人的桌上,都堆满了可能几个星期都不会看一眼的文件。一家新奥尔良的报纸发行人有一次告诉我,他的秘书帮他清理了一张桌子,结果发现了一部两年来一直找不着的打字机。

光是看见桌上堆满了还没有回的信、报告和备忘录等等,就足以让人产生混乱、紧张和忧虑的情绪。更坏的事情是,经常让你想到"有一百万件事情待做,可自己就是没有时间去做它们",这样不但会使你忧虑得感到紧张和疲倦,也会使你忧虑得患高血压、心脏病和胃溃疡。

宾州大学药剂研究教授约翰·斯脱克博士在美国药剂协会宣读过一份报告《机能性神经衰弱所引发的器官疾病——病人的心理状态需要什么》,这份报告共列举了11种情形,其中第一项是:"强迫性履行义务的感觉,没完没了的一大堆待办事项。"

但是,这种"没有止境,做不完又必须做"的感觉,又怎么可能凭借清理桌面这种如此简单的方法而加以避免呢？对"连续不断的待办事件"，真的必须处理完毕吗？著名的精神病医师威廉·萨德勒提起过这么一件事，他有一个病人，就是用了这个简单方法而免除了精神崩溃。

这位病人是芝加哥一家大公司的高级主管，第一次去见萨德勒的时候，整个人充满了紧张、焦虑和郁闷不乐。他工作繁忙，并且知道自己状态不佳，但他又不能停下来，他需要帮助。

"这位病人向我陈述病情的时候，电话铃响了，"萨德勒医师说道，"电话是医院打来的。我丝毫没有拖延，马上作出了决定。只要能够的话，我一向速战速决，马上解决问题。挂上电话不久，电话铃又响了，又是件急事，颇费了我一番唇舌去解释。接着，有位同事进来询问我有关一位重病患者的种种事项。等我说明完毕，我向这位病人道歉，让他久候。但是这位病人精神愉快，脸上流露出一种特殊的表情。"

"别道歉，医师。"这位病人说道，"在这10分钟里，我似乎明白自己什么地方不对了。我得回去改变一下我的工作习惯……但是，在我临去之前，可不可以看看您的办公桌？"萨德勒医生拉开桌子的抽屉，除了一些文具外，没有其他东西。

"告诉我，你要处理的事项都放在什么地方？"病人问。

"都处理了。"萨德勒回答。

"那么，有待回复的信件呢？"

"都回复了。"萨德勒告诉他，"不积压信件是我的原则。我一收到信，便交代秘书处理。"

6个星期之后，这位公司主管邀请萨德勒到其办公室参观。令萨德勒吃惊的是，他也改变了——当然桌子也变了，他打开抽屉，里面没有任何待办文件。"6个星期以前，我有两间办公室，3张办公桌，"这位主管说道，"到处堆满了有待处理的东西。直到跟你谈过之后，我一回来就清除了一货车的报告和旧文件。现在，我只留下一张办公桌，文件一来便当即处理妥当，不会再有堆积如山的待办事件让我紧张忧烦。最奇怪的是，我已不药自愈，再不觉得身体有什么毛病啦！"

前联邦最高法院院长查理·伊文凡说："人不会因为过度劳累而死，却会因放荡和忧烦而去。"不错，放荡会消耗人的精力，而忧烦——因为这些人不曾把工作做完——确实为害最烈。

良好的工作习惯之二：做事分清轻重缓急。

遍布全美的都市服务公司创始人亨利·杜赫提说过，人有两种能力是千金难求的无价之宝——一是思考能力，二是分清事情的轻重缓急，并妥当处理的能力。

白手起家的查理·鲁克曼经过 12 年的努力后，被提升为派索公司总裁一职，年薪 10 万，另有上百万其他收入。他把成功归功于杜赫提谈到的两种能力。鲁克曼说："就记忆所及，我每天早晨 5 点起床，因为这一时刻我的思考力最好。我计划当天要做的事，并按事情的轻重缓急做好安排。"

全美最成功的保险推销员之一弗兰克·贝特格，每天早晨还不到 5 点钟，便把当天要做的事安排好了——是在前一个晚上预备的——他定下每天要做的保险数额，如果没有完成，便加到第二天的数额，以后依此推算。

长期的经验告诉我，没有人能永远按照事情的轻重程度去做事。但我知道，按部就班地做事，总比想到什么就做什么要好得多。

假使萧伯纳没有为自己定下严格的规定，保持每天写出 5 页稿子的文字，他可能永远只是个银行出纳员。他度过了 9 年心碎的日子，9 年总共才赚了 30 元稿费，平均每天才一分钱！由于他一直把写作当成最重要的事去做，终于成了世界著名的作家。就连漂流到荒岛上的鲁宾逊也不忘每天定下一个作息表呢！

良好的工作习惯之三：当你碰到问题时，如果必须作决定，就当场解决，不要迟疑不决。

前面曾经提过世界著名的亚历西斯·卡锐尔博士的话："不知道怎样抗拒忧虑的生意人都会短命而死。"

我以前的一个学生、已故的 H.P. 豪威尔告诉我，当他在美国钢铁公司任董事的时候，开始董事会总要花很长的时间——在会议里讨论很多很多的问题，达成的决议却很少。其结果是，董事会的每一位董事都得带着一大包的报表回家去看。

良好的工作习惯之四：学会如何组织、分层负责和监督。

很多生意人替自己挖下了个坟墓，因为他不懂得怎样把责任分摊给其他人，而坚持事必躬亲。其结果是，很多枝枝节节的小事使他非常混乱。他总觉得很匆促、忧虑、焦急和紧张。要学会分层负责，是很不容易的。我知道，我以前就觉得这个很难，非常地困难。我由经验也知道，如果找来负责的人不对，也会产生很大的灾难。可是分层负责虽然很困难，一个做上级主管的，如果想要避免忧虑、紧张和疲劳，却非要这样做不可。

第11章
保持充沛的精力

把握休息的时机

卡耐基金言

◇ 防止疲劳和忧虑的第一条规则是：经常休息，在你感到疲倦以前就休息。
◇ 爱迪生认为他无穷的精力和耐力，都来自他能随时想睡就睡的习惯。
◇ 休息并不是绝对什么事都不做，休息就是"修补"。

防止疲劳的规则是：经常休息，在你感到疲倦以前就休息。

这一点为什么重要呢？因为疲劳增加的速度快得出奇。美国陆军曾经进行过好几次实验，证明即使是年轻人——经过多年军事训练而很坚强的年轻人——如果不带背包，每一小时休息10分钟，他们行军的速度就加快，也更持久，所以陆军强迫他们这样做。你的心脏也正和美国陆军一样的聪明。你的心脏每天压出来流过你全身的血液，足够装满一节火车上装油的车厢；每24小时所供应出来的能力，也足够用铲子把20吨的煤铲上一个30尺高的平台所需的能量。你的心脏能完成这么多令人难以相信的工作量，而且持续50年、70年，甚至可能90年之久。你的心脏怎么能够承受得了呢？哈佛医院的沃尔特·加农博士解释说："绝大多数人都认为，人的心脏整天不停地在跳动着。事实上，在每一次收缩之后，它有完全静止的一段时间。当心脏按正常速度每分钟跳动70次的时候，一天24小时里实际的工作时间只有9小时，也就是说，心脏每天休息了整整15个小时。"

在第二次世界大战期间，丘吉尔已经六七十岁了，却能够每天工作16小时，一年一年地指挥大英帝国作战，实在是一件很了不起的事情。"他的秘诀在哪里？"他每天早晨在床上工作到11点，看报告、口述命令、打电话，甚至在床上举行很重要的会议。吃过午饭以后，再上床去睡一个小时。到了晚上，在8点钟吃晚饭以前，他要再上床去睡两个小时。他并不是要消除疲劳，因为他根本不必去消除，他事先就防止了。因为他经常休息，所以可以很有精神地一直工作到半夜之后。

约翰·洛克菲勒也创造了两项惊人的纪录：他赚到了当时全世界为数最多的财富，也活到98岁。他如何做到这两点呢？最主要的原因当然是，他家里的人都很长寿，另外一个原因是，他每天中午在办公室里睡半个小时午觉。他会躺在办公室的大沙发上——而在睡午觉的时候，哪怕是美国总统打来的电话，他都不接。

在那本名叫《为什么要疲倦》的好书里，丹尼尔说："休息并不是绝对什么事都不做，休息就是修补。"在短短的一点休息时间里，就能有很强的修补能力，即使只打5分钟的瞌睡，也有助于防止疲劳。棒球名将康尼·麦克告诉我，每次出赛之前如果他不睡一个午觉的话，到第五局就会觉得筋疲力尽了。可是如果他睡午觉的话，哪怕只睡5分钟，也能够赛完全场，一点也不感到疲劳。

我曾问过埃莉诺·罗斯福夫人，当她在白宫当第一夫人的12年里，如何应付那么紧凑的节目。她对我说，每次接见一大群人或者是要发表一次演说之前，她通常都坐在一张椅子或是沙发上，闭起眼睛休息20分钟。

我最近到麦迪逊广场花园去拜访吉恩·奥特里，这位参加世界骑术大赛的骑术名将。我注意到他的休息室里放了一张行军床，"每天下午我都要在那里躺一躺，"吉恩·奥特里说，"在两场表演之间睡一个小时。当我在好莱坞拍电影的时候，"他继续说道，"我常常靠坐在一张很大的软椅子里，每天睡两次午觉，每次10分钟，这样可以使我精力充沛。"

爱迪生认为他无穷的精力和耐力，都来自他能随时想睡就睡的习惯。

当亨利·福特过80岁大寿之前不久，我去访问过他。我实在猜不透他为什么看起来那样有精神，那样健康。我问他秘诀是什么，他说："能坐下的时候我绝不站着，能躺下的时候我绝不坐着。"

被称为"现代教育之父"的霍勒斯·曼在他年事稍长之后也是这样。当他担任安提奥克大学校长的时候，常常躺在一张长沙发上和学生谈话。

我曾建议好莱坞的一位电影导演试试这一类的方法，他后来告诉我说，这种办法可以产生奇迹。我说的是杰克·切尔托克，他是好莱坞最有名的大导演之一。几年前他来看我的时候，他是M-G-M公司短片部的经理，他说他常常感到劳累和筋疲力尽。他什么办法都试过，喝矿泉水、吃维他命和别的补药，但对他一点帮助也没有。我建议他每天去"度假"。怎么做呢？就是当他在办公室里和手下开会的时候，躺下来放松自己。两年之后，我再见到他的时候，他说："出现了奇迹，这是我医生说的。以前每次和我手下的人谈短片问题的时候，我总是坐在椅子里，非常紧张。现在每次开会的时候，我躺在办公室的长沙发上。我现在觉得比我 20 年来都好过多了，每天能多工作两个小时，却很少感到疲劳。"

你是如何使用这种方法的呢？如果你是一名打字员，你就不能像爱迪生或是山姆·戈尔德温那样，每天在办公室里睡午觉；而如果你是一个会计员，你也不可能躺在长沙发上跟你的老板讨论账目的问题。可是如果你住在一个小城市里，每天中午回去吃中饭的话，饭后你就可以睡 10 分钟的午觉。这是马歇尔将军常做的事。在二次大战期间，他觉得指挥美军部队非常忙碌，所以中午必须休息。如果你已经过了 50 岁，而觉得你还忙得连这一点都做不到的话，那么赶快趁早买人寿保险吧。

如果你没有办法在中午睡个午觉，至少要在吃晚饭之前躺下休息一个小时，这比喝一杯饭前酒要便宜得多了。而且算起总账来，比喝一杯酒还要有效 500 倍。如果你能在下午 5 点、6 点，或者 7 点钟左右睡一个小时，你就可以在你生活中每天增加一小时的清醒时间。为什么呢？因为晚饭前睡的那一个小时，加上夜里所睡的 6 个小时——共是 7 小时——对你的好处比连续睡 8 个小时更多。

从事体力劳动的人，如果休息时间多的话，每天就可以做更多的工作。弗雷德里克·泰勒在贝德汉钢铁公司担任科学管理工程师的时候，就曾以事实证明了这件事情。他曾观察过，工人每人每天可以往货车上装大约 12.5 吨的生铁，而通常他们中午时就已经筋疲力尽了。他对所有产生疲劳的因素做了一次科学性的研究，认为这些工人不应该每天只送 12.5 吨的生铁，而应该每天装运 47 吨。照他的计算，他们应该可以做到目前成绩的 4 倍，而且不会疲劳，只是必须要加以证明。

泰勒选了一位施密特先生，让他按照马表的规定时间来工作。有一个人站在一边拿着一只马表来指挥施密特："现在拿起一块生铁，走……现在坐下来休息……现在走……现在休息。"

结果怎样呢？别的人每天只能装运 12.5 吨的生铁，而施密特每天却能装运到 47.5 吨生铁。而当弗雷德里克·泰勒在贝德汉姆钢铁公司工作的那 3 年里，施密特的工作能力从来没有减低过，他之所以能够做到，是因为他在疲劳之前就有时间休息：每个小时他大约工作 26 分钟，而休息 34 分钟。他休息的时间要比他工作时间多——可是他的工作成绩却差不多是其他人的 4 倍！

让我再重复一遍：照美国陆军的办法去做——常常按照你自己心脏做事的办法去做——在你感到疲劳之前先休息，这样你每天清醒的时间，就可以多增加一小时。

像只旧袜子一样松弛

卡耐基金言

◇ 什么才是解除精神疲劳的方法？放松！放松！再放松！

◇ 紧张是一种习惯，放松也是一种习惯。坏习惯可以改正，好习惯可以慢慢养成。

有一个令人难以置信的事实：只劳心的工作，并不会让人感到疲倦。这听起来似乎令人不可思议，但在几年前，科学家们就想找出一个问题的答案——人类大脑在不降低工作效率的情况下究竟能支持多久呢？

令人惊奇的是，科学家们发现：血液通过活动的脑部时，一点都没有疲劳现象！如果你从正在劳动的工人血管中抽取血液样本，你就会发现里面充满了"疲劳毒素"，因而产生疲倦现象。但是，假如你从爱因斯坦身上取出一滴刚经过脑部的血液加以观察，就会发现里面根本没有任何"疲劳毒素"。

截至目前为止，我们知道，大脑可以"工作了 8～12 个小时后，情况仍然一样好"。大脑是全然不会累的……那么，人为什么会经常感到劳累，是什么让你觉得劳累呢？

精神病理学家宣称，大多数疲劳现象源于精神或情绪的状态。英国著名的精神病理学家哈德菲尔德在其《权力心理学》一书中写道："大部分疲劳的原因源于精神因素，真正因生理消耗而产生的疲劳是很少的。"

美国著名的精神病理学家布利尔更加肯定地宣称："健康情况良好而常坐着工作的人，他们的疲劳百分之百是由于心理的因素，或是我们所谓的情绪因素。"

这些久坐的工作者的情绪因素是什么？喜悦？满足？当然不是！而是厌烦、不满，觉得自己无用、匆忙、焦虑、忧烦等。这些情绪因素会消耗掉这些长期坐着工作的人的精力，使他们容易患感冒、精力衰退，每天带着头痛回家。不错，是我们的情绪在体内制造出紧张而使我们觉得疲倦。

大多数保险公司在他们的宣传单上指出："辛勤工作很少会导致疲劳，尤其是那种经过休息或睡眠之以都不能解除的疲劳——忧虑、紧张、心乱才是导致疲劳的三大因素，而我们却常常以为是身体或精神的操劳引起的——记住，紧绷的肌肉本身就在工作。所以，放松自己吧！节省精力去做更重要的事。"

现在，请你暂时停下来，审视一下自己。当你读到这句话的时候，是否正对着书本皱眉？你有没有觉得两眼间的肌肉紧缩起来？你是否很轻松地坐在椅子上？还是紧绷双肩？你脸上的肌肉紧不紧张？除非你的全身像个旧布娃娃一样松散，否则你现在就是正在制造精神紧张和肌肉紧张。

为什么你在从事脑力工作时，会制造出这些不必要的紧张呢？丹尼尔·乔塞林说道："我发现症结在哪里了——几乎是全世界的人都相信，工作认不认真，在于你是否有一种努力、辛劳的感觉，否则就不算做得好。"于是，当我们聚精会神的时候，总是皱着眉头，紧绷肩膀，我们要肌肉做出努力的动作，其实那与大脑的工作一点也没有关系。

一个令人吃惊的可悲事实是，无数不会浪费金钱的人，却在鲁莽地浪费自己的精力。那么，什么才是解除精神疲劳的方法？放松！放松！再放松！要学会在工作的时候让自己放松！

学会放松是一件容易的事吗？你可能要花一辈子时间改掉目前的习惯。这种努力是值得的，因为你的一生可能因此而发生很大的改变。威廉·詹姆斯在一篇文章中写道："美式的生活让人过度紧张，快动作、高节奏、强烈极端的表达方式……这或多或少是些坏习惯。"

紧张是一种习惯，放松也是一种习惯。坏习惯可以改正，好习惯可以慢慢培养。

那么，你怎么放松自己呢？是从大脑开始，还是从神经开始？都不是，你应该从肌肉开始放松。为了说得具体一点，我们假定由眼睛开始，先把这一段文字读完，然后向后靠，闭上眼睛静静地对你的眼睛说："放松，放松，不皱眉头，不皱眉头，放松，放松……"你不停地慢慢地重复约1分钟……

著名小说家薇姬·鲍姆说，小时候，她摔跤伤了膝部和腕部，有个老人把她扶起，这老人当过马戏班的小丑，一面帮她掸掉身上的灰土，一面说："你之所以会受伤，是因为你不懂得怎样放松自己，你要把自己当成一只旧袜子一样松弛。过来，我教你怎么做。"

老人教薇姬和其他小孩子怎么跌倒，怎么前翻滚、后翻滚。他不停地叮咛："把自己想象成一只松垮垮的旧袜子，你就一定会松弛下来！"

下面有 4 个建议，它们可以帮助你学习如何放松自己：

1. 随时保持轻松，让身体像只旧袜子一样松弛。我在办公桌上就放着一只褐色的袜子，好随时提醒自己。如果找不到袜子，猫也可以。你见过睡在阳光底下的猫吗？它全身软绵绵的，就像泡湿的报纸。懂得一点瑜伽术的人也说过，要想精通"松弛术"，就要学学懒猫。我从未见过疲倦的猫，或精神崩溃，因无法入眠、忧虑、胃溃疡而大受折磨的猫。

2. 尽量在舒适的情况下工作。记住，身体的紧张会导致肩痛和精神疲劳。

3. 每天自省四五次，并且自问："我做事有没有讲求效率？有没有让肌肉做不必要的操劳？"这样会使你养成一种自我放松的习惯。

4. 每天晚上再做一次总的反省。想想看："我感觉有多累？如果我觉得累，那不是因为劳心的缘故，而我工作的方法不对？"丹尼尔·乔塞林说过："我不以自己疲累的程度去衡量工作绩效，而用不累的程度去衡量。"他说："一到晚上觉得特别累或容易发脾气，我就知道当天工作的质量不佳。"如果全世界的商人都懂得这个道理，那么，因过度紧张所引起的高血压死亡率就会在一夜之间下降，我们的精神病院和疗养院也不会人满为患了。

如果你是家庭主妇，下面是一些可以在你家里做的运动。

1. 只要你觉得疲倦了，就平躺在地板上，尽量把你的身体伸直，如果你想要转身的话就转身，每天做两次。

2. 闭起你的两只眼睛，像约翰逊教授所建议的那样说："太阳在头上照着，天空蓝得发亮，大自然非常的沉静，控制着整个世界——而我，大自然的孩子，也能和整个宇宙调和一致。"

3. 如果你不能躺下来，因为你正在炉子上煮菜，没有这个时间，那么只要你能坐在一张椅子上，得到的效果也完全相同。在一张很硬的直背椅子里，像一个古埃及的坐像那样，然后把你的两只手掌向下平放在大腿上。

4. 现在，慢慢地把你的 10 个脚趾头蜷曲起来——然后让它们放松；收紧你的腿部肌肉——然后让它们放松；慢慢地朝上，运动各部分的肌肉，最后一直到你的颈部。然后让你的头向四周转动着，好像你的头是一个足球。要不断地对你的肌肉说："放松……放松……"

5. 用很慢很稳定的深呼吸来平定你的神经，要从丹田吸气，印度的瑜伽术做得不错，规律的呼吸是安抚神经的最好方法。

6. 想想你脸上的皱纹，尽量使它们抹平，松开你皱紧的眉头，不要闭紧嘴巴。如此每天做两次，也许你就不必再到美容院去按摩了，也许这些皱纹就会从此消失了。

压力源于何处

卡耐基金言

◇事实上，我们倾向于夸大我们所承受的压力，却很少停下来思考压力从哪里来，和它对我们的生活所代表的意义。

◇我们期望自己这么多，有这么多地方要去，这么多事情要做，它们便成为压力的来源。

压力其实是一个过度使用的字眼。我们通常为必须承受最大压力的角色而竞争，并且因人们知道我们正处在压力之下而高兴。事实上，我们倾向于夸大我们所承受的压力，却很少停下来思考压力从那里来，和它对我们的生活所代表的意义。

压力的起源和时代有关，我们的祖先不会像我们现在有交通车况所引发的愤怒！研究资料显示，当工作环境有很大改善时，我们的工作时数增加，并且必须处理更多工作上和家庭生活中的压力。现代社会期望我们思考得更快、工作得更努力，并在每件我们着手进行的事情上表现卓越。在文明的时代，我们带给自己一个现代的状况，称之为压力。

面对危险时，我们马上会有生理上的应变，荷尔蒙和肾上腺素增加，输送更多的血液到大脑并提高感官的知觉。在每天压力的惯性之下，我们的身体会有类似的反应，但是警觉状态(通常是使用在打架或飞行时)会拉长，在缺少自我检视的情况下，可能就会导致身体和心理上的功能失常。

以医疗的看法，压力导因于身体三种体液的不平衡。每一种体液如果过量的话，就会引发身体某些症状。因此，如果我们受苦于"破坏性的压力"，我们的肌肉就会紧绷；"不开心的压力"会带来没有耐性和易怒；"冷漠的压力"会引起沮丧和疲惫。似乎很少人赞同这种观点,然而这体液的观念对身体平衡的重要却是很有趣的。一旦我们失去平衡(例如,我们对家庭生活的企图心失去了平衡),压力就来了。

压力其实不是一种客观事实,而是一个主观感受。相同的事在不同的人眼中,会产生完全不同的感受。同样的事在同一个人身上,也可以随着环境、时间转变,而产生不同程度的压力。例如你第一次参加面试时,你会紧张得气也喘不过来,但当你第十次、第二十次时,你就仿佛如履平地,不费吹灰之力就可以安然度过了。

很多时候我们会发现不是事情本身令你烦躁不安,而是你对事情的看法和感受令你不快乐。以上面的例子来说,当你第一次去面试时,你的心会忐忑不安,你会对整个程序没有多大的把握,所以你会惧怕失败,担心被人羞辱,也可能缺乏自信,看轻自己。这些恐惧不安的感受,往往令你情绪紧张,压力重重。

压力的另一个来源是工作,据一份心理答卷调查显示,白领阶层认为工作是首个导致精神紧张的原因。报告指出办公室的压力主要源于工作过量,被访者表示问题在于太忙碌或太少职员分担工作。

事实上,不少人是工作狂,整天不停工作,一秒也不肯停下来。问题是人不是一部永不歇息的机器,长期接受重重的心理压力的结果就是身心健康受损,并出现各种症状,包括心跳、出汗、紧张、脾气急躁、头痛、肠胃出现问题、肌肉疼痛等等。一般人在这种情况下会自动自觉地休息一下,舒缓身心的压力。但是患上工作狂的人反而会因此而自夸,觉得这些是都市人必然的经历,相信这些就是成功人士的代价,于是,他们不单不会停下来休息一下,相反地,他们会更拼命地去追求成功、去发奋上进。

但是,工作狂同时会抱怨工作太多、太忙,没有人可以协助分担,为什么呢?

我看主要的原因是因为他们太自信自负,觉得别人无论怎样勤奋,也是能力不行,所以不能放心地把权力或工作下放给下属。另外一个因素就是他们有强烈的控制欲,觉得若一切都在自己的控制下,他们才感到安全,感到一切都在掌握之中。若有任何未知之数、任何预算之外或意料之外的事发生也可以令他们不安,因此他们要先天下之知而知,要掌握所有资料和洞悉下属、对手的一切,这样做的代价,就是要下属执行他们的指示,要下属详尽报告，而不愿意把工作过于放心地交付下属。

于是有一个恶性循环产生了，就是下属们只求无过不求有功，不假思索地执行指示，依循惯例去进行工作，绝口不提建议，不会带点创意去上班。日子一长，这群下属就变成一个个生产机器，没有建议，不能发挥潜质，成为真正的庸碌之辈。

压力的症状变化多端，人人皆不同，一般而言，压力的表现常是某种形式的痛，我们可以思考痛带给我们什么样的讯息：可能是有些事需要改变。通常，当我们有压力时，一个平常的小问题似乎都会令人感觉难以克服，最微不足道的工作都可能使我们畏缩。有人可能感觉到持续的疲倦，有人可能会有幻想的痛，另外有人可能会突然地表现愤怒。我们不必是医生就能诊断出压力，也不需要特别的技巧去治疗压力。只要我们可以发现真正的原因，我们就可以治疗我们自己——只要我们不再视压力为每天生活自然的一部分，或将压力当成获取同情，或奖励的手段。

和压力抗争的第一步是：接受它的存在是我们的生活形态或生活态度的结果——它并不是我们原有的失败或弱点的一种表示。逐渐地，我们会期望自己在每一方面都是好的，不只是在工作和家庭方面，在家庭园艺上，在假期规划上，甚至在放松方面也要做得很好。我们期望自己这么多，有这么多地方要去，有这么多事情要做，它们便成为压力的来源。

我们通常听到人们说在压力下工作可以表现得更好。如果我们看看肾上腺素分泌曲线，可能会发现其中某些事实。通常，当压力逐渐增加时肾上腺素曲线会上升，表现可能会比较好。然而，一旦肾上腺素分泌值到某一程度时，压力不可避免地就会转变成逐渐增加的紧张，分泌曲线就会开始往下陡降，直到最后到达崩溃点。如果我们在自我的极限范围内督促自己，我们可能会成功；如果我们逼迫自己到达极限，显然将面临压力。

这时候，应该快快放一个大假，让身心舒展一下，并应该及早到医院治疗身体的毛病。这个阶段你自己的身体发出了警告信号，所以万万不能疏忽。因为，如果你不理会这些信号，你的身体便会越来越差，精神萎靡，继续会有注意力不能集中、精神散漫、神不守舍等现象，工作表现开始变差，生活感到紧张慌忙。若你仍然不愿意休息的话，精神健康便会大受损伤。这时，休息和学习减压的方法是不能缺少的了。

最后，我们必须接受，虽然生活是有压力的，但是这并不是它原有的特质。如果我们学着了解自己的需要和能力，找到一些控制压力的方法，没有任何事可以让压力上身：我们可以让这种现代恶魔滚一边去。

高质量的睡眠

卡耐基金言

◇睡眠是否充足，不但是指形式上的睡眠时间够不够，更重要的是指睡眠质量的高低。

◇只有高质量的睡眠，才可以使你很快恢复消耗的体力，让你第二天神采奕奕、焕然一新。

充足的睡眠，不但可以给第二天的活动"充电"，而且是确保身心健康所必不可少的一个重要基础。千万不要为了延长工作时间而减少睡眠时间，这样是不明智的做法，会得不偿失，因为这是以牺牲健康为代价的。

睡眠是否充足，不但是指形式上的睡眠时间够不够，更重要的是指睡眠质量的高低。为了提高睡眠的质量，一定不要失眠。只有高质量的睡眠，才可以使你很快恢复消耗的体力，让你第二天神采奕奕，焕然一新。

如果你能听从下面的建议，相信你会获得满意的睡眠：

第一，睡觉之前不要生气。

不同的情绪变化，对人体有不同的影响。"怒伤肝，喜伤心，思伤脾，悲伤肺，恐伤肾"。睡前生气发怒，会使人心跳加快，呼吸急促，思绪万千，以至于难以入睡。

第二，饱餐之后不要马上睡觉。

睡前吃得过饱，胃肠要进行消化，装满食物的胃会不断刺激大脑。大脑有兴奋点，人便不会安然入睡。

第三，睡觉前不要饮茶或咖啡。

茶叶和咖啡中含有咖啡碱等物质，这些物质会刺激人的中枢神经，容易引起人的精神兴奋。如果睡觉前喝茶或咖啡，特别是很浓的茶或咖啡，那么人的中枢神经就会更加兴奋，使人不易入睡。

第四，睡觉前不要剧烈运动。

睡觉前的剧烈活动，会使大脑控制肌肉活动的神经细胞呈现极其强烈的兴奋，这种兴奋在短时间里不可能安静下来，人就很难尽快入睡。因此，睡觉前应尽量保持身体平静，但也不妨做些轻微活动，如散步等。

第五，不要使用太高的枕头。

枕头过低，容易造成落枕，或因流入大脑的血液过多而造成大脑次日发胀、眼皮浮肿；而枕头过高，则会影响呼吸道畅通，易打呼噜，而且长期高枕入睡，也会导致颈部不适或造成驼背。

从生理角度上说，枕头以8～12厘米高为宜。

第六，不要枕着手入睡。

睡觉时把两手枕在头下，除了影响血液循环、引起上肢麻木酸痛外，还容易使腹腔内的压力升高，长此以往还会引发"返流性食道炎"。

第七，不要用被子蒙面入睡。

以被蒙面入睡，容易引起呼吸困难，而且吸入自己呼出的二氧化碳也是对健康不利的。

第八，睡觉时不要用口呼吸。

闭口夜卧是保养元气的最好方法，张口呼吸，不但容易吸进灰尘，而且极易使气管、肺和肋部受到冷空气的刺激。因此，最好用鼻子呼吸，这样不但鼻毛能阻挡部分灰尘，而且鼻腔能对吸入的冷空气进行加温，有益健康。

第九，不要对着风睡觉。

在睡眠状态中，人体对环境变化的适应能力会降低，容易受凉生病。因此，睡觉的地方应避开风口，使床距离窗口、门口有一定距离为佳。

对抑郁负责

卡耐基金言

◇在某种程度上，你对你的抑郁是有责任的。你可以采取许多办法来控制它，甚至还能控制它的某些起因。

◇用体贴的态度对待自己，反而能帮助你解脱抑郁，不至于被它控制。

在《人性奥秘》一书中，有一篇标题为"无名病"的文章，作者格莱姆论到现今世界愈来愈多妇女所面临的苦境，她们对生活厌烦不满，她们压根儿就没有快乐，更谈不上精力充沛，活力四射。

一位 24 岁的母亲如此自述：

"我身体健康，孩子们都活泼可爱，家庭舒适，经济上也算宽裕。我的丈夫是一个电子工程师，前途无量，但不知为何我总觉得不满足，我常问自己为什么会这样。我的丈夫认为我可能需要度假休息一阵子，但我需要的并不是休息，因为我根本就不能独自坐下来看书。孩子们午睡时，我就会在房间里走来走去，等着去叫醒他们。有时早晨醒来，我会觉得一点盼望也没有。"

一个名叫布鲁诺的医生在《读者文摘》上写道：

"现今世界的文明和优越的物质生活是前所未有的，然而现今一代的人却愈来愈厌倦生活。我们寻求娱乐却常常觉得索然无味，甚至在剧院上演一幕精彩的戏剧时，也常常出现幕还没拉上就走了好几批观众的现象。我们坐在电视机前，看着一出又一出的电视剧、电影，但脑子里却不知道看了些什么。我们看报章杂志的时候也是心不在焉，大多数人在说'我累了'的时候，实际上是指他们对自己所做的事情厌倦了，对自己的生活感到索然无味。"

布鲁诺所讲的"无名病"就是厌烦病。各个行业、各个阶层的人都会患这种病。无论你有什么，抑或你没有什么，都不能保证你不会患上厌烦病。无论是富人还是穷人，聪明的还是愚拙的，知识分子还是文盲，都同样会患上此病。

厌烦病不仅是妇女特有的病症，男人也同样会有。有一个商人去医院看病，却说不清自己有什么不妥。于是医生给他做了彻底的检查，结果找不到这个商人有任何毛病，于是这人再往医生处作进一步查询。经过一段轻松的谈话后，医生就对他说："我有一个好消息要告诉你的，你的体格检验完全正常，我不用在你的病历卡上写任何东西。"

商人听了并不显得高兴，他说："医生，我从早晨起床到晚上睡觉，没有一刻不觉得疲倦的。"这时，医生才意识到他的病人患的是"厌烦病"，而不是一般的身体不适。于是医生就开始指出这个商人所拥有的一切：兴隆的生意、舒适的家庭、漂亮的妻子、可爱的孩子和其他他能用金钱买到的许多东西。但这个商人听了以后却说："让别人把这些东西都拿去吧，我对这些简直厌透了。"

为什么会出现这种现象？难道患这种病的人大多不是生活一帆风顺的人吗？难道他们不是处于别人不能奢望的"顺境"之中吗？

这还是和我们的心理习惯有关。这个世界上，可以说除了圣人之外，没有人能随时感到快乐。一位哲人曾说道："如果我们感到可怜，很可能会一直感到可怜。"对于日常生活中使我们不快乐的那些众多琐事与环境，我们可以由思考使我们感到快乐，这就是：大部分时间想着光明的目标与未来。而对小烦恼、小挫折，我们也很可能习惯性地反应出暴躁、不满、懊悔与不安，这样的反应我们已经"练习"了很久，所以成了一种习惯。这种不快乐反应的产生，大部分是由于我们把它解释为"对自尊的打击"等这类原因。司机没有必要冲着我们按喇叭；我们讲话时某位人士没注意听甚至插嘴打断我们；认为某人愿意帮助我们而事实却不然；甚至个人对于事情的解释，结果也会伤了我们的自尊；我们要搭的公共汽车竟然迟开；我们计划要郊游，结果下起雨来；我们急着赶搭飞机，结果交通阻塞……这样我们的反应是生气、懊悔、自怜，或换句话说——闷闷不乐。

抑郁就好像透过一层黑色玻璃看一切事物。无论是考虑你自己，还是考虑世界或未来，任何事物看来都处于同样的阴郁而暗淡的光线之下。"没有一件事做对了"；"我彻底完蛋了"；"我无能为力，因此也不值一试"；"朋友们给我来电话仅仅是出于一种责任感"。当你工作中出了一点毛病，或思想开了小差，你就认为"我已经失去了干好工作的能力"，好像你的能力已经一去不回了。回想过去，你的记忆中充满着一连串的失败、痛苦和亏损，而那些你曾经认为是成就或成功的事情，以及你的爱情和友谊，现在看来都一文不值了。你的回忆已经染上了抑郁的色彩。一旦戴上这副黑色的滤光镜，你就再也不能在其他的光线下观察任何事物。消极的思想与抑郁相伴：情绪低落导致消极的思想和回忆，反之，消极的思想和回忆又导致情绪低落，如此反复下去，形成一个持久而日益严重的恶性循环。

在某种程度上，你对你的抑郁是有责任的。你可以采取许多办法来控制它，甚至还能控制它的某些起因。你肯定能改变它，如果你真的想要克服这种习惯，你就必须改变自己对待抑郁的态度。然而人们对于抑郁症的感受程度是各不相同的。我们每个人的情绪都会有所波动，有所摇摆，看来这部分是由于我们大脑中的生物化学精密结构之差异所致，而这种生物化学结构是不能随意控制的。因此，把你的抑郁症看成是超出你控制能力的事，就像你患感冒一样，不要看得过于严重，有时候也许对你是有帮助的。用这种体贴的态度对待自己，反而能帮助你摆脱抑郁，不至于被它控制。

精神百倍的秘密

卡耐基金言

◇如果驯马师不以严格的标准来训练马，它就会懒懒散散，显现不出骏马的神采。人整天无精打采，只图舒服，就会和这样的马一样，变得懈怠，不想做任何事。

◇不要一有身体难受的感觉和懒惰的思想，就对自己同情不已。任何情况下都不能这样。

当有人问一个著名的歌剧演唱家，她是否因感到身心不舒服而不能登台演出时，她回答道："不，我们歌唱家付不起生病的开销。我们必须能随时上台。稍有小病就屈服，不再工作，我们还没有富裕到那种程度。"

演员和歌唱家一样，因为职业的需要，必须把私人的情感放在一边，绝对忠实于观众，即便是状态不佳时也是如此。他们并不是生病时真的无法承担药费，而是不管什么时候，都不让个人的情绪和小病与自己的工作相冲突。如果他们稍有不适就展现在观众面前，怎么能拥有名声和艺术成就呢？

能够有力控制住自己情感的演员和歌唱家，结果怎样呢？尽管受职业所限，经常不分白天黑夜地工作，身心健康不断地受到磨损，但他们仍然精神百倍、容光焕发。是不是他们采取什么特别的措施，以保持年轻和健康活力呢？他们唯一的措施就是以积极的心态来面对工作。即使到了老年，相比同龄人来说，这些人看起来仍年轻很多。

如果驯马师不以严格的标准来训练马，它就会懒懒散散，显现不出骏马的神采。人整天无精打采，只图舒服，就会和这样的马一样，变得懈怠，不想做任何事。假如人的思想也是这般没有活力，只会使身体也跟着陷入怠惰之中，甚至变得麻木不仁。

商界人士整天忙着工作，没有喘息的机会和时间去自顾自怜，还会神经兮兮，觉得自己这也不舒服，那也不舒服吗？假如他想着："今年夏天我会得病，我得赶紧做最坏的打算，应该在办公室里放置一个躺椅，以便随时休息，还要买一些药备着，以防出现紧急情况。"这是不是显得有点荒唐？一个明白事理、讲究实际的商界精英甚至觉得这样的想法都是耻辱的。他深深地明白，如果那么做的话，整个公司就会变得一塌糊涂，混乱不堪。凭经验，他知道，并不是自己一觉得不舒服就要停止工作。

如果长官发现他的士兵在兵营附近游荡、闲逛，或斜靠在树上，悠然自得，只是因为不喜欢军事训练，那么，他是否等到士兵们对军训感兴趣了，再来训练他们呢？这会是一个什么样的军队？军风、军纪会变成什么样子？不管士兵们喜欢还是讨厌训练，他们必须在规定的时间排好队列，认真操练。如果他真的病了，就要去医院治疗。除非是大病，否则，不可随便就逃避训练。

世界就像一座大军营，我们都是最高统帅指挥下的士兵。每天，如果不是真正无法动弹，就必须按时出操。

如果你让不良情绪和臆想控制了自己，就等于为健康杀手打开了大门，它们也会扼杀掉你的成功和快乐。不要一有身体难受的感觉和懒惰的思想，就对自己同情不已，任何情况下都不能这样。此时，只要你一松劲，就会使自己成为不良情绪的奴隶，任他摆布而一事无成。

有些人经常觉得自己好像有病，结果反而引病上身，如果自己的脚偶尔弄湿了，他们就会认为要得伤寒或感冒。如果不巧被风吹了一会儿，就确信痛苦而可怕的病症会随之而来。如果感到身体寒冷，嗓子疼痛，并咳了几声，就会大动干戈，四处求医问药。这些情况在家庭生活中难道没有吗？他们头脑里的"顽症"减弱了对于疾病的抵抗力，使身体易受小毛病的影响。如果认为自己病了，也就真会生病。

没你，地球照样转

卡耐基金言

◇你认为你是社会的中坚？到墓地仔细瞧瞧那些墓碑，他们生前也与你一样，认为全世界的事都得扛在肩上，如今他们已长眠在黄土中，然而整个地球的活动还是永恒不断地进行着。

许多人——尤其是现代人，总是满怀焦虑与怨忿，以至于浪费了宝贵的精力，更使得日常生活变得紧张异常，同时自觉度日如年。

其实，如果想使人生具有意义，就应该停止焦虑与怨忿，保持稳定和平的心境，然而如何才能达到这种静如止水的生活态度呢？

首先你必须降低走路的速度。近年来由于科学发展，交通工具日益发达，人们的生活水平也愈来愈高，我们在不知不觉中过着超速的日子。许多人因此而损害了自己的身心健康，整个心灵也被日益繁重的工作及生活撕碎！就一般白领阶级来说，整日坐在办公室内，活动量并不大，但是心灵却每分每秒都在高速地运转着，有些人甚至拖着疲惫的身体过着高速运转的生活。在此种情况下，一旦发生弹性疲乏，势必造成精神上的崩溃。

为了避免造成这种不良结果，现代人亟须适量地调低生活速度。我们要知道，人体并非机器，如果日夜忙碌，不让身心有休闲的片刻，不仅心智极易产生不平衡的状态，感情也容易失调，甚至一蹶不振。所以事情无论大小，从个人私事到国家和社会大事，如果在处理的过程中行动过于焦虑，便足以影响身心的平衡。

有一个医师，对他的病人提出了一个奇妙的忠告。这位病人是个很能干而且魄力十足的实业家，他对医师的忠告采取不信任态度，并且抗议说：他有大量的工作要做，而且，除了他本人之外，也没有别人能做。

"每天晚上，我都要把公事包带回家，里面塞满了工作，所以，我非加班处理不可。"这位病人以高亢紧张的语调说。

"你为什么要带工作回家呢？晚上好好休息一下不是很好吗？"医师平静地问。

"不行，我非完成那些工作不可！"病人毫不放松地说。

"你不能交给别人去做吗？你没有助手可以帮助你完成那些工作吗？"医师又问。

"一个也没有！只有我能处理那些问题！不管怎么说，都非我亲自去做不可，因为，只有我一个人，能够圆满解决那些困难，并且，那都是需要速战速决的，决不可拖延。所以，一切责任都在我的肩上，我怎能休息呢？"

"我替你写一张处方，你愿意照我的处方去做吗？"聆听完病人的叙述后，医师问了这一句话。

医师替他开的处方是：每天抽出两个小时来散步；其次是，每一个星期，抽出半天的时间来，单独一个人到墓园里走走。

病人大吃一惊，立刻提出反问："为什么要我到墓园里去过半天时光呢？"

"我有我的目的。"医师回答，"我希望你在那个地方到处走走，看一看长眠在地下的人，以及竖立在地面上的墓碑。你将会发现，他们之中大多数人都和你一样，也许都以为全世界的责任，正压在自己的肩上，可是，我希望你仔细地想一想，他们现在都在地下长眠了，世界依然规律地活动着。我希望你能明白一个非常现实的问题，并且认真地思考一下：将来你总要长眠于地下的，那时，这一个地球仍然还像今天一样的，照着一定的轨迹运转，世界不致因此消失，你的工作依旧是有很多人来接续下去。我希望你站在墓碑前，反复念出下面这一句话：'在你看来，千年如已过的昨日，又如夜间的一更。'"

这位自以为担负天下重任的病人，听到这句话终于茅塞顿开，领悟了自己真正的价值。他降低了生活的步调，也学会了把部分权限交给别人，他明白了自己真正的重要性，所以，他不再紧张、忧虑，他终于获得心灵的平和了。如果读者容许我再添加一句的话，我要说：他好像是减少了许多工作分量，可是，他的成就却比从前更大！他处理事情的能力也更高了！

现在，他已经很高兴地承认：自从认清自己的价值后，他的事业更加蒸蒸日上，而且，他的精神也比以前快乐多了，紧张的生活已成为过去式。

有一位大学船赛冠军队队长对我说："我们的教练常提醒队员说'我想赢，就得慢慢地划桨'。也就是说，划桨的速度太快的话，会破坏船行的节拍；一旦搅乱节拍，要再度恢复正确的速度就相当困难了。欲速则不达，这是千古不变的法则。"

所以不论是工作或者划船，都必须以正确而从容的步伐前进，这样心中及灵魂才能获得和平的力量，以稳定和谐的智慧指导神经及肌肉从事工作，如此一来，胜利也终将属于你。

那么我们究竟应该如何实践这个理论呢？那就是每天必须实行维持健康的步骤，无论是洗澡、刷牙、运动，都要以平和的心态完成。另一方面，不妨抽一些空闲的时间从事洗净心灵的活动，譬如静坐，这是相当好的洁净心智的做法，一有时间就安坐一旁，舒放你的心灵，让你的眼睛自由自在地飞翔四方，想想曾经欣赏过的高山峻岭、夕雾的峡谷、鲤鱼跳跃的河流、月光倒映的水面……慢慢地，你的心就会舒坦地沉醉其中。

每24小时做一次冥想，尤其是在繁忙的时刻，停下手边的工作，平静地遐想10分钟，让全身的神经及肌肉松弛下来，你的心就会得到平静。人总是有搅乱步伐的时候，当心中充满焦虑紧张、不知所措时，最好的办法就是停止一切活动，适时地放松自己吧！

第 12 章
踏上轻松快乐之旅

演奏你自己的乐器

卡耐基金言

◇你一定得维持你自己的本色,不论你的错误有多少,能力多么有限,你也不可能变成别人。

◇要在生命的交响乐中演奏你自己的乐器。

一个人想要集他人所有的优点于一身,是最愚蠢、最荒谬的行为。

我有一封伊笛丝·阿雷德太太从北卡罗来纳州艾尔山寄来的信。"我从小就特别地敏感而腼腆,"她在信上说,"我的身体一直太胖,而我的一张脸使我看起来比实际上还胖得多。我有一个很古板的母亲,她认为把衣服弄得漂亮是一件很愚蠢的事情。她总是对我说:'宽衣好穿,窄衣易破。'而她总照这句话来帮我穿衣服。所以我从来不和其他的孩子一起做室外活动,甚至不上体育课。我非常地害羞,觉得我跟其他的人都'不一样',完全不讨人喜欢。

"长大之后,我嫁给一个比我年长好几岁的男人,可是我并没有改变。我丈夫一家人都很好,也充满了自信。他们就是我应该是而不是的那种人。我尽最大的努力要像他们一样,可是我办不到。他们为了使我开朗而做的每一件事情,都只是令我更退缩到我的壳里去。我变得紧张不安,躲开了所有的朋友。情形坏到我甚至怕听到门铃响。我知道我是一个失败者,又怕我的丈夫会发现这一点。所以每次我们出现在公共场合的时候,我都假装很开心,结果常常做得太过。我知道我做得太过分,事后我会为这个而难过好几天。最后不开心到使我觉得再活下去也没有什么道理了,我开始想自杀。"

出了什么事才改变了这个不快乐的女人的生活?只是一句随口说出的话。

"随口说的一句话,"阿雷德太太继续写道,"改变了我的整个生活。有一天,我的婆婆正在谈她怎么教养她的几个孩子,她说:'不管事情怎么样,我总会要求他们保持本色。''保持本色'……就是这句话!在那一刹那之间,我才发现我之所以那么苦恼，就是因为我一直在试着让自己适合于一个并不适合我的模式。

"在一夜之间我整个改变了。我开始保持本色。我试着研究我自己的个性，试着找出我究竟是怎样的人。我研究我的优点，尽我所能去学色彩和服饰上的问题，尽量按照能够适合我的方式去穿衣服。我主动地去交朋友，我参加了一个社团组织——起先是一个很小的社团——他们让我参加活动，使我吓坏了。可是我每一次发言，就增加了一点勇气。这事花了很长的一段时间，可是今天我所有的快乐，却是我从来没有想到可能得到的。在教养我自己的孩子时，我也总是把我从痛苦的经验中所学到的结果教给他们：'不管事情怎么样，总要保持本色。'"

"保持本色的问题，像历史一样的古老，"詹姆斯·高登·季尔基博士说，"也像人生一样地普遍。"不愿意保持本色，即是很多精神和心理问题的潜在原因。安吉罗·帕屈在幼儿教育方面，曾写过13本书，和数以千计的文章。他说："没有人比那些想做其他人，和除他自己以外其他东西的人，更痛苦的了。"

这种希望能做跟自己不一样的人的想法，在好莱坞特别流行。山姆·伍德是好莱坞著名的导演之一。他说在他启发一些年轻的演员时，所碰到最头痛的问题就是：要让他们保持本色。他们都想做二流的拉娜透纳，或者是三流的克拉克盖博。"这一套观众早已受够了，"山姆·伍德说，"最安全的做法是：要尽快抛开那些装腔作势的人。"

最近我问素凡石油公司的人事室主任保罗·鲍延登，来求职的人常犯的最大错误是什么。他回答说："来求职的人所犯的最大错误就是不保持本色。他们不以真面目示人，不能完全地坦诚，却给你一些他以为你想要的回答。"可是这个做法一点用也没有，由于没有人要伪君子，也从来没有人情愿收假钞票。

有一个电车车长的女儿，特别辛苦地学会这一点。她想要成为一位歌唱家，但是她的脸长得并不好看。她的嘴很大，牙齿很暴露，每一次公开演唱的时候——在新泽西州的一家夜总会里——她一直想把上嘴唇拉下来盖住她的牙齿。她想要表演得"很美"，最终呢？她使自己大出洋相，注定了失败的命运。

但是，在那家夜总会里听这个女孩子唱歌的一个人，却以为她很有天分。"我跟你说,"他很直率地说,"我一直在看你的演唱,我知道你想掩藏的是什么,你觉得你的牙齿长得很难看。"这个女孩子顿时觉得无地自容,可是那个男的继续说道:"这是怎么回事?难道说长了暴牙就罪大恶极吗?不要想去遮掩,张开你的嘴,观众看到你不在乎,他们就会喜欢你的。再说,"他很犀利地说,"那些你想遮起来的牙齿,说不定还会带给你好运呢。"

凯丝·达莉接受了他的忠告,不再去注意牙齿。从那时候起,她只想到她的观众,她张大了嘴巴,热情而高兴地唱着,使她成为电影界和广播界的一流红星。其他的喜剧演员如今都还希望能学她的样子呢。

著名的威廉·詹姆斯曾经谈过一些一直没有发现他们自己的人。他说一般人只发挥了10%的潜能。"跟我们应当作到的来比较,"他写道,"我们等于苏醒了一半;对我们身心两方面的能力,我们只使用了很小的一部分。再扩大一点来说,一个人等于只活在他体内有限空间的一小部分。他具有多种的能力,却习惯性地不知道怎么去利用。"

你和我也有这样的能力,因此我们不该再浪费任何一秒钟,去忧虑我们不是其他人这一点。你是这个世界上的新东西,以前从没有过,从开天辟地一直到现在,从来没有任何人完全跟你一样;而将来直到永远,也不可能再有一个完完全全像你的人。新的遗传学告诉我们,你之所以是你,必是因为你从父亲的23个染色体,和你母亲的23个染色体所遗传到的是什么。"在每一个染色体里,"据阿伦·舒恩费说,"可能有几十个到几百个遗传因子——在某些情况下,每一个遗传因子都能改变一个人的一生。"一点也不错,我们是这样"既可怕又奇妙地"造成的——我们每个人都是独一无二的。

即使在你母亲和父亲相遇而结婚之后,生下的这个人正好是你的机会,也是1/30亿万。换句话说,即使你有30亿万个兄弟姐妹,也可能都跟你完全不一样。这是光凭想象说的吗?不是的,这是科学的事实。

如果你想对这一点知道得更详细的话,不妨到图书馆去,借一本叫作《遗传与你》的书,这本书的作者就是阿伦·舒因费。我可以和你深谈保持本色这个问题,因为我对这一点的感想非常深。我很清楚我自己所谈的问题,因为我有过代价相当大的痛苦经验。我在这里要说明一下,当我由密苏里州的乡下到纽约去的时候,我进了美国戏剧学院,希望能做一个演员。我当时有一个自以为非常聪明的想法——一条成功之路的捷径,这个想法非常之简单,非常之完美,所以我不懂为什么成千上万富有野心的人居然没有发现这一点。这个想法是这样的,我要去学当年那些有名的演员怎样演戏,学会他们的优点,然后把每一个人的长处学下来,使我自己成为一个集所有优点于一身的名演员。多么愚蠢!多么荒谬!我居然浪费了很多的时间去模仿别人,最后终于明白,我一定得维持本色,我不可能变成任何人。

  这次痛苦的经验,应该能教给我长久难忘的一课才对,可是事实不然。我并没有学乖;我太笨了。后来我希望写一本所有关于公开演说的书本中最好的一本。在写那本书的时候,我又有了和以前演戏时一样的笨想法。我打算把很多其他作者的观念,都"借"过来放在那本书里——使那一本书能够包罗万象。于是我去买了十几本有关公开演讲的书,花了一年的时间把它们的概念写进我的书里,可是最后我再一次地发现我又做了一次傻事:这种把别人的观念整个凑在一起而写成的东西非常做作,非常沉闷,没有一个人能够看得下去。所以我把一年的心血都丢进了纸篓里,整个地重新开始。这一回我对自己说:"你一定得维持你自己的本色,不论你的错误有多少,能力多么有限,你也不可能变成别人。"于是我不再试着做其他所有人的综合体,而卷起我的袖子来,做了我最先就该做的那件事:我写了一本关于公开演讲的教科书,完全以我自己的经验、观察,以一个演说家和一个演说教师的身份来写。我学到了——我希望也能永远持久下去——华特·罗里爵士所学到的那一课。我说的华特·罗里爵士,是 1904 年的时候在牛津大学当英国文学教授的那位。"我没有办法写一本足以与莎士比亚媲美的书,"他说,"可是我可以写一本由我写成的书。"

  保持你自己的本色,像欧文·柏林给已故的乔治·盖许文的忠告那样。当柏林和盖许文初次见面的时候,柏林已经大大有名,而盖许文还是一个刚出道的年轻作曲家,一个星期只赚 35 美金。柏林很欣赏盖许文的能力,就问盖许文要不要做他的秘书,薪水大概是他当时收入的 3 倍。"可是不要接受这个工作,"柏林忠告说,"如果你接受的话,你可能会变成一个二流的柏林。但如果你坚持继续保持你自己的本色,总有一天你会成为一个一流的盖许文。"

  盖许文注意到这个警告,后来他慢慢地成为这一代美国最重要的作曲家之一。

  卓别林、威尔·罗吉斯、玛丽·玛格丽特·麦克布蕾、金·奥特雷,以及其他好几百万的人,都学过我在这一章里想要让各位明白的这一课,他们也学得很辛苦——就像我一样。卓别林开始拍电影的时候，那些电影的导演都坚持要卓别林去学当时特别有名的一个德国喜剧演员，但是卓别林直到创造出一套自己的表演方法之后，才开始成名。鲍勃·霍帕也有相同的经验。他多年来一直在演歌舞片，结果毫无成绩，一直到他发现自己讲笑话的本事之后，功成名就。威尔·罗吉斯在一个杂耍剧团里，不说话光表演抛绳技术，持续了好多年，最后才发现他在讲幽默笑话上有特殊的天分，于是开始在耍绳表演的时候说话，并一举成名。玛丽·玛格丽特·麦克布蕾最初进入广播界的时候，想做一个爱尔兰喜剧演员，结果失败了。后来她发挥了她的本色，做一个从密苏里州来的、很平凡的乡下女孩子，最终成为纽约最受欢迎的广播明星。

　　金·奥特雷刚出道的时候，企图改掉他克萨斯的乡音，想象个城里的绅士，自称是纽约人，结果大家只在他背后笑话他。后来他开始弹五弦琴，唱他的西部歌曲，开始了他那了不起的演艺生涯，成为全世界在电影和广播两方面最有名的西部歌星。

　　你在这个世界上是个新东西，应当为这一点而庆幸，应当尽量利用大自然所赋予你的一切。归根结底说起来，全体的艺术都带着一些自传性质；你只能唱你自己的歌，你只能画你自己的画，你只能做一个由你的经验、你的环境和你的家庭所造成的你。无论好坏，你都得自己创造一个自己的小花园；无论好坏，你都得在生命的交响乐中，演奏你自己的小乐器。

　　就像爱默生在他那篇《论自信》的散文里所说的："在每一个人的教育过程之中，他肯定会在某个时期发现，羡慕就是无知，模仿就是自杀。不论好坏，他必须保持本色。虽然广大的宇宙之间充满了好的东西，但是除非他耕作那一块给他耕作的土地，否则他绝得不到好的收成。他所有的能力是自然界的一种新能力，除了他自己之外，没有人知道他能做出些什么，他能知道些什么，而这都是他必须去尝试求取的。"

　　上面是爱默生的说法；下面是一位诗人——已故的道格拉斯·马罗区——所说的：

　　　　假如你不能成为山顶的一棵青松，
　　　　就做一丛小树生长在山谷中，
　　　　但须是溪边最好的一小丛。
　　　　假如你不能成为一棵大树，

就做一丛灌木。

假如你不能成为一丛灌木，

就做一片绿草，

让公路上也有几分欢娱颜色。

假如你不能成为一只麝香鹿，

就做一条鲈鱼，

但须做湖里最好的一条鱼。

我们不能都做船长，

我们得做海员。

世上的事情，多得做不完，

工作有大的，也有小的。

我们该做的工作，就在你的手边。

假如你不能做一条公路，

就做一条小径。

假如你不能做太阳，

就做一颗星星。

不能凭大小来断定你的输赢，

无论你做什么都要做最好的一名。

顺应生命的节奏

卡耐基金言

◇ 当我们处于休息和平静的状态时，我们的行为和感觉就不会杂乱无章地发生，而呈现一种和谐的流动。

◇ 你必须学习了解你生命中的波涛和节奏，并顺着生命的节奏表现你的爱，以期能和大自然和谐共处。

当我们紧张时，身体上和情绪上通常有耗尽的感觉：嘴巴会觉得干，身体会觉得衰弱，而且神经如我们所说的是绷紧的。只有当我们放松和表达情绪之后，才能得到一个比较平顺的状态。有时候我们甚至会被眼泪淹没，或溶于欲望当中，这些代表流动状态的隐喻并不是绝对的，它们和我们的身心状态(和水)有密切的关系。当我们处于休息和平静的状态时，我们的行为和感觉就不会杂乱无章地发生，而呈现一种和谐的流动。无止息的水舞(生命的普遍象征)可以被视为是健康快乐的状态。

古代瑜珈文献建议人们可以在靠近瀑布、河流和湖边做静心冥想。荣格有许多对湖的描述："那湖向远方一直延伸出去，那广博的水面给我一种令人难以置信的愉悦，令人无法抗拒的光彩。在这一刻我在心中有了一个想法，我一定要住在湖边。我想如果没有水没有人可以活下去。"我们从洗澡、游泳、海洋景观所得到的快乐证明了我们和水之间深厚的关系，或许这呼唤起我们在母亲子宫羊水的状态，或者也和潜意识自己有如海洋般深不可测的意象有关吧。

这样的想法指出水在放松中的特殊价值，经由感官，或以下提供的练习可以更直接地体验到。我们也应该考虑其他的因素，像空气虽有较多限制，但是也可以被想象成和飞行及云联系在一起；风或微风可以被用来作为感官练习的基础。

在一个安静的房间里舒适地躺下来。举起你的手臂，甩甩手，然后让手臂自然地在身体两侧垂下来。闭上眼睛，想象你正躺在海边一个空旷的沙滩上。

潮水正涌过来，小小浪花轻拍你的脚和脚踝，慢慢地移动你的身体让它浸在浅水里。当海水继续上升时，让自己感觉漂浮起来，并被有节奏的海潮带入海里。

感觉缓缓起伏的海浪在你下面汹涌，你随着海潮的起伏而滑动。

让你的身体正面朝上，想象你正在一个浪头上，当浪潮下降，你在明亮的海水隧道中翻滚着。

现在你被浪冲回岸边，躺在舒服温暖的沙滩上。不要动，此刻享受一下在自由和兴奋交替之后的宁静吧。

当你看到海洋的波涛、季节的变换和月亮的盈亏时，便看到了自然的节奏。人的生命也同样有一定的节奏：从出生，经过儿童期、青少年期到完全成熟、年老，最后又有新的一代诞生。光、能源和任何事物都有一定的波动起伏，这种起伏使它们偏离节奏，或者像中子一样永远围绕着原子核运动。

生命中的任何事物绝对不会静止，运动是持续不断而且有一定节奏的。

这就是为什么我们喜欢音乐的原因之一，因为音乐反映出我们的生命节奏。你必须学习随着生命的节奏摇摆，而不是站在那里以不动的姿态和它对抗。沙岸随着波涛运动和变化而能够永远不灭，但防波堤很快就会被冲垮。

注意观察你的生命，它有一定的节奏吗？你在工作之后会娱乐吗？在劳心之后会从事劳力活动吗？饮食之后会禁食吗？严肃之后会表现幽默吗？性交之后会把性交转变成具有创造性的努力吗？当你的意识处于休息状态时，就是你的潜意识发挥最大作用的时候，当你的潜意识承担任务，而且你的意识被其他事物(亦即放轻松)占据的时候，就是出现真正鼓舞作用的时候。

当阿基米德在努力寻求解决两个物体相对重量的复杂问题时，始终得不到解答，但当他决定放松自己并泡一下澡时，他的潜意识便被浴盆中的热水激发出来。他立刻从浴盆中跳出来，并且大声叫着现在一个很有名的欢呼词：我找到了！同时也找到了问题的答案。你曾经给你的思想休息的机会吗？

干扰正常节奏模式会造成许多问题，如果你在工作之后不给你思想休息的机会，你的身体就会一直处于一种被刺激的状态，这种情况可能会使你因为紧张而失调。

你不必希望永远快乐，因为果真如此的话，那种快乐一定会变得枯燥乏味。婚姻顾问的一项重要目的就是要使夫妻了解二人之间的爱不可能没有高低潮。你必须学习了解你生命中的波涛和节奏，并顺着生命的节奏表现你的爱，以期能和大自然和谐共处。

大自然传达宁静的感觉。凝视自然地形、色彩变化、地质构造、自然的香味和声音，我们可以获得和大自然融合为一的感觉。让眼睛看向远方的地平线，我们就能放松生活压力的焦点。下次当你凝视天际时，想象你眼睛的肌肉已释放所有的紧张，想想如此一来对你有多好。如同风景画中的人物，我们得以用更宽广的角度看自己，并调整我们看事情的角度。在古典浪漫时期，面对大自然的渺小感几乎是令人害怕的，今天我们对于戏剧性的瀑布或高耸的悬崖峭壁依然感到敬畏。即使在一个温和平静的风景中，我们看自己的方式不同了，我们的问题似乎也变得比较简单，或觉得昨天的事不过是幻象罢了。奇妙之事继续发生：我们花越多时间在大自然美景中，就有越多的焦虑消失掉。

自然宁静的效果部分是和绿荫有关，心理作用上和休息联想在一起。如果你有一个小小的庭院，试着在院中种满不同叶形、不同颜色的植物。当然，花匠可以提供很好的服务，但是你可能宁愿自己修剪树叶，或自己动手采集果实和种子，做做园艺什么的。你可能放着花园某个角落不整理，作为鸟儿和昆虫的天堂。认识你种植的植物或花的名称，去认识它们个别的个性。同时学习它们的学名和俗名，并大声念出那些奇怪的音节，想象它们像种子一样躺在你心灵中的花园。

从你的庭院或附近的公园树木收集不同种类的树叶。

舒适地坐下来并认真地研究它们——树叶的形状、颜色和纹理。压在手掌心里感觉它们的凉爽，用手指循着每片叶子的叶脉移动，然后闭眼冥想你所看到的叶子形态。

闭上眼睛，感觉并闻一闻手中的叶子，借触摸和气味来分辨每一片叶子的不同。

让自己完全专注在树叶上，让所有的担心、焦虑和负面思想都从意识中消退。

放掉包袱

卡耐基金言

◇在我们之中有许多人不只是急着找出谁让我们感到备受压力与痛苦，而且还将这些资讯储存分类，以便日后运用。

◇我们之中有许多人将精力耗费在记恨上，仿佛需要维持那些使我们感到不好的事情。

在我们之中有许多人不只是急着找出是谁让我们感到备受压力与痛苦，而且还将这些资讯储存分类，以便日后运用，我们将之称为"包袱处理"。因为不久后我们会累积许多痛苦，需要将之封入行李箱中，倘若我们有一整批这样的包袱，甚至需要雇人携带着它们。

林达还是再一次为我讲述了她祖母的往事：

"我的祖母法兰西卡对回忆过去非常在行（大部分是负面的），足够担任稀有矿物博物馆馆长了。当我还小时，总会问她为何如此不快乐，我所得到的答案一直都是'因为我受苦'。然后就不再多说了。但当她需要时总会对着神朗诵她的愿望，这时脸色会更加地悲伤，双手会举向空中。

"祖母的痛苦总有些神秘的气氛围绕着，只能意会，不能言传。

"每次她都会嘲讽地补充说：'我的母亲遗弃了我！'这话在意大利人间普遍流传着，添增了许多戏剧色彩。假使她用意大利语说：'我的胸罩害死了我！'听来也像个噩耗。

"我持续追问我母亲关于祖母的事情，但她轻描淡写地说：'那是有缘由的，你不会懂的。'几年后，一个叔叔告知我整个内幕，精彩得足以搬上电视荧幕。事情大概是这样：法兰西卡的父亲在她 11 岁时便去世了，一年后，她的母亲嫁给一个小她 20 岁的男人。在当时的意大利，这是前所未有的事情，因为两人年龄差距过大，而且那时祖母也即将成年。

"法兰西卡的阿姨、婶婶们都认为，倘若法兰西卡的母亲和小她 20 岁的男人生活在一起将有辱家门，而且这个小伙子也可能会对法兰西卡心怀不轨。因此法兰西卡被送到隔壁的阿姨家住。法兰西卡的母亲甘希塔总是与她温文儒雅、常取悦法兰西卡的丈夫古希波陪在法兰西卡的身边。但即使法兰西卡结了婚，并带着甘希塔和古希波一起移民美国后，她依旧把甘希塔当作瘟疫般对待。法兰西卡被遗弃的争议变成她一切苦恼的中心，从未释放、改善它。当然，这也因为那些和法兰西卡住在一起的女人而搞得更糟。她们令我想起《麦克白》里的巫婆，'再来、再来更多的烦恼与忧愁'。即使祖母确实有其悲伤的理由，但也无需在她的余生里添加更多的惨白。"

我们之中有许多人将精力耗费在记恨上，仿佛需要维持那些使我们感到不好的事情。在我的公司中，有一项练习是使名人们了解自己包袱处理的癖性，很多人都被结果给吓着了。我要大家各自找一个搭档，并描述多年来累积的负面事情，聆听的那一方必须回说："那真可怕，再多说一些。"5 分钟后，则接着叙述发生过的美好事情。当我要他们停止叙述负面事情时，他们都表示自己还可以说得更多、更多，然而在停止分享正面的事情前，很多人早就讲不出来了。她们承认要分享美好的事物比较困难。若只单单回想自己上周的心绪，我猜大家马上可以记起那些令自己烦心的事，然而若是要我们回想美好的部分，我们可能说不出话来。

很重要的是区分什么需要在意，什么需要放弃?

一只倒霉的狐狸被猎人用套套住了一只爪子，它毫不迟疑地咬断了那只小腿，然后逃命。放弃一只腿而保全一条生命，这是孤独的哲学。人生亦应如此，当生活强迫我们必须付出惨痛的代价以前，主动放弃局部利益而保全整体利益是最明智的选择。智者曰："两弊相衡取其轻，两利相权取其重。"趋利避害，这也正是放弃的实质。

人之一生，需要我们放弃的东西很多，古人云，鱼和熊掌不可兼得。如果不是我们应该拥有的，我们就要学会放弃。几十年的人生旅途，会有山山水水，风风雨雨，有所得也必然有所失，只有我们学会了放弃，我们才拥有一份成熟，才会活得更加充实、坦然和轻松。

比如大学毕业分手的那一刻，当同窗数载的朋友紧握双手、互相轻声说保重的时候，每个人都止不住泪流满面……放弃一段友谊固然会于心不忍，但是每个人毕竟都有各自的旅程，我们又怎能长相厮守呢？固守着一位朋友，只会挡住我们人生旅程的视线，让我们错过一些更为美好的人生山水。学会放弃，我们就有可能拥有更为广阔的友情天空。

放弃一段恋情也是困难的，尤其是放弃一场刻骨铭心的恋情。

譬如说，你爱上了一个人，而她却不爱你，你的世界就微缩在对她的感情上了，她的一举手、一投足及衣裙细碎的声响，都足以吸引你的注意力，都能成为你快乐和痛苦的源泉。有时候，你明明知道那不是你的，却想去强求，或可能出于盲目自信，或过于相信"精诚所至，金石为开"，结果不断的努力，却遭来不断的挫折，弄得自己苦不堪言。世界上有很多事，不是我们努力就能实现的，有的靠缘分，有的靠机遇，有的我们能以看山看水的心情来欣赏，不是自己的不强求，无法得到的就放弃。

懂得放弃才有快乐，背着包袱走路总是很辛苦。

我们在生活中，时刻都在取与舍中选择，我们又总是渴望取，渴望着占有，常常忽略了舍，忽略了占有的反面：放弃。懂得了放弃的真意，也就理解了"失之东隅，收之桑榆"的妙谛。多一点中和的思想，静观万物，体会与世界一样博大的诗意，我们自然会懂得适时地有所放弃，这正是我们获得内心平衡，获得快乐的好方法。

一个人老是背着沉重的包袱，许多状况不过是徒耗精力罢了。我常要人们写下他们的压力来源，一定有人会说当他们的同事延长午餐时间，就会扰乱他们，有个女人一再地表示这有多么恐怖。我问她这状况持续多久了，她说已20年了，20年来她一直为此生气，并就此点警告周围的同事。

接着我问她如何解决这个难题，她说没有一种有效，没人能使得上力。现在我们有了一个混合的例子——带着包袱的烈士。我们的行为就如轮回般重复不停，总教我惊讶不已。

当然，这会让他人有机会掌控我们的心情。我们不是常说些"你让我感到……（不快乐、生气、伤心、烦心）"，或是"你让我发狂，我无法忍受你的行为"。

我母亲就是最好的例子。每当我们争执时，她就会提及生我时的往事，她说："当初生你是个痛苦，直到现在还是一样。"50年后，她还是这句老话！

当我们有许多包袱时，要逃离它们总是困难重重。愤怒教我们的生活变得迟缓、无心工作、无心和孩子们说话，或是计划度假。倘若我们一心一意地徘徊在昨夜与老婆的争吵中，那么，是放掉这些包袱的时候了。

一旦我们察觉到他人的行为影响到我们时，我们有许多选择。我们可以心平气和地议论它或改变自己的态度，甚至是释放它（任由它去、不管它）。自从我们喜欢凡事追根究底后，释放可能是人性中最难以做到的行径之一。

下述有些点子，能试着把包袱处理这个想当然的感觉变为毫无意义：

1. 有时想一想那些结果证明是如意的事情。这样的思考方式能够创造幸福的感觉和乐观的心情。我时常回想祖父母为我做的一切，祖父将我从小马车抱出来，赏我冰淇淋的景象时常出现在我的脑海里，令我感到被爱，感受到自己充满祝福。

2. 每当我们无法超越过去的罪愆时，把它们想象成栖息在自己背后的一只怪兽，并大声地喊出："滚开！"

3. 倘若生活中遗留给我们悲伤与不满，也许趁现在找个代理人，再次创造出令自己满足的生活也是个不错的方法。许多人自愿被收养，在这样给予爱的家庭里，充满着爱我们的父母、祖父母、叔叔阿姨等，专门关爱那些来到这里的访客，这些人可能一生都未曾得到关爱与呵护。这样的社会服务机构有待被发掘。

4. 为自己和家人创造一套价值体系。这样的体系能够帮助我们活出更一致的生命。别再用过往的包袱责备自己。避免说："我不要再像老爸一样白痴了！"而是"我珍重内在的宁静与和谐，所以我会保持镇静"。别对孩子们说："把自己背后清理清理，否则你会像你叔叔一样地邋遢。"而是教导他们负责的价值观。

5. 写下自己的悼念文和墓志铭。我们最能使上力的事情之一是什么，认真地思考，我们希望人们记得自己什么，这会给予我们方向与目标。让我们期待人们在哀痛我们辞世的同时，还能发现我们留下这一页充满爱、欢笑以及活力的回忆。

让心平静

卡耐基金言

◇如果你无法获得平静，生活将没有意义。所以你必须使你的灵魂获得安宁，并且平静生活。

◇你愈能够接受自己，就愈容易容忍自己的弱点，也愈能够接受心灵上的平静。

你在早晨醒来之后，可能打开大门，弯身拿起牛奶和报纸。

你可能把牛奶放进冰箱，然后坐在椅子上开始看报。粗黑的大标题赫然出现在眼前——核子武器、外交威胁、违法犯罪、政府滥权等等。

"瞧，"你可能会这么说，"这就是最好的证明，你根本无法在这个世界里静静休息。全世界动乱不堪，已经无法控制了。"

你错了。你可以轻松下来，也可以获得心灵的平静——即使别人都在焦虑不安。

你可以学习容忍这些压力，甚至在生活的奋斗中获得胜利。如果你无法获得平静，生活将没有意义。所以，你必须使你的灵魂获得安宁，并且平静生活。

古希腊哲学家柏拉图说："人间万事，没有任何一件值得过度焦虑。"

首先你一定要相信，内心的平静是可以达到的一个目标。这也许不像表面上那般容易，如果你已经习惯于骚扰、打击及指责你四周的人，那你可能认为心情的平静是无法获得的。

一些重要的杂志与报纸，经常报道今日青少年内心的焦虑不安，以及他们紧张情绪的爆炸性。

一些最受尊敬的社会学家也告诉我们，现代生活充满许多不正常的焦虑。

哲学家、精神学家以及宗教领袖皆同意今天的生活缺乏精神上的平静，充满冲突，并受到怨恨的骚扰。

数以百万计的人以焦虑来折磨自己。他们优柔寡断，充满恐惧，甚至无法接受自己的感觉或缺点。他们对任何事情都不敢作决定，对于所谓的生活中的"失败"感到愧疚。他们的行为太矛盾——否则就是害怕得不敢采取任何行动。焦虑已经成为他们的生活方式。恐惧和精神上的毛病充满他们脑中，取代了他们应有的成功与信心的感觉。我就知道有些人，竟然已经好几年不曾享受过真正平静的一星期。

这是不是证明生活中的宁静无法达到？不是。我提到上面这些令人沮丧的例子，是要向你再度说明，如果你感到焦虑不安，也不必泄气，因为跟你同样的人太多了。在今天这个世界中，确实有些情况会产生焦虑与不安，因此若想获得心灵上的平静，首先就要接受你的焦虑与不安，不要因为它们而责备自己。你愈能够接受自己，就愈容易容忍自己的弱点，也愈能够接近心灵上的平静。

你可以获得平静的，请相信我。我将提出很多建议帮你达到这个目标。

首先，从事一些能够令你满足的活动，大部分是属于个人的活动。某些嗜好或仪式可以成为某些人的"心灵镇静剂"，却可能令其他人感到烦闷无比。

有个老太太——她是我们家的老朋友，已在几年前去世——告诉我说，每当她感到焦虑不安时，她就去阅读《圣经》，因为这样可以减轻她的紧张。她只要坐在摇椅上前后摇动，一面读着《圣经》，就能使自己心情平静。

我有一位医生朋友，每天下班后，仍然可以感受到工作上的压力，因而觉得精神十分紧张，但他只要弹弹钢琴，就能平静下来。他所弹的大部分是肖邦的作品，我有时也到他的公寓里坐坐，点上一根雪茄，看着他弹钢琴，在优美的琴声中，不知不觉和他一起轻松起来。

"我不知道这是怎么回事，"他有一次对我说，"只要我弹起钢琴来，我就觉得十分轻松，忘掉了生活压力。我能够自得其乐，不再担心那些痛苦的病人，也忘了那些身患绝症的人，我这样也许不对。"

"不，"我说，"你必须轻松下来，甚至忘掉最可怜的病人，否则你不但不会成为好医生，也会降低你帮助病人的能力。钢琴给了你心灵上的平静——接受这份礼物吧。"

人人都有这种振奋精神的潜力。把它找出来——然后看看它为你带来什么好处，并充分利用及发展。

拿自己开开玩笑

卡耐基金言

◇愤世,强化了命运的可怕;嫉俗,弱化了自我的信心。自我解嘲,以另一种坦然的心境向着光明走,黑暗,永远只会留在我们的脚后。

◇成功的人士从不试图掩饰自己的弱点,相反,有时他们会拿自己的弱点开开玩笑。

人生的横逆与挫折,除了来去无踪以外,最为高深莫测的是它毫无迹象地"了无缘由";世事的无常、人情的冷暖,除了现实与无情以外,更为无奈的是它无法与人分担的"点滴心头知"。

与其愤世嫉俗地自怨自艾,何不谈笑风生地自我解嘲,坚强振作地迎向挑战、面对挑战。

愤世,强化了命运的可怕;嫉俗,弱化了自我的信心。自我解嘲,以另一种坦然的心境向着光明走,黑暗,永远只会留在我们的脚后。

这是我妻子陶乐丝给我讲的一个真实的故事:

那时,我在镇上的中学上八年级。在当年,各级的学生都必须选修工艺课。八年级的工艺课程上的是金工。我们每个学生都得在学期结束以前,完成由一块生铁和一只木柄做的螺丝起子。

工艺老师年约五十开外,挂在嘴角的烟斗终日不停地冒出浓烈的黑烟,使得身上总是带着一股令人不甚愉快的强烈气味;他外表严肃,从来没有笑容,训起话来又总是尖酸中带着几分刻薄。他在学校一向以"当人"为乐事,更使得我们每个学生上起课来个个如临深渊,如履薄冰。

一开学,工艺老师就开宗明义地宣布,金工是我们日后日常生活中经常使用的必需技巧,绝对不可等闲视之。学期结束的时候,每个人都得做一个螺丝起子。他会一一公开地讲评给分,并择定最优和最劣的成果,分别加以适当的鼓励与惩罚;不及格的学生,别看只是一门小小的工艺课,还是得老老实实地花上一年的时间重新补修过。

我一向手拙,对于像美术、劳作、工艺之类必须心灵手巧的课程,有着

"心有余而力不足"的无奈，视之为畏途。在结业课上，尽管费了九牛二虎之力，累得满头大汗，我精心创造的杰作，依旧不折不扣地只是个"略似螺丝起子形状的大型铁钉"。

期末讲评的最后宣判终于到了。

我们端正地坐在桌前，工整地将我们的作品放在桌上，静待老师的检查。

老师依旧以严肃的面容，不急不徐地端着手中的烟斗，一一来回穿梭于我们的座位之间。他仔细观察每一个人的成果，不时弯下身来慎重地打量一些造型突出、颇具创意的杰作，举止之间流露出了悠然自得的满意表情。

终于，他背着双手走回到了讲台，清清喉咙，开始讲评："大家的作品都各有千秋，颇具创意，只是，这么些年来，我从来没有看过像陶乐丝同学这么造型独特的成果了……"全班同学的目光，顿时不约而同地飘向了我，使我羞愧得简直无地自容。

"陶乐丝，请你上来。"老师颔首致意叫我前去，更使我慌乱地手足无措。

他举起我偌大的"螺丝起子"，兀自上下不断地打量着，并且不时以诡异的表情展示给同学们观赏；全体同学爆笑如雷地看着我，以万分期待的心情等待着我上台接受老师的"表扬"。

我不得不承认我的"螺丝起子"确实有几分畸形，它扭曲的金属头即使在热胀冷缩之后，依旧显得硕大无比；它活生生地插在不相衬的狭小木柄上，更是十足地毫不协调。

"经过我仔细的评审，我决定将这学期的最高荣耀颁给陶乐丝同学，她得到了我们的'金锉奖'，因为她做的根本就不是'起子'，而是木工每日必备的'锉子'……"我羞赧地站在台上，望着笑得东倒西歪的全班同学，暗自愤恨着老师无情的奚落，我更以无比悲愤的心情埋怨自己的无能，怒视着全场幸灾乐祸的同学。

"陶乐丝同学的作品确实'别具创意'，我们请她解释解释她的创意，并请她发表一下她的'得奖感言'。"

我脑海一片空白，在这慌乱的一刻，突然灵机一动地体会到了我人生最为宝贵的第一个教训——"自我解嘲"。我何不利用这个难得的机会，自我解嘲地化解所有的危机与困窘，与其自怨自艾地静待失败的挑战，何不英勇果敢地迎向挑战、面对挑战？

我正经严肃地四顾环视了全场，模仿着电视上转播奥斯卡金像奖的情景，傲然自信地伸出了我的双手向当时愕然的老师握手致意，并且面对着突然沉静的全体同学，以极其感性的口吻说："谢谢，谢谢。首先，我得感谢我伟大的父亲，是他给了我如此的聪明才智，能够十足荣幸地来到这里上最好的工艺课；我更得感谢我可爱的母亲，是她给了我如此粗枝大叶的个性，使我随手就产生了这样美好的创意。当然，我更得感谢谆谆教诲我们的工艺老师，没有他老人家'伯乐'的眼光，又哪会识出我这匹'千里马'的无限潜力……"

全场同学在短暂错愕之后，完全笑翻了。

"最后，我不得不说明，我其实一心只想做个'锉子'，但是由于老师英明的指导和全体同学协助的鼓励，我十分高兴它仍旧幸运地保留了'起子'的基本形象。然而，这是公平的'金锉奖'，确实是完完全全地'名副其实'，而我的得奖更是'实至名归'。"我在欢声雷动的掌声中，深深地鞠了一躬，然后自信满满地回到了我的座位。

"自我解嘲"的心态，化解了我妻子生涯中最为尴尬的一刻。

正如人们喜欢谈论一些关于别人的笑话一样，在适当的时候，也要像陶乐丝那样拿自己开开玩笑，要善于自嘲。

美国著名的律师乔特是最善于讲自己笑话的人。有一次，哥伦比亚大学的校长蒲特勒在请他做演讲时，曾极力称赞他，说他是"我们的第一国民"。

这实在是一个卖弄自己的绝好机会，他可以自傲地站起来，一副得意洋洋的神气，仿佛是要对听众说："你们看，第一国民要对你们演讲了。"

但是聪明的乔特并没有如此。他似乎对这种称赞充耳不闻，却转而调侃自己的"无知"。这种自嘲很快博得了听众的热情与好感。

他说："你们的校长刚才偶然说了一个词，我有点听不太懂。他说什么'第一国民'，我想他一定是指莎士比亚戏剧里的什么国民。我想，你们的校长一定是个莎士比亚专家，研究莎士比亚很有心得，当时他一定是想到莎士比亚了。诸位都知道，在莎氏的许多戏剧中，'国民'不过是舞台的装饰品，如第一国民、第二国民、第三国民等等。每个国民都很少说话，就是说那一点点话，也说得不太好。他们彼此都差不多，就是把各个国民的号数彼此调换，别人也根本看不出有什么分别的。"

这是一种非常聪明的方法，它使自己与听众居于同等的地位，拉近了自己与听众的距离。他不想停留在蒲特勒所抬举的那种高高在上的地位上。如果他换一种说法，用庄重一点的言词，比如，"你们校长称我为第一国民，他的意思不过是说我是舞台上的一个无用的装饰品而已。"虽然表达的意思是一样的，但是绝对不能把那种礼节性的赞词变为一种轻松的笑话，也绝对不会取得那样的效果。

无论是在一帮很好的朋友中，还是在一大群听众中，能够想出一些关于自己的笑话，能够适当地自嘲，是赢得别人尊敬与理解的重要方法，远远要比开别人的一个玩笑重要得多。拿自己开开玩笑，可以使我们对世事抱有一种健康的态度，因为如果我们能与别人平等地相待，就可以为我们赢得不少的朋友。相反，如果我们为显示自己是怎样地聪明，而拿别人开玩笑，以牺牲别人来抬高自己，那我们一生一世也难以交到一个朋友，更不用说距离成功有多遥远了。

在美国的20世纪三四十年代，有个政界要人叫凯升。他首次在众议院里发表演说，却打扮得土里土气，因为他刚从西部乡间赶来。

一位善于挖苦讽刺的议员，在他演讲时插嘴说：

"这个伊利诺伊州来的人，口袋里一定装满了麦子呢。"这句话引起哄堂大笑。凯升并没有因此怯场，他很坦然地开了自己一个玩笑：

"是的，我不仅口袋里装满了麦子，而且头发里还藏着许多菜籽呢！我们住在西部的人，多数是土里土气的，不过我们虽然藏的是麦子和菜籽，但却能够长出很好的苗子来！"

凯升不以自己的土气为耻，而以自己来自艰难创业的西部为荣，因而拿自己开玩笑，不否认口袋里装满麦子，进而还说连头发里也藏着菜籽。他的自嘲非但没有招来其他议员的嘲笑，相反却赢得了他们的尊敬，其大名也传遍全国，人们亲切地送给他一个外号：伊利诺伊州的菜籽议员。

成功的人士从不试图掩饰自己的弱点，相反，有时他们会拿自己的弱点开开玩笑。而现实生活中，我们却经常可以遇到一些专喜欢遮掩自己弱点的人，他们也许脸上有些缺陷，也许所受教育太少，也许举止粗鲁，他们总要想出方法来掩饰，不让别人知道。但这样做以后，他们却于无形中背弃了诚恳的态度，毫无疑问，与之交往的朋友会对他们形成一种不诚恳的印象，使人们不敢再与他交往。

世界上最不幸的就是那些既缺乏机智又不诚恳的人。很多人常常自以为很幽默，经常喜欢拿别人开玩笑，处处表现出小聪明，结果弄得与他交往的人不敢再信任他，以前的朋友也会敬而远之，纷纷躲避。

适当地拿自己开开玩笑吧，这不仅是一种机智，更是驱散忧虑、走向成功的法宝。

拿开捂住眼睛的双手

卡耐基金言

◇过去的所有不愉快绝不会因为自欺欺人地捂上自己的眼睛，就可以"我看不见你，你就看不见我了"。

◇谎言的结果会驾驭我们的生命，而我们终究会发现吐露真相是明智的方法。

心境恰似容器，无法面对现实就容不得对未来的美好期望；满满的水杯如何还能承受重新注入的甘美果汁。放下身段，方才得以率真地正视自我；抛弃世俗虚伪名利、面子的顾忌，坦然的胸怀，正是我们迈向美好未来的终南捷径。

过去的所有不愉快绝不会因为自欺欺人地捂上自己的眼睛就可以"我看不见你，你就看不见我了"；坦率方见真情、纯真始得真义，只有不计过去曾经的坦率、不计世俗眼光的纯真，我们才得以以最大的勇气面对现实。

我的女儿乔伊三四岁刚学会走路的时候，在家里最爱跟我们玩"捉迷藏"的游戏。

当时她是家里唯一的孩子，我们当然成了她唯一的玩伴。乔伊老是喜欢叫我们"做鬼"，由她四处躲起来，让我们找她。

我每次总是故意慢慢地数着一、二、三、四……同时从指缝中偷偷地看她那只胖嘟嘟的小腿慌慌张张地在家中的房间到处乱窜；她一会儿想藏到窗帘里面、一会儿想躲到壁橱后头，她总是觉得不大放心地再三改变她的主意，她总是觉得不大满意地屡次更改她隐藏的地方。即使确实是找到了绝佳的阴密地方，她又总是在我问她"躲好了没"，奶气十足地回答说"好了"的时候，充分暴露了她的行踪。

我故作谨慎仔细地搜寻，使我都能听到她紧张的呼吸声；我夸张地缓步前行慢慢接近她藏身的地方，连她扑通扑通的心跳悸动都可以明显地感觉出来。而当我每次找到她，拉开了窗帘，或是翻开了壁橱的时候，她十分天真可爱地以小小的双手立即捂住了她的眼睛，以为"她看不见我，我就看不见她"，兀自烂漫无邪地静静站立在我的眼前。直到我以双手拉开了她肥嘟嘟的小手以后，她这才死心塌地地发现我已经找到了她，而不断吱吱咯咯、手舞足蹈地开怀大笑。

乔伊这种愚蠢可爱的举动，经常是当时我们一些亲朋好友来家做客时，作弄逗笑的最好题材；直到如今，乔伊虽然已经出落得亭亭玉立，颇有大家闺秀的气质，我们仍不时以这些童年的往事取笑她。乔伊说，她依稀还能记得当时情景的一二；她说，她一直将这种"我看不见你，你就看不见我"的躲迷藏哲学奉为圭臬，直到进了幼儿园，才在接触了其他的小朋友、面对了真实严肃的"游戏规则"，知道不再有人像父母一般的宽让以后，才知道过去奉行的哲学有多荒谬与错误。

我常想，这真是一个最好的人生启示。其实，我们许多人，直到成年以后，不还一直在生活中继续犯着这个"我看不见你，你就看不见我"不敢面对现实的严重错误吗？

漫漫人生，充满了喜乐、充满了快慰，喜乐时我们高歌，快慰时我们欢笑。然而，漫漫人生也充满了悲伤、充满了挑战，而我们却经常在悲伤来临的时候只知痛苦、在挑战来临的时候只会愚蠢地以"我看不见你，你就看不见我"的自我欺骗心态，一意回避，而不知如何拿开捂住眼睛的双手，面对现实、迎接挑战。

人们不是因为他们不诚实而撒谎。他们不诚实是因为他们害怕真相。这是恐惧发生在谎言之前的原因。我们选择撒谎，因为我们相信真相可能开启我们害怕而希望逃避的反应。内疚随之而来，因为我们的内在认知立即明白我们主动逃避一次学习爱的机会，而且我们正在造成内在的另一个障碍。

谎言的结果会驾驭我们的生命，而我们终究会发现吐露真相是明智的方法。

因为你快乐，所以我快乐

卡耐基金言

◇ 快乐是有传染性的，只有使别人快乐才能让我们自己快乐。
◇ 必须要有自我牺牲或者约束，才能达到自我了解与快乐。

快乐是有传染性的，只有使别人快乐，才能让我们自己快乐。

不管你的处境多么平凡，你每天都会碰到一些人，他们每个人都有自己的烦恼、梦想和个人的野心，他们也渴望有机会跟其他的人来共享，可是你有没有给他们这种机会呢？你有没有对他们的生活流露出一份兴趣呢？你不一定要做南丁格尔，或是一个社会改革者，才能帮着改善这个世界。你可以从明天早上开始，从你所碰到的那些人做起。

这对你有什么好处？这会带给你更大的快乐、更多的满足，以及你自己心中的满意。"为别人做好事不是一种责任，而是一种快乐，因为这能增加你自己的健康和快乐。"纽约心理治疗中心的负责人亨利·林克说：

"现代心理学上最重要的发现就是以科学证明：必须要有自我牺牲或者是约束，才能达到自我了解与快乐。"

多为别人着想，不仅能使你不再为自己忧虑，也能帮助你结交多的朋友，并得到多的乐趣。怎样才能做到这一点呢？

如果你想消除忧虑，培养平安与幸福，请记住这条规则：

"要对别人感兴趣而忘掉你自己，每一天都做一件能给别人脸上带来快乐微笑的好事。"洛克菲勒早在23岁的时候就开始全心全意追求他的目标。据他的朋友说："除了生意上的好消息以外，没有任何事情能令他展颜欢笑。当他做成一笔生意，赚到一大笔钱时，他会高兴地把帽子摔到地上，痛痛快快地跳起舞来。但如果失败了，那他会随之病倒。"

就在他的事业达到顶峰之时，他的私人世界却崩溃了。许多书籍和文章公开谴责他不择手段致富的财阀行为。

在宾夕法尼亚州，当地人们最痛恨的就是洛克菲勒。被他打败的竞争者，将他的人像吊在树上泄恨。充满火药味的信件如雪花般涌进他的办公室，威胁要取他的性命。他雇用了许多保镖，防止遭敌人杀害，并试图忽视这些仇视怒潮，有一次他曾以讽刺的口吻说："你尽管踢我、骂我，但我还是按照我自己的方式行事。"

但他最后还是发现自己毕竟也是凡人，无法忍受人们对他的仇视，也受不了忧虑的侵蚀。他的身体开始不行了。疾病从内部向他发动攻击，令他措手不及，疑惑不安。

起初，"他试图对自己偶尔的不适保持秘密"。但是，失眠、消化不良、掉头发——全身烦恼和精神崩溃的肉体病症——却是无法隐瞒的。

在那段痛苦及失眠的夜晚里，洛克菲勒终于有时间自我反省。他开始为他人着想，他曾经一度停止去想他能赚多少钱，而开始思索那笔钱能换取多少人类的幸福。

简而言之，洛克菲勒现在开始考虑把数百万的金钱捐出去。有时候，做件事可真不容易。当他向一座教堂捐款时，全国各地的传教士齐声发出反对的怒吼："腐败的金钱！"

但他继续捐献，在获知密西根湖湖岸的一家学院因为抵押权而被迫关闭时，立刻展开援助行动，捐出数百万美元去捐助那家学院，将它建设成为目前举世闻名的芝加哥大学。他也尽力帮助黑人。像塔斯基吉黑人大学，需要基金完成黑人教育家华盛顿·卡文的志愿，他毫不迟疑地捐出巨款。然后，他又采取更进一步的行动，成立了一个庞大的国际性基金会——洛克菲勒基金会——致力于消灭全世界各地的疾病、文盲及无知。

像洛克菲勒基金会这种壮举，在历史上前所未见。洛克菲勒深知全世界各地有许多有识之士，进行着许多有意义的活动。但是这些高超的工作，却经常因缺乏基金而宣告结束。他决定帮助这些人道的开拓者——并不是"将他们接收过来"，而是给他们一些钱来帮助他们完成工作。洛克菲勒把钱捐出去之后，是否获得心灵的平安？他最后终于感觉满足了。洛克菲勒十分快乐。他已完全改变，完全不再烦恼。

学会从损失中获得

卡耐基金言

◇有两个人从铁窗朝外望去,一个人看到的是满地的泥泞,另一个人却看到满天的繁星。

◇真正的快乐不见得是愉悦的,它多半是一种胜利。

◇人生最重要的不是以你的所得投资,任何人都可以这样做。真正重要的是如何从损失中获利。这才需要智慧,才能显示出人的上智下愚。

有一天到芝加哥大学访问罗伯特·哈金斯校长,请教他是如何解决忧虑的。他的回答是:"我一直遵循已故的西尔斯百货公司总裁朱利斯·罗森沃德的建议:'如果你手中只有一个柠檬,那就做杯柠檬汁吧!'"

这正是那位芝加哥大学校长所采取的方法,但一般人却刚好反其道而行之。如果人们发现命运送给他的只是一个柠檬,他会立即放弃,并说:"我完了!我的命怎么这么不好!一点机会都没有。"于是他与世界作对,并且陷于自怜之中。如果是一个聪明人得到了一个柠檬,他会说:"我可以从这次不幸中学到什么?怎样才能改善我目前的处境?怎样把这个柠檬做成柠檬汁呢?"

伟大的心理学家阿德勒穷其一生都在研究人类及其潜能,他曾经宣称他发现人类最不可思议的一种特性——"人具有一种反败为胜的力量"。

曾听瑟尔玛·汤普森女士讲过一段她的经历:

"战时,我丈夫驻防加州沙漠的陆军基地。为了能经常与他相聚,我搬到那附近去住,那实在是个可憎的地方,我简直没见过比那更糟糕的地方。我丈夫出外参加演习时,我就只好一个人待在那间小房子里。热得要命——仙人掌树阴下的温度高达华氏125度,没有一个可以谈话的人。风沙很大,所有我吃的、呼吸的都充满了沙、沙、沙!

"我觉得自己倒霉到了极点,觉得自己好可怜,于是我写信给我父母,告诉他们我放弃了,准备回家,我一分钟也不能再忍受了,我情愿去坐牢也不想待在这个鬼地方。我父亲的回信只有3行,这3句话常常萦绕在我心中,并改变了我的一生:

有两个人从铁窗朝外望去，

一人看到的是满地的泥泞，

另一个人却看到满天的繁星。

"我把这几句话反复念了好几遍，我觉得自己很丢脸，决定找出自己目前处境的有利之处，我要找寻那一片星空。

"我开始与当地居民交朋友，他们的反应令我心动。当我对他们的编织与陶艺表现出很大的兴趣时，他们会把拒绝卖给游客的心爱之物送给我。我研究各式各样的仙人掌及当地植物。我试着多认识土拨鼠，我观看沙漠的黄昏，找寻300万年前的贝壳化石，原来这片沙漠在300万年前曾是海底。

"是什么带来了这些惊人的改变呢？沙漠并没有发生改变，改变的只是我自己。因为我的态度改变了，正是这种改变使我有了一段精彩的人生经历。我所发现的新天地令我觉得既刺激又兴奋。我着手写一本书——一本小说——我逃出了自筑的牢狱，找到了美丽的星辰。"

瑟尔玛·汤普森所发现的正是耶稣诞生前500年希腊人发现的真理："最美好的事往往也是最困难的"。

哈里·爱默生·佛斯狄克在20世纪再次重述它："真正的快乐不见得是愉悦的，它多半是一种胜利。"没错，快乐来自一种成就感，一种超越的胜利，一次将柠檬榨成柠檬汁的经历。

我曾造访过一位住在佛罗里达州的快乐农人，他曾将一个有毒的柠檬做成了可口的柠檬汁。当他买下农地时，他心情十分低落。土地贫瘠，不适合种植果树，甚至连养猪也不适宜。除了一些矮灌木与响尾蛇，什么都活不了。后来他忽然有了主意，他决定将负债转为资产，他要利用这些响尾蛇。于是不顾大家的惊异，他开始生产响尾蛇肉罐头。几年后，每年有平均两万名游客到他的响尾蛇农庄来参观。他的生意好极了。我亲眼目睹毒液抽出后送往实验室制作血清，蛇皮以高价售给工厂生产女鞋与皮包，蛇肉装罐运往世界各地。我买了一些当地的风景明信片到村中邮局去寄，发现邮戳盖着"佛罗里达州响尾蛇村"，可见当地人很是以这位把毒柠檬做成甜柠檬汁的农人为荣。

我旅行全美各地，常有幸见到一些"能干的反亏为盈"的人。

"人生最重要的不是以你的所得做投资，任何人都可以这样做。真正重要的是如何从损失中获利。这才需要智慧，也才显示出人的上智下愚。"伯利梭写这段话时,他已在一次火车意外中丧失了一条腿。

我在纽约市教授成人教育课程时,发现很多人都有一个很大的遗憾,是没有机会接受大学教育。他们似乎认为未进大学是一种缺陷。而实际上许多成功的人士都没上过大学,因此这一点并没有这么重要。

我曾讲给学员们一个失学者的故事:

他的童年非常贫困。父亲去世后,靠父亲的朋友帮忙才得以安葬。他的母亲必须在一家制伞工厂一天工作10小时,再带些零工回来做,做到晚上11点钟。

他就是在这种环境下长大的,有一次他参加教会的戏剧表演,觉得表演非常有趣,于是就开始训练自己公众演说的能力。后来也因此他进入了政界。30岁时,他已当选为纽约州议员。不过对接受这样的重大责任,他其实还没有准备妥当。事实上,他亲口告诉我,他还搞不清楚州议员应该做些什么。他开始研读冗长复杂的法案,这些法案对他来说,就跟天书一样。他被选为森林委员会的一员,可是因为他从来不了解森林,所以他非常担心。他又被选入银行委员会,可是他连银行账户也没有,因此他十分茫然。他告诉我,如果不是耻于向母亲承认自己的挫折感,他可能早就辞职不干了。绝望中,他决定一天研读16小时,把自己无知的酸柠檬,做成知识的甜柠檬汁。因为这种努力,他由一位地方政治人物提升为全国性的政治人物,他的表现如此杰出,连《纽约时报》都尊称他是"纽约市最可敬爱的市民"。

他就是阿尔·史密斯。在阿尔开始自我教育后的10年,他成为纽约州政府的活字典。他曾连任4届纽约州州长——当时还没有人拥有这样的纪录。1928年,他当选为民主党总统候选人。包括哥伦比亚大学及哈佛大学在内的6所著名大学,都曾颁授荣誉学位给这位年少失学的人。

阿尔说,如果不是他一天勤读16小时,把他的缺失弥补过来,他绝对不可能有今天的成功。哲学家尼采认为,优秀杰出的人"不仅忍人所不能忍,并且乐于进行这种挑战"。

如果我们真的灰心到看不出有任何转变的希望——这里有两个我们起码应该一试的理由,这两个理由保证我们试了只有更好,不会更坏。

1. 我们可能成功。

2. 即使未能成功,这种努力的本身已迫使我们向前看,而不是只会悔恨,它会驱除消极的想法,代之以积极的思想。它激发创造力,促使我们忙碌，也就没有时间与心情去为那些已成过去的事忧伤了。

世界著名的小提琴家欧尔·布尔在巴黎的一次音乐会上，忽然小提琴的A弦断了，他面不改色地以剩余的三根弦奏完全曲。佛斯狄克说："这就是人生，断了一根弦，你还能以剩余的三根弦继续演奏。"

这还不只是人生，这是超越人生，是生命的凯歌！

如果我做得到的话，我要把威廉·伯利梭的这段话镂刻悬挂在每一所学校里：

人生最重要的不只是运用你所拥有的，任何人都会这样做，真正重要的课题是如何从你的损失中获利，这才需要真智慧，也才显示出人的上智下愚。

不要期望他人的感恩

卡耐基金言

◇请牢记，寻求快乐的唯一途径是不要期望他人的感恩，付出是一种享受施与的快乐。

◇请牢记，感恩是一种需要培养的品德，希望儿女们知恩，就必须训练他们成为感恩的人。

◇与其担心他人不知感恩，不如忘记它。

我最近碰到一个气愤填膺的人，有人警告我碰到他 15 分钟内就一定会谈起那件事，果然如此。令他气愤的事发生在 11 个月前，可是他还是一提起就生气。他简直不能谈别的事，他为 34 位员工发了 10000 元圣诞节奖金——每人差不多 300 元——结果没有一个人谢谢他。他抱怨说："我很遗憾，我居然发给他们奖金。"

我衷心同情面前这个人。他有 60 岁了。人寿保险公司统计我们还能活着的年数平均是目前年龄与 80 岁之间差数的 2/3。这位仁兄——如果他够幸运——大概还可活十四五年。结果他浪费了有限的余生中的将近一整年，为过去的事愤恨不平。我实在同情他。

除了愤恨与自怜，他大可自问为什么人家不感激他。有没有可能是因为待遇太低、工时太长，或是员工认为圣诞奖金是他们应得的一部分。也许他自己是个挑剔又不知感谢的人，以至于别人不敢也不想去感谢他。或许大家觉得反正大部分利润都要缴税，不如当成奖金。

不过反过来说，也可能员工真的是自私、卑鄙、没有礼貌。也许是这样，也许是那样。我也不会比你更了解整个状况。我倒是知道英国约翰逊博士说过："感恩是极有教养的产物，你不可能从一般人身上得到。"

我的重点是：他指望别人感恩乃是一项一般性的错误，他实在不了解人性。

如果你救了一个人的生命，你会期望他感激吗？你也许会——可是塞缪尔·莱维茨在他当法官前曾是位有名的刑事律师，曾使78个罪犯免上电椅。你猜猜看其中有多少人曾事后致谢，或至少寄个圣诞卡来？我想你猜对了——一个也没有。

耶稣基督在一个下午使10个瘫子起立行走——但是有几个人回来感谢他呢？只有一位。耶稣环顾门徒问道："其他9位呢？"他们全跑了，谢也不谢就跑得无影无踪！让我来问问大家：像你我这样平凡的人给了人一点小恩惠，凭什么就希望得到比耶稣更多的感恩？

人间的事就是这样。人性就是人性——你也不用指望会有所改变。何不干脆接受呢？我们应该像一位最有智慧的罗马帝王马库斯·阿列留斯一样。他有一天在日记中说道：

"我今天会碰到多言的人、自私的人、以自我为中心的人、忘恩负义的人。我也不必吃惊或困扰，因为我还想象不出一个没有这些人存在的世界。"

他说的不是很有道理吗？我们每天抱怨别人不会感恩图报，到底该怪谁？这是人性——还是我们忽略了人性？不要再指望别人感恩了。要是我们偶尔得到别人的感激，就会是一件惊喜。如果没有，也不至于难过。

我认识一位住在纽约的妇人，一天到晚抱怨自己孤独。没有一个亲戚愿意接近她——而我也不怪他们。你去看望她，她会花几个钟头喋喋不休地告诉你，她侄儿小的时候，她是怎么照顾他们的。他们得了麻疹、腮腺炎、百日咳，都是她照看的，他们跟她住了许多年，还资助一位侄子读完商业学校，直到她结婚前，他们都住在她家。

这些侄子回来看望她吗？噢！有的！有时候！完全是出于义务性的。他们怕回去看她，因为想到要坐几个小时听那些老调，无休无止的埋怨与自怜永远在等着他们。当这位妇人发现威逼利诱也没法叫她的侄子们回来看她后，她就剩下最后一个绝招——心脏病发作。

这心脏病是装出来的吗？当然不是，医生也说她的心脏相当神经质，常常心悸。可是医生也束手无策，因为她的问题是情绪性的。

这位妇人要的是关爱与注意，但是我以为她要的是"感恩"，可惜她大概永远也得不到感激或敬爱，因为她认为这是应得的，她要求别人给她这些。

有多少人都像她一样，因为别人都忘恩负义，因为孤独，因为被人疏忽而生病。他们渴望被爱，但是在这世上真正能得到爱的唯一方式，就是不索求，相反地，还要不求回报地付出。

这听起来好像太不实际、太理想化了？其实不然！这是追求幸福最好的一种方法，我知道，因为我亲眼见到我家庭中发生的状况。我的父母乐于助人，我们很穷——总是窘于欠债，可是虽然穷成那样，我父母每年总是能挤出一点钱寄到孤儿院去。他们从来没有去拜访过那家孤儿院，大概除了收到回信外，也从来没有人感谢过他们，不过他们已有所回报，因为他们享受了帮助这些无助小孩的喜乐，并不期望任何回报。

我离家外出工作后，每年圣诞节，我总会寄张支票给父母，让他们买点自己喜欢的物品，可是他们总不买。当我回家过圣诞时，父亲会告诉我，他们买了煤、日用品送给城里一个有很多小孩的贫苦妇人。施舍与不求回报的快乐是他们所能得到的最大的快乐。

我坚信我父亲已符合亚里士多德所说的懂得享受快乐的理想人。亚里士多德说："理想人会享受助人的快乐。"

要追求真正的快乐，就必须抛弃别人会不会感恩的念头，只享受付出的快乐。为人父母者总是怨恨子女不知感恩。即使莎剧主人翁李尔王也不禁叫道："不知感恩的子女比毒蛇的利齿更痛噬人心。"

但是如果我们不教育他们，为人子女者如何会知道感恩呢？忘恩原是天性，它像随地生长的杂草。感恩却有如玫瑰，需要细心栽培及爱心的滋润。

假如子女们不知感恩应该怪谁？可能该怪的就是我们自己。如果我们总是不教导他们向别人表示感谢，怎么能期望他们来谢我们？

我认识一位住在芝加哥的朋友。他在一家纸盒工厂工作得很辛苦，周薪不过40美元。他娶了一位寡妇，她说服他向别人借了钱送她第二个前夫的儿子上大学。他的周薪得用来支付食物、房租、燃料、衣服及缴付欠款。他像奴隶似的苦干了4年，而且从不埋怨。

有人感谢他吗？没有，他太太认为是理所当然的，那个儿子自然也是一样。他们一点也不感到对这位继父有任何亏欠，即使只是道谢一声。

这怪谁呢？这个儿子吗？也许！但是这位母亲不是更不该吗？认为这两个年轻的生命不应该有这种义务的负担，她不要她的儿子"由负债"开始他们的人生。所以她从没想到要说："你们的继父资助你们念大学，多好的人啊！"相反地，她的态度却是："噢！那是他起码应做到的。"

她认为没有加给他们任何负担，可是实际上，她让他们产生了一种危险的认识，认为这个世界有义务让他们活下去。果然后来，这位男孩想向老板"借"点钱，结果身陷囹圄。

我们一定要记住，孩子是我们造就的。举例来说，我姨母从来不抱怨儿女不知感恩。我小的时候，姨母把她母亲接去照料，同时也照料她的婆婆。我现在仍记得两位老人家坐在壁炉前的情景。她们有没有麻烦我姨母？我想一定很不少，但是你从她的态度上一点也看不出来。她真的爱她们，向她们嘘寒问暖，使她们感觉到家的温暖。而她自己还有6个子女，可她从不觉得自己做了什么伟大的事。对她来讲，这一切只不过是再自然不过的事，是正确的事，也是她愿意做的事。

我这位姨母已经孀居了二十几年，她的5位成年子女都欢迎她，希望她到他们家去一起住。她的子女们对她钟爱极了，从不觉得厌烦。是由于"感恩"吗？当然不是啦！这是真正的爱！这几位子女从孩童时代就生活在慈善的气氛中。现在需要照顾的是他们的妈妈；他们回报同样的爱，不是再自然不过了吗？

让我们不要忘了，要想有感恩的子女，只有让自己先成为感恩的人。我们的所言所行都非常重要。在孩子面前，千万不要诋毁别人的善意。也千万别说："看看表妹送的圣诞礼物，都是她自己做的，连一毛钱也舍不得花！"这种反应对我们可能是件小事，但是孩子们却听进去了。因此，我们最好这么说："表妹准备这份圣诞礼物，一定花了不少时间！她真好！我们得写信谢谢她。"这样，我们的子女在无意中也学会养成赞赏感谢的习惯了。

报复只会伤害自己

卡耐基金言

◇当我们恨我们的仇人时,就等于给了他们制胜的力量,那种力量可以使我们难以安眠、倒我们的胃口、升高我们的血压、危害我们的健康和吓跑我们的欢乐。

◇怀着爱心吃菜,也会比怀着怨恨吃牛肉好得多。

一个晚上,我正旅行通过黄石公园。一位森林的管理人员骑在马上,和我们这些兴奋的游客谈些关于熊的事情。他告诉我们:一种大灰熊大概可以击倒西方所有的动物,除了水牛和另一种黑熊。但那天晚上,我却留意到一只小动物——只有一只,那只大灰熊不但让它从森林里出来,还和它在灯光下一起进餐。那是一只臭鼬!大灰熊了解,它的巨型之掌,能够一掌把这只臭鼬打昏,可是它为什么不那样做呢?由于它从经验里学到,那样做很划不来。我也了解这一点。当我还是个小孩的时候,曾经在密苏里的农庄上抓过四只脚的臭鼬;长大成人之后,我在纽约的街上也碰过几个像臭鼬一样的两只脚的人。我从这些不幸的经验里发现:不论招惹哪一种臭鼬,都是划不来的。

当我们恨我们的仇人时,就等于给了他们制胜的力量。那种力量可以使我们难以安眠、倒我们的胃口、升高我们的血压、危害我们的健康和吓跑我们的欢乐。如果我们的仇人知道他们怎样令我们担心,令我们苦恼,令我们一心报复的话,他们肯定会兴奋得跳起舞来。我们心中的恨意完全不能伤害到他们,却使我们的生活变得像地狱一般。

你猜是谁说过:"要是自私的人想占你的便宜,就不必去理会他们,更不必想去报复。当你想和他扯平的时候,你伤害自己的比伤到那家伙的更多。"这段话听起来仿佛是什么理想主义者所说的,其实不然。这段话出自在一份由米尔瓦基警察局所发出的通告上。报复怎样会伤害你呢?伤害的地方可多了。根据《生活》杂志的报道,报复甚至会损害你的健康。

"高血压患者主要的特征就是容易愤慨,"《生活》杂志说,"愤怒不停的话，长期性的高血压和心脏病就会随之而来。"

如今你该了解耶稣所谓"爱你的仇人"，不只是一种道德上的训诫，而且是在宣扬一种20世纪的医学。他说"要原谅七十个七次"的时候，他是在教我们怎样避免高血压、心脏病、胃溃疡和多种其他的疾病。

我的一个朋友最近犯了一次严重的心脏病，他的医生命令他躺在床上，无论发生任何事情都不能生气。医生们都了解，心脏衰弱的人一发脾气就可能失去生命。几年以前，在华盛顿州的史泼坎城，有一个饭馆老板就是由于气愤而死。如今我面前就有一封从华盛顿州史泼坎城警察局局长杰瑞·史瓦脱那里来的信。信上说：几年以前，一个68岁的威廉·传坎伯，在史泼坎城开了一家小餐馆，由于他的厨子一定要用茶碟喝咖啡，而使他活活气死。当时那位小餐馆的老板特别生气，抓起一把左轮枪去追那个厨子，结果由于心脏病发作而倒地死去，手里还紧紧地抓着那把枪。验尸官的报告宣称：他由于愤怒而引发心脏病。

当耶稣说"爱你的仇人"的时候，他也是在告诉我们：怎么样改进我们的外表。我想你也和我一样，认得一些女人，她们的脸因为怨恨而有皱纹，因为悔恨而变了形，表情僵硬。不管怎样美容，对她们容貌的改进，也及不上让她心里充满了宽容、温柔和爱所能改进的一半。

怨恨的心理，甚至会毁了我们对食物的享受。圣人说："怀着爱心吃菜，也会比怀着怨恨吃牛肉好得多。"

要是我们的仇人知道我们对他的怨恨使我们精疲力竭，使我们疲倦而紧张不安，使我们的外表受到伤害，使我们得心脏病，甚至可能使我们短命的时候，他们不是会拍手称快吗？

即使我们不能爱我们的仇人，至少我们要爱我们自己。我们要使仇人不能控制我们的快乐、我们的健康和我们的外表。就如莎士比亚所说的：

"不要因为你的敌人而燃起一把怒火，热得烧伤你自己。"

当耶稣基督说，我们应该原谅我们的仇人"七十个七次"的时候，他也是在教我们怎样做生意。我举个例子吧。当我写这一段的时候，我面前有封由乔治·罗纳寄来的信，他住在瑞典的艾普苏那。乔治·罗纳在维也纳当了很多年律师，但是在第二次世界大战期间，他逃到瑞典，一文不名，很需要找份工作。因为他能说并能写好几国的语言，所以希望能够在一家进出口公司里，找到一份秘书的工作。绝大多数的公司都回信告诉他，因为正在打仗，他们不需要用这一类的人，不过他们会把他的名字存在档案里等等。

不过有一个在写给乔治·罗纳的信上说："你对我生意的了解完全错误。你既错又笨，我根本不需要任何替我写信的秘书。即使我需要，也不会请你，因为你甚至连瑞典文也写不好，信里全是错字。"

当乔治·罗纳看到这封信的时候，简直气得发疯。那个瑞典人写信来说，他写不通瑞典文是什么意思？那个瑞典人自己的信上就是错误百出。于是乔治·罗纳也写了一封信，目的要想使那个人大发脾气。但接着他停下来对自己说："等一等。我怎么知道这个说的是不是对的？我学过瑞典文可是这并不是我的母语，也许我确实犯了很多我并不知道的错误。如果是那样的话，那么我想要得到一份工作，就必须再努力的学习。这个人可能帮了我一个大忙，虽然他本意并非如此。他用这么难听的话来表达他的意见，并不表示我就不亏欠他，所以应该写封信给他，在信上感谢他一番。"

于是乔治·罗纳撕掉了他刚刚已经写的那封骂人的信。另外写了一封信说："你这样不怕麻烦地写信给我实在是太好了，尤其是你并不需要一个替你写信的秘书。对于我把贵公司的业务弄错的事我觉得非常抱歉，我之所以写信给你，是因为我向别人打听，而别人把你介绍给我，说你是这一行的领导人物，我并不知道我的信上有很多文法上的错误，我觉得很惭愧，也很难过。我现在打算更努力地去学习瑞典文，以改正我的错误，谢谢你帮助我走上改进之路。"

不到几天，乔治·罗纳就收到那个人的信，请罗纳去看他。罗纳去了，而且得到一份工作，乔治·罗纳由此发现"温和的回答能消除怒气"。

我们也许不能像圣贤般去爱我们的仇人，但是为了我们自己的健康和欢乐，我们至少要原谅他们，忘记他们，这样做确实是很聪明的事。有一次我问艾森豪威尔将军的儿子约翰，他爸爸会不会总是怀恨别人。"不会，"他回答，"我爸爸从来不浪费一分钟，去想那些不喜欢的人。"

有句老话说：不能生气的人是笨蛋，而不去生气的人才是聪明人。

这也就是前纽约州州长盖诺所抱定的政策。他被一份内幕小报攻击得体无完肤之后，又被一个疯子打了一枪差一点送命。他躺在医院为他的生命挣扎的时候，他说："每天晚上我都原谅所有的事情和每一个人。"这样做是否太理想了呢？是否太轻松、太好了呢？假如是的话，就让我们来看看那位伟大的德国哲学家，也就是《悲观论》的作者叔本华的理论。他以为生命就是一种毫无价值而又痛苦的冒险,当他走过的时候仿佛全身都散发着痛苦,可是在他绝望的深处,叔本华叫道:"假如可能的话,不应该对任何人有怨恨的心理。"

有一次我曾问伯纳·巴鲁区——他曾经做过6位总统的顾问:威尔逊、哈定、柯立芝、胡佛、罗斯福和杜鲁门,我问他会不会由于他的敌人攻击他而难过。"没有一个人可以羞辱我或者干扰我,"他回答说,"我不让他们这样做。"也没有人可能羞辱或困扰你和我——除非我们让他这样做。

"棍子和石头也许能打断我的骨头,但是言语永远也不能伤害我。"

我经常站在加拿大杰斯帕国家公园里,仰望那座可算是西方最美丽的山,这座山以伊笛丝·卡薇尔的名字命名,纪念那个在1915年10月12日像圣人一样慷慨赴死,被德军行刑队枪毙的护士。她犯了什么罪呢?由于她在比利时的家里收容和看护了很多受伤的法军、英国士兵,还协助他们逃到荷兰。在10月的那天早上,一位英国教士走进军人监狱她的牢房里,为她做最后祈祷的时候,伊笛丝·卡薇尔说了两句后来刻在纪念碑上不朽的话语:"我知道仅仅爱国是不够的,我不能对任何人有敌意和怨恨。"4年之后,她的遗体转移到英国,在西敏寺大教堂举行安葬大典。我在伦敦住过一年,我时常到国立肖像画廊对面去看伊笛丝·卡薇尔的那座雕像,同时朗读她这两句不朽的名言:"我知道仅仅爱国是不够的,我不能对任何人有敌意和怨恨。"

走出孤独的人生

卡耐基金言

◇幸福不是靠别人来布施,而是要自己去赢取别人对你的需求和喜爱。
◇我们若想克服孤寂,就必须远离自怜的阴影,勇敢走入充满光亮的人群里。

曾有一位妇女失去了自己的丈夫,她悲痛欲绝,自那以后,她便和成千上万的人一样,陷入了一种孤独与痛苦之中。"我该做些什么呢?"在她丈夫离开她近一个月之后的一天晚上,她跑来向一位好友求助,"我将住到何处?我还有幸福的日子吗?"

朋友极力向她解释,她的焦虑是因为自己身处不幸的遭遇之中,才50

多岁便失去了自己的生活伴侣，自然令人悲痛异常。但时间一久，这些伤痛和忧虑便会慢慢减缓消失，她也会开始新的生活——从痛苦的灰烬之中建立起自己新的幸福。

"不！"她绝望地说道，"我不相信自己还会有什么幸福的日子。我已不再年轻，孩子也都长大成人，成家立业。我还有什么地方可去呢？"可怜的女人得了严重的自怜症，而且不知道该如何治疗这种疾病。好几年过去了，她的心情一直都没有好转。

有一次，这位朋友忍不住对她说："我想，你并不是要特别引起别人的同情或怜悯。无论如何，你可以重新建立自己的新生活，结交新的朋友，培养新的乐趣，千万不要沉溺在旧的回忆里。"但她没有把这些话听进去，因为她还在为自己的命运自艾自叹。后来，她觉得孩子们应该为她的幸福负责，因此便搬去与一个结了婚的女儿同住。

但事情的结果并不如意，她和女儿都面临一种痛苦的经历，甚至关系恶化到大家翻脸成仇。这名妇人后来又搬去与儿子同住，但也好不到哪里去。后来，孩子们共同买了一间公寓让她独住，这更不是真正解决问题的方法。

最后她觉得所有家人都弃她而去，没有人要她这个老太太了。这位妇人的确一直都没有再享有快乐的生活，因为她认为全世界都亏欠她。她实在是既可怜，又自私，虽然现今已 61 岁了，但情绪还是像小孩一样没有成熟。

孤独是人生的一种痛苦，尤其是内心的孤寂更为可怕。而现代生活中很多人却深受这种痛苦的折磨，他们远离人群，将自己内心紧闭，过着一种自怜自艾的生活。甚至有些人因此而导致性格扭曲，精神异常，这当然更为不值。其实，每个人一生中都会遇到不幸和挫折，当你面临这种处境，应正视现实，积极解决，随着时间消逝，你就会走出困境与不幸，何必将自己那颗跳动的心紧闭，让自己的人生陷入痛苦与不安？

许多寂寞孤独的人之所以会如此，是因为他们不了解爱和友谊并非是从天而降的。一个人要想受到人的欢迎，或被人接纳，一定要付出许多努力和代价。情爱、友谊或快乐的代价，都不是一纸契约所能规定的。让我们面对现实，无论是丈夫死了，或太太过世，活着的人都有权利再快乐地活下去。但是，他们必须了解：幸福并不是靠别人来布施，而是要自己去赢取别人对你的需求和喜爱。

让我们再看另一个故事：

一艘正在地中海蓝色的水面上航行的游轮，上面有许多正在度假中的已婚夫妇，也有不少单身的未婚男女穿梭其间，个个兴高采烈，随着乐队的拍子起舞。其中，有位明朗、和悦的单身女性，大约60来岁，也随着音乐陶然自乐。这位上了年纪的单身妇人，也和前面提到的太太一样，曾遭丧夫之痛，但她能把自己的哀伤抛开，毅然开始自己的新生活，重新展开生命的第二度春天，这是经过深思之后所做的决定。

她的丈夫曾是她生活的重心，也是她最为关爱的人，但这一切全都过去了。幸好她一直有个嗜好，便是绘画。她十分喜欢水彩画，现在绘画更成了她精神的寄托。她忙着作画，哀伤的情绪逐渐平息。而且由于努力作画，她开创了自己的事业，使自己的经济能完全独立。

有一段时间，她很难和人群打成一片，或把自己的想法和感觉说出来。因为长久以来，丈夫一直是她生活的重心，是她的伴侣和力量。她知道自己长得并不出色，又没有万贯家财，因此在那段近乎绝望的日子里，她一再自问：如何才能使别人接纳她，需要她。

她后来找到了自己的答案——她得使自己成为被人接纳的对象。她得把自己奉献给别人，而不是等着别人来给她什么。想清了这一点，她擦干眼泪，换上笑容，开始忙着作画。她也抽时间拜访亲朋好友，尽量制造欢乐的气氛，却绝不久留。不多久，她开始成为大家欢迎的对象，不但时有朋友邀请她吃晚餐，或参加各式各样的聚会，并且还在社区的会所里举办画展，处处都给人留下美好印象。

后来，她参加了这艘游轮的地中海之旅。在整个旅程当中，她一直是大家最喜欢接近的目标。她对每一个人都十分友善，但绝不紧缠着人不放。在旅程结束的前一个晚上，她的舱旁是全船最热闹的地方。她那自然而不造作的风格，使每个人都留下深刻印象，并愿意与之为友。

从那时起，这位妇人又参加了许多类似这样的旅游。她知道自己必须勇敢地走进人群，并把自己贡献给需要她的人。她所到之处都留下友善的气氛，人人都乐意与她接近。

所以那些能克服孤寂的人，无论走到哪里，一定善于与人们培养出亲密的关系。就好像燃烧的煤油灯一样，火焰虽小，却仍能产生出光亮和温暖来。

我们若想克服孤寂，就必须远离自怜的阴影，勇敢走入充满光亮的人群里。我们要去认识人，去结交新的朋友。无论到什么地方，都要兴高采烈，把自己的欢乐尽量与别人分享。

根据统计显示，大部分结过婚的妇女，都比先生活得长寿。但是，一旦先生过世之后，这些妇女都很难再快乐生活。而男性由于工作的关系，基于工作本身的要求，他们不得不驱使自己继续进步。通常，夫妇当中，先生要比太太来得强壮，也更富进取性。妻子则大部分以家庭为中心，并以家人为主要相处对象。所以，她对必须独自生活或追求个人的幸福，并没有什么心理准备。但是，假如她决心摆脱孤独，追求幸福的话，应该是可以做得到的。

当然，孤寂并不专属于丧偶的人。无论是单身男子或美丽的女王，无论是城市的异乡人或村里的流浪汉，都一样会尝到孤寂的滋味。

虽然现在时代越来越进步，但我们的社会却有一种疾病愈来愈普遍，那就是处于拥挤人群中的孤独感。

在加州奥克兰的密尔斯大学，校长林·怀特博士在一次女青年会的晚餐聚会里上发表了一段极为引人注意的演讲，内容提到的便是这种现代人的孤寂感："20世纪最流行的疾病是孤独。"他如此说道："用大卫·里斯曼的话来说，我们都是'寂寞的一群'。由于人口愈来愈增加，根本分不清谁是谁了……居住在这样一个'不拘一格'的世界里，再加上政府和各种企业经营的模式，人们必须经常由一个地方换到另一个地方工作——于是，人们的友谊无法持久，时代就像进入另一个冰河时期一样，使人的内心觉得冰冷不已。"

几年前，有个刚毕业的年轻人，只身来到纽约，准备大展宏图，为这城市带来一点光彩。这位青年长得英俊潇洒，受过良好的教育，自己也很为自身的条件感到骄傲。安顿妥当之后的第一天，他在白天参加了一个销售会议，到了夜晚，他忽然感到孤单起来。他不喜欢独自一人吃饭，不想一个人去看电影，也不认为应该去打扰一些在城市里的已婚朋友。或许，我们还可以再多添一个理由——他也不想让女孩缠上自己。

当然，他是希望能碰到一个好女孩，但那绝不是从酒吧或什么单身俱乐部一类的场所去随便挑一个来。结果，他只好在那个准备大展宏图的城市里，独自度过了寂寞凄凉的夜晚。

大都会的生活，有时是比小镇更会让人有孤寂感；要在大都市里生活，有时更得花点心神去结交朋友，并让这些朋友接纳你、需要你。在去一个大都市之前，要先想好以后的日子——尤其是下班后的时间——要如何打发。你当然需要有些兴趣相同的人在一起，但你得先伸出友谊之手。

初到一个陌生的城市，其实有很多事情可做——你可以上教堂或参加同好俱乐部——都可以增加认识人的机会。你也可以选修成人教育课程——不但可以自求进步，更可以得到同伴和友谊。但是，假如你只是默默一人在餐馆里吃饭，或在酒吧独自喝闷酒，那就无怪乎得不到什么情谊了。你一定得去安排或做些什么事。

有这样两个生活在大城市里的年轻女孩，她们在纽约东区共租了一间公寓同住。两个女孩都长得十分迷人，也都有一份待遇不错的工作，都希望自己有朝一日能出人头地。

其中一位聪明的女孩，她认为居住在大都会的女孩——尤其是单身女孩——一定要仔细安排自己的生活，并计划自己的未来。她到一间教会去，积极参加各种活动。她还加入一个研讨会，甚至选修一门改进个性的课程。她把自己的薪水尽量用来与人交往，并开创出多彩多姿的生活内容。她有适度而愉快的休闲活动，但对于社交关系则相当谨慎，尤其尽量避免暧昧不清的男女关系。她初到纽约的时候，当然也感到寂寞——哪一个女孩不会有这种感觉呢？但是，她不想像某些男性一样，在海底潜游了半天，却只寻得一块海绵。她知道，自己一定要有计划。她与一位聪明的年轻律师结了婚，婚后生活十分愉快。这便是她强调"要达到目标"的结果——她得到了幸福快乐的人生。

至于另外的那个女孩呢？她当初也很孤单寂寞，却没有找到摆脱孤单的正确方法。她四处到一些游乐场所或酒吧找寻朋友，结果，她最后也加入了一个俱乐部，那是协助酗酒者的戒酒俱乐部！所以，如果你不想让自己孤独忧虑，就要明白：幸福并不是靠别人来布施，而是要自己去赢取别人对你的需求和喜爱。

第13章
成就完美与和谐

最高形式的美

卡耐基金言

◇对最高形式的美来说,温柔的、高贵的性情无疑是最不可缺的,它可以令最平凡的面孔焕发光彩。

◇如果你的脑海中时时拥有美好的思想和善良的愿望,那么无论你到任何一个角落,你都会给人留下优美和谐的印象,没有人会注意到你的长相是多么的普通或是你的身体有什么缺陷。

如果我们希望自己的外表更美的话,我们必须首先美化自己的心灵,因为我们内心的每一个思想、每一个动机都会清晰而微妙地反映在我们的脸上,决定着它的丑陋或美丽。内心的不和谐将歪曲世上最美的容颜,使其黯然失色。

莎士比亚说过:"上帝给了你一张面孔,而你自己却另造了一张。"我们的心灵可以随意地制造美丽或丑陋。

对最高形式的美来说,温柔的、高贵的性情无疑是最不可缺的,它可以令最平凡的面孔焕发光彩。相反地,暴戾的性情、恶劣的脾气和嫉妒的心理,会毁坏世界上最美丽的容颜,使得它丑陋无比。毕竟,没有什么东西能够与优雅可爱的个性产生的美相媲美。无论是化妆、按摩,还是药品,都无法改变和遮掩由错误的思维习惯所导致的偏见、自私、嫉妒、焦虑以及精神上的摇摆不定反映在脸上的痕迹。

美产生于内在的心灵。如果所有的人都能够培养一种优雅宽宏的精神状态,那么不仅他所表达的思想观点具备一种艺术美,他的体魄同样是健美的。因为内在的美会使外在的美愈加耀眼生辉,光彩逼人。在他身上,的确会焕发出迷人的优雅和魅力,这种精神上的美甚至要胜过单纯的形体美。

我们都曾经看到,即便是容貌极其平平的女士,由于其迷人的个性魅力,照样给我们留下了非同凡响的美丽印象。通过外表展示的美好的心灵反过来又影响着我们对形体的看法,在我们的眼里,它仿佛也变得婀娜多姿了。

安托尼·贝利尔说得非常对:"在这世界上没有丑陋的女人,只有不知道怎样使自己显得美丽的女人。"

正是那种热诚慷慨的随时准备帮助他人的心态,以及在任何地方撒播阳光和欢乐的美好心愿,构成了所有真正的个性美的基础,并使得我们永远神采焕发、美丽动人。渴望使自己变得更加美丽并付出相应的努力,生活就会变得多姿多彩。而且,既然外表只是内在的一种反映,是思维的习惯和通常的心态在身体上的展现,那么我们的面孔、我们待人接物的态度、我们的一举一动就必须和我们的精神世界相吻合,并变得更加温柔和富于魅力。如果你的脑海中时时拥有美好的思想和善良的愿望,那么无论你到任何一个角落,你都会给人留下优美和谐的印象,没有人会注意到你的长相是多么的普通或是你的身体有什么缺陷。

我们都仰慕绝代风华的面庞和绰约丰盈的身姿,但是,我们更热爱在崇高的心灵映衬之下的面容。我们之所爱它,是因为它预示着我们有可能成为完美的人,它代表着造物主所追求的最高理想。

激起我们的爱和仰慕的并不是最亲密的朋友的外表,而是他在我们的心灵深处唤起的对友情的追忆和向往。最崇高的美并不是一种实际的存在,它是一种理想,一种隐约可见的追求,一种体现在某个具体人物或具体事物上的美好品性,它给我们带来了欢乐和喜悦。

每个人都应该尽可能地使自己变得更加美丽,更加动人,更加成为完整意义上的人。这种对最高层次的美的追求绝非没有意义。

学会调适自己

卡耐基金言

◇一个处于永恒和谐之中的心灵平静的人是不可能有任何灾难的,他也不可能恐惧灾难。

◇这种人如果在早上上班之前舍得花一点儿时间好好地调整自己,那他们就会事半功倍,他们回家时就会依然精神焕发。

和谐是一切效率、美好和幸福的秘密所在,并且,和谐能使我们自己和上帝保持一致。和谐意味着一切心理功能的绝对健康。沉着、安定、和蔼与好的脾气，往往能使我们的整个神经系统、我们所有的身体器官与新陈代谢过程保持协调，这种和谐往往因摩擦冲突而受到破坏。

人类的身体像一部无线电报机。根据他思想和理念的性质，他不断地发出平和、力量、和谐或混乱的信息。这些信息以光速飞向四面八方，这些信息往往也能找到它们自己的知音。

一个处于永恒和谐之中的心灵平静的人是不可能有任何灾难的，他也不可能恐惧灾难。因为他是按照永恒的真理立身、行事、处世的。这样一个极其平静的心灵宛如深海之中岿然不动的一座巨大冰山。它嘲笑洋面上击打它身侧的汹涌波涛和狂风暴雨。这些汹涌的怒涛和狂风暴雨甚至连使它产生恐惧也不能，因为它处于深海之中的巨大冰块是平衡的，这种平衡能使它平静地、不受阻碍地稳稳漂流。

很奇怪，许多在其他一些事情上非常精明的人，在保持自身和谐这一重大精神事务上却往往非常短视、无知和愚蠢。许多白天历经疲倦和失调的上班族到了晚上发现自己简直完全累垮了。这种人如果在早上上班之前舍得花一点儿时间好好地调整自己，那他们就会事半功倍，他们回家时就会依然精神焕发。

如果一个早上去上班的人感到与每一个人都不一致、都不协调，如果他对生活，特别是对那些他必须应付的人和事存在一种抵触心态的话，他是不可能收到事半功倍的效果的。因为他的大部分精力都白白浪费掉了。

从没有试着去调整自己的人不可能意识到，早晨上班之前好好地调整自己会带来巨大的好处。一个纽约的生意人最近告诉我说，每天早晨在使自己的精神、思想和世界保持极好的协调之前，他是不会允许自己去上班的。如果他感到自己有点儿嫉妒他人或是内心不安，如果他感到自己有些自私和不公正，如果他不能正确对待他的合作伙伴或雇员，他就绝不去上班，直到他保持协调，直到他的思想清除了任何形式的混乱。他说，如果在早晨去上班时自己对待每一个人都有一种正确心态，那他的整个一天都会过得很轻松、很惬意。他还说，过去凡是心态混乱的情形时去上班，他都不可能有像心态和谐时那样好的效果，他容易使周围的人不快，更不要说使他自己疲惫不堪了。

许多人之所以过着一种忧郁、贫乏的生活，其原因之一便是他们不能从那些使自己精神失调、恼怒、痛苦和担忧的事情中超越出来，因而他们无法使自己的精神获得和谐。

善于比较

卡耐基金言

◇生活中的许多烦恼都源于我们盲目地与别人攀比,而忘了享受自己的生活。

◇全才是没有的,人各有所长,各有所短。我们既不能专门以己之长,比人之短;也不应以己之短,比人之长。

◇所谓"境由心造"。如果你善于发掘自己的长处,善于比较,你就会常常生活在一种愉快惬意之中。

我们总是觉得,别人比我们快活,这其实是一种错觉。即使那些处于权力巅峰者,也都有各自的苦恼。在一般人看来,国王、总统、首相似乎是权力和财富的化身,他们可以尽情享乐,为所欲为。像沙皇彼得一世那样,可任意到叶卡捷琳娜美女云集的宫院开怀取乐;像阿拔斯国王哈伦·拉希德那样,高兴时可用黄金制造碟子,用宝石饰缀帷帐。

事实上,炫目的权力,豪华与奢侈,不过是高居权力巅峰者生活的表面,首先爬上"宝座",从默默无闻到众星拱月,本身就是一个充满坎坷的复杂过程。当人们谈到这些登峰造极的人物时,大概不会想到,恩克鲁玛担任加纳元首前曾经在一家公司轮船上洗瓶罐的情形;不会想到希特勒25岁时"忧愁和贫困是我的女友,无尽的饥馑是我的同伴"的哀怨。

另一方面,位高者有位高者的苦恼。悠悠万事,多是苦乐相济、幸福与烦恼并存的,站在权力的金字塔上也并非处处如意。

英国女王伊丽莎白一世受制于宫廷礼仪,连恋爱自由都没有,落得终身未嫁,哑巴吃黄连。

美国总统杜鲁门上任短短几个月光景,便发现:"一个人当了总统就好像骑上了老虎背,他必须一直骑下去,不然就会被老虎吃掉。"

阿登纳70岁坐上联邦德国总理这把交椅时,深感局促不安,他在第一次公开发表讲话时,心情紧张得像揣着活兔。

印度尼西亚总统苏加诺的传记作者莱格道出了苏加诺的苦衷。他说:苏加诺所真正希望得到的、倘若他能如愿以偿的话,就是这样一个职位,既可发挥领导作用而又不陷于日常政府事务。可苏加诺始终未能如愿。

英迪拉·甘地在寓所里尽管每天可以接见官员和其他求见者，但她时常怅叹："搞政治这一行寂寞孤独。"

在君主制国家里，巴列维国王难得有点"平易近人"，他抱怨："伊朗古老悠久的帝制传统易使国王产生孤独感。虽然人们可以较多地与我接近，我也不像父王那样严厉，可是王位本身自然而然使我与人们间隔着一条鸿沟……我喜欢像别的元首那样独自做出决定，这样孤寂感就会更加强烈。"

美国总统林登·约翰逊政绩不算太差，但可恶的新闻界老跟他过不去，故意把他描绘成"一个乡巴佬"。这使他备感羞辱和委屈，对新闻界他又怕又恨，以至澳大利亚总理罗伯特·孟席斯不得不哄小孩似的安慰他："不必对新闻界耿耿于怀，人民没选他们干事，人民选的是你，他们说话代表他们自己，而你说话代表人民。"

俄皇伊丽莎白就位后一直担惊受怕，恐遭人暗算。她每天都要更换房间睡觉，最后干脆找来一个能彻夜不眠的人坐在自己身边，才能安心入睡。

列举了这么多例子，无非是想说明：每个人都有每个人的苦恼，平凡人拥有的那份宁静也许恰恰是帝王将相所求之不得的。所以只要你真心觉得自己比国王还快活，那么你就的确会如此。

生活中的许多烦恼都源于我们盲目和别人攀比，而忘了享受自己的生活。

有这样一则法国笑话：维克多兴冲冲地从文化宫走出来，一位朋友问他："为什么这么高兴？""因为我今天玩得很好，"维克多回答，"我打了网球，下了象棋。既赢了象棋冠军，又赢了网球冠军。""你打网球、下象棋都很在行吗？""我和网球冠军一起下象棋，赢了他，后来，我又和象棋冠军一起打网球，我也赢了。"

维克多的言行自然引人发笑，但在大笑之余，我们是否也能从中得到这样的启示：全才是没有的，人各有所长，各有所短。我们既不能专门以己之长，比人之短；也不应以己之短，比人之长。

所谓"境由心造"。如果你善于发掘自己的长处，善于比较，你就会常常生活在一种愉快惬意之中。

将逆境变成一种祝福

卡耐基金言

◇ 当你遇到挫折时,切勿浪费时间去算你遭受了多少损失;相反,你应该算算,看你从挫折当中,可以得到多少收获和资产。

◇ 时间对于保存这粒隐藏在挫折当中的等值利益的种子是非常冷酷无情的,找寻隐藏在新挫折中的那粒种子的最佳时机,就是现在。

约翰在威斯康星州经营一座农场,当他因为中风而瘫痪时,就是靠着这座农场维持生活的。

由于他的亲戚们都确信他已经是没有希望了,所以他们就把他搬到床上,并让他一直躺在那里。虽然约翰的身体不能动,但是他还是不时地动脑筋。忽然间,有一个念头闪过他的脑海,而这个念头注定了要补偿他的不幸的缺憾。

他把他的亲戚全都召集过来,并要他们在他的农场里种植谷物。这些谷物将用作一群猪的饲料,而这群猪将会被屠宰,并且用来制作香肠。

数年间,约翰的香肠就被陈列在全国各商店出售,结果约翰和他的亲戚们都成了拥有巨额财富的富翁。

出现这样美好结果的原因,就在于约翰的不幸迫使他运用从来没有真正运用过的一项资源:思想。他定下了一个明确目标,并且制定了达到此一目标的计划,他和他的亲戚们组成智囊团,并且以应有的信心,共同实现了这个计划。别忘了,这个计划是因为约翰中风之后才出现的。

当你遇到挫折时,切勿浪费时间去算你遭受了多少损失;相反,你应该算算看你从挫折当中,可以得到多少收获和资产。你将会发现你所得到的,会比你所失去的要多得多。

你也许认为约翰在发现思想力量之前,就必然会被病魔打倒,有些人更会说他所得到的补偿只是财富,而这和他所失去的行动能力并不等值。但约翰从他的思想力量和他亲戚的支持力量中,也得到了精神层面的补偿。虽然他的成功并不能使他恢复对身体的控制能力,但却使他得以掌控自己的命运，而这就是个人成就的最高象征。他可以躺在床上度过余生，每天只为自己和他的亲人难过，但是他没有这样做，反而带给他的亲人们想都没有想过的安全。

长期的疾病通常会使我们不再看，也不再听。我们应该学习去了解发自内心深处的轻声细语，并分析出导致我们遭到挫折甚至失败的原因。

爱默生对此事的看法是：

"发烧、肢体残障、冷酷无情的失望、失去财富、失去朋友都像是一种无法弥补的损失。但是平静的岁月，却展现出潜藏在所有事实之下的治疗力量。朋友、配偶、兄弟、爱人的死亡，所带来的似乎是痛苦，但这些痛苦将扮演着导引者的角色，因为它会操纵着你生活方式的重大改变，终结幼稚和不成熟，打破一成不变的工作、家族或生活形态，并允许建立对人格成长有所助益的新事物。

"它允许或强迫形成新的认识，并接受对未来几年非常重要的新影响因素；在墙崩塌之前，原本应该在阳光下种种花朵——种植那些缺乏伸展空间而头上又有太多阳光的花朵——的男男女女，却种植了一片孟加拉椿树林，它的树荫和果实，使四周的邻人们因而受惠。"

时间对于保存这粒隐藏在挫折当中的等值利益种子，是非常冷酷无情的，找寻隐藏在新挫折中的那粒种子的最佳时机，就是现在。你也可以再检查一下过去的挫折，并找寻其中的种子。有的时候，我们会因为挫折感太过强烈，而无法马上着手去找这颗种子。但是，现在你已有了更高的智慧和更多的经验，足以使你轻易地从任何挫折中，学习它能教给你的东西。

厄运的芳香

卡耐基金言

◇ "天意"与"命运"也许经常不是称心如意地完全符合我们的希望，但是，它背后所代表的真意与仁慈，我们只有在虔诚的心态下才能真正品味出它的芳香。

人生就是这样，计划是计划、理想是理想，事情的发展，远非我们所能预料；生活是生活、现实是现实，事情的结果，断非我们"一分耕耘，一分收获"地努力之后就必将赢得应有的回馈。

世间事，如果一切顺顺利利、悉如我意，按照我们当初的计划与预期发展的话，人生该有多好；世间事，如果一切平平稳稳、"一加一等于二"，能够要怎么栽就必定有怎么收的话，人生该有多么的惬意。然而，偏偏事与愿违，世间事就是多了这么一分冥冥中无可抗拒的神奇，使我们永远无法预知未来，世间事就是多了这么一分冥冥中无可避免的外界主导力量，使我们永远无法全然地掌握，而必须面对千变万化的"不可预知"。

这股冥冥的力量，有人叫它"天意"，有人叫它"命运"，无论怎么称呼，它就是无所不在、如影随形地随时随地出现在我们的左右。如果，它幸运地引领我们进入了成功、快乐，我们却总是一厢情愿地认定成功、快乐都是因为"自我"的卓越与努力，而全然忽视了"它"的存在；然而，如果一旦它不幸地将我们带入了悲伤、失意，我们却总是一意孤行地认定失意、悲伤都是因为"它"的作祟，而完全忽视了"自我"的虚心检讨与坦然面对。

"天意"与"命运"也许经常不是称心如意地完全符合我们的希望，但是，它背后所代表的真意与仁慈，只有我们在虔敬恭谨的谦卑下才能真正品味出它的芳香。

达伦从小就没有了父亲，她在母亲含辛茹苦、百般呵护之下，总算不愧慈恩，在工作事业上崭露头角而成为人人夸赞的人。她事母至孝，这些年来一切顺遂如意，唯一美中不足地竟是至爱的母亲因为年老力衰而得到了时下仍旧让人束手无策的"帕金森老人痴呆症"。

无法自己照顾生活还是小事，有的时候，仿佛恶魔附身似的，一向温顺善良的母亲也会变得焦躁不安、念念有词，惶然不知地做出许多令人惊吓的举动。有一回，居然还因为达伦公事忙碌才两天没来探望她，就歇斯底里地呼天抢地、寻死寻活，一个劲儿地将头撞向墙壁，以致浑身鲜血淋漓。

达伦从不抱怨，她以最大的关怀和无限的爱心安慰她、照料她，不曾片刻丧失对她的耐心和关心。她知道，如果这是天意，不过是让她约略以现在些许的折磨稍事感受母亲多年不为外人所知的辛劳；如果这是命运，不过是她为人子女者当尽的唯一可行之道。

达伦一心虔诚地祈祷，只要母亲能够恢复当年的丰采，再大的代价也愿付出；达伦诚挚地恳求，只要能够永远陪伴在她的身边，即使是他人认为疯癫无理的老人，也将永远是她心目中最为美丽的母亲。

仿佛宿命般地，母亲最后仍旧是在一天饭后的散步中了无意识地由六楼跌下，痛苦地结束了她坎坷的生命。达伦痛不欲生，在一场和神父的谈话中，她毫不保留地大声宣泄了她最为愤慨的抱怨——

"她是那么地仁慈，她是那么地善良，如果这是天意，那么天意根本就是不公。"神父却以极其平淡沉稳的口吻对她说："孩子，天意不是能从外表了解它内所蕴含的真正真意。若不是亲眼看到母亲经历过这么多生活的苦痛，我们怎能了解春晖慈爱之万一，若不是亲眼看到母亲经历过这么多的病痛的折磨，我们又怎么能再度感受永远需要母爱常相照拂的心底真情……"

"我是多么虔诚地祈求天主的眷怜，忠心地信守仁慈、孝敬和它所有的诫命，但求我的母亲能再享受些快乐的生活，但是偏偏它却狠心地连这么一点卑微的心愿都不能满足我们。如果这是命运，那么命运根本就是不义。"神父却以极其平淡沉稳的口吻对她说："孩子，命运绝不能从外表了解它所要传达的信息。它完全看到了你的义行，不过只是仁慈地完全结束了母亲病痛的折磨，欢欣地希望给你一个崭新快乐的新生活……"

不要重复老路

卡耐基金言

◇如果我们不是常常追求进步，保持如年轻人般敏锐的头脑，那么不仅我们自己的工作会受到阻碍，我们整个人都会变得平庸。

◇不断地超越自我，没有什么比这更能够催人进步。

在人类历史的早期，当时楠塔基特岛上的路很少，且道路状况很差。在那些布满沙子的平原上，到处贴着告示，警示过客们"不要重复老路"。最近，一个作家解释说："这句话的意思很明显，就是奉劝过路人不要每一次都去重复地走前人的老路。最好自己开辟一条新路。这样，自己会有一些收获，也为大家做了好事。"

我们都知道思想僵化的害处。有一个成语叫"熟视无睹"，一个意思就是说，如果一个人总在处在同样的环境中，对环境的熟悉就会使我们对于它的缺点视而不见。如果思想缺乏交流，那么思想就失去了灵活性和对新事物的敏感性。如果我们不是常常追求进步，保持如年轻人般敏锐的头脑，那么不仅我们自己的工作会受到阻碍，我们整个人都会变得平庸。大脑像肌肉一样，只有在使用中才能得到磨炼。如果一个人在工作中停止了思考，那么日渐一日，他的大脑变得迟钝，他工作毫无进步，直到最后他失去了进取心，不能公正地评价自己的工作。这个时候，他就不再进步了，而开始大步地倒退了。

不断地超越自我，没有什么比这更能够催人进步。不管一个人的职业是什么，如果他每年都能够彻底地反省一次，找出自己的缺点和阻碍自己进步的地方，那么他将会取得 10 倍于现在的成就。

涉世之初，我们或许会许诺，永远不会降低我们的理想，我们会永远追求进步，与时代最先进的思想潮流相同步。但言之易，行之难。很多人没有告诫自己，要始终保持自己的理想，这样的人很快就没有希望了。

保持快乐的唯一方式就是抓住生活中的每一次机会，享受生活。并非只有等到你有了金钱和地位时才可以享受生活。一次轻松的旅行，购买一件艺术品，建一座舒适住宅，或者其他的一些抱负，并不是只有你有钱有地位之后才可以实现的。一天天地，一年年地推迟自己的梦想，不仅使自己失去了现在的乐趣，还阻碍了我们追求未来幸福的脚步。

总是把快乐寄托在明天本身就是一个巨大的错误。许多年轻的夫妇，整年像奴隶般地工作，放弃了每一个放松和追求快乐的机会。他们不让自己有任何的奢侈行为，不会去看一场戏剧或听一场音乐会，也不会去做一次郊游，不会去买一本自己渴望已久的书，没有阅读兴趣和文化生活。他们想，等自己有了足够的金钱时，就会有更多的享受了。每一年他们都渴望着来年自己会过上幸福的生活，或许可以做一次奢侈的旅行，但是当第二年到来的时候，他们会发现自己必须再忍耐一些，节约一些。于是，一年年地这样推迟，直到自己变得麻木。

最终，当他们觉得他们可以去追求一点快乐的时候，他们可以去国外旅行，可以去听音乐会，可以去购买一件艺术品，可以通过阅读开阔自己的眼界时，已经太晚了。他们习惯了单调的生活。生活失去了色彩，热情消逝了，雄心磨灭了。长年的压抑破坏了自己享受生活的能力，他们牺牲了自己的健康和快乐得来的东西却变得一钱不值了。

难道生活就仅仅是吃喝拉撒睡吗？除了金钱、土地、房屋和银行账户外，生活难道不应该有其他的一些乐趣吗？既然上帝赋予了我们神奇的力量，为什么要让它磨灭呢？如果人只像野兽那样过得毫无生活乐趣，人就不成其为人了。

走向平静的未来

卡耐基金言

◇当我们向世界寻求恢复内心平静，投入世界为了重拾失去的希望，或为了得知如何生活时，我们将永远找不着所寻求的真理，因为真理就深埋在我们的心中。

◇我们无法决定明天或后天或几年内将发生的事，但是我们可以设定最后将会回到我们身上的正面能量。

有一个东方的神话，说众神聚会决定该把"宇宙的真理"藏在什么地方。第一个神建议把它藏在海里面，但是其他神嘘声四起，说人类会建造潜水艇下到海里去找到。第二个神建议把它藏在天上，距离地球很远的一个星球上，但是其他神认为人类会建造太空船到达这遥远的星球。最后，第三个神建议把真理挂在每一个人类的脖子上，其他神同意他的说法，认为人类不会从这么明显的地方去寻找真理。所以他们就照第三个神的建议去做了。

当我们向世界寻求恢复内心平静，投入世界为了重拾失去的希望，或为了得知如何生活，我们都将永远找不到所寻求的真理，因为真理就深埋在我们的心中。然而这也是我们投射给别人的自我面相，我们就是我们给予外界的样子。"所有的解答都藏在我们心中"，这个想法是智慧、深奥难解的，但并不意味着有两个自我，外在自我和内在自我，只要内在自我是强壮的、大胆的、善辩的，或忠诚的、敏感的，则外在自我就可以做它纯粹功能性的机制，像是赚钱、洗车、洗衣服等。事实是真正的放松不会在内在孤立你，而会到外在世界发光，改变外在自我，让你更大众化，同时改变其他人。

我们无法决定明天或后天或几年内将发生的事，但是我们可以设定最后将会回到我们身上的正面能量。当有人在一泓池水中央丢下一颗石子，产生的涟漪会一圈一圈地向外扩张直到池边；然后涟漪会以复杂的交叉水流开始回流向池中央。同样的道理，我们给予世界的祝福也将回到我们身上，如同要怎么收获就怎么栽种，乃是因果的原则。当我们投射强烈的和有信心的善行给陌生人，就像一个祷告飞向神那里，而祷告者也会即时获得启示的报偿。

我们必须面对自己，知道自己是谁，发现自身的价值，根据这价值而行动。如果我们跟随这自我认识的道路走向满足，而不是只想逃开，朝向放逐式的放松，我们的正面能量会将它自身的能量传送到未来。每次当我们到达未来时，我们将发现它在沿路等我们——依我们过去所想、所说、所做的一切来迎接我们。

播种美丽，收获幸福

卡耐基金言

◇请在你旅途所经之处撒播鲜花的种子，因为你可能永远都不会在同样的路上再次旅行。

◇你是否曾经感受到了大自然所蕴涵的美的神奇力量？如果没有的话，那你就丧失了生活中最深沉的一种幸福。

一位年长的旅行者曾经讲述了这样一次经历：有一次在去美国西部的旅行途中，他恰好坐在一位年迈的妇人旁边，这位老妇人时不时地从敞开的窗户中探出身去，从一个瓶子中把一些粗大的"盐粒"撒在路上——至少在他看来是如此。当她撒完了一个瓶子之后，又从手提包里把瓶子灌满，接着继续撒。

听他讲述这一经历的一个朋友认识这位老妇人，并告诉他，这位老妇人极其喜欢鲜花，并且一贯遵循一个信念："请在你旅途所经之处撒播鲜花的种子，因为你可能永远都不会在同样的路上再次旅行。"通过在自己的旅途中撒播鲜花的种子，这位老妇人大大地增添了原野的美丽。正是由于她热爱美、传播美，使得许多道路两侧鲜花缤纷，生机盎然，令寂寞的旅人耳目一新。

如果我们在漫长的人生旅程中都能够像这位老妇人一样热爱美并传播美

的种子，那么这个世界将会变成多么令人心旷神怡的天堂啊！

　　的确，到乡间的一次旅行是多么难得的机会啊，它可以把美带进我们的生活，可以提高我们的审美能力，这种能力在大多数人身上完全未被开发，处于混沌的睡眠状态。对那些懂得并欣赏美的人来说，融入大自然的怀抱就像是走进了一座巨大而精美的、弥漫着优雅和魅力的宫殿。横展在我们面前的大自然，是这样庄严、美丽、可爱，在这里有轻风在驰骋，有泉流在激溅，有鸟儿在鸣啼，风的微吟、雨的低唱、虫的轻叫、水的轻诉，显得是那么抑扬顿挫、长短疾徐，再加上夕阳的霞光，花儿的芬芳，高山的宏伟，彩虹的艳丽，空气的清爽，构成了足以让天使陶醉的画面，而置身于其中的我们，又怎能不像喝了醇酒一般呢？但是，这种美丽和恬静是无法靠金钱来换取的，只有那些与大自然的脉搏一起跳动，与充满了温情和爱的大自然相吻合的人们，才能真正地发现它们，欣赏它们，并拥有它们。

　　你是否曾经感受到了大自然所蕴涵的美的神奇力量？如果没有的话，那你就是丧失了生活中最深沉的一种幸福。我曾经有过一次横穿大峡谷的经历，坐在一辆公共马车上，在崎岖的山路上颠簸了100英里，我是如此筋疲力尽、腰酸背痛，以至我都觉得无法再支撑着熬过离目的地还有10英里的路程。但是，当我偶然从山顶往下注视时，我看到了著名的大峡谷瀑布和周围绝佳的风景，而此时，太阳正破云而出，金色的光芒照耀大地，呈现在我面前的是一幅空前绝后、摄人心魄的画面，我身上的每一点疲劳、困顿和酸痛，都立刻被驱散得无影无踪。我的全部身心都沉浸在大自然的浩瀚恢弘和空旷豁朗之中。这种美是我以前从未经历过的，也是我永生难忘的。我感到自己的灵魂得到了升华，心中是那么平和宁静，而喜悦的泪水则在不知不觉中溢满了眼眶。

　　当我们的心灵驰骋于绿色无垠的原野，徜徉于翠竹掩映的溪畔时，我们肯定不会怀疑造物主是在按照他自己的形象和爱好来制造人类的，想必造物主是希望人类跟大自然一样美丽。

和谐的生命乐章

卡耐基金言

◇一些鸡毛蒜皮的小事能使一个思想状况不佳的人烦恼不已,但却根本无法影响一个思想沉着、镇定自若的人。

◇在人生这支大交响乐中,你使用的是哪种专门的乐器,无论它是提琴、钢琴,还是你在文学、法律、医学或任何其他职业中表现的思想、才能,这些都无关宏旨,但是,在没有使这些"乐器"定调的情况下,你不能在你的听众——世人面前开始演奏你的人生交响乐。

在他的提琴完全定弦之前,大音乐家奥尔·布尔是不会在公众面前演奏的。在表演期间,如果一根弦松了一点儿,即使这种不和谐只有他一个人注意到了,他也必定会在继续演奏之前为他的提琴定弦,他可不管这需要多长时间,他也不管他的听众是如何地骚动不安。而一个蹩脚一些的音乐人是不可能这么精益求精的。他可能会对自己说:"即使一根弦松一点儿也无关紧要,我将弹完这支曲子。除了我自己,没有人会察觉出来的。"

一些伟大的音乐家说,没有什么东西比演奏一件失调的乐器,或是与那些没有好声调的人一起演唱,更能迅速地破坏听觉的敏感性,更能迅速地降低一个人的乐感和音乐水准的了。一旦这样做以后,他就不会潜心地去区分音调的各种细微差异了,他就会很快地去模仿和附和乐器发出的声音。这样,他的耳朵就会失灵。要不了多久,这位歌手就会形成一种唱歌走调的习惯。在人生这支大交响乐中,你使用的是哪种专门的乐器,无论它是提琴、钢琴,还是你在文学、法律、医学或任何其他职业中表现的思想、才能,这些都无关宏旨,但是,在没有使这些"乐器"定调的情况下,你不能在你的听众——世人面前开始演奏你的人生交响乐。无论你干什么事情,都不要玩得走样,都不要唱得走调或工作失调,更不要让你失调的乐器弄坏了耳朵和鉴赏力。即使是波兰著名钢琴家、作曲家帕代莱夫斯基那样的人,也不可能在一架失调的钢琴上奏出和谐、精妙的乐章。

心理失调对工作质量来说是致命的。这些极具毁灭性的情感,比如担忧、焦虑、仇恨、嫉妒、愤怒、贪婪、自私等等，都是工作效率的致命敌人。一个人受任何这些情感的困扰时，他就不可能将他的工作做得最好，这就好像具有精密机械装置的一块手表，如果其轴承发生摩擦就走不准一样。而要使这块表走得很准，那就必须精心地调整它。每一个齿轮、每一个轮牙、每一根石英轴承都必须运转良好，因为任何一个缺陷，任何一个麻烦，任何地方出现了摩擦，都将无法使手表走得很准时。人体这架机器要比最精密的手表精密得多。在开始一天的工作之前，人这架机器也需要调整，也需要保持非常和谐的状态，正如在演出开始以前需要将提琴调好一样。

你是否见过洗衣店里的转筒洗衣机？它刚开始旋转时，声音极为颤抖，似乎它要变得粉碎一般，但是，渐渐地，随着转速的加快，它的声音变得越来越微小，当它的转速达到最快时，这架机器的声音就很小。一旦它达到了完美的平衡，什么事情也扰乱不了它，而在它开始旋转之前，哪怕是一件极小的东西也能使它震颤、抖动不已。

一些鸡毛蒜皮的小事能使一个思想状况不佳的人烦恼不已，但却根本无法影响一个思想沉着、镇定自若的人。即使是出了大事，即使是恐慌、危机、失败、火灾、失去财物或朋友以及各种各样的灾难，都不可能使他的心理失去平衡，因为他找到了自己生命的支点——心理平衡的支点，因此他不再在希望和绝望之间摇摆。他已经发现，自己是通行于整个宇宙的伟大法则的一部分。

第14章
逐步迈向成功

跌倒不算失败

卡耐基金言

◇跌倒不算失败,跌倒了站不起来,才是失败。

◇世界上有无数人,已经丧失了他们所拥有的一切东西,然而还不能把他们叫作失败者,因为他们仍然有着不可屈服的意志,有着坚忍不拔的精神。

要检验一个人的品格,最好是看他失败以后如何行动。失败以后,能否激发他的更多的策略与新的智慧?能否激发他潜在的力量?是增强了他的决断力,还是使他心灰意冷呢?

爱默生说:"伟大高贵人物最明显的标志,就是他坚强的意志,不管环境变化到何种境地,他的初衷与希望,仍然不会有丝毫的更改,而终至克服障碍,以达到所企望的目的。"

"跌倒了再爬起来,从失败中求胜利。"这是历代伟人的成功秘诀。

有人问一个孩子,他是怎么学会溜冰的?那孩子回答道:"哦,跌倒了爬起来,爬起来再跌倒,就学会了。"之所以个人成功,之所以军队胜利,实际上就是这样的一种精神。跌倒不算失败,跌倒了站不起来,才是失败。

可能过去的一切,对一些人来说是一部非常痛苦、非常失望的伤心史。所以,有的人在回忆从前时,会觉得自己处处失败、碌碌无为,他们竟然在非常希望成功的事情上失败了,或是他们所至亲至爱的亲属朋友,竟然离他而去,或是他们已经失掉了职位,或是营业失败,或是因为各种原因而不能使自己的家庭得以维系。在这些人看来,自己的前景似乎是十分的渺茫。然而即便有上述的种种不幸,只要你永不甘屈服,那么胜利就在前方,就在向你招手。

失败是对一个人人格的考验,在一个人除了自己的生命以外,一切都已失去的情况下,潜在的力量到底还有多少?没有勇气继续奋争的人,自认失败的人,那么他所有的能力,就会全部消失。而只有毫无畏惧、勇往直前、永不放弃人生责任的人,才会在自己的生命里有伟大的进展。

有人也许要说，早已失败多次了，所以再试也是徒劳无功，这种想法真是太自暴自弃了！

对意志永不屈服的人，根本就没有所谓失败。无论成功是多么遥远，失败的次数是多少，最后的胜利仍然在他的希望里。狄更斯在他小说里讲到一个守财奴斯克鲁奇，最初是个爱财如命、一毛不拔、残酷无情的家伙，他甚至把全副的精神都钻在钱眼里。可是到了晚年，他竟然变成一个慷慨的慈善家、一个宽宏大量的人、一个真诚爱人的人。狄更斯的这部小说并非完全虚构，世界上也真有这样的事实。人的根性都可以由卑鄙变为善良，人的事业又何尝不能由失败变为成功呢？现实生活中这样的例子并不少，许多人失败了再起来，沮丧而又不认输，抱着不屈不挠的无畏精神，向前奋进，最终竟然获得了成功。

世界上有无数人已经丧失了他们所拥有的一切东西，然而还不能把他们叫作失败者，因为他们仍然有着不可屈服的意志，有着坚忍不拔的精神。

世间真正伟大的人对于世间所说的种种成败并不介意，所谓"不以物喜，不以己悲"。这类人无论面对多么大的失望，绝不失去镇静，这样的人终能获得最后的胜利。在狂风暴雨的袭击中，那些心灵脆弱的人们唯有束手待毙，但这些人的自信精神、镇定气概、却仍然存在，而这种精神使得他们能够克服外在的一切境遇，去获得成功。

温特·菲力说："失败，是走上更高地位的开始。"许多人所获得最后的胜利，只是来自于他们的屡败屡战。对于没有遇见过失败的人，有时反而让他不知道什么是大胜利。一般来说，失败会给勇敢者以果断和决心。

从做愚人开始

卡耐基金言

◇艾尔特伯·哈伯特说过："每个人一天起码有5分钟不够聪明，智慧似乎也有无力感。"

◇我们经常把自己的错误怪罪到别人身上，随着年龄的增长，我们将会发现：最应该怪罪的是我们自己。

我要告诉你关于一位深谙自我管理艺术的人物的故事，他的名字是豪威尔。1944年7月31日，他在纽约大使酒店突然身亡的消息震惊了全美。华尔街更是骚动，因为他是美国财经界的领袖，曾担任美国商业信托银行董事长，兼任几家大公司的董事。他受的正式教育很有限，在一个乡下小店当过店员，后来当过美国钢铁公司信用部经理，并一直朝更大的权力地位迈进。

我曾请教豪威尔先生成功的秘诀，他告诉我说："几年来我一直有个记事本，登记一天中有哪些约会。家人从不指望我周末晚上会在家，因为他们知道，我常把周末晚上留作自我省察，评估我在这一周中的工作表现。晚餐后，我独自一人打开记事本，回顾一周来所有的面谈、讨论及会议过程。我自问：'我当时做错了什么？''有什么是正确的？我还能干什么来改进自己的工作表现？''我能从这次经验中吸取什么教训？'这种每周检讨有时弄得我很不开心。有时我几乎不敢相信自己的莽撞。当然，年事渐长这种情况倒是越来越少，我一直保持这种自我分析的习惯，它对我的帮助非常重大。"

豪威尔的这种做法可能是向富兰克林学来的。不过富兰克林并不等到周末，他每晚都自我反省。他发现过13项严重的错误。其中3项是：浪费时间、关心琐事及与人争论。睿智的富兰克林知道，不改正这些缺点，是成不了大业的。所以，他一周订一个要改进的缺点作目标，并每天记录赢的是哪一边。下一周，他再努力改进另一个坏习惯，他一直与自己的缺点奋战，整整持续了两年。

如果有人骂你愚蠢不堪，你会生气吗？愤愤不平吗？我们来看看林肯如何处理。林肯的军务部长爱德华·史丹顿就曾经这样骂过总统。史丹顿是因为林肯的干扰而生气。为了取悦一些自私自利的政客，林肯签署了一次调动兵团的命令。史丹顿不但拒绝执行林肯的命令，而且还指责林肯签署这项命令是愚不可及。有人告诉林肯这件事，林肯平静地回答："史丹顿如果骂我愚蠢，我多半是真的笨，因为他几乎总是对的。我会亲自去跟他谈一谈。"

林肯真的去看史丹顿。史丹顿指出他这项命令是错误的，林肯就此收回成命。林肯很有接受批评的雅量，只要他相信对方是真诚的，有意帮忙的。

我的档案中有一个私人档案夹，标示着"我所做过的蠢事"。夹中插着一些我做过的傻事的文字记录。我有时口述给我的秘书做记录，但有时这些事是非常私人的，而且愚蠢到我没有脸请我的秘书做记录，因此只好自己写下来。

每次我拿出那个"愚事录"的档案，重看一遍我对自己的批评，可以帮助我处理最难处理的问题——管理我自己。

一般人常因为受到批评而愤怒,而有智慧的人却想办法从中学习。《草叶集》的作者惠特曼曾说:"你以为只能向喜欢你、仰慕你、赞同你的人学习吗?从反对你、批评你的人那儿,不是可以得到更多的教训吗?"

我们经常把自己的错误怪罪到别人身上,随着年龄的增长,我们将会发现,最应该怪罪的是我们自己。连伟大的拿破仑被放逐到圣海伦岛时,也曾经说过:"我的失败完全是自己的责任,不能怪罪任何人。我最大的敌人其实是我自己,也是造成我悲惨命运的原因。"

每个人都不是完美的,都有各种各样的缺点。与其等待敌人来攻击我们或我们的工作,倒不如自己动手,我们可以是自己最严苛的批评家。在别人抓到我们的弱点之前,我们应该自己认清并处理这些弱点。达尔文就是这样做的。当达尔文完成其不朽的著作——《物种起源》时,他已意识到这一革命性的学说一定会震撼整个宗教界及学术界。因此,他主动开始自我评论,并耗时15年,不断查证资料,向自己的理论挑战,批评自己所下的结论。

同样,来自他人的批评,也可以记入我们的"愚事录",这同样对我们管理自我有很大的作用。

一位成功的推销员,甚至主动要求人家给他批评。当他开始推销香皂时,订单接得很少。他担心会失业,他确信产品或价格都没有问题,所以问题一定是出在他自己身上。每当他推销失败,他会在街上走一走想想什么地方做得不对,是表达得不够有说服力,还是热忱不足?有时他会折回去,问那位商家:"我不是回来卖给你香皂的,我希望能得到你的意见与指正。请你告诉我,我刚才什么地方做错了,你的经验比我丰富,事业又成功。请给我一点指正,直言无妨,请不必保留。"他这样做的结果,是他获得了巨大的成功。

法国作家拉劳士福古曾说:"敌人对我们的看法比我们自己的观点可能更接近事实。"

我了解这句话常常是正确的,可是被人批评的时候,如果不提醒自己我还是会不假思索地采取防卫姿态。每次我都对自己极为不满。不管正确与否,人总是讨厌被批评,喜欢被赞赏的。我们并非逻辑的动物,而是情绪的动物。我们的理性就像在狂风暴雨的情绪汪洋中的一叶扁舟。

听到别人谈论我们的缺点时,想办法不要急于辩护。因为每个没头脑的人都是这样的。让我们放聪明点也更谦虚一点，我们可以气度不凡地说："如果让他知道我其他的缺点，只怕他还要批评得更厉害呢！"

我曾讨论到如何应对恶意的攻讦。现在提出的是另一个想法：当你因恶意的攻击而怒火中烧时，何不先告诉自己："等一下……我本来就不完美。连爱因斯坦都承认自己99%都是错误的，也许我起码也有80%的时候是不正确的。这个批评可能来得正是时候，如果真是这样，我应该感谢它，并想法子从中获得益处。"

美国一家大公司的总裁查尔斯·卢克曼曾经用100万美元请鲍伯·霍伯上广播节目。鲍伯从不看赞赏他的信，因为他知道不可能从中学到一点东西。

福特汽车公司为了了解管理与作业上有何缺失，特地邀请员工对公司提出批评。

不行动，只会让事情更糟

卡耐基金言

◇成熟就是在需要行动的时候，立即采取行动。要能果断，并付诸实行，这才是成人应有的表现。当然，我们对问题本身要研究清楚，要从各个角度去看问题，然后，便是采取行动去解决。

◇做出决定进而采取行动的这种能力是做好自我保护的要素之一。

许多人害怕负起做决断的责任——决定不下要采取什么样的行动。因为他们担心，事情若是做不成功，他们便要成为承担者的对象。因此，他们尽可能避免负责，如有必要，他们会陷入忧愁、疑惧，或不知所措。这种焦虑和紧张，往往使身体和精神趋于崩溃。1942年，有位住在加拿大尼加拉瓜瀑布地区的年轻小伙子，名叫柯思迪罗。他退伍之后，立刻在安大略水力发电代办处找到一份修理机械的工作。18个月以来，他一直表现良好，而且工作得很愉快。一天，上司告诉他一个好消息——他被升任为领工，负责管理厂内重机油的设备。

"从那时起，我便开始忧愁了。"柯思迪罗描述道，"我曾是个快乐的机械工，但调升为领工之后，日子便不再快乐了。我所负的责任带给我许多压力，不论是清醒时或在睡梦里、不论在厂内或家里、焦虑常是我最亲密的伴侣。

"然后，事情发生了——我一直埋怨的紧急变故终于发生了。我当时正走向一个碎石坑，那里应有四部牵引机在工作。但坑里那时是一片宁静，我急忙跑过去看，原来四部牵引机都发生故障。

"我从没碰到这样的大事故，因此脑子空空不知如何是好。我跑去找监督，告诉他这个天大的不幸消息，然后静等着他向我大发雷霆。

"但屋顶并没有掉下来，相反，这位监督转过身来，若无其事地向我微微一笑，然后说了几个字眼——假如我有幸活到1000岁的话，也永远不会忘记这些字眼。他对我说：'把它修好啊！'

"就从那一刻开始，我所有的忧愁、恐惧和焦虑，完全一扫而空，整个世界又恢复了正常。我急忙拿了工具出去，马上开始修理那四部牵引机。这几个神妙的字眼可说是我一生的转折点，并且改变了我的工作态度。感谢那位监督，我不但再度对工作燃起了热忱，也下定决心——遇事不要惊慌，不要忧烦，只要赶紧'把它修理好'，就可以了！"

住在印第安纳州的泰德·史坦堪普先生便是位幸运人士。他的父亲不仅了解积极行动的价值，并且知道如何把这个观念和习惯传授给儿子。事情的经过是这样的：

泰德·斯坦坎普12岁时曾被邻居一个孩子欺负，所以，他决心不再出门，这样比较保险。过了几天，作为他帮忙割草的奖励，泰德的父亲给了他一些钱要他去看电影和买冰淇淋。泰德把钱放进口袋，但没有去看电影——虽然他是那么渴望去看电影——怕会遇见那个邻居的孩子。

"我父亲以为我是生病了，"泰德·斯坦坎普说，"我含糊地回答他的问话。第二天傍晚我到巷子里去玩弹子。这时候我发现了我的敌人——他此时像《圣经》里被大卫王杀死的菲利斯丁巨人那样可怕——向我冲来。我吓得调过头拼命跑回我家的车库，谁知我爸爸正站在我面前。他问我究竟是怎么了，我谎称我们在捉迷藏。这时候一个声音传进来：'出来，胆小鬼。'

"我爸爸手中多了一根两英尺长的厚厚的汽车皮带，语气平静地对我说，如果我不敢面对那个大块头，就必须等着挨皮带。我稍一犹豫，皮带就打在我的屁股上，那种疼痛比打架时挨过的拳头厉害多了。

"我像炮弹被发射般窜出车库,出其不意地冲向那个家伙。第一拳打得他没有心理准备,接二连三地又是几下,他只有狼狈逃窜。

"后来的几天成为我童年最快乐的记忆,勇气带给我的报偿是一种享受,我重获自尊,而且我得出一个有用的结论——不要逃避现实,要勇敢地面对它。一条汽车皮带和一个睿智的父亲叫我明白了一个真理。"

作出决定进而采取行动的能力是做好自我保护的要素之一。虽然多数人在大半生的时间里都循着常规生活,但没有人能预知紧急情况的发生,所以时刻准备行动,权衡利弊。选择最有利的办法付诸实施的习性的养成,可能会成为未来某天掌握我们自己以及以我们为支柱的人的生死关键。

住在俄亥俄州春田市的艾尔·比夏先生便曾遇到这样的危机。比夏先生和妻子及3岁大的女儿一同开车到科罗拉多欢度圣诞佳节。那一天,风雪交加,高速公路上的车子都减速慢行。忽然,开在他们前面的几部车子都停住了,比夏也急忙煞车停下来,并试着倒转车子往回开。但风雪实在太大了,他们一不小心便陷入车道的积雪当中,动弹不得。

"我们停在那里几乎有一个钟头,内心实在焦虑不已。"比夏先生回忆当时的情况时说道,"在那一个钟头里,我们担忧的程度超过了所有以往的经历。夜色降临了,气温愈来愈低,风雪也变得更厉害了。路上的积雪愈来愈厚,我们的车子是绝对无法再开动了。我望着太太和女儿,心里知道必须赶紧采取行动,以求取生存。

"我记得方才开车的时候,曾路过一栋农舍,距离我们停留的地方约1/4英里远。假如我们能走到那里,生存或许有望。于是,我把女儿抱在怀里,便和太太一同向农舍出发。这真是一趟艰苦的路程!积雪高到我们的臀部,得费极大的力气才能向前走一小步。那真是痛苦的经历,但我们终于走到了农舍!

"接着的24小时,我们都留在那栋有四间房的农舍里,还有另外33个人也因风雪而困在那里。但我们都觉得十分温暖、安全,简直就像到了天堂一样。事过境迁之后我们回想,假如那时我们没有毅然决然采取行动,而只呆坐在车里等候,相信我们早就冻死在风雪中了。"

是的,紧急的情况往往迫使我们要当机立断,及时采取行动,不能多有犹豫、考虑的时间,否则情况将难以补救。

英雄总是谦卑的

卡耐基金言

◇历史上曾出现过的那些最受人尊敬的伟人们承认，他们的伟大并非来自他们自己，而是一种更强大的力量在他们身上起作用的结果。

◇为了在生活中显示出我们的伟大，我们应该学会谦卑。

在现代西方文化中，人们普遍低估了谦卑的价值。流行的观点认为，谦卑只适用于与宗教有关的方面；至于在"现实"世界，它就不能对你有所助益了。许多人将骄傲与无所畏惧视为美德，而将谦卑视作软弱。这也许是由于他们并不懂得谦卑的真正含义。他们将谦卑与自视过低或自卑等量齐观了，事实上，真正的谦卑并非如此。

其实，真正的谦卑恰好与此相反。真正伟大的人物都是十分谦卑的。历史上曾出现过的那些最受人尊敬的伟人们承认，他们的伟大并非来自他们自己，而是一种更强大的力量在他们身上起作用的结果。真正的谦卑即是认识到个人不过是这个更大的力量作用的工具罢了。耶稣曾说："我对你们所说的话，不是凭着自己说的，乃是住在我里面的父亲做他自己的事。"许多宗教导师也都承认这一点，真正的天才人物大都怀有很深的谦卑。犹太教最伟大的学者本·西拉说："人越伟大，行事越谦卑。"

世界上一位最伟大的自然科学探索者伊萨克·牛顿爵士暮年曾慨叹道："我就像个在沙滩上戏耍的小孩子，面前则是一片未知的真理的海洋。"另一位自然科学的巨人爱因斯坦也以其孩子般的朴素而著称于世。沃尔特·拉塞尔博士，一位在许多领域都获得成就的科学家说道："一个人只有学会了忘掉自我，他才可能发现自我。个人的自我必然消融，而由宇宙的自我所取代。"他的话简直就是耶稣上面所说的话的回声。

什么是宇宙的自我，它与个人的自我又有哪些不同呢？首先，个人的自我即我们大多数人所认同的"自己"，即我们相信，我们就是这个"自我"，它包括我们赋予自我评价的各种显现方式。个人的自我与我们的外貌、我们的成就及我们的私有财产相一致，就是我们自身的这个自我倾向于与他人竞争；如果未能达到它所希望的目标，就会感到恼怒或受到了伤害。这个本性的自我要求受人尊重，喜欢显得正确，并喜欢控制他人，这个本性的自我还促使人们仅仅依靠自己的努力去解决问题，而不是转而求助于他人的智慧。这个自我听起来有些熟悉吗？

有些人可能会说："你说的恰好就是人类的天性。"也许，我们上面所说的正是人类天性中我们最熟悉的部分。然而，我们的天性中还有另一部分，一个"更高的自我"，它像神圣的火花存在于我们每个人的身上。不幸的是，在大多数时间里，这个更高的自我被我们上面描述的那个自我掩盖住了。我们往往看不到这个宇宙的自我或称"更高的自我"，因为，我们的双眼往往被个人的自我这个身份所蒙蔽。这就好比我们仰视天空，天空中一直布满着群星，但在白天，它们被太阳的强光遮掩，我们用肉眼是见不到的；直到太阳落山之后，我们才会看到星斗满天。

为了在生活中显示出我们的伟大，我们应该学会谦卑。随着我们日渐变得谦卑起来，我们便开始明了谦卑的真正内涵。谦卑地承认，我们对真理的认识还所知不多，这不会使我们变成不可知论者。如果一位医生能够坦率承认，他并不通晓所有的疾病、症状与治疗方法，那么，我们当然也应谦卑地承认，我们每一个人都必须更多地学习真理。

对不公正的批评——报之一笑

卡耐基金言

◇我可以决定是否要让我自己受到那些不公正批评的干扰。
◇让批评的雨水从身上流过而不是滴在脖子里。

有一次我去访问史密德里·柏特勒少将——就是绰号叫作"老锥子眼"、"老地狱恶魔"的柏特勒将军。还记得他吗？他是所有统帅过美国海军陆战队的人里最多彩多姿、最会摆派头的将军。

他告诉我，他年轻的时候拼命想成为最受欢迎的人物，想使每一个人都对他有好印象。在那段日子里，一点点的小批评都会让他觉得非常难过。可是他承认，在海军陆战队里的 30 年使他变得坚强很多。"我被人家责骂和羞辱过，"他说，"骂我是黄狗，是毒蛇，是臭鼬。我被那些骂人专家骂过，在英文里所有能够想得出来的而印不出来的脏字眼都曾经用来骂过我。这会不会让我觉得难过呢？哈！我现在要是听到有人在我后面讲什么的话，甚至于不会调转头去看是什么人在说这句话。"

也许是"老锥子眼"柏特勒对羞辱太不在乎，可是有一件事情是肯定的：我们大多数人对这种不值一提的小事情都看得过分认真。我还记得在很多年以前，有一个从纽约《太阳报》来的记者，参加了我办的成人教育班的示范教学会，在会上攻击我和我的工作。我当时真是气坏了，认为这是他对我个人的一种侮辱。我打电话给《太阳报》执行委员会的主席季尔·何吉斯，特别要求他刊登一篇文章，说明事实的真相，而不能这样嘲弄我。我当时下定决心要让犯罪的人受到适当的处罚。

现在我却对我当时的做法感到非常惭愧。我现在才了解，买那份报的人大概有一半不会看到那篇文章；看到的人里面又有一半会把它只当作一件小事情来看；而真正注意到这篇文章的人里面，又有一半在几个星期之后就把这件事情整个忘记。

我现在才了解，一般人根本就不会想到你我，或是关心别人批评我们的什么话，他们只会想到他们自己——在早饭前，早饭后，一直到半夜12点过10分。他们对自己的小问题的关心程度，要比能置你或我于死地的大消息更关心1000倍。

即使你和我被人家说了无聊的闲话，被人当作笑柄，被人骗了，被人从后面刺了一刀，或者被某一个我们最亲密的朋友给出卖了——也千万不要纵容自己只知道自怜，应该要提醒我们自己，想想耶稣基督所碰到的那些事情。他12个最亲密的友人里，有一个背叛了他，而他所贪图的赏金，如果折合我们现在的钱来算的话，只不过19块美金；他最亲密的友人里另外还有一个，在他惹上麻烦的时候公开背弃了他，还3次表白他根本不认得耶稣——一面说还一面发誓。出卖他的人占了1/6，这就是耶稣所碰到的，为什么你跟我希望我们能够比他更好呢？

我在很多年前就已经发现，虽然我不能阻止别人对我做任何不公正的批评，我却可以做一件更重要的事：我可以决定是否要让我自己受到那些不公正批评的干扰。

让我把这一点说得更明白些，我并不赞成完全不理会所有的批评，正相反，我所说的只是不理会那些不公正的批评。有一次，我问依莲娜·罗斯福，她怎么处理那些不公正的批评——老天爷知道，她所受到的可真不少。她有过的热心的朋友和凶猛的敌人，大概比任何一个在白宫住过的女人的都要多得多。

她告诉我她小时候特别腼腆，很怕别人说她什么。她对批评，害怕得使她去向她的姑妈，也就是老罗斯福的姐姐求助，她说："费姑妈，我想做一件这样的事，但是我怕会受到批评。"

老罗斯福的姐姐正视着她说："无论别人怎么说，只要你自己心里知道你是对的就行。"

依莲娜·罗斯福告诉我，当她在多年后住到白宫之后，这一点点忠告，还一直是她行事的指路明灯。她告诉我避免所有批评的唯一方法，就是："只要做你心里认为是对的事——由于你反正是会受到批评的。'做也该死，不做也该死。'"这就是她对我的忠告。

逝去的马修·布拉许，当年还在华尔街40号美国国际公司任总裁的时候，我问过他是否对别人的批评很敏感？他回答说："是的，我早年对这种事情特别地敏感。我当时急于要使公司里的每一个人都认为我特别完美。要是他们不这样想的话，就会使我忧虑。只要哪一个人对我有一些怨言，我就会想法子去取悦他。可是我所做的讨好他的事情，总会使另外一些人生气。然后等我想要补足这个人的时候，又会惹恼了其他的一两个人；最后我发觉，我越想去讨好别人，以避免别人对我的批评，就越会使我的敌人增加。因此最后我对自己说：'只要你超群出众，你就肯定会受到批评，所以还是趁早适应这种情况的好。'这一点对我帮助很大。从那以后，我就决定只尽我最大能力去做，而把我那把破伞收起来。让批评我的雨水从我身上流下去，而不是滴在我的脖子里。"

狄姆士·泰勒更进一步，他让批评的雨水流下他的脖子，而为这件事情大笑一番——而且当众如此。有一段时间，他在每个星期天下午到纽约爱乐交响乐团举行的空中音乐会休息时间，发表音乐方面的评论。有一个女人写信给他，说他是"骗子、叛徒、毒蛇和白痴"。泰勒先生在他那本叫作《人与音乐》的书里说："我猜她只喜欢听音乐，不喜欢听讲话。"在第二个星期的广播节目里，泰勒先生把这封信宣读给好几百万的听众听。几天后，他又接到这位太太写来的另外一封信，"表达她丝毫没有改变她的意见，"泰勒先生说,"她仍然认为,我是一个骗子、叛徒、毒蛇和白痴。"我们实在不能不佩服用这种态度来接受批评的人。我们佩服他的沉着,他毫不动摇的态度和他的幽默感。

查尔斯·舒伟伯对普林斯顿大学学生发表演讲的时候表示,他所学到的最重要的一课,是一个在他钢铁厂里做事的老德国人教给他的。那个老德国人跟其他的一些工人为战事问题发生了争执,被那些人丢到了河里。"当他走到我的办公室时,"舒伟伯先生说,"满身都是泥和水。我问他对那些把他丢进河里的人怎么说?他回答说:'我只是笑一笑。'"

舒伟伯先生说,后来他就把这个老德国人的话当作他的座右铭:"只笑一笑"。

当你成为不公正批评的受害者时,这个座右铭尤其管用。别人骂你的时候,你可以回骂他,可是对那些"只笑一笑"的人,你能说什么呢?

林肯要不是学会了对那些骂他的话置之不理,恐怕他早就受不住内战的压力而崩溃了。他写下的如何处理对他批评的方法,已经成为一篇文学上的经典之作。在二次大战期间,麦克阿瑟将军曾经把这个抄下来,挂在他总部的写字台后面的墙上。而丘吉尔也把这段话镶了框子,挂在他书房的墙上。全段话是这样的:"如果我只是试着要去读——更不用说去回答所有对我的攻击,这间店不如关了门,去做别的生意。我尽我所知的最好办法去做——也尽我所能去做,而我打算一直这样把事情做完。如果结果证明我是对的,那么即使花10倍的力气来说我是错的,也没有什么用。"

走出失败者的阴影

卡耐基金言

◇失败者失败的一个原因在于他们在潜意识里把自己当作是一个永远的失败者。
◇只有具有积极心态的人才能抓住机会,甚至从厄运中获得利益。

事业失败者失败的一个原因在于他们在潜意识里把自己当作是一个永远的失败者,不能走出这个阴影。他们根本就无法正视自己并且为改善付出努力。

一个叫南茜的女学生,原来最大的愿望是成为一名女演员。在她的房间里塞满了戏剧方面的书籍；墙上贴满好莱坞伟大传奇人物的海报；那些登载有明星秘闻的期刊杂志南茜更是多不胜数。然而她的愿望却没有实现。她说："我痛恨办公室的工作，可是我没有别的选择。我知道我是个失败者，可是我已无力挽回什么，我感到到处都是失败的气味！"

我们来看看南茜的父母和朋友的态度，他们也只把她的梦想视为是不可理喻的、根本不可能实现的幻想。于是南茜现在的文书工作，成为她倾泻生活中各种不满的容器。她自己认为，也许她乐于做个失败者，并且在一事无成中找寻自怨自艾的满足。

这个女学生的遭遇中有意义的是：南茜自认在事业上一败涂地，而她自己却没有做到这几点：

1. 找出自己真正想要的是什么；

2. 认清自己真正的长处与短处；

3. 没有有计划地发展自己的优势；

4. 没有有计划地改正错误，改善短处；

5. 没有努力为理想寻找机会；

6. 没有全心全力追求成功；

7. 没有建立自己的信心；

8. 没有协调希望与现实。

南茜对理想的态度是消极的，她只是一个命运的接受者而不是一个挑战者。

美国南方的一个州，一直用烧木柴的壁炉作为冬天取暖的主要工具。在那里住着一个樵夫，他给某一人家供应木柴已经两年多了。这位樵夫知道木柴的直径不能大于18厘米，否则就不适合那家人的壁炉。可是，一次这位樵夫给这家人送去的木柴直径却大部分都超过了18厘米。当主顾发现后，打电话要求调换或重新把那些不合标准的木柴拿回去加工。但樵夫却没有答应主顾的要求。

这个主顾只好亲自来做劈柴的工作。他卷起袖子，开始劳动。大概在这项工作进行了一半的时候，他发现了一根非常特别的木头。这根木头有一个很大的节疤，节疤明显地被凿开又塞住了。这是什么人干的呢？他掂量了一下这根木头，觉得它很轻，仿佛是空的。他就用斧头把它劈开了。一个发黑的白铁卷掉了出来。他蹲下去，拾起这个白铁卷，把它打开。他吃惊地发现里面包有一些50美元和100美元的钞票。他数了数恰好有2250美元。

很明显，这些钞票藏在这个树节里面已有许多年了。这个人唯一的想法是使这些钱回到它真正的主人那里。他拿起电话找那位樵夫，问他从哪里砍了这些木头。这位樵夫的消极心态让他采取一种排斥态度。他回答道："那是我自己的事，没有人会出卖自己的秘密。"然后他不问个究竟就把电话挂断了。那位主顾无法知道钱的来历只好无可奈何地接受这份"礼物"了。

这个故事并不是为了讽刺，而是让人们认识到机会在每个人生活中都存在的，然而以消极的心态对待生活却会阻止佳运造福于他。只有具有积极心态的人才能抓住机会，甚至从厄运中获得利益。

从许多事例中我们可以得出这样一个结论："凡是把自己的事业列为成绩平平或不成功的人，都是早就把成功的理由，置于他们控制力之外的人。他们觉得自己是永远的失败者，而这种逆来顺受的心态是不成功的主要原因。"

不少家庭为了谦虚，当别人夸奖自己孩子聪明时，经常反驳："哪里，哪里，这孩子笨得很。"这些谦虚的父母不知道这种美德也许会使自己孩子的自我观向畸形方向发展，最终真的如父母"所愿"变得毫无斗志。

人们给自己下定义的方式可以称之为自我观，自我观对于从个人角度去解释"成"与"败"非常重要。而人给自己下定义当然是极富于主观性的。有的人认为自己富于智慧与能力，有的人则认为自己智力平平无所作为，而这种自我感觉即使与事实不符，却大多数与结果相符。曾经有一位大学教授做过这样的实验，他教的两个班中学生的智力水平基本上一样，但是他在甲班上课时，不断称赞甲班学生聪明。而在乙班时则不时讽刺、嘲笑乙班学生。结果受到鼓励、自信心大增的甲班在成绩上大大超过了自信心受到打击的乙班。这事实上也是一种自我感觉的影响作用。

成功并非总是用"赢"来代表

卡耐基金言

◇成功的意义并不总在一个"赢"字。

◇人生有许多时刻，你表面上输了，但其实是真正的赢家。

在追求增大我们能力的过程当中，并不需要踩着别人的头顶往上爬，也不需要赚个几百万，或是做到公司的总裁。成功的意义并不总在一个"赢"字。

有一个智能不足的年轻女孩，曾将成功的真谛表达得淋漓尽致。下面是关于这个女孩的故事：

在一个大城市的精神病患者举行的运动会选拔赛中，与赛者如同正常人一样，竞争得非常激烈。在中距离赛跑项目中，有两个女孩竞争得格外厉害。最后决赛时，这两个女孩更是备足了力量较劲。

最后有4名选手进入决赛，要决定谁获得该城的冠军。比赛开始，女孩子们在跑道上前进。这两名实力最强的选手很快便将另外两人抛在后面。在剩下最后100米的时候，两名赛跑者几乎是比肩齐步，都极力要跑赢对方。就在这个时候，稍微落后的那个女孩脚步不稳，绊倒了。按照一般的情况来说，这等于宣布了谁是赢家。但这一回可不是这样。

领先的跑者停下来，折回去扶起她的敌手，为她拂去膝盖和衣服上的泥土，此时，另外两个女孩子已冲过终点线。

赢得比赛是当天竞赛的目标，但谁才是这次比赛中真正的赢家，应该是毋庸质疑的。那个小女孩已将她最重要的能力发挥到极致——她爱的能力，而爱的能力使她比一般人赢得更多。

即使我性好竞争，仍然忍不住要想，有朝一日我也能得到同那女孩一样的成功。但我得先了解，爱的喜悦远胜过胜利的滋味。若你能两者兼顾，依我之见，你是个超人。

人生中有许多时刻，你表面上输了，但其实是真正的赢家。比方说，某个周日下午，你正和邻人在起居间共享午茶。糟糕！她的茶杯翻倒了，茶水溅在你价值不菲的地毯上。

你会说："别担心！这地毯不容易弄脏的，只要一会儿便可以把它处理掉。请千万别放在心上。"

同一天下午，你的小孩不小心把一杯牛奶打翻在同一张地毯中。

你大吼大叫："你这笨手笨脚的白痴！这块永远洗不掉了啦！你是要把这房子里每一样东西毁掉才甘心是吗？你能不能做点好事？"

这就是你的待客之道？孩子们其实是在我们家中短暂停留的客人——他们很快便会搬出去自立门户。他们是不是应该多少得到一些我们对待邻居的尊重和友谊？

这样的成功并没有立即可见的利益，正如同或许你已费尽心力却并不能得到什么金钱的回报。你所赢得的是，知道你最珍视的"客人"在你的家中得到爱、温柔和尊严——他们极可能会以同样的方式对待他们的下一代。

另一个"家庭剧场"的脚本："你没有一次准时过！每一次都要我等你！你不会是要穿'那'个玩意去参加晚上的派对吧？你到底有没有品位啊？"

我们结婚时在对方身上看到的优点都到那儿去了？似乎只要经过几年的婚姻生活，配偶中便会有一方或双方只能在对方身上看到缺点。对方的美德似乎已如尘土般消逝。

赞美对方良好的行为而心怀宽恕——虽然真正地宽恕另外一个成年人绝非易事；即使你做到了，也不会有胜利感。但因此培养的美满良缘，却绝对是项胜利。

通常，我们将大部分的精力投注于世俗的目标上，却不了解人生真正应该追求的目标是默默给予别人帮助，学习得到内心的平静，以感恩和谦逊去迎接命运所注定的好事，并以勇气接受并不那么美好的事。

剪掉多余的

卡耐基金言

◇对大部分人来说，如果一入社会就合理使用自己的精力，不让它消耗在一些毫无意义的事情上，那么你就有成功的希望。

◇如果把心中的那些杂念一一剪掉，使生命力中的所有养料都集中到一个方面，那么他们将来一定会惊讶——自己的事业上竟然能够结出那么美丽丰硕的果实。

"剪掉"不适合自己干的事情，剩下的就是适合自己发展的园地。

对大部分人来说，如果一入社会就善于利用自己的精力，不让它消耗在一些毫无意义的事情上，那么就有成功的希望。但是，很多人却偏偏喜欢东学一点、西学一下，尽管忙碌了一生却往往没有什么专长，到头来什么事情也没做成，更谈不上有什么强项。

在这方面，蚂蚁是人们最好的榜样。它们驮着一大颗食物，齐心协力地推着、拖着它前进，一路上不知道要遇到多少困难，要翻多少跟头，千辛万苦才把一颗食物弄到家门口。蚂蚁给我们最好的教益是：只要不断努力，持之以恒，就必定能得到好的结果。

明智的人最懂得把全部的精力集中在一件事上，唯有如此方能实现目标；明智的人也善于依靠不屈不挠的意志、百折不回的决心以及持之以恒的忍耐力，努力在人们的生存竞争中去获得胜利。

那些富有经验的园丁往往习惯把树木上许多能开花结果的枝条剪去，一般人往往觉得很可惜。但是，园丁们知道，为了使树木能更快地茁壮成长，为了让以后的果实结得更饱满，就必须忍痛将这些旁枝剪去。否则，若要保留这些枝条，那么将来的总收成肯定要减少无数倍。

那些有经验的花匠也习惯把许多快要绽开的花蕾剪去，这是为什么呢？这些花蕾不是同样可以开出美丽的花朵吗？花匠们知道，剪去其中的大部分花蕾后，可以使所有的养分都集中在其余的少数花蕾上。等到这少数花蕾绽开时，一定可以成为那种罕见、珍贵、硕大无比的奇葩。

做人就像培植花木一样，与其把所有的精力消耗在许多毫无意义的事情上，还不如看准一项适合自己的重要事业，集中所有精力，埋头苦干，全力以赴，肯定可以取得杰出的成绩。

如果你想成为一个众人叹服的领袖，成为一个才识过人、无人可及的人物，就一定要排除大脑中许多杂乱无绪的念头。如果你想在一个重要的方面取得伟大的成就，那么就要大胆地举起剪刀，把所有微不足道的、平凡无奇的、毫无把握的愿望完全"剪去"，在一件重要的事情面前，即便是那些已有眉目的事情，也必须忍痛"剪掉"。

世界上无数的人之所以失败，并不是因为他们才能不够，而是因为他们不能集中精力，不能全力以赴地去做适当的工作，他们使自己的精力在许多并无助益的事情上徒耗了，而他们自己竟然还从未觉悟到这一点。如果把心中的那些杂念一一剪掉，使生命力中的所有养料都集中到一个方面，那么他们将来一定会惊讶——自己的事业上竟然能够结出那么美丽丰硕的果实。

拥有一种专门的技能要比有十种心思来得有价值。有专门技能的人随时随地都在这方面下苦功求进步，时时刻刻都在设法弥补自己的缺陷和弱点，总是想到把事情做得尽善尽美。而有十种心思的人就和他不一样，他可能会忙不过来，要顾及这一个又要顾及那一个，由于精力和心思分散，事事只能做到"尚可"为止，结果当然是一事无成。

现代社会的竞争日趋激烈，所以，你必须专心一致，对自己认定的某一件事某一个目标全力以赴，这样才能做到得心应手，有出色的业绩。

多做阻抗训练

卡耐基金言

◇ 记住："当太阳下山时，每个灵魂都会再度诞生。"而再度诞生就是你把失败抛诸脑后的机会。

◇ 如果你把失败看成是——激发你以新的信心和坚毅精神重新出发的契机，那成功只不过是时间上的问题了，而能否做到这一点的关键，就是你的积极心态。

我一再强调你对于失败所抱持的心态，你是否能够掌握它，具有决定性的影响，你可以把它看成一种"失"，但你也可以把它看成是一次"得"的机会。

在莎士比亚的剧中，凶手布鲁特斯的一段台词正好表现出以消极心态面对失败的情形：

在人类的世界里有一股海潮，
当涨潮时便引领我们获得幸福；
不幸的是，他们的一生都在阴影和痛苦中航行。
我们现在就正漂浮在这股海潮上；
当它对我们有利时，就应该充分把握机会，
否则的话，必将在危险的航行中失败。

这是一位被判处死刑的人所说的话，他根本不了解引领人获得幸福的机会，或海潮绝不只有一个而已。

积极心态和上面的情形完全不同，马伦在他的一篇名为《机会》的诗中就写道：

当我一度敲门而发现你不在家时，
他们都说我没希望了，但是他们错了；
因为我每天都站在你家门口，

叫你起床并且争取我希望得到的。
我哭不是因为失去了宝贵的机会；
我流泪不是因为精华岁月已成云烟；
每天晚上我都烧毁当天的记录；
当太阳升起时又再度充满了精神。
像个小孩似的嘲笑已顺利完成的光彩，
对消失的欢乐不闻不问；
我的思考力不再让逝去的岁月重回眼前；
但却尽情地迎向未来。

如果你发现在每一次失败中都有等值利益的种子时，你就会接受马伦对失败的观点。记住："当太阳下山时，每个灵魂都会再度诞生。"而再度诞生就是你把失败抛诸脑后的机会。

失败显露出坏习惯，予以击败，以好习惯重新出发；失败驱除了傲慢自大，并以谦恭取而代之，而谦恭可使你得到更和谐的人际关系；失败使你重新检讨你在身心方面的资产和能力；失败借着使你接受更大挑战的机会增加你的意志力。

练健身的人都知道，光只是将杠铃举起来是没有用的；练习者必须在举起杠铃之后，以比举起时慢两倍的速度，将杠铃放回举起前的位置，这种训练称为"阻抗训练"，它所需要的力量和控制力，比举起杠铃时还要多。

失败就是你的阻抗训练，当你再度回到原点时，不妨主动将自己拉回原点，并将注意力集中到拉回原点的过程上。利用此方法，可使自己再次出发后能有长足的进步。

恐惧、自我设限以及接受失败，最后只会像莎士比亚所说的使你"困在沙洲和痛苦之中"，但是你可借着信心、积极心态和明确目标来克服这些消极心态。

如果你把失败看成是激发你以新的信心和坚毅精神重新出发的契机，那成功只不过是时间上的问题罢了，而能否做到这一点的关键，就是你的积极心态。

记住，积极心态会带给你成功。当你在和失败战斗时，就是你最需要积极心态的时候。当你处于逆境时，你必须花数倍的心力，去建立和维持自己的积极心态。同时也应运用你对自己的信心以及你的明确目标，将积极心态化为具体行动。这是从逆境和失败中所学得的最基本课程。

附录

How to Win Friends and Influence People

1 "If You Want to Gather Honey, Don't Kick over the Beehive"

On May 7, 1931, the most sensational manhunt New York City had ever known had come to its climax. After weeks of search, "Two Gun" Crowley—the killer, the gunman who didn't smoke or drink—was at bay, trapped in his sweetheart's apartment on West End Avenue.

One hundred and fifty policemen and detectives laid siege to his top-floor hideaway. They chopped holes in the roof; they tried to smoke out Crowley, the "cop killer" with teargas. Then they mounted their machine guns on surrounding buildings, and for more than an hour one of New York's fine residential areas reverberated with the crack of pistol fire and the rat-tat-tat of machine guns. Crowley, crouching behind an over-stuffed chair, fired incessantly at the police. Ten thousand excited people watched the battle. Nothing like it ever been seen before on the sidewalks of New York.

When Crowley was captured, Police Commissioner E. P. Mulrooney declared that the two-gun desperado was one of the most dangerous criminals ever encountered in the history of New York. "He will kill," said the Commissioner, "at the drop of a feather."

But how did "Two Gun" Crowley regard himself? We know, because while the police were firing into his apartment, he wrote a letter addressed "To whom it may concern," And, as he wrote, the blood flowing from his wounds left a crimson trail on the paper. In this letter Crowley said, "Under my coat is a weary heart, but a kind one—one that would do nobody any harm."

A short time before this, Crowley had been having a necking party with his girlfriend on a country road out on Long Island. Suddenly a policeman walked up to the car and said, "Let me see your license."

Without saying a word, Crowley drew his gun and cut the policeman down with a shower of lead. As the dying officer fell, Crowley leaped out of the car, grabbed the officer's revolver, and fired another bullet into the prostrate body. And that was the killer who said, "Under my coat is a weary heart, but a kind one—one that would do nobody any harm."

Crowley was sentenced to the electric chair. When he arrived at the death house in Sing Sing, did he say "This is what I get for killing people"? No, he said, "This is what I get for defending myself."

The point of the story is this : "Two Gun" Crowley didn't blame himself for anything.

Is that an unusual attitude among criminals? If you think so, listen to this:

"I have spent the best years of my life giving people the lighter pleasures, helping them have a good time, and all I get is abuse, the existence of a hunted man."

That's Al Capone speaking. Yes, America's most notorious Public Enemy—the most sinister gang leader who ever shot up Chicago. Capone didn't condemn himself. He actually regarded himself as a public benefactor—an unappreciated and misunderstood public benefactor.

And so did Dutch Schultz before he crumpled up under gangster bullets in Newark. Dutch Schultz, one of New York's most notorious rats, said in a newspaper interview that he was a public benefactor. And he believed it.

I have had some interesting correspondence with Lewis Lawes, who was warden of New York's infamous Sing Sing prison for many years, on this subject, and he declared that "few of the criminals in Sing Sing regard themselves as bad men. They are just as human as you and I. So they rationalize, they explain. They can tell you why they had to crack a safe or be quick on the trigger finger. Most of them attempt by a form of reasoning, fallacious or logical, to justify their anti-social acts even to themselves, consequently stoutly maintaining that they should never have been imprisoned at all."

If Al Capone, "Two Gun" Crowley, Dutch Schultz, and the desperate men and women behind prison walls don't blame themselves for anything—what about the people with whom you and I come in contact?

John Wanamaker, founder of the stores that bear his name, once confessed, "I learned thirty years ago that it is foolish to scold. I have enough trouble overcoming my own limitations without fretting over the fact that God has not seen fit to distribute evenly the gift of intelligence."

Wanamaker learned this lesson early, but I personally had to blunder through this old world for a third of a century before it even began to dawn upon me that ninety-nine times out of a hundred, people don't criticize themselves for anything, no matter how wrong it may be.

Criticism is futile because it puts a person on the defensive and usually makes him strive to justify himself. Criticism is dangerous, because it wounds a person's precious pride, hurts his sense of importance, and arouses resentment.

B. F. Skinner, the world-famous psychologist, proved through his experiments that an animal rewarded for good behavior will learn much more rapidly and retain what it learns far more effectively than an animal punished for bad behavior. Later studies have shown that the same applies to humans. By criticizing, we do not make lasting changes and often incur resentment.

Hans Selye, another great psychologist, said, "As much as we thirst for approval, we dread condemnation."

The resentment that criticism engenders can demoralize employees, family members and friends, and still not correct the situation that has been condemned.

George B. Johnston of Enid, Oklahoma, is the safety coordinator for an engineering company. One of his responsibilities is to see that employees wear their hard hats whenever they are on the job in the field. He reported that whenever he came across workers who were not wearing hard hats, he would tell them with a lot of authority of the regulation and that they must comply. As a result he would get sullen acceptance, and often after he left, the workers would remove the hats.

He decided to try a different approach. The next time he found some of the workers not wearing their hard hat, he asked if the hats were uncomfortable or did not fit properly. Then he reminded the men in a pleasant tone of voice that the hat was designed to protect them from injury and suggested that it always be worn on the job. The result was increased compliance with the regulation with no resentment or emotional upset.

You will find examples of the futility of criticism bristling on a thousand pages of history, Take, for example, the famous quarrel between Theodore Roosevelt and President Taft—a quarrel that split the Republican party, put Woodrow Wilson in the White House, and wrote bold, luminous lines across the First World War and altered the flow of history. Let's review the facts quickly. When Theodore Roosevelt stepped out of the White House in 1908, he supported Taft, who was elected President. Then Theodore Roosevelt went off to Africa to shoot lions. When he returned, he exploded. He denounced Taft for his conservatism, tried to secure the nomination for a third term himself, formed the Bull Moose party, and all but demolished the G.O.P. In the election that followed, William Howard Taft and the Republican party carried only two states—Vermont and Utah. The most disastrous defeat the party had ever known.

Theodore Roosevelt blamed Taft, but did President Taft blame himself? Of course not. With tears in his eyes, Taft said: "I don't see how I could have done any differently from what I have."

Who was to blame? Roosevelt or Taft? Frankly, I don't know, and I don't care. The point I am trying to make is that all of Theodore Roosevelt's criticism didn't persuade Taft that he was wrong. It merely made Taft strive to justify himself and to reiterate with tears in his eyes: "I don't see how I could have done any differently from what I have."

Or, take the Teapot Dome oil scandal. It kept the newspapers ringing with indignation in the early 1920s. It rocked the nation! Within the memory of living men, nothing like it had ever happened before in American public life. Here are the bare facts of the scandal: Albert B. Fall, secretary of the interior in Harding's cabinet, was entrusted with the leasing of government oil reserves at Elk Hill and Teapot Dome—oil reserves that had been set aside for the future use of the Navy. Did secretary Fall permit competitive bidding? No sir. He handed the fat, juicy contract outright to his friend Edward L. Doheny. And what did Doheny do? He gave Secretary Fall what he was pleased to call a "loan" of one hundred thousand dollars. Then, in a high-handed manner, Secretary Fall ordered United States Marines into the district to drive off competitors whose adjacent wells were sapping oil out of the Elk Hill reserves. These competitors, driven off their ground at the ends of guns and bayonets, rushed into court—and blew the lid off the Teapot Dome scandal. A stench arose so vile that it ruined the Harding Administration, nauseated an entire nation, threatened to wreck the Republican party, and put Albert B. Fall behind prison bars.

Fall was condemned viciously—condemned as few men in public life have ever been. Did he repent? Never! Years later Herbert Hoover intimated in a public speech that President Harding's death had been due to mental anxiety and worry because a friend had betrayed him. When Mrs. Fall heard that, she sprang from her chair, she wept, she shook her fists at fate and screamed,

"What! Harding betrayed by Fall? No! My husband never betrayed anyone. This whole house full of gold would not tempt my husband to do wrong. He is the one who has been betrayed and led to the slaughter and crucified."

There you are; human nature in action, wrongdoers, blaming everybody but themselves. We are all like that. So when you and I are tempted to criticize someone tomorrow, let's remember Al Capone, "Two Gun."

Crowley and Albert Fall. Let's realize that criticisms are like homing pigeons. They always return home. Let's realize that the person we are going to correct and condemn will probably justify himself or herself, and condemn us in return; or, like the gentle Taft, will say, "I don't see how I could have done any differently from what I have."

On the morning of April 15, 1865, Abraham Lincoln lay dying in a hall bedroom of a cheap lodging house directly across the street from Ford's Theater, where John Wilkes Booth had shot him. Lincoln's long body lay stretched diagonally across a sagging bed that was too short for him. A cheap reproduction of Rosa Bonheur's famous painting The Horse Fair hung above the bed, and a dismal gas jet flickered yellow light.

As Lincoln lay dying, Secretary of War Stanton said, "There lies the most perfect ruler of men that the world has ever seen."

What was the secret of Lincoln's success in dealing with people? I studied the life of Abraham Lincoln for ten years and devoted all of three years to writing and rewriting a book entitled Lincoln the Unknown. I believe I have made as detailed and exhaustive a study of Lincoln's personality and home life as it is possible for any being to make. I made a special study of Lincoln's method of dealing with people. Did he indulge in criticism? Oh, yes. As a young man in the Pigeon Creek Valley of Indiana, he not only criticized but he wrote letters and poems ridiculing people and dropped these letters on the country roads where they were sure to be found. One of these letters aroused resentments that burned for a lifetime.

Even after Lincoln had become a practicing lawyer in Springfield, Illinois, he attacked his opponents openly in letters published in the newspapers. But he did this just once too often.

In the autumn of 1842 he ridiculed a vain, pugnacious politician by the name of James Shields. Lincoln lambasted him through an anonymous letter published in Springfield Journal. The town roared with laughter. Shields, sensitive and proud, boiled with indignation. He found out who wrote the letter, leaped on his horse, started after Lincoln, and challenged him to fight a duel. Lincoln didn't want to fight. He was opposed to dueling, but he couldn,t get out of it and save his honor. He was given the choice of weapons. Since he had very long arms, he chose cavalry broadswords and took lessons in sword fighting from a West Point graduate; and, on the appointed day, he and Shields met on a sandbar in the Mississippi River, prepared to fight to the death; but, at the last minute, their seconds interrupted and stopped the duel.

That was the most lurid personal incident in Lincoln's life. It taught him an invaluable lesson in the art of dealing with people. Never again did he write an insulting letter. Never again did he ridicule anyone. And from that time on, he almost never criticized anybody for anything.

Time after time, during the Civil War, Lincoln put a new general at the head of the Army of the Potomac, and each one in turn—McClellan, Pope, Burnside, Hooker, Meade—blundered tragically and drove Lincoln to pacing the floor in despair. Half the nation savagely condemned these incompetent generals, but Lincoln, "with malice toward none, with charity for all," held his peace. One of his favorite quotations was "Judge not, that ye be not judged."

And when Mrs. Lincoln and others spoke harshly of the southern people, Lincoln replied, "Don't criticize them; they are just what we would be under similar circumstances."

Yet if any man ever had occasion to criticize, surely it was Lincoln. Let's take just one illustration :

The Battle of Gettysburg was fought during the first three days of July 1863. During the night of July 4, Lee began to retreat southward while storm clouds deluged the country with rain. When Lee reached the Potomac with his defeated army, he found a swollen, impassable river in front of him, and a victorious Union Army behind him. Lee was in a trap. He couldn't escape. Lincoln saw that. Here was a golden, heaven-sent opportunity—the opportunity to capture Lee's army and end the war immediately. So, with a surge of high hope, Lincoln ordered Meade not to call a council of war but to attack Lee immediately. Lincoln telegraphed his orders and then sent a special messenger to Meade demanding immediate action.

And what did General Meade do? He did the very opposite of what he was told to do. He called a council of war in direct violation of Lincoln's orders. He hesitated. He procrastinated. He telegraphed all manner of excuses. He refused point-blank to attack Lee. Finally the waters receded and Lee escaped over the Potomac with his forces.

Lincoln was furious, " What does this mean? " Lincoln cried to his son Robert. "Great God! What does this mean? We had them within our grasp, and had only to stretch forth our hands and they were ours; yet nothing that I could say or do could make the army move. Under the circumstances, almost any general could have defeated Lee. If I had gone up there, I could have whipped him myself."

In bitter disappointment, Lincoln sat down and wrote Meade this letter. And remember, at this period of his life Lincoln was extremely conservative and restrained in his phraseology. So this letter coming from Lincoln in 1863 was tantamount to the severest rebuke.
"My dear General,

I do not believe you appreciate the magnitude of the misfortune involved in Lee's escape. He was within our easy grasp, and to have closed upon him would, in connection with our other late successes, have ended the war. As it is, the war will be prolonged indefinitely. If you could not safely attack Lee last Monday, how can you possibly do so south of the river, when you can take with you very few—no more than two-thirds of the force you then had in hand? It would be unreasonable to expect and I do not expect that you can now effect much. Your golden opportunity is gone, and I am distressed immeasurably because of it."

What do you suppose Meade did when he read the letter?

Meade never saw that letter. Lincoln never mailed it. It was found among his papers after his death.

My guess is—and this is only a guess—that after writing that letter, Lincoln looked out of the window and said to himself, "Just a minute. Maybe I ought not to be so hasty. It is easy enough for me to sit here in the quiet of the White House and order Meade to attack; but if I had been up at Gettysburg, and if I had seen as much blood as Meade has seen during the last week, and if my ears had been pierced with the screams and shrieks of the wounded and dying, maybe I wouldn't be so anxious to attack either. If I had Meade's timid temperament, perhaps I would have done just what he had done. Anyhow, it is water under the bridge now. If I send this letter, it will relieve my feelings, but it will make Meade try to justify himself. It will make him condemn me. It will arouse hard feelings, impair all his further usefulness as a commander, and perhaps force him to resign from the army."

So, as I have already said, Lincoln put the letter aside, for he had learned by bitter experience that sharp criticisms and rebukes almost invariably end in futility.

Theodore Roosevelt said that when he, as President, was confronted with a perplexing problem, he used to lean back and look up at a large painting of Lincoln which hung above his desk in the White House and ask himself, "What would Lincoln do if he were in my shoes? How would he solve this problem？"

The next time we are tempted to admonish somebody, let's pull a five-dollar bill out of our pocket, look at Lincoln's picture on the bill, and ask. "How would Lincoln handle this problem if he had it？"

Mark Twain lost his temper occasionally and wrote letters that turned the Paper brown. For example, he once wrote to a man who had aroused his ire : "The thing for you is a burial permit. You have only to speak and I will see that you get it." On another occasion he wrote to an editor about a proofreader's attempts to "improve my spelling and punctuation." He ordered, "Set the matter according to my copy hereafter and see that the proofreader retains his suggestions in the mush of his decayed brain."

The writing of these stinging letters made Mark Twain feel better. They allowed him to blow off steam, and the letters didn't do any real harm, because Mark's wife secretly lifted them out of the mail. They were never sent.

Do you know someone you would like to change and regulate and improve？ Good！ That is fine. I am all in favor of it, but why not begin on yourself？ From a purely selfish standpoint, that is a lot more profitable than trying to improve others—yes, and a lot less dangerous. "Don't complain about the snow on your neighbor's roof," said Confucius, "when your own doorstep is unclean."

When I was still young and trying hard to impress people, I wrote a foolish letter to Richard Harding

Davis, an author who once loomed large on the literary horizon of America. I was preparing a magazine article about authors, and I asked Davis to tell me about his method of work. A few weeks earlier, I had received a letter from someone with this notation at the bottom : "Dictated but not read." I was quite impressed. I felt that the writer must be very big and busy and important. I wasn't the slightest bit busy, but I was eager to make an impression on Richard Harding Davis, so I ended my short note with the words : "Dictated but not read."

He never troubled to answer the letter. He simply returned it to me with this scribbled across the bottom : "Your bad manners are exceeded only by your bad manners." True, I had blundered, and perhaps I deserved this rebuke. But, being human, I resented it. I resented it so sharply that when I read of the death of Richard Harding Davis ten years later, the one thought that still persisted in my mind—I am ashamed to admit—was the hurt he had given me.

If you and I want to stir up a resentment tomorrow that may rankle across the decades and endure until death, just let us indulge in a little stinging criticism, no matter how certain we are that it is justified.

When dealing with people, let us remember we are not dealing with creatures of logic. We are dealing with creatures of emotion, creatures bristling with prejudices and motivated by pride and vanity.

Bitter criticism caused the sensitive Thomas Hardy, one of the finest novelists ever to enrich English literature, to give up forever the writing of fiction. Criticism drove Thomas Chatterton, the English poet, to suicide.

Benjamin Franklin, tactless in his youth, became so diplomatic, so adroit at handling people, that he was made American Ambassador to France. The secret of his success? "I will speak ill of no man," he said, "and speak all the good I know of everybody."

Any fool can criticize, condemn and complain, and most fools do.

But it takes character and self-control to be understanding and forgiving.

"A great man shows his greatness," said Carlyle, "by the way he treats little men."

Bob Hoover, a famous test pilot and frequent performer at air shows, was returning to his home in Los Angeles from an air show in San Diego. As described in the magazine Flight Operations, at three hundred feet in the air, both engines suddenly stopped. By deft maneuvering he managed to land the plane, but it was badly damaged although nobody was hurt. Hoover's first act after the emergency landing was to inspect the airplane's fuel. Just as he suspected, the World War II propeller plane he had been flying had been fueled with jet fuel rather than gasoline.

Upon returning to the airport, he asked to see the mechanic who had serviced his airplane. The young man was sick with the agony of his mistake. Tears streamed down his face as Hoover approached. He had just caused the loss of a very expensive plane and could have caused the loss of three lives as well.

You can imagine Hoover's anger. One could anticipate the tongue-lashing that this proud and precise pilot would unleash for that carelessness. But Hoover didn't scold the mechanic; he didn't even criticize him. Instead, he put his big arm around the man's shoulder and said, "To show you I'm sure that you'll never do this again, I want you to service my F-51 tomorrow."

Often parents are tempted to criticize their children. You would expect me to say "don't." But I will not, I am merely going to say, "Before you criticize them, read one of the classics of American journalism, 'Father Forgets'." It originally appeared as an editorial in the People's Home Journal. We are reprinting it here with the author's permission, as condensed in the Reader's Digest.

"Father Forgets" is one of those little pieces which—dashed of in a moment of sincere feeling—strikes an echoing chord in so many readers as to become a perennial reprint favorite. Since its first appearance, "Father Forgets" has been reproduced, writes the author, W. Livingston Larned, "in hundreds of magazines and house organs, and in newspapers the country over. It has been reprinted almost as extensively in many foreign languages. I have given personal permission to thousands who wished to read it from school, church, and lecture platforms. It has been 'on the air' on countless occasions and programs. Oddly enough, college periodicals have used it, and high-school magazines. Sometimes a little piece seems mysteriously to 'click'. This one certainly did."

FATHER FORGETS
W. Livingston Larned

Listen, son : I am saying this as you lie asleep, one little paw crumpled under your cheek and the blond curls stickily wet on your damp forehead. I have stolen into your room alone. Just a few minutes ago, as I sat reading my paper in the library, a stifling wave of remorse swept over me. Guiltily I came to your bedside.

There are the things I was thinking, son : I had been cross to you. I scolded you as you were dressing for school because you gave your face merely a dab with a towel. I took you to task for not cleaning your shoes. I called out angrily when you threw some of your things on the floor.

At breakfast I found fault, too. You spilled things. You gulped down your food. You put your elbows on the table. You spread butter too thick on your bread. And as you started off to play and I made for my train, you turned and waved a hand and called, "Goodbye, Daddy!" and I frowned, and said in reply, "Hold your shoulders back!"

Then it began all over again in the late afternoon. As I came up the road I spied you, down on your knees, playing marbles. There were holes in your stockings. I humiliated you before your boyfriends by marching you ahead of me to the house. Stockings were expensive, and if you had to buy them you would be more careful! Imagine that, son, from a father!

Do you remember, later, when I was reading in the library, how you came in timidly, with a sort of hurt look in your eyes? When I glanced up over my paper, impatient at the interruption, you hesitated at the door. "What is it you want？" I snapped.

You said nothing, but ran across in one tempestuous plunge, and threw your arms around my neck and kissed me, and your small arms tightened with an affection that God had set blooming in your heart and which even neglect could not wither. And then you were gone, pattering up the stairs.

Well, son, it was shortly afterwards that my paper slipped from my hands and a terrible sickening fear came over me. What has habit been doing to me? The habit of finding fault, of reprimanding—this was my reward to you for being a boy. It was not that I did not love you; it was that I expected too much of youth. I was measuring you by the yardstick of my own years.

And there was so much that was good and fine and true in your character. The little heart of you was as big as the dawn itself over the wide hills. This was shown by your spontaneous impulse to rush in and kiss me goodnight. Nothing else matters tonight, son. I have come to your bedside in the darkness, and I have knelt there, ashamed!

It is a feeble atonement; I know you would not understand these things if I told them to you during your waking hours. But tomorrow I will be a real daddy! I will chum with you, and suffer when you suffer, and laugh when you laugh. I will bite my tongue when impatient words come. I will keep saying as if it were a ritual："He is nothing but a boy—a little boy!"

I am afraid I have visualized you as a man. Yet as I see you now, son, crumpled and weary in your cot, I see that you are still a baby. Yesterday you were in your mother's arms, your head on her shoulder. I have asked too much, too much.

Instead of condemning people, let's try to understand them. Let's try to figure out why they do what they do. That's a lot more profitable and intriguing than criticism, and it breeds sympathy, tolerance and kindness. "To know all is to forgive all."

As Dr. Johnson said, "God himself, sir, does not propose to judge man until the end of his days."

Why should you and I?

PRINCIPLE 1

Don't criticize, condemn or complain.

2　The Big Secret of Dealing with People

There is only one way under high heaven to get anybody to do anything. Did you ever stop to think of that？ Yes, just one way. And that is by making the other person want to do it.

Remember, there is no other way.

Of course, you can make someone want to give you his watch by sticking a revolver in his ribs. You can make your employees give you cooperation—until your back is turned—by threatening to fire them. You can make a child do what you want it to do by a whip or a threat. But these crude methods have sharply undesirable repercussions.

The only way I can get you to do anything is by giving you what you want.

What do you want?

Sigmund Freud said that everything you and I do springs from two motives：the sex urge and the desire to be great.

John Dewey, one of America's most profound philosophers, phrased it a bit differently. Dr. Dewey said that the deepest urge in human nature is "the desire to be important". Remember that phrase: "the desire to be important." It is significant. You are going to hear a lot about it in this book.

What do you want? Not many things, but the few that you do wish, you crave with an insistence that will not be denied. Some of the things most people want include:
1. Health and the preservation of life.
2. Food.
3. Sleep.
4. Money and the things money will buy.
5. Life in the hereafter.
6. Sexual gratification.
7. The well-being of our children.
8. A feeling of importance.

Almost all these wants are usually gratified—all except one. But there is one longing—almost as deep, almost as imperious, as the desire for food or sleep—which is seldom gratified. It is what Freud calls "the desire to be great." It is what Dewey calls the "desire to be important".

Lincoln once began a letter saying, "Everybody likes a compliment." William James said, "The deepest principle in human nature is the craving to be appreciated." He didn't speak, mind you, of the "wish" or the "desire" or the "longing" to be appreciated. He said the "craving" to be appreciated.

Here is a gnawing and unfaltering human hunger, and the rare individual who honestly satisfies this heart hunger will hold people in the palm of his or her hand and "even the undertaker will be sorry when he dies."

The desire for a feeling of importance is one of the chief distinguishing differences between mankind and the animals. To illustrate: When I was a farm boy out in Missouri, my father bred fine Duroc-Jersey hogs and pedigreed white-faced cattle. We used to exhibit our hogs and white-faced cattle at the country fairs and livestock shows throughout the Middle West. We won first prizes by the score. My father pinned his blue ribbons on a sheet of white muslin, and when friends or visitors came to the house, he would get out the long sheet of muslin. He would hold one end and I would hold the other while he exhibited the blue ribbons.

The hogs didn't care about the ribbons they had won. But Father did. These prizes gave him a feeling of importance.

If our ancestors hadn't had this flaming urge for a feeling of importance, civilization would have been impossible. Without it, we should have been just about like animals.

It was this desire for a feeling of importance that led an uneducated, poverty-stricken grocery clerk to study some law books he found in the bottom of a barrel of household plunder that he had bought for fifty cents.

You have probably heard of this grocery clerk. His name was Lincoln.

It was this desire for a feeling of importance that inspired Dickens to write his immortal novels. This desire inspired Sir Christopher Wren to design his symphonies in stone. This desire made Rockefeller amass millions that he never spent! And this same desire made the richest family in your town build a house far too large for its requirements.

This desire makes you want to wear the latest styles, drive the latest cars, and talk about your brilliant children.

It is this desire that lures many boys and girls into joining gangs and engaging in criminal activities. The average young criminal, according to E. P. Mulrooney, one-time police commissioner of New York, is filled with ego, and his first request after arrest is for those lurid newspapers that make him out a hero. The disagreeable prospect of serving time seems remote so long as he can gloat over his likeness sharing space with pictures of sports figures, movie and TV stars and politicians.

If you tell me how you get your feeling of importance, I'll tell you what you are. That determines your character. That is the most significant thing about you. For example, John D. Rockefeller got his feeling of importance by giving money to erect a modern hospital in Peking, China, to care for millions of poor people whom he had never seen and never would see. Dillinger, on the other hand, got his feeling of importance by being a bandit, a bank robber and killer. When the FBI agents were hunting him, he dashed into a farmhouse up in Minnesota and said, "I'm Dillinger!" He was proud of the fact that he was Public Enemy Number One. "I'm not going to hurt you, but I'm Dillinger!" he said.

Yes, the one significant difference between Dillinger and Rockefeller is how they got their feeling of importance.

History sparkles with amusing examples of famous people struggling for a feeling of importance. Even George Washington wanted to be called "His Mightiness, the President of the United States"; and Columbus pleaded for the title "Admiral of the Ocean and Viceroy of India." Catherine the Great refused to open letters that were not addressed to "Her Imperial Majesty"; and Mrs. Lincoln, in the White House, turned upon Mrs.

Grant like a tigress and shouted, "How dare you be seated in my presence until I invite you!"

Our millionaires helped finance Admiral Byrd's expedition to the Antarctic in 1928 with the understanding that ranges of icy mountains would be named after them; and Victor Hugo aspired to have nothing less than the city of Paris renamed in his honor. Even Shakespeare, mightiest of the mighty, tried to add luster to his name by procuring a coat of arms for his family.

People sometimes became invalids in order to win sympathy and attention, and get a feeling of importance. For example, take Mrs. McKinley. She got a feeling of importance by forcing her husband, the President of the United States, to neglect important affairs of state while he reclined on the bed beside her for hours at a time, his arm about her, soothing her to sleep. She fed her gnawing desire for attention by insisting that he remain with her while she was having her teeth fixed, and once created a stormy scene when he had to leave her alone with the dentist while he kept an appointment with John Hay, his secretary of state.

The writer Mary Roberts Rinehart once told me of a bright, vigorous young woman who became an invalid in order to get a feeling of importance. "One day," said Mrs. Rinehart, "this woman had been obliged to face something, her age perhaps. The lonely years were stretching ahead and there was little left for her to anticipate.

"She took to her bed; and for ten years her old mother traveled to the third floor and back, carrying trays, nursing her. Then one day the old mother, weary with service, lay down and died. For some weeks, the invalid languished; then she got up, put on her clothing, and resumed living again."

Some authorities declare that people may actually go insane in order to find, in the dreamland of insanity, the feeling of importance that has been denied them in the harsh world of reality. There are more patients suffering from mental diseases in the United States than from all other diseases combined.

What is the cause of insanity?

Nobody can answer such a sweeping question, but we know that certain diseases, such as syphilis, break down and destroy the brain cells and result in insanity. In fact, about one-half of all mental diseases can be attributed to such physical causes as brain lesions, alcohol, toxins and injuries. But the other half—and this is the appalling part of the story—the other half of the people who go insane apparently have nothing organically wrong with their brain cells. In post-mortem examinations, when their brain tissues are studied under the highest-powered microscopes, these tissues are found to be apparently just as healthy as yours and mine.

Why do these people go insane?

I put that question to the head physician of one of our most important psychiatric hospitals.

This doctor, who has received the highest honors and the most coveted awards for his knowledge of this subject, told me frankly that he didn't know why people went insane. Nobody knows for sure But he did say that many people who go insane find in insanity a feeling of importance that they were unable to achieve in the world of reality. Then he told me this story:

"I have a patient right now whose marriage proved to be a tragedy. She wanted love, sexual gratification, children and social prestige, but life blasted all her hopes. Her husband didn't love her. He refused even to eat with her and forced her to serve his meals in his room upstairs. She had no children, no social standing. She went insane; and, in her imagination, she divorced her husband and resumed her maiden name. She now believes she has married into English aristocracy, and she insists on being called Lady Smith.

"And as for children, she imagines now that she has had a new child every night. Each time I call on her she says, 'Doctor, I had a baby last night.'"

Life once wrecked all her dream ships on the sharp rocks of reality; but in the sunny, fantasy isles of insanity, all her barkentines race into port with canvas billowing and winds singing through the masts.

"Tragic? Oh, I don't know. Her physician said to me, 'If I could stretch out my hand and restore her sanity, I wouldn't do it. She's much happier as she is.'"

If some people are so hungry for a feeling of importance that they actually go insane to get it, imagine what miracle you and I can achieve by giving people honest appreciation this side of insanity.

One of the first people in American business to be paid a salary of over a million dollars a year (when there was no income tax and a person earning fifty dollars a week was considered well-off) was Charles Schwab, who had been picked by Andrew Carnegie to become the first president of the newly formed United States Steel Company in 1921, when he was only thirty-eight years old (Schwab later left U.S. Steel to take over the then-troubled Bethlehem Steel Company, and he rebuilt it into one of the most profitable companies in America).

Why did Andrew Carnegie pay a million dollars a year, or more than three thousand dollars a day, to Charles Schwab? Why? Because Schwab was a genius? No. Because he knew more about the manufacture of steel than other people? Nonsense. Charles Schwab told me himself that he had many men working for him who knew more about the manufacture of steel than he did.

Schwab says that he was paid this salary largely because of his ability to deal with people. I asked him how he did it. Here is his secret set down in his own words—words that ought to be cast in eternal bronze and hung in every home and school, every shop and office in the land—words that children ought to memorize instead of wasting their time memorizing the conjugation of Latin verbs or the amount of the annual rainfall in Brazil—words that will all but transform your life and mine if we will only live them:

"I consider my ability to arouse enthusiasm among my people," said Schwab, "the greatest asset I possess, and the way to develop the best that is in a person is by appreciation and encouragement.

"There is nothing else that so kills the ambitions of a person as criticisms from superiors. I never criticize anyone. I believe in giving a person incentive to work. So I am anxious to praise but loath to find fault. If I like anything, I am hearty in my approbation and lavish in my praise."

That is what Schwab did. But what do average people do? The exact opposite. If they don't like a thing, they bawl out their subordinates; if they do like it, they say nothing. As the old couplet says: "Once I did bad and that I heard ever/Twice I did good, but that I heard never."

"In my wide association in life, meeting with many and great people in various parts of the world," Schwab declared, "I have yet to find the person, however great or exalted his station, who did not do better work and put forth greater effort under a spirit of approval than he would ever do under a spirit of criticism."

That he said, frankly, was one of the outstanding reasons for the phenomenal success of Andrew Carnegie. Carnegie praised his associates publicly as well as privately.

Carnegie wanted to praise his assistants even on his tombstone. He wrote an epitaph for himself which read : "Here lies one who knew how to get around him men who were cleverer than himself."

Sincere appreciation was one of the secrets of the first John D. Rockefeller's success in handling men. For example, when one of his partners, Edward T. Bedford, lost a million dollars for the firm by a bad buy in South America, John D. might have criticized; but he knew Bedford had done his best, and the incident was closed. So Rockefeller found something to praise; he congratulated Bedford because he had been able to save 60 percent of the money he had invested. "That's splendid," said Rockefeller. "We don't always do as well as that upstairs."

I have among my clippings a story that I know never happened, but it illustrates a truth, so I'll repeat it :

According to this silly story, a farmwoman, at the end of a heavy day's work, set before her menfolks a heaping pile of hay. And when they indignantly demanded whether she had gone crazy, she replied: "Why, how did I know you'd notice? I've been cooking for you men for the last twenty years and in all that time I ain't heard no word to let me know you wasn't just eating hay."

When a study was made a few years ago on runaway wives, what do you think was discovered to be the main reason wives ran away? It was "lack of appreciation". And I'd bet that a similar study made of runaway husbands would come out the same way. We often take our spouses so much for granted that we never let them know we appreciate them.

A member of one of our classes told of a request made by his wife. She and a group of other women in her church were involved in a self-improvement program. She asked her husband to help her by listing six things he believed she could do to help herself become a better wife. He reported to the class, "I was surprised by such a request. Frankly, it would have been easy for me to list six things I would like to change about her—my heavens, she could have listed a thousand things she would like to change about me—but I didn't. I said to her, 'Let me think about it and give you an answer in the morning.'

"The next morning I got up very early and called the florist and had them send six red roses to my wife with a note saying : 'I can't think of six things I would like to change about you. I love you the way you are.'

"When I arrived at home that evening, who do you think greeted me at the door : That's right. My wife! She was almost in tears. Needless to say, I was extremely glad I had not criticized her as she had requested.

"The following Sunday at church, after she had reported the results of her assignment, several women with whom she had been studying came up to me and said, 'That was the most considerate thing I have ever heard.' It was then I realized the power of appreciation."

Florenz Ziegfeld, the most spectacular producer who ever dazzled Broadway, gained his reputation by his subtle ability to "glorify the American girl". Time after time, he took drab little creatures that no one ever looked at twice and transformed them on the stage into glamorous visions of mystery and seduction. Knowing the value of appreciation and confidence, he made women feel beautiful by the sheer power of his gallantry and consideration. He was practical : he raised the salary of chorus girls from thirty dollars a week to as high as one hundred and seventy-five. And he was also chivalrous; on opening night at the Follies, he sent telegrams to the stars in the cast, and he deluged every chorus girl in the show with American Beauty roses.

I once succumbed to the fad of fasting and went for six days and nights without eating. It wasn't difficult. I was less hungry at the end of the sixth day than I was at the end of the second. Yet I know, as you know, people who would think they had committed a crime if they let their families or employees go for six days without food; but they will let them go for six days, and six weeks, and sometimes sixty years without giving them the hearty appreciation that they crave almost as much as they crave food.

When Alfred Lunt, one of the great actors of his time, played the leading role in Reunion in Vienna, he said, "There is nothing I need so much as nourishment for my self-esteem."

We nourish the bodies of our children and friends and employees, but how seldom do we nourish their self-esteem? We provide them with roast beef and potatoes to build energy, but we neglect to give them kind words of appreciation that would sing in their memories for years like the music of the morning stars.

Paul Harvey, in one of his radio broadcasts, "The Rest of the Story," told how showing sincere appreciation could change a person's life. He reported that years ago a teacher in Detroit asked Stevie Morris to help her find a mouse that was lost in the classroom. You see, she appreciated the fact that nature had given Stevie something no one else in the room had. Nature had given Stevie a remarkable pair of ears to compensate for his blind eyes. But this was really the first time Stevie had been shown appreciation for those talented ears. Now, years later, he says that this act of appreciation was the beginning of a new life. You see, from that time on he developed his gift of hearing and went on to become, under the stage name of Stevie Wonder, one of the great pop singers and songwriters of the seventies.

Some readers are saying right now as they read these lines, "Oh, phooey! Flattery! Bear oil! I've tried that stuff. It doesn't work—not with intelligent people."

Of course flattery seldom works with discerning people. It is shallow, selfish and insincere. It ought to fail and it usually does. True, some people are so hungry, so thirsty, for appreciation that they will swallow anything, just as a starving man will eat grass and fishworms.

Even Queen Victoria was susceptible to flattery. Prime Minister Benjamin Disraeli confessed that he put it on thick in dealing with the Queen. To use his exact words, he said he "spread it on with a trowel." But Disraeli was one of the most polished, deft and adroit men who ever ruled the far-flung British Empire. He was a genius in his line. What would work for him wouldn't necessarily work for you and me. In the long run, flattery will do you more harm than good. Flattery is counterfeit, and like counterfeit money, it will eventually get you into trouble if you pass it to someone else.

The difference between appreciation and flattery? That is simple. One is sincere and the other insincere. One comes from the heart out; the other from the teeth out. One is unselfish; the other selfish. One is universally admired; the other universally condemned.

I recently saw a bust of Mexican hero General Alvaro Obregon in the Chapultepec palace in Mexico City. Below the bust are carved these wise words from General Obregon's philosophy : "Don't be afraid of enemies who attack you. Be afraid of the friends who flatter you."

No! No! No! I am not suggesting flattery! Far from it. I,m talking about a new way of life. Let me repeat. I am talking about a new way of life.

King George V had a set of six maxims displayed on the walls of his study at Buckingham Palace. One of these maxims said : "Teach me neither to proffer nor receive cheap praise." That's all flattery is—cheap praise. I once read a definition of flattery that may be worth repeating : "Flattery is telling the other person precisely what he thinks about himself."

"Use what language you will," said Ralph Waldo Emerson, "you can never say anything but what you are."

If all we had to do was flatter, everybody would catch on and we should all be experts in human relations.

When we are not engaged in thinking about some definite problem, we usually spend about 95 percent of our time thinking about ourselves. Now, if we stop thinking about ourselves for a while and begin to think of the other person's good points, we won't have to resort to flattery so cheap and false that it can be spotted almost before it is out of the mouth.

One of the most neglected virtues of our daily existence is appreciation, Somehow, we neglect to praise our son or daughter when he or she brings home a good report card, and we fail to encourage our children when they first succeed in baking a cake or building a birdhouse.

Nothing pleases children more than this kind of parental interest and approval.

The next time you enjoy filet mignon at the club, send word to the chef that it was excellently prepared, and when a tired salesperson shows you unusual courtesy, please mention it.

Every minister, lecturer and public speaker knows the discouragement of pouring himself or herself out to an audience and not receiving a single ripple of appreciative comment. What applies to professionals applies doubly to workers in offices, shops and factories and our families and friends. In our interpersonal relations we should never forget that all our associates are human beings and hunger for appreciation. It is the legal tender that all souls enjoy.

Try leaving a friendly trail of little sparks of gratitude on your daily trips. You will be surprised how they will set small flames of friendship that will be rose beacons on your next visit.

Pamela Dunham of New Fairfield, Connecticut, had among her responsibilities on her job the supervision of a janitor who was doing a very poor job. The other employees would jeer at him and litter the hallways to show him what a bad job he was doing. It was so bad, productive time was being lost in the shop.

Without success, Pam tried various ways to motivate this person. She noticed that occasionally he did a particularly good piece of work. She made a point to praise him for it in front of the other people. Each day the job he did all around got better, and pretty soon he started doing all his work efficiently. Now he does an excellent job and other people give him appreciation and recognition. Honest appreciation got results where criticism and ridicule failed.

Hurting people not only does not change them, it is never called for. There is an old saying that I have cut out and pasted on my mirror where I cannot help but see it every day :

I shall pass this way but once; any good, therefore, that I can do or any kindness that I can show to any human being, let me do it now. Let me not defer nor neglect it, for I shall not pass this way again.

Emerson said : "Every man I meet is my superior in some way, In that, I learn of him."

If that was true of Emerson, isn't it likely to be a thousand times more true of you and me? Let's cease thinking of our accomplishments, our wants. Let's try to figure out the other person's good points. Then forget flattery. Give honest, sincere appreciation. Be "hearty in your approbation and lavish in your praise", and people will cherish your words and treasure them and repeat them over a lifetime—repeat them years after you have forgotten them.

PRINCIPLE 2

Give honest and sincere appreciation.

3 "He Who Can Do This Has the Whole World with Him. He Who Cannot Walks a Lonely Way"

I often went fishing up in Maine during the summer. Personally I am very fond of strawberries and cream, but I have found that for some strange reason, fish prefer worms. So when I went fishing, I didn't think about what I wanted. I thought about what they wanted. I didn't bait the hook with strawberries and cream. Rather, I dangled a worm or a grasshopper in front of the fish and said, "Wouldn't you like to have that? "

Why not use the same common sense when fishing for people?

That is what Lloyd George, Great Britain's Prime Minister during World War I, did. When someone asked him how he managed to stay in power after the other wartime leaders—Wilson, Orlando and Clemenceau—had been forgotten, he replied that if his staying on top might be attributed to any one thing, it would be to his having learned that it was necessary to bait the hook to suit the fish.

Why talk about what we want? That is childish. Absurd. Of course, you are interested in what you want. You are eternally interested in it. But no one else is. The rest of us are just like you: we are interested in what we want.

So the only way on earth to influence other people is to talk about what they want and show them how to get it.

Remember that tomorrow when you are trying to get somebody to do something. If, for example, you don't want your children to smoke, don't preach at them, and don't talk about what you want; but show them that cigarettes may keep them from making the basketball team or winning the hundred-yard dash.

This is a good thing to remember regardless of whether you are dealing with children or calves or chimpanzees. For example : one day Ralph Waldo Emerson and his son tried to get a calf into the barn. But they made the common mistake of thinking only of what they wanted : Emerson pushed and his son pulled. But the calf was doing just what they were doing; he was thinking only of what he wanted, so he stiffened his legs and stubbornly refused to leave the pasture. The Irish housemaid saw their predicament. She couldn't write essays and books; but, on this occasion at least, she had more horse sense, or calf sense, than Emerson had. She thought of what the calf wanted, so she put her maternal finger in the calf's mouth and let the calf suck her finger as she gently led him into the barn.

Every act you have ever performed since the day you were born was performed because you wanted something. How about the time you gave a large contribution to the Red Cross? Yes, that is no exception to the rule. You gave the Red Cross the donation because you wanted to lend a helping hand; you wanted to do a beautiful, unselfish, divine act. "Inasmuch as ye have done it unto one of the least of these my brethren, ye have done it unto me."

If you hadn't wanted that feeling more than you wanted your money, you would not have made the contribution. Of course, you might have made the contribution because you were ashamed to refuse or because a customer asked you to do it. But one thing is certain. You made the contribution because you wanted something.

Harry A. Overstreet in his illuminating book Influencing Human Behavior said, "Action springs out of what we fundamentally desire, and the best piece of advice which can be given to would-be persuaders, whether in business, in the home, in the school, in politics, is : First, arouse in the other person an eager want. He who can do this has the whole world with him. He who cannot walks a lonely way."

Andrew Carnegie, the poverty-stricken Scotch lad who started to work at two cents an hour and finally gave away $365 million, learned early in life that the only way to influence people is to talk in terms of what the other person wants. He attended school only four years; yet he learned how to handle people.

To illustrate : His sister-in-law was worried sick over her two boys. They were at Yale, and they were so busy with their own affairs that they neglected to write home and paid no attention whatever to their mother's frantic letters.

Then Carnegie offered to wager a hundred dollars that he could get an answer by return mail, without even asking for it. Someone called his bet, so he wrote his nephews a chatty letter, mentioning casually in a post-script that he was sending each one a five-dollar bill.

He neglected, however, to enclose the money.

Back came replies by return mail thanking "Dear Uncle Andrew" for his kind note and⋯you can finish the sentence yourself.

Another example of persuading comes from Stan Novak of Cleveland, Ohio, a participant in our course. Stan came home from work one evening to find his youngest son, Tim, kicking and screaming on the living room floor. He was to start kindergarten the next day and was protesting that he would not go. Stan's normal reaction would have been to banish the child to his room and tell him he'd just better make up his mind to go. He had no choice. But tonight, recognizing that this would not really help Tim start kindergarten in the best frame of mind, Stan sat down and thought, "If I were Tim, why would I be excited about going to kindergarten?" He and his wife made a list of all the fun things Tim would do such as finger painting, singing songs, making new friends. Then they put them into action. "We all started finger-painting on the kitchen table—my wife, Lil, my other son Bob, and myself, all having fun. Soon Tim was peeping around the corner. Next he was begging to participate. 'Oh, no! You have to go to kindergarten first to learn how to finger-paint.' With all the enthusiasm I could muster I went through the list talking in terms he could understand, telling him all the fun he would have in kindergarten. The next morning, I thought I was the first one up. I went downstairs and found Tim sitting sound asleep in the living room chair. 'What are you doing here?' I asked. 'I'm waiting to go to kindergarten. I don't want to be late.' The enthusiasm of our entire family had aroused in Tim an eager want that no amount of discussion or threat could have possibly accomplished."

Tomorrow you may want to persuade somebody to do something. Before you speak, pause and ask yourself: "How can I make this person want to do it?"

That question will stop us from rushing into a situation heedlessly, with futile chatter about our desires.

At one time I rented the grand ballroom of a certain New York hotel for twenty nights in each season in order to hold a series of lectures.

At the beginning of one season, I was suddenly informed that I should have to pay almost three times as much rent as formerly. This news reached me after the tickets had been printed and distributed and all announcements had been made.

Naturally, I didn't want to pay the increase, but what was the use of talking to the hotel about what I wanted? They were interested only in what they wanted. So a couple of days later I went to see the manager.

"I was a bit shocked when I got your letter," I said, "but I don't blame you at all. If I had been in your position, I should probably have written a similar letter myself. Your duty as the manager of the hotel is to make all the profit possible. If you don't do that, you will be fired and you ought to be fired. Now, let's take a piece of paper and write down the advantages and the disadvantages that will accrue to you, if you insist on this increase in rent."

Then I took a letterhead and ran a line through the center and headed one column "Advantages" and the other column "Disadvantages".

I wrote down under the head "Advantages" these words: "Ballroom free". Then I went on to say, "You will have the advantage of having the ballroom free to rent for dances and conventions. That is a big advantage, for affairs like that will pay you much more than you can get for a series of lectures. If I tie your ballroom up for twenty nights during the course of the season, it is sure to mean a loss of some very profitable business to you.

"Now, let's consider the disadvantages. First, instead of increasing your income from me, you are going to decrease it. In fact, you are going to wipe it out because I cannot pay the rent you are asking. I shall be forced to hold these lectures at some other place.

"There's another disadvantage to you also. These lectures attract crowds of educated and cultured people to your hotel. That is good advertising for you, isn't it? In fact, if you spent five thousand dollars advertising in the newspapers, you couldn't bring as many people to look at your hotel as I can bring by these lectures. That is worth a lot to a hotel, isn't it?"

As I talked, I wrote these two "disadvantages" under the proper heading, and handed the sheet of paper to the manager, saying, "I wish you would carefully consider both the advantages and disadvantages that are going to accrue to you and then give me your final decision."

I received a letter the next day, informing me that my rent would be increased only 50 percent instead of 300 percent.

Mind you, I got this reduction without saying a word about what I wanted. I talked all the time about what the other person wanted and how he could get it.

Suppose I had done the human, natural thing; suppose I had stormed into his office and said, "What do you mean by raising my rent three hundred percent when you know the tickets have been printed and the announcements made? Three hundred percent! Ridiculous! Absurd! I won't pay it!"

What would have happened then? An argument would have begun to steam and boil and sputter, and you know how arguments end. Even if I had convinced him that he was wrong, his pride would have made it difficult for him to back down and give in.

Here is one of the best bits of advice ever given about the fine art of human relationships. "If there is any one secret of success," said Henry Ford, "it lies in the ability to get the other person's point of view and see things from that person's angle as well as from your own."

That is so good, I want to repeat it : "If there is any one secret of success, it lies in the ability to get the other person's point of view and see things from that person's angle as well as from your own."

That is so simple, so obvious, that anyone ought to see the truth of it at a glance; yet 90 percent of the people on this earth ignore it 90 percent of the time.

An example? Look at the letters that come across your desk tomorrow morning, and you will find that most of them violate this important canon of common sense. Take this one, a letter written by the head of the radio department of an advertising agency with offices scattered across the continent. This letter was sent to the managers of local radio stations throughout the country (I have set down, in brackets, my reactions to each paragraph).

Mr. John Blank,
Blankville,
Indiana
Dear Mr. Blank,

The company desires to retain its position in advertising agency leadership in the radio field.

[Who cares what your company desires? I am worried about my own problems. The bank is foreclosing the mortgage on my house, the bugs are destroying the hollyhocks, the stock market tumbled yesterday. I missed the eight-fifteen this morning, I wasn't invited to the Jones's dance last night, the doctor tells me I have high blood pressure and neuritis and dandruff. And then what happens? I come down to the office this morning worried, open my mail and here is some little whippersnapper off in New York yapping about what his company wants. Bah! If he only realized what sort of impression his letter makes, he would get out of the advertising business and start manufacturing sheep dip.]

This agency's national advertising accounts were the bulwark of the network. Our subsequent clearances of station time have kept us at the top of agencies year after year.

[You are big and rich and right at the top, are you? So what? I don't give two whoops in Hades if you are as big as General Motors and General Electric and the General Staff of the U.S. Army all combined. If you had as much sense as a half-witted hummingbird, you would realize that I am interested in how big I am, not how big you are. All this talk about your enormous success makes me feel small and unimportant.]

We desire to service our accounts with the last word on radio station information.

[You desire! You desire. You unmitigated ass. I'm not interested in what you desire or what the President of the United States desires. Let me tell you once and for all that I am interested in what I desire, and you haven't said a word about that yet in this absurd letter of yours.]

Will you, therefore, put the company on your preferred list for weekly station information every single detail that will be useful to an agency in intelligently booking time.

[Preferred list! You have your nerve! You make me feel insignificant by your big talk about your company and then you ask me to put you on a 'preferred' list, and you don't even say 'please' when you ask it.]

A prompt acknowledgment of this letter, giving us your latest 'doings', will be mutually helpful.

[You fool! You mail me a cheap form letter—a letter scattered far and wide like the autumn leaves—and you have the gall to ask me, when I am worried about the mortgage and the hollyhocks and my blood pressure, to sit down and dictate a personal note acknowledging your form letter, and you ask me to do it 'promptly'. What do you mean, 'promptly'? Don't you know I am just as busy as you are—or, at least, I like to think I am. And while we are on the subject, who gave you the lordly right to order me around? You say it will be 'mutually helpful'. At last, at last, you have begun to see my viewpoint. But you are vague about how it will be to my advantage.]

Very truly yours,

John Doe
Manager Radio Department

P.S. The enclosed reprint from the Blankville Journal will be of interest to you, and you may want to broadcast it over your station.

[Finally, down here in the postscript, you mention something that may help me solve one of my problems. Why didn't you begin your letter with, but what's the use? Any advertising man who is guilty of perpetrating such drivel as you have sent me has something wrong with his medulla oblongata. You don't need a letter giving our latest doings. What you need is a quart of iodine in your thyroid gland.]

Now, if people who devote their lives to advertising and who pose as experts in the art of influencing people to buy, if they write a letter like that, what can we expect from the butcher and baker or the auto mechanic?

Here is another letter, written by the superintendent of a large freight terminal to a student of this course, Edward Vermylen. What effect did this letter have on the man to whom it was addressed? Read it and then I'll tell you.

A. Zerega's Sons, Inc.
28 Front St.
Brooklyn, N.Y. 11201
Attention : Mr. Edward Vermylen
Gentlemen,

The operations at our outbound-rail-receiving station are handicapped because a material percentage of the total business is delivered us in the late afternoon. This condition results in congestion, overtime on the part of our forces, delays to trucks, and in some cases delays to freight. On November 10, we received from your company a lot of 510 pieces, which reached here at 4 : 20 P.M.

We solicit your cooperation toward overcoming the undesirable effects arising from late receipt of freight. May we ask that, on days on which you ship the volume which was received on the above date, effort be made either to get the truck here earlier or to deliver us part of the freight during the morning?

The advantage that would accrue to you under such an arrangement would be that of more expeditious discharge of your trucks and the assurance that your business would go forward on the date of its receipt.

Very truly yours,

J—B—Supt.

After reading this letter, Mr. Vermylen, sales manager for A. Zerega's Sons, Inc., sent it to me with the following comment :

This letter had the reverse effect from that which was intended. The letter begins by describing the Terminal's difficulties, in which we are not interested, generally speaking. Our cooperation is then requested without any thought as to whether it would inconvenience us, and then, finally, in the last paragraph, the fact is mentioned that if we do cooperate it will mean more expeditious discharge of our trucks with the assurance that our freight will go forward on the date of its receipt.

In other words, that in which we are most interested is mentioned last and the whole effect is one of raising a spirit of antagonism rather than of cooperation.

Let's see if we can't rewrite and improve this letter. Let's not waste any time talking about our problems. As Henry Ford admonishes, let's "get the other person's point of view and see things from his or her angle, as well as from our own."

Here is one way of revising the letter. It may not be the best way, but isn't it an improvement?

Mr. Edward Vermylen
A. Zerega's Sons, Inc.
28 Front St.
Brooklyn, N.Y. 11201
Dear Mr. Vermylen,

Your company has been one of our good customers for fourteen years. Naturally, we are very grateful for your patronage and are eager to give you the speedy, efficient service you deserve. However, we regret to say that it isn't possible for us to do that when your trucks bring us a large shipment late in the afternoon, as they did on November 10. Why? Because many other customers make late afternoon deliveries also. Naturally, that causes congestion. That means your trucks are held up unavoidably at the pier and sometimes even your freight is delayed.

That's bad, but it can be avoided. If you make your deliveries at the pier in the morning when possible, your trucks will be able to keep moving, your freight will get immediate attention, and our workers will get home early at night to enjoy a dinner of the delicious macaroni and noodles that you manufacture.

Regardless of when your shipments arrive, we shall always cheerfully do all in our power to serve you promptly. You are busy. Please don't trouble to answer this note.

Yours truly,

J—B—supt.

Barbara Anderson, who worked in a bank in New York, desired to move to Phoenix, Arizona, because of the health of her son. Using the principles she had learned in our course, she wrote the following letter to twelve banks in Phoenix :

Dear Sir,

My ten years of bank experience should be of interest to a rapidly growing bank like yours.

In various capacities in bank operations with the Bankers Trust Company in New York, leading to my present assignment as Branch Manager, I have acquired skills in all phases of banking including depositor relations, credits, loans and administration.

I will be relocating to Phoenix in May and I am sure I can contribute to your growth and profit. I will be in Phoenix the week of April 3 and would appreciate the opportunity to show you how I can help your bank meet its goals.

Sincerely,

Barbara L. Anderson

Do you think Mrs. Anderson received any response from that letter? Eleven of the twelve banks invited her to be interviewed, and she had a choice of which bank's offer to accept. Why? Mrs. Anderson did not state what she wanted, but wrote in the letter how she could help them, and focused on their wants, not her own.

Thousands of salespeople are pounding the pavements today, tired, discouraged and underpaid. Why?

Because they are always thinking only of what they want. They don't realize that neither you nor I want to buy anything. If we did, we would go out and buy it. But both of us are eternally interested in solving our problems.

And if salespeople can show us how their services or merchandise will help us solve our problems, they won't need to sell us. We'll buy. And customers like to feel that they are buying, not being sold.

Yet many salespeople spend a lifetime in selling without seeing things from the customer's angle. For example, for many years I lived in Forest Hills, a little community of private homes in the center of Greater New York. One day as I was rushing to the station, I chanced to meet a real-estate operator who had bought and sold property in that area for many years. He knew Forest Hills well, so I hurriedly asked him whether or not my stucco house was built with metal lath or hollow tile. He said he didn't know and told me what I already knew, that I could find out by calling the Forest Hills Garden Association. The following morning, I received a letter from him. Did he give me the information I wanted? He could have gotten it in sixty seconds by a telephone call. But he didn't. He told me again that I could get it by telephoning, and then asked me to let him handle my insurance.

He was not interested in helping me. He was interested only in helping himself.

J. Howard Lucas of Birmingham, Alabama, tells how two salespeople from the same company handled the same type of situation, He reported :

"Several years ago I was on the management team of a small company. Headquartered near us was the district office of a large insurance company. Their agents were assigned territories, and our company was assigned to two agents, whom I shall refer to as Carl and John.

"One morning, Carl dropped by our office and casually mentioned that his company had just introduced a new life insurance policy for executives and thought we might be interested later on and he would get back to us when he had more information on it.

"The same day, John saw us on the sidewalk while returning from a coffee break, and he shouted, 'Hey Luke, hold up, I have some great news for you fellows.' He hurried over and very excitedly told us about an executive life insurance policy his company had introduced that very day (it was the same policy that Carl had casually mentioned). He wanted us to have one of the first issued. He gave us a few important facts about the coverage and ended saying, 'The policy is so new, I'm going to have someone from the home office come out tomorrow and explain it. Now, in the meantime, let's get the applications signed and on the way so he can have more information to work with.' His enthusiasm aroused in us an eager want for this policy even though we still did not have details. When they were made available to us, they confirmed John's initial understanding of the policy, and he not only sold each of us a policy, but later doubled our coverage.

"Carl could have had those sales, but he made no effort to arouse in us any desire for the policies."

The world is full of people who are grabbing and self-seeking. So the rare individual who unselfishly tries to serve others has an enormous advantage. He has little competition. Owen D. Young, a noted lawyer and one of America's great business leaders, once said, "People who can put themselves in the place of other people who can understand the workings of their minds, need never worry about what the future has in store for them."

If out of reading this book you get just one thing—an increased tendency to think always in terms of other people's point of view, and see things from their angle—if you get that one thing out of this book, it may easily prove to be one of the building blocks of your career.

Looking at the other person's point of view and arousing in him an eager want for something is not to be construed as manipulating that person so that he will do something that is only for your benefit and his detriment. Each party should gain from the negotiation. In the letters to Mr. Vermylen, both the sender and the receiver of the correspondence gained by implementing what was suggested. Both the bank and Mrs. Anderson won by her letter in that the bank obtained a valuable employee and Mrs. Anderson a suitable job. And in the example of John's sale of insurance to Mr. Lucas, both gained through this transaction.

Another example in which everybody gains through this principle of arousing an eager want comes from Michael E. Whidden of Warwick, Rhode Island, who is a territory salesman for the Shell Oil Company. Mike wanted to become the Number One salesperson in his district, but one service station was holding him back. It was run by an older man who could not be motivated to clean up his station. It was in such poor shape that sales were declining significantly.

This manager would not listen to any of Mike's pleas to upgrade the station. After many exhortations and heart-to-heart talks—all of which had no impact—Mike decided to invite the manager to visit the newest Shell station in his territory.

The manager was so impressed by the facilities at the new station that when Mike visited him the next time, his station was cleaned up and had recorded a sales increase. This enabled Mike to reach the Number One spot in his district. All his talking and discussion hadn't helped, but by arousing an eager want in the manager, by showing him the modern station, he had accomplished his goal, and both the manager and Mike benefited.

Most people go through college and learn to read Virgil and master the mysteries of calculus without ever discovering how their own minds function. For instance : I once gave a course in Effective Speaking for the young college graduates who were entering the employ of the Carrier Corporation, the large air-conditioner manufacturer. One of the participants wanted to persuade the others to play basketball in their free time, and this is about what he said, "I want you to come out and play basketball. I like to play basketball, but the last few times I've been to the gymnasium there haven't been enough people to get up a game. Two or three of us got to throwing the ball around the other night—and I got a black eye. I wish all of you would come down tomorrow night. I want to play basketball."

Did he talk about anything you want? You don't want to go to a gymnasium that no one else goes to, do you? You don't care about what he wants. You don't want to get a black eye.

Could he have shown you how to get the things you want by using the gymnasium? Surely. More pep. Keener edge to the appetite. Clearer brain. Fun. Games. Basketball.

To repeat Professor Overstreet's wise advice : First, arouse in the other person an eager want. He who can do this has the whole world with him. He who cannot walks a lonely way.

One of the students in the author's training course was worried about his little boy. The child was underweight and refused to eat properly. His parents used the usual method. They scolded and nagged. "Mother wants you to eat this and that." "Father wants you to grow up to be a big man."

Did the boy pay any attention to these pleas? Just about as much as you pay to one fleck of sand on a sandy beach.

No one with a trace of horse sense would expect a child three years old to react to the viewpoint of a father thirty years old. Yet that was precisely what that father had expected. It was absurd. He finally saw that. So he said to himself, "What does that boy want? How can I tie up what I want to what he wants? "

It was easy for the father when he starting thinking about it. His boy had a tricycle that he loved to ride up and down the sidewalk in front of the house in Brooklyn. A few doors down the street lived a bully—a bigger boy who would pull the little boy off his tricycle and ride it himself.

Naturally, the little boy would run screaming to his mother, and she would have to come out and take the bully off the tricycle and put her little boy on again. This happened almost every day.

What did the little boy want? It didn't take a Sherlock Holmes to answer that one. His pride, his anger, his desire for a feeling of importance—all the strongest emotions in his makeup—goaded him to get revenge, to smash the bully in the nose. And when his father explained that the boy would be able to wallop the daylights out of the bigger kid someday if he would only eat the things his mother wanted him to eat—when his father promised him that—there was no longer any problem of dietetics. That boy would have eaten spinach, sauerkraut, salt mackerel—

anything in order to be big enough to whip the bully who had humiliated him so often.

After solving that problem, the parents tackled another: the little boy had the unholy habit of wetting his bed.

He slept with his grandmother. In the morning, his grandmother would wake up and feel the sheet and say, "Look, Johnny, what you did again last night."

He would say, "No, I didn't do it. You did it."

Scolding, spanking, shaming him, reiterating that the parents didn't want him to do it—none of these things kept the bed dry. So the parents asked, "How can we make this boy want to stop wetting his bed?"

What were his wants? First, he wanted to wear pajamas like Daddy instead of wearing a nightgown like Grandmother. Grandmother was getting fed up with his nocturnal iniquities, so she gladly offered to buy him a pair of pajamas if he would reform. Second, he wanted a bed of his own. Grandma didn't object.

His mother took him to a department store in Brooklyn, winked at the salesgirl, and said, "Here is a little gentleman who would like to do some shopping."

The salesgirl made him feel important by saying, "Young man, what can I show you?"

He stood a couple of inches taller and said, "I want to buy a bed for myself."

When he was shown the one his mother wanted him to buy, she winked at the salesgirl and the boy was persuaded to buy it.

The bed was delivered the next day; and that night, when Father came home, the little boy ran to the door shouting, "Daddy! Daddy! Come upstairs and see my bed that I bought!"

The father, looking at the bed, obeyed Charles Schwab's injunction: he was "hearty in his approbation and lavish in his praise."

"You are not going to wet this bed, are you?" the father said. "Oh, no, no! I am not going to wet this bed." The boy kept his promise, for his pride was involved. That was his bed. He and he alone had bought it. And he was wearing pajamas now like a little man. He wanted to act like a man. And he did.

Another father, K. T. Dutschmann, a telephone engineer, a student of this course, couldn't get his three-year-old daughter to eat breakfast food. The usual scolding, pleading, coaxing methods had all ended in futility. So the parents asked themselves, "How can we make her want to do it?"

The little girl loved to imitate her mother, to feel big and grown up; so one morning they put her on a chair and let her make the breakfast food. At just the psychological moment, Father drifted into the kitchen while she was stirring the cereal and she said, "Oh, look, Daddy, I am making the cereal this morning."

She ate two helpings of the cereal without any coaxing, because she was interested in it. She had achieved a feeling of importance; she had found in making the cereal an avenue of self-expression.

William Winter once remarked that "self-expression is the dominant necessity of human nature." Why can't we adapt this same psychology to business dealings? When we have a brilliant idea, instead of making others think it is ours, why not let them cook and stir the idea themselves. They will then regard it as their own; they will like it and maybe eat a couple of helpings of it.

Remember: "First, arouse in the other person an eager want. He who can do this has the whole world with him. He who cannot walks a lonely way."

PRINCIPLE 3

Arouse in the other person an eager want.

4 Do This and You'll Be Welcome Anywhere

Why read this book to find out how to win friends? Why not study the technique of the greatest winner of friends the world has ever known? Who is he? You may meet him tomorrow coming down the street. When you get within ten feet of him, he will begin to wag his tail. If you stop and pat him, he will almost jump out of his skin to show you how much he likes you. And you know that behind this show of affection on his part, there are no ulterior motives: he doesn't want to sell you any real estate, and he doesn't want to marry you.

Did you ever stop to think that a dog is the only animal that doesn't have to work for a living? A hen has to lay eggs, a cow has to give milk, and a canary has to sing. But a dog makes his living by giving you nothing but love.

When I was five years old, my father bought a little yellow-haired pup for fifty cents. He was the light and joy of my childhood. Every afternoon about four-thirty, he would sit in the front yard with his beautiful eyes staring steadfastly at the path, and as soon as he heard my voice or saw me swinging my dinner pail through the buck brush, he was off like a shot, racing breathlessly up the hill to greet me with leaps of joy and barks of sheer ecstasy.

Tippy was my constant companion for five years. Then one tragic night—I shall never forget it—he was killed within ten feet of my head, killed by lightning. Tippy's death was the tragedy of my boyhood.

You never read a book on psychology, Tippy. You didn't need to. You knew by some divine instinct that you can make more friends in two months by becoming genuinely interested in other people than you can in two years by trying to get other people interested in you. Let me repeat that. You can make more friends in two months by becoming interested in other people than you can in two years by trying to get other people interested in you.

Yet I know and you know people who blunder through life trying to wigwag other people into becoming interested in them.

Of course, it doesn't work. People are not interested in you. They are not interested in me. They are interested in themselves—morning, noon and after dinner.

The New York Telephone Company made a detailed study of telephone conversations to find out which word is the most frequently used. You have guessed it : it is the personal pronoun "I." "I." "I." It was used 3,900 times in 500 telephone conversations. "I." "I." "I." "I." When you see a group photograph that you are in, whose picture do you look for first ?

If we merely try to impress people and get people interested in us, we will never have many true, sincere friends. Friends, real friends, are not made that way.

Napoleon tried it, and in his last meeting with Josephine he said, "Josephine, I have been as fortunate as any man ever was on this earth; and yet, at this hour, you are the only person in the world on whom I can rely." And historians doubt whether he could rely even on her.

Alfred Adler, the famous Viennese psychologist, wrote a book entitled What Life Should Mean to You. In that book he says, "It is the individual who is not interested in his fellow men who has the greatest difficulties in life and provides the greatest injury to others. It is from among such individuals that all human failures spring."

You may read scores of erudite tomes on psychology without coming across a statement more significant for you and for me. Adler's statement is so rich with meaning that I am going to repeat it in italics : It is the individual who is not interested in his fellow men who has the greatest difficulties in life and provides the greatest injury to others. It is from among such individuals that all human failures spring.

I once took a course in short-story writing at New York University, and during that course the editor of a leading magazine talked to our class. He said he could pick up any one of the dozens of stories that drifted across his desk every day and after reading a few paragraphs he could feel whether or not the author liked people. "If the author doesn't like people," he said, "people won't like his or her stories."

This hard-boiled editor stopped twice in the course of his talk on fiction writing and apologized for preaching a sermon. "I am telling you," he said, "the same things your preacher would tell you, but remember, you have to be interested in people if you want to be a successful writer of stories."

If that is true of writing fiction, you can be sure it is true of dealing with people face-to-face.

I spent an evening in the dressing room of Howard Thurston the last time he appeared on Broadway. Thurston was the acknowledged dean of magicians. For forty years he had traveled all over the world, time and again, creating illusions, mystifying audiences, and making people gasp with astonishment. More than 60 million people had paid admission to his show, and he had made almost $2 million in profit.

I asked Mr. Thurston to tell me the secret of his success. His schooling certainly had nothing to do with it, for he ran away from home as a small boy, became a hobo, rode in boxcars, slept in haystacks, begged his food from door to door, and learned to read by looking out of boxcars at signs along the railway.

Did he have a superior knowledge of magic? No, he told me hundreds of books had been written about legerdemain and scores of people knew as much about it as he did. But he had two things that the others didn't have. First, he had the ability to put his personality across the footlights. He was a master showman. He knew human nature. Everything he did, every gesture, every intonation of his voice, every lifting of an eyebrow had been carefully rehearsed in advance, and his actions were timed to split seconds. But, in addition to that, Thurston had a genuine interest in people. He told me that many magicians would look at the audience and say to themselves, "Well, there is a bunch of suckers out there, a bunch of hicks; I'll fool them all right." But Thurston's method was totally different. He told me that every time he went on stage he said to himself, "I am grateful because these people come to see me. They make it possible for me to make my living in a very agreeable way. I'm going to give them the very best I possibly can."

He declared he never stepped in front of the footlights without first saying to himself over and over, "I love my audience. I love my audience." Ridiculous? Absurd? You are privileged to think anything you like. I am merely passing it on to you without comment as a recipe used by one of the most famous magicians of all time.

George Dyke of North Warren, Pennsylvania, was forced to retire from his service station business after thirty years when a new highway was constructed over the site of his station. It wasn't long before the idle days of retirement began to bore him, so he started filling in his time trying to play music on his old fiddle. Soon he was traveling the area to listen to music and talk with many of the accomplished fiddlers. In his humble and friendly way he became generally interested in learning the background and interests of every musician he met. Although he was not a great fiddler himself, he made many friends in this pursuit. He attended competitions and soon became known to the country music fans in the eastern part of the United States as "Uncle George, the Fiddle Scraper from Kinzua County." When we heard Uncle George, he was seventy-two and enjoying every minute of his life. By having a sustained interest in other people, he created a new life for himself at a time when most people consider their productive years over.

That, too, was one of the secrets of Theodore Roosevelt's astonishing popularity. Even his servants loved him. His valet, James E. Amos, wrote a book about him entitled Theodore Roosevelt, Hero to His Valet. In that book Amos relates this illuminating incident :

"My wife one time asked the President about a bobwhite. She had never seen one and he described it to her fully. Sometime later, the telephone at our cottage rang. [Amos and his wife lived in a little cottage on the Roosevelt estate at Oyster Bay.] My wife answered it and it was Mr. Roosevelt himself. He had called her, he said, to tell her that there was a bobwhite outside her window and that if she would look out she might see it. Little things like that were so characteristic of him. Whenever he went by our cottage, even though we were out of sight, we would hear him call out, 'Oo-oo-oo, Annie? ' or 'Oo-oo-oo, James!' It was just a friendly greeting as he went by."

How could employees keep from liking a man like that? How could anyone keep from liking him? Roosevelt called at the White House one day when the President and Mrs. Taft were away. His honest liking for humble people was shown by the fact that he greeted all the old White House servants by name, even the scullery maids.

"When he saw Alice, the kitchen maid," writes Archie Butt, "he asked her if she still made corn bread. Alice told him that she sometimes made it for the servants, but no one ate it upstairs.

"'They show bad taste,' Roosevelt boomed, 'and I'll tell the President so when I see him.'

"Alice brought a piece to him on a plate, and he went over to the office eating it as he went and greeting gardeners and laborers as he passed.

"He addressed each person just as he had addressed them in the past. Ike Hoover, who had been head usher at the White House for forty years, said with tears in his eyes, 'It is the only happy day we had in nearly two years, and not one of us would exchange it for a hundred-dollar bill.'"

The same concern for the seemingly unimportant people helped sales representative Edward M. Sykes, Jr., of Chatham, New Jersey, retain an account. "Many years ago," he reported, "I called on customers for Johnson and Johnson in the Massachusetts area. One account was a drug store in Hingham. Whenever I went into this store I would always talk to the soda clerk and sales clerk for a few minutes before talking to the owner to obtain his order. One day I went up to the owner of the store, and he told me to leave as he was not interested in buying J&J products anymore because he felt they were concentrating their activities on food and discount stores to the detriment of the small drugstore. I left with my tail between my legs and drove around the town for several hours. Finally, I decided to go back and try at least to explain our position to the owner of the store.

"When I returned I walked in and as usual said hello to the soda clerk and sales clerk. When I walked up to the owner, he smiled at me and welcomed me back. He then gave me double the usual order. I looked at him with surprise and asked him what had happened since my visit only a few hours earlier. He pointed to the young man at the soda fountain and said that after I had left, the boy had come over and said that I was one of the few salespeople that called on the store that even bothered to say hello to him and to the others in the store. He told the owner that if any salesperson deserved his business, it was I. The owner agreed and remained a loyal customer. I never forgot that to be genuinely interested in other people is a most important quality for a salesperson to possess—for any person, for that matter."

I have discovered from personal experience that one can win the attention and time and cooperation of even the most sought-after people by becoming genuinely interested in them. Let me illustrate.

Years ago I conducted a course in fiction writing at the Brooklyn Institute of Arts and Sciences, and we wanted such distinguished and busy authors as Kathleen Norris, Fannie Hurst, Ida Tarbell, Albert Payson Terhune and Rupert Hughes to come to Brooklyn and give us the benefit of their experiences. So we wrote them, saying we admired their work and were deeply interested in getting their advice and learning the secrets of their success.

Each of these letters was signed by about a hundred and fifty students. We said we realized that these authors were busy—too busy to prepare a lecture. So we enclosed a list of questions for them to answer about themselves and their methods of work. They liked that. Who wouldn't like it? So they left their homes and traveled to Brooklyn to give us a helping hand.

By using the same method, I persuaded Leslie M. Shaw, secretary of the treasury in Theodore

Roosevelt's cabinet; George W. Wickersham, attorney general in Taft's cabinet; William Jennings Bryan; Franklin D. Roosevelt and many other prominent men to come to talk to the students of my courses in public speaking.

All of us, be we workers in a factory, clerks in an office or even a king upon his throne—all of us like people who admire us. Take the German Kaiser, for example. At the close of World War I he was probably the most savagely and universally despised man on this earth. Even his own nation turned against him when he fled over into Holland to save his neck. The hatred against him was so intense that millions of people would have loved to tear him limb from limb or burn him at the stake. In the midst of all this forest fire of fury, one little boy wrote the Kaiser a simple, sincere letter glowing with kindliness and admiration. This little boy said that no matter what the others thought, he would always love Wilhelm as his Emperor. The Kaiser was deeply touched by his letter and invited the little boy to come to see him. The boy came, so did his mother—and the Kaiser married her. That little boy didn't need to read a book on how to win friends and influence people. He knew how instinctively.

If we want to make friends, let's put ourselves out to do things for other people—things that require time, energy, unselfishness and thoughtfulness. When the Duke of Windsor was Prince of Wales, he was scheduled to tour South America, and before he started out on that tour he spent months studying Spanish so that he could make public talks in the language of the country; and the South Americans loved him for it.

For years I made it a point to find out the birthdays of my friends. How? Although I haven't the foggiest bit of faith in astrology, I began by asking the other party whether he believed the date of one's birth has anything to do with character and disposition. I then asked him or her to tell me the month and day of birth. If he or she said November 24, for example, I kept repeating to myself, "November 24, November 24." The minute my friend's back was turned, I wrote down the name and birthday and later would transfer it to a birthday book. At the beginning of each year, I had these birthday dates scheduled in my calendar pad so that they came to my attention automatically. When the natal day arrived, there was my letter or telegram. What a hit it made! I was frequently the only person on earth who remembered.

If we want to make friends, let's greet people with animation and enthusiasm. When somebody calls you on the telephone use the same psychology. Say "Hello" in tones that bespeak how pleased YOU are to have the person call. Many companies train their telephone operators to greet all callers in a tone of voice that radiates interest and enthusiasm. The caller feels the company is concerned about them. Let's remember that when we answer the telephone tomorrow.

Showing a genuine interest in others not only wins friends for you, but may develop in its customers a loyalty to your company. In an issue of the publication of the National Bank of North America of New York, the following letter from Madeline Rosedale, a depositor, was published :

"I would like you to know how much I appreciate your staff. Everyone is so courteous, polite and helpful. What a pleasure it is, after waiting on a long line, to have the teller greet you pleasantly.

"Last year my mother was hospitalized for five months. Frequently I went to Marie Petrucello, a teller. She was concerned about my mother and inquired about her progress."

Is there any doubt that Mrs. Rosedale will continue to use this bank?

Charles R. Walters, of one of the large banks in New York City, was assigned to prepare a confidential report on a certain corporation. He knew of only one person who possessed the facts he needed so urgently. As Mr. Walters was ushered into the president's office, a young woman stuck her head through a door and told the president that she didn't have any stamps for him that day.

"I am collecting stamps for my twelve-year-old son," the president explained to Mr. Walters.

Mr. Walters stated his mission and began asking questions. The president was vague, general, nebulous. He didn't want to talk, and apparently nothing could persuade him to talk. The interview was brief and barren.

"Frankly, I didn't know what to do," Mr. Walters said as he related the story to the class. "Then I remembered what his secretary had said to him—stamps, twelve-year-old son…and I also recalled that the foreign department of our bank collected stamps—stamps taken from letters pouring in from every continent washed by the seven seas.

"The next afternoon I called on this man and sent in word that I had some stamps for his boy. Was I ushered in with enthusiasm? Yes sir, He couldn't have shaken my hand with more enthusiasm if he had been running for Congress. He radiated smiles and goodwill. 'My George will love this one,' he kept saying as he fondled the stamps. 'And look at this! This is a treasure.'

"We spent half an hour talking stamps and looking at a picture of his boy, and he then devoted more than an hour of his time to giving me every bit of information I wanted—without my even suggesting that he do it. He told me all he knew, and then called in his subordinates and questioned them. He telephoned some of his associates. He loaded me down with facts, figures, reports and correspondence. In the parlance of newspaper reporters, I had a scoop."

Here is another illustration : C. M. Knaphle, Jr., of Philadelphia had tried for years to sell fuel to a large chain-store organization. But the chain-store company continued to purchase its fuel from an out-of-town dealer and haul it right past the door of Knaphle's office. Mr, Knaphle made a speech one night before one of my classes, pouring out his hot wrath upon chain stores, branding them as a curse to the nation.

And still he wondered why he couldn't sell them.

I suggested that he try different tactics. To put it briefly, this is what happened. We staged a debate between members of the course on whether the spread of the chain store is doing the country more harm than good.

Knaphle, at my suggestion, took the negative side; he agreed to defend the chain stores, and then went straight to an executive of the chain-store organization that he despised and said, "I am not here to try to sell fuel. I have come to ask you to do me a favor." He then told about his debate and said, "I have come to you for help because I can't think of anyone else who would be more capable of giving me the facts I want. I'm anxious to win this debate, and I'll deeply appreciate whatever help you can give me."

Here is the rest of the story in Mr. Knaphle's own words : "I had asked this man for precisely one minute of his time. It was with that understanding that he consented to see me. After I had stated my case, he motioned me to a chair and talked to me for exactly one hour and forty-seven minutes. He called in another executive who had written a book on chain stores. He wrote to the National Chain Store Association and secured for me a copy of a debate on the subject. He feels that the chain store is rendering a real service to humanity. He is proud of what he is doing for hundreds of communities. His eyes fairly glowed as he talked, and I must confess that he opened my eyes to things I had never even dreamed of. He changed my whole mental attitude. As I was leaving, he walked with me to the door, put his arm around my shoulder, wished me well in my debate, and asked me to stop in and see him again and let him know how I made out. The last words he said to me were : 'Please see me again later in the spring. I should like to place an order with you for fuel.'"

To me that was almost a miracle. Here he was offering to buy fuel without my even suggesting it. I had made more headway in two hours by becoming genuinely interested in him and his problems than I could have made in ten years trying to get him interested in me and my product.

You didn't discover a new truth, Mr. Knaphle, for a long time ago, a hundred years before Christ was born a famous old Roman poet, Publilius Syrus, remarked, "We are interested in others when they are interested in us."

A show of interest, as with every other principle of human relations, must be sincere. It must pay off not only for the person showing the interest, but for the person receiving the attention. It is a two-way street-both parties benefit.

Martin Ginsberg, who took our Course in Long Island New York, reported how the special interest a nurse took in him profoundly affected his life :

"It was Thanksgiving Day and I was ten years old. I was in a welfare ward of a city hospital and was scheduled to undergo major orthopedic surgery the next day. I knew that I could only look forward to months of confinement, convalescence and pain. My father was dead; my mother and I lived alone in a small apartment and we were on welfare. My mother was unable to visit me that day.

"As the day went on, I became overwhelmed with the feeling of loneliness, despair and fear. I knew my mother was home alone worrying about me, not having anyone to be with, not having anyone to eat with and not even having enough money to afford a Thanksgiving Day dinner.

"The tears welled up in my eyes, and I stuck my head under the pillow and pulled the covers over it, I cried silently, but oh so bitterly, so much that my body racked with pain.

"A young student nurse heard my sobbing and came over to me. She took the covers off my face and started wiping my tears. She told me how lonely she was, having to work that day and not being able to be with her family. She asked me whether I would have dinner with her. She brought two trays of food : sliced turkey, mashed a potatoes, cranberry sauce and ice cream for dessert. She talked to me and tried to calm my fears. Even though she was scheduled to go off duty at 4 P.M., she stayed on her own time until almost 11 P.M. She played games with me, talked to me and stayed with me until I finally fell asleep.

"Many Thanksgivings have come and gone since I was ten, but one never passes without me remembering that particular one and my feelings of frustration, fear, loneliness and the warmth and tenderness of the stranger that somehow made it all bearable."

If you want others to like you, if you want to develop real friendships, if you want to help others at the same time as you help yourself, keep this principle in mind :

PRINCIPLE 4
Become genuinely interested in other people.

5 A Simple Way to Make a Good Impression

At a dinner party in New York, one of the guests, a woman who had inherited money, was eager to make a pleasing impression on everyone. She had squandered a modest fortune on sables, diamonds and pearls. But she hadn't done anything whatever about her face. It radiated sourness and selfishness. She didn't realize what everyone knows : namely, that the expression one wears on one's face is far more important than the clothes one wears on one's back.

Charles Schwab told me his smile had been worth a million dollars. And he was probably understating the truth. For Schwab's personality, his charm, his ability to make people like him, were almost wholly responsible for his extraordinary success; and one of the most delightful factors in his personality was his captivating smile.

Actions speak louder than words, and a smile says, "I like you. You make me happy. I am glad to see you." That is why dogs make such a hit. They are so glad to see us that they almost jump out of their skins. So, naturally, we are glad to see them.

A baby's smile has the same effect.

Have you ever been in a doctor's waiting room and looked around at all the glum faces waiting impatiently to be seen? Dr, Stephen K. Sproul, a veterinarian in Raytown, Missouri, told of a typical spring day when his waiting room was full of clients waiting to have their pets inoculated. No one was talking to anyone else, and all were probably thinking of a dozen other things they would rather be doing than "wasting time" sitting in that office. He told one of our classes, "There were six or seven clients waiting when a young woman came in with a nine-month-old baby and a kitten. As luck would have it, she sat down next to a gentleman who was more than a little distraught about the long wait for service. The next thing he knew, the baby just looked up at him with that great big smile that is so characteristic of babies. What did that gentleman do? Just what you and I would do, of course: he smiled back at the baby. Soon he struck up a conversation with the woman about her baby and his grandchildren, and soon the entire reception room joined in, and the boredom and tension were converted into a pleasant and enjoyable experience."

An insincere grin? No. That doesn't fool anybody. We know it is mechanical and we resent it. I am talking about a real smile, a heartwarming smile, a smile that comes from within, the kind of smile that will bring a good price in the marketplace.

Professor James V. McConnell, a psychologist at the University of Michigan, expressed his feelings about a smile. "People who smile," he said, "tend to manage teach and sell more effectively, and to raise happier children. There's far more information in a smile than a frown. That's why encouragement is a much more effective teaching device than punishment."

The employment manager of a large New York department store told me she would rather hire a sales clerk who hadn't finished grade school, if he or she has a pleasant smile, than to hire a doctor of philosophy with a somber face.

The effect of a smile is powerful, even when it is unseen. Telephone companies throughout the United States have a program called "phone power" which is offered to employees who use the telephone for selling their services or products. In this program they suggest that you smile when talking on the phone. Your 'smile' comes through in your voice.

Robert Cryer, manager of a computer department for a Cincinnati, Ohio, company, told how he had successfully found the right applicant for a hard-to-fill position, "I was desperately trying to recruit a Ph.D. in computer science for my department. I finally located a young man with ideal qualifications who was about to be graduated from Purdue University. After several phone conversations I learned that he had several offers from other companies, many of them larger and better known than mine. I was delighted when he accepted my offer. After he started on the job, I asked him why he had chosen us over the others. He paused for a moment and then he said, 'I think it was because managers in the other companies spoke on the phone in a cold, business-like manner, which made me feel like just another business transaction. Your voice sounded as if you were glad to hear from me…that you really wanted me to be part of your organization.' You can be assured, I am still answering my phone with a smile."

The chairman of the board of directors of one of the largest rubber companies 'in the United States told me that, according to his observations, people rarely succeed at anything unless they have fun doing it. This industrial leader doesn't put much faith in the old adage that hard work alone is the magic key that will unlock the door to our desires, "I have known people," he said, "who succeeded because they had a rip-roaring good time conducting their business. Later, I saw those people change as the fun became work. The business had grown dull, they lost all joy in it, and they failed."

You must have a good time meeting people if you expect them to have a good time meeting you.

I have asked thousands of business people to smile at someone every hour of the day for a week and then come to class and talk about the results. How did it work? Let's see…Here is a letter from William B. Steinhardt, a New York stockbroker. His case isn't isolated. In fact, it is typical of hundreds of cases.

"I have been married for over eighteen years," wrote Mr. Steinhardt, "and in all that time I seldom smiled at my wife or spoke two dozen words to her from the time I got up until I was ready to leave for business. I was one of the worst grouches who ever walked down Broadway.

"When you asked me to make a talk about my experience with smiles, I thought I would try it for a week. So the next morning, while combing my hair, I looked at my glum mug in the mirror and said to myself, 'Bill, you are going to wipe the scowl off that sour puss of yours today. You are going to smile. And you are going to begin right now.' As I sat down to breakfast, I greeted my wife with a 'Good morning, my dear,' and smiled as I said it.

"You warned me that she might be surprised. Well, you underestimated her reaction. She was bewildered. She was shocked. I told her that in the future she could expect this as a regular occurrence, and I kept it up every morning.

"This changed attitude of mine brought more happiness into our home in the two months since I started than there was during the last year.

"As I leave for my office, I greet the elevator operator in the apartment house with a 'Good morning' and a smile, I greet the doorman with a smile. I smile at the cashier in the subway booth when I ask for change. As I stand on the floor of the Stock Exchange, I smile at people who until recently never saw me smile.

"I soon found that everybody was smiling back at me, I treat those who come to me with complaints or grievances in a cheerful manner, I smile as I listen to them and I find that adjustments are accomplished much easier. I find that smiles are bringing me dollars, many dollars every day.

"I share my office with another broker. One of his clerks is a likable young chap, and I was so elated about the results I was getting that I told him recently about my new philosophy of human relations. He then confessed that when I first came to share my office with his firm he thought me a terrible grouch, and only recently changed his mind. He said I was really human when I smiled.

"I have also eliminated criticism from my system. I give appreciation and praise now instead of condemnation. I have stopped talking about what I want. I am now trying to see the other person's viewpoint. And these things have literally revolutionized my life. I am a totally different man, a happier man, a richer man, richer in friendships and happiness—the only things that matter much after all."

You don't feel like smiling? Then what? Two things. First, force yourself to smile. If you are alone, force yourself to whistle or hum a tune or sing. Act as if you were already happy, and that will tend to make you happy. Here is the way the psychologist and philosopher William James put it:

"Action seems to follow feeling, but really action and feeling go together; and by regulating the action, which is under the more direct control of the will, we can indirectly regulate the feeling, which is not.

"Thus the sovereign voluntary path to cheerfulness, if our cheerfulness be lost, is to sit up cheerfully and to act and speak as if cheerfulness were already there".

Everybody in the world is seeking happiness, and there is one sure way to find it. That is by controlling your thoughts. Happiness doesn't depend on outward conditions. It depends on inner conditions.

It isn't what you have or who you are or where you are or what you are doing that makes you happy or unhappy. It is what you think about it. For example, two people may be in the same place, doing the same thing; both may have about an equal amount of money and prestige, and yet one may be miserable and the other happy.

Why? Because of a different mental attitude. I have seen just as many happy faces among the poor peasants toiling with their primitive tools in the devastating heat of the tropics as I have seen in air-conditioned offices in New York, Chicago or Los Angeles.

"There is nothing either good or bad," said Shakespeare, "but thinking makes it so."

Abe Lincoln once remarked that "most folks are about as happy as they make up their minds to be." He was right. I saw a vivid illustration of that truth as I was walking up the stairs of the Long Island Railroad station in New York. Directly in front of me thirty or forty crippled boys on canes and crutches were struggling up the stairs. One boy had to be carried up. I was astonished at their laughter and gaiety. I spoke about it to one of the men in charge of the boys. "Oh, yes," he said, "when a boy realizes that he is going to be a cripple for life, he is shocked at first; but after he gets over the shock, he usually resigns himself to his fate and then becomes as happy as normal boys."

I felt like taking my hat off to those boys. They taught me a lesson I hope I shall never forget.

Working all by oneself in a closed-off room in an office not only is lonely, but it denies one the opportunity of making friends with other employees in the company. Se.ora Maria Gonzalez of Guadalajara, Mexico, had such a job. She envied the shared comradeship of other people in the company as she heard their chatter and laughter. As she passed them in the hall during the first weeks of her employment, she shyly looked the other way.

After a few weeks, she said to herself, "Maria, you can't expect those women to come to you. You have to go out and meet them." The next time she walked to the water cooler, she put on her brightest smile and said, "Hi, how are you today? " to each of the people she met. The effect was immediate. Smiles and hellos were returned, the hallway seemed brighter, the job friendlier.

Acquaintanceships developed and some ripened into friendships. Her job and her life became more pleasant and interesting.

Peruse this bit of sage advice from the essayist and publisher Elbert Hubbard, but remember, perusing it won't do you any good unless you apply it :

Whenever you go out-of-doors, draw the chin in, carry the crown of the head high, and fill the lungs to the utmost; drink in the sunshine; greet your friends with a smile, and put soul into every handclasp. Do not fear being misunderstood and do not waste a minute thinking about your enemies. Try to fix firmly in your mind what you would like to do; and then, without veering off direction, you will move straight to the goal. Keep your mind on the great and splendid things you would like to do, and then, as the days go gliding away, you will find yourself unconsciously seizing upon the opportunities that are required for the fulfillment of your desire, just as the coral insect takes from the running tide the element it needs. Picture in your mind the able, earnest, useful person you desire to be, and the thought you hold is hourly transforming you into that particular individual.

Thought is supreme. Preserve a right mental attitude—the attitude of courage, frankness, and good cheer. To think rightly is to create. All things come through desire and every sincere prayer is answered. We become like that on which our hearts are fixed. Carry your chin in and the crown of your head high. We are gods in the chrysalis.

The ancient Chinese were a wise lot—wise in the ways of the world; and they had a proverb that you and I ought to cut out and paste inside our hats. It goes like this : "A man without a smiling face must not open a shop."

Your smile is a messenger of your goodwill. Your smile brightens the lives of all who see it. To someone who has seen a dozen people frown, scowl or turn their faces away, your smile is like the sun breaking through the clouds. Especially when that someone is under pressure from his bosses, his customers, his teachers or parents or children, a smile can help him realize that all is not hopeless—that there is joy in the world.

Some years ago, a department store in New York City, in recognition of the pressures its sales clerks were under during the Christmas rush, presented the readers of its advertisements with the following homely philosophy :

THE VALUE OF A SMILE AT CHRISTMAS

It costs nothing, but creates much.

It enriches those who receive, without impoverishing those who give.

It happens in a flash and the memory of it sometimes lasts forever,

None are so rich they can get along without it, and none so poor but are richer for its benefits.

It creates happiness in the home, fosters goodwill in a business, and is the countersign of friends.

It is rest to the weary, daylight to the discouraged, sunshine to the sad, and Nature's best antidote fee trouble.

Yet it cannot be bought, begged, borrowed, or stolen, for it is something that is no earthly good to anybody till it is given away.

And if in the last-minute rush of Christmas buying some of our salespeople should be too tired to give you a smile, may we ask you to leave one of yours?

For nobody needs a smile so much as those who have none left to give!

PRINCIPLE 5

Smile.

6 If You Don't Do This, You Are Headed for Trouble

Back in 1898, a tragic thing happened in Rockland County, New York. A child had died, and on this particular day the neighbors were preparing to go to the funeral.

Jim Farley went out to the barn to hitch up his horse. The ground was covered with snow, the air was cold and snappy; the horse hadn't been exercised for days; and as he was led out to the watering trough, he wheeled playfully, kicked both his heels high in the air, and killed Jim Farley. So the little village of Stony Point had two funerals that week instead of one.

Jim Farley left behind him a widow and three boys, and a few hundred dollars in insurance.

His oldest boy, Jim, was ten, and he went to work in a brickyard, wheeling sand and pouring it into the molds and turning the brick on edge to be dried by the sun. This boy Jim never had a chance to get much education. But with his natural geniality, he had a flair for making people like him, so he went into politics, and as the years went by, he developed an uncanny ability for remembering people's names.

He never saw the inside of a high school; but before he was forty-six years of age, four colleges had honored him with degrees and he had become chairman of the Democratic National Committee and Postmaster General of the United States.

I once interviewed Jim Farley and asked him the secret of his success. He said, "Hard work," and I said, "Don't be funny."

He then asked me what I thought was the reason for his success. I replied, "I understand you can call ten thousand people by their first names."

"No. You are wrong," he said. "I can call fifty thousand people by their first names."

Make no mistake about it. That ability helped Mr. Farley put Franklin D. Roosevelt in the White House when he managed Roosevelt's campaign in 1932.

During the years that Jim Farley traveled as a salesman for a gypsum concern, and during the years that he held office as town clerk in Stony Point, he built up a system for remembering names.

In the beginning, it was a very simple one. Whenever he met a new acquaintance, he found out his or her complete name and some facts about his or her family, business and political opinions. He fixed all these facts well in mind as part of the picture, and the next time he met that person, even if it was a year later, he was able to shake hands, inquire after the family, and ask about the hollyhocks in the backyard. No wonder he developed a following!

For months before Roosevelt's campaign for President began, Jim Farley wrote hundreds of letters a day to people all over the western and northwestern states. Then he hopped onto a train and in nineteen days covered twenty states and twelve thousand miles, traveling by buggy, train, automobile and boat. He would drop into town, meet his people at lunch or breakfast, tea or dinner, and give them a "heart-to-heart talk." Then he'd dash off again on another leg of his journey.

As soon as he arrived back East, he wrote to one person in each town he had visited, asking for a list of all the guests to whom he had talked. The final list contained thousands and thousands of names; yet each person on that list was paid the subtle flattery of getting a personal letter from James Farley. These letters began "Dear Bill" or "Dear Jane," and they were always signed "Jim".

Jim Farley discovered early in life that the average person is more interested in his or her own name than in all the other names on earth put together. Remember that name and call it easily, and you have paid a subtle and very effective compliment. But forget it or misspell it and you have placed yourself at a sharp disadvantage. For example, I once organized a public-speaking course in Paris and sent form letters to all the American residents in the city. French typists with apparently little knowledge of English filled in the names and naturally they made blunders. One man, the manager of a large American bank in Paris, wrote me a scathing rebuke because his name had been misspelled.

Sometimes it is difficult to remember a name, particularly if it is hard to pronounce. Rather than even try to learn it, many people ignore it or call the person by an easy nickname. Sid Levy called on a customer for some time whose name was Nicodemus Papadoulos. Most people just called him "Nick" . Levy told us, "I made a special effort to say his name over several times to myself before I made my call. When I greeted him by his full name, 'Good afternoon, Mr. Nicodemus Papadoulos,' he was shocked. For what seemed like several minutes there was no reply from him at all. Finally, he said with tears rolling down his cheeks, 'Mr. Levy, in all the fifteen years I have been in this country, nobody has ever made the effort to call me by my right name.'"

What was the reason for Andrew Carnegie's success?

He was called the Steel King; yet he himself knew little about the manufacture of steel. He had hundreds of people working for him who knew far more about steel than he did.

But he knew how to handle people, and that is what made him rich. Early in life, he showed a flair for organization, a genius for leadership. By the time he was ten, he too had discovered the astounding importance people place on their own name. And he used that discovery to win cooperation. To illustrate : When he was a boy back in Scotland, he got hold of a rabbit, a mother rabbit. Presto! He soon had a whole nest of little rabbits—and nothing to feed them. But he had a brilliant idea. He told the boys and girls in the neighborhood that if they would go out and pull enough clover and dandelions to feed the rabbits, he would name the bunnies in their honor.

The plan worked like magic, and Carnegie never forgot it.

Years later, he made millions by using the same psychology in business. For example, he wanted to sell steel rails to the Pennsylvania Railroad. J. Edgar Thomson was the president of the Pennsylvania Railroad then. So Andrew Carnegie built a huge steel mill in Pittsburgh and called it the "Edgar Thomson Steel Works" .

Here is a riddle. See if you can guess it. When the Pennsylvania Railroad needed steel rails, where do you suppose J. Edgar Thomson bought them…from Sears, Roebuck? No. No. You're wrong. Guess again. When Carnegie and George Pullman were battling each other for supremacy in the railroad sleeping-car business, the Steel King again remembered the lesson of the rabbits.

The Central Transportation Company, which Andrew Carnegie controlled, was fighting with the company that Pullman owned. Both were struggling to get the sleeping-car business of the Union Pacific Railroad, bucking each other, slashing prices, and destroying all chance of profit. Both Carnegie and Pullman had gone to New York to see the board of directors of the Union Pacific. Meeting one evening in the St. Nicholas Hotel, Carnegie said, "Good evening, Mr. Pullman, aren't we making a couple of fools of ourselves? "

"What do you mean? " Pullman demanded.

Then Carnegie expressed what he had on his mind—a merger of their two interests. He pictured in glowing terms the mutual advantages of working with, instead of against, each other. Pullman listened attentively, but he was not wholly convinced. Finally he asked, "What would you call the new company? " and Carnegie replied promptly, "Why, the Pullman Palace Car

Company, of course."

Pullman's face brightened. "Come into my room," he said. "Let's talk it over." That talk made industrial history.

This policy of remembering and honoring the names of his friends and business associates was one of the secrets of Andrew Carnegie's leadership. He was proud of the fact that he could call many of his factory workers by their first names, and he boasted that while he was personally in charge, no strike ever disturbed his flaming steel mills.

Benton Love, chairman of Texas Commerce Bankshares, believes that the bigger a corporation gets, the colder it becomes. "One way to warm it up," he said, "is to remember people's names. The executive who tells me he can't remember names is at the same time telling me he can't remember a significant part of his business and is operating on quicksand."

Karen Kirsech of Rancho Palos Verdes, California, a flight attendant for TWA, made it a practice to learn the names of as many passengers in her cabin as possible and use the name when serving them. This resulted in many compliments on her service expressed both to her directly and to the airline. One passenger wrote, "I haven't flown TWA for some time, but I'm going to start flying nothing but TWA from now on. You make me feel that your airline has become a very personalized airline and that is important to me."

People are so proud of their names that they strive to perpetuate them at any cost. Even blustering, hard-boiled old P. T. Barnum, the greatest showman of his time, disappointed because he had no sons to carry on his name, offered his grandson, C. H. Seeley, $25,000 dollars if he would call himself "Barnum" Seeley.

For many centuries, nobles and magnates supported artists, musicians and authors so that their creative works would be dedicated to them.

Libraries and museums owe their richest collections to people who cannot bear to think that their names might perish from the memory of the race. The New York Public Library has its Astor and Lenox collections. The Metropolitan Museum perpetuates the names of Benjamin Altman and J. P. Morgan. And nearly every church is beautified by stained-glass windows commemorating the names of their donors. Many of the buildings on the campus of most universities bear the names of donors who contributed large sums of money for this honor.

Most people don't remember names, for the simple reason that they don't take the time and energy necessary to concentrate and repeat and fix names indelibly in their minds. They make excuses for themselves; they are too busy.

But they were probably no busier than Franklin D. Roosevelt, and he took time to remember and recall even the names of mechanics with whom he came into contact.

To illustrate : The Chrysler organization built a special car for Mr. Roosevelt, who could not use a standard car because his legs were paralyzed. W. F. Chamberlain and a mechanic delivered it to the White House. I have in front of me a letter from Mr. Chamberlain relating his experiences. "I taught President Roosevelt how to handle a car with a lot of unusual gadgets, but he taught me a lot about the fine art of handling people.

"When I called at the White House," Mr. Chamberlain writes, "the President was extremely pleasant and cheerful. He called me by name, made me feel very comfortable, and particularly impressed me with the fact that he was vitally interested in things I had to show him and tell him. The car was so designed that it could be operated entirely by hand. A crowd gathered around to look at the car; and he remarked, 'I think it is marvelous. All you have to do is to touch a button and it moves away and you can drive it without effort. I think it is grand—I don't know what makes it go. I'd love to have the time to tear it down and see how it works.'

"When Roosevelt's friends and associates admired the machine, he said in their presence : 'Mr. Chamberlain, I certainly appreciate all the time and effort you have spent in developing this car. It is a mighty fine job.' He admired the radiator, the special rear-vision mirror and clock, the special spotlight, the kind of upholstery, the sitting position of the driver's seat, the special suitcases in the trunk with his monogram on each suitcase. In other words, he took notice of every detail to which he knew I had given considerable thought. He made a point of bringing these various pieces of equipment to the attention of Mrs. Roosevelt, Miss Perkins, the Secretary of Labor, and his secretary. He even brought the old White House porter into the picture by saying, 'George, you want to take particularly good care of the suitcases.'

"When the driving lesson was finished, the President turned to me and said : 'Well, Mr. Chamberlain, I have been keeping the Federal Reserve Board waiting thirty minutes. I guess I had better get back to work.'

"I took a mechanic with me to the White House. He was introduced to Roosevelt when he arrived. He didn't talk to the President, and Roosevelt heard his name only once. He was a shy chap, and he kept in the background. But before leaving us, the President looked for the mechanic, shook his hand, called him by name, and thanked him for coming to Washington. And there was nothing perfunctory about his thanks. He meant what he said. I could feel that.

"A few days after returning to New York, I got an autographed photograph of President Roosevelt and a little note of thanks again expressing his appreciation for my assistance. How he found time to do it is a mystery to me."

Franklin D. Roosevelt knew that one of the simplest, most obvious and most important ways of gaining good will was by remembering names and making people feel important—yet how many of us do it?

Half the time we are introduced to a stranger, we chat a few minutes and can't even remember his or her name by the time we say goodbye.

One of the first lessons a politician learns is this : "To recall a voter's name is statesmanship. To forget it is oblivion."

And the ability to remember names is almost as important in business and social contacts as it is in politics.

Napoleon the Third, Emperor of France and nephew of the great Napoleon, boasted that in spite of all his royal duties he could remember the name of every person he met.

His technique? Simple. If he didn't hear the name distinctly, he said, "So sorry. I didn't get the name clearly." Then, if it was an unusual name, he would say, "How is it spelled?"

During the conversation, he took the trouble to repeat the name several times, and tried to associate it in his mind with the person's features, expression and general appearance.

If the person was someone of importance, Napoleon went to even further pains. As soon as His Royal Highness was alone, he wrote the name down on a piece of paper, looked at it, concentrated on it, fixed it securely in his mind, and then tore up the paper. In this way, he gained an eye impression of the name as well as an ear impression.

All this takes time, but "Good manners," said Emerson, "are made up of petty sacrifices."

The importance of remembering and using names is not just the prerogative of kings and corporate executives. It works for all of us. Ken Nottingham, an employee of General Motors in Indiana, usually had lunch at the company cafeteria. He noticed that the woman who worked behind the counter always had a scowl on her face. "She had been making sandwiches for about two hours and I was just another sandwich to her. I told her what I wanted. She weighed out the ham on a little scale, then she gave me one leaf of lettuce, a few potato chips and handed them to me.

"The next day I went through the same line. Same woman, same scowl. The only difference was I noticed her name tag. I smiled and said, 'Hello, Eunice,' and then told her what I wanted. Well, she forgot the scale, piled on the ham, gave me three leaves of lettuce and heaped on the potato chips until they fell off the plate."

We should be aware of the magic contained in a name and realize that this single item is wholly and completely owned by the person with whom we are dealing and nobody else. The name sets the individual apart; it makes him or her unique among all others. The information we are imparting or the request we are making takes on a special importance when we approach the situation with the name of the individual. From the waitress to the senior executive, the name will work magic as we deal with others.

PRINCIPLE 6

Remember that a person's name is to that person the sweetest and most important sound in any language.

7 An Easy Way to Become a Good Conversationalist

Some time ago, I attended a bridge party. I don't play bridge, and there was a woman there who didn't play bridge either. She had discovered that I had once been Lowell Thomas' manager before he went on the radio and that I had traveled in Europe a great deal while helping him prepare the illustrated travel talks he was then delivering. So she said, "Oh, Mr. Carnegie, I do want you to tell me about all the wonderful places you have visited and the sights you have seen."

As we sat down on the sofa, she remarked that she and her husband had recently returned from a trip to Africa. "Africa!" I exclaimed. "How interesting! I've always wanted to see Africa, but I never got there except for a twenty-four-hour stay once in Algiers. Tell me, did you visit the big-game country? Yes? How fortunate. I envy you. Do tell me about Africa."

That kept her talking for forty-five minutes. She never again asked me where I had been or what I had seen. She didn't want to hear me talk about my travels. All she wanted was an interested listener, so she could expand her ego and tell about where she had been.

Was she unusual? No. Many people are like that.

For example, I met a distinguished botanist at a dinner party given by a New York book publisher. I had never talked with a botanist before, and I found him fascinating. I literally sat on the edge of my chair and listened while he spoke of exotic plants and experiments in developing new forms of plant life and indoor gardens (and even told me astonishing facts about the humble potato). I had a small indoor garden of my own, and he was good enough to tell me how to solve some of my problems.

As I said, we were at a dinner party. There must have been a dozen other guests, but I violated all the canons of courtesy, ignored everyone else, and talked for hours to the botanist.

Midnight came, I said good night to everyone and departed. The botanist then turned to our host and paid me several flattering compliments. I was "most stimulating" . I was this and I was that, and he ended by saying I was a "most interesting conversationalist" .

An interesting conversationalist? Why, I had said hardly anything at all. I couldn't have said anything if I had wanted to without changing the subject, for I didn't know any more about botany than I knew about the anatomy of a penguin. But I had done this: I had listened intently. I had listened because I was genuinely interested. And he felt it. Naturally that pleased him. That kind of listening is one of the highest compliments we can pay anyone. "Few human beings," wrote Jack Woodford in Strangers in Love, "few human beings are proof against the implied flattery of rapt attention." I went even further than giving him rapt attention. I was "hearty in my approbation and lavish in my praise."

I told him that I had been immensely entertained and instructed—and I had. I told him I wished I had his knowledge—and I did. I told him that I should love to wander the fields with him—and I have. I told him I must see him again—and I did.

And so I had him thinking of me as a good conversationalist when, in reality, I had been merely a good listener and had encouraged him to talk.

What is the secret, the mystery, of a successful business interview? Well, according to former Harvard president Charles W. Eliot, "There is no mystery about successful business intercourse…Exclusive attention to the person who is speaking to you is very important. Nothing else is so flattering as that."

Eliot himself was a past master of the art of listening. Henry James, one of America's first great novelists, recalled : "Dr. Eliot's listening was not mere silence, but a form of activity. Sitting very erect on the end of his spine with hands joined in his lap, making no movement except that he revolved his thumbs around each other faster or slower, he faced his interlocutor and seemed to be hearing with his eyes as well as his ears. He listened with his mind and attentively considered what you had to say while you said it. At the end of an interview the person who had talked to him felt that he had had his say."

Self-evident, isn't it? You don't have to study for four years in Harvard to discover that. Yet I know and you know department store owners who will rent expensive space, buy their goods economically, dress their windows appealingly, spend thousands of dollars in advertising and then hire clerks who haven't the sense to be good listeners—clerks who interrupt customers, contradict them, irritate them, and all but drive them from the store.

A department store in Chicago almost lost a regular customer who spent several thousand dollars each year in that store because a sales clerk wouldn't listen. Mrs. Henrietta Douglas, who took our course in Chicago, had purchased a coat at a special sale. After she had brought it home she noticed that there was a tear in the lining. She came back the next day and asked the sales clerk to exchange it. The clerk refused even to listen to her complaint. "You bought this at a special sale," she said. She pointed to a sign on the wall. "Read that," she exclaimed. "'All sales are final.' Once you bought it, you have to keep it. Sew up the lining yourself."

"But this was damaged merchandise," Mrs. Douglas complained.

"Makes no difference," the clerk interrupted. "Final's final."

Mrs. Douglas was about to walk out indignantly, swearing never to return to that store ever, when she was greeted by the department manager, who knew her from her many years of patronage. Mrs. Douglas told her what had happened.

The manager listened attentively to the whole story, examined the coat and then said, "Special sales are 'final' so we can dispose of merchandise at the end of the season. But this 'no return' policy does not apply to damaged goods. We will certainly repair or replace the lining, or if you prefer, give you your money back."

What a difference in treatment! If that manager had not come along and listened to the Customer, a long-term patron of that store could have been lost forever.

Listening is just as important in one's home life as in the world of business. Millie Esposito of Croton-on-Hudson, New York, made it her business to listen carefully when one of her children wanted to speak with her. One evening she was sitting in the kitchen with her son, Robert, and after a brief discussion of something that was on his mind, Robert said, "Mom, I know that you love me very much."

Mrs. Esposito was touched and said, "Of course I love you very much. Did you doubt it? "

Robert responded, "No, but I really know you love me because whenever I want to talk to you about something you stop whatever you are doing and listen to me."

The chronic kicker, even the most violent critic, will frequently soften and be subdued in the presence of a patient, sympathetic listener—a listener who will he silent while the irate fault-finder dilates like a king cobra and spews the poison out of his system. To illustrate : The New York Telephone Company discovered a few years ago that it had to deal with one of the most vicious customers who ever cursed a customer service representative. And he did curse. He raved. He threatened to tear the phone out by its roots. He refused to pay certain charges that he declared were false. He wrote letters to the newspapers. He filed innumerable complaints with the Public Service Commission, and he started several suits against the telephone company.

At last, one of the company's most skillful "troubleshooters" was sent to interview this stormy petrel. This "troubleshooter" listened and let the cantankerous customer enjoy himself pouring out his tirade. The telephone representative listened and said "yes" and sympathized with his grievance.

"He raved on and I listened for nearly three hours," the "troubleshooter" said as he related his experiences before one of the author's classes. "Then I went back and listened some more. I interviewed him four times, and before the fourth visit was over I had become a charter member of an organization he was starting. He called it the 'Telephone Subscribers' Protective Association.' I am still a member of this organization, and, so far as I know, I'm the only member in the world today besides Mr.—

"I listened and sympathized with him on every point that he made during these interviews. He had never had a telephone representative talk with him that way before, and he became almost friendly. The point on which I went to see him was not even mentioned on the first visit, nor was it mentioned on the second or third, but upon the fourth interview, I closed the case completely, he paid all his bills in full, and for the first time in the history of his difficulties with the telephone company he voluntarily withdrew his complaints from the Public Service Commission."

Doubtless Mr.—had considered himself a holy crusader, defending the public rights against callous exploitation. But in reality, what he had really wanted was a feeling of importance. He got this feeling of importance at first by kicking and complaining. But as soon as he got his feeling of importance from a representative of the company, his imagined grievances vanished into thin air.

One morning years ago, an angry customer stormed into the office of Julian F. Detmer, founder of the Detmer Woolen Company, which later became the world's largest distributor of woolens to the tailoring trade.

"This man owed us a small sum of money," Mr. Detmer explained to me, "The customer denied it, but we knew he was wrong. So our credit department had insisted that he pay. After getting a number of letters from our credit department, he packed his grip, made a trip to Chicago, and hurried into my office to inform me not only that he was not going to pay that bill, but that he was never going to buy another dollar's worth of goods from the Detmer Woolen Company.

"I listened patiently to all he had to say. I was tempted to interrupt, but I realized that would be bad policy, so I let him talk himself out. When he finally simmered down and got in a receptive mood, I said quietly, 'I want to thank you for coming to Chicago to tell me about this. You have done me a great favor, for if our credit department has annoyed you, it may annoy other good customers, and that would be just too bad. Believe me, I am far more eager to hear this than you are to tell it.'

"That was the last thing in the world he expected me to say. I think he was a trifle disappointed, because he had come to Chicago to tell me a thing or two, but here I was thanking him instead of scrapping with him. I assured him we would wipe the charge off the books and forget it, because he was a very careful man with only one account to look after, while our clerks had to look after thousands. Therefore, he was less likely to be wrong than we were.

"I told him that I understood exactly how he felt and that, if I were in his shoes, I should undoubtedly feel precisely as he did. Since he wasn't going to buy from us anymore, I recommended some other woolen houses.

"In the past, we had usually lunched together when he came to Chicago, so I invited him to have lunch with me this day. He accepted reluctantly, but when we came back to the office he placed a larger order than ever before. He returned home in a softened mood and, wanting to be just as fair with us as we had been with him, looked over his bills, found one that had been mislaid, and sent us a check with his apologies.

"Later, when his wife presented him with a baby boy, he gave his son the middle name of Detmer, and he remained a friend and customer of the house until his death twenty-two years afterwards."

Years ago, a poor Dutch immigrant boy washed the windows of a bakery shop after school to help support his family. His people were so poor that in addition he used to go out in the street with a basket every day and collect stray bits of coal that had fallen in the gutter where the coal wagons had delivered fuel. That boy, Edward Bok, never got more than six years of schooling in his life; yet eventually he made himself one of the most successful magazine editors in the history of American journalism. How did he do it? That is a long story, but how he got his start can be told briefly. He got his start by using the principles advocated in this chapter.

He left school when he was thirteen and became an office boy for Western Union, but he didn't for one moment give up the idea of an education. Instead, he started to educate himself, He saved his car fares and went without lunch until he had enough money to buy an encyclopedia of American biography—and then he did an unheard-of thing. He read the lives of famous people and wrote them asking for additional information about their childhoods. He was a good listener. He asked famous people to tell him more about themselves. He wrote General James A. Garfield, who was then running for President, and asked if it was true that he was once a tow boy on a canal; and Garfield replied. He wrote General Grant asking about a certain battle, and Grant drew a map for him and invited this fourteen-year old boy to dinner and spent the evening talking to him.

Soon our Western Union messenger boy was corresponding with many of the most famous people in the nation : Ralph Waldo Emerson, Oliver Wendell Holmes, Longfellow, Mrs. Abraham Lincoln, Louisa May Alcott, General Sherman and Jefferson Davis. Not only did he correspond with these distinguished people, but as soon as he got a vacation, he visited many of them as a welcome guest in their homes. This experience imbued him with a confidence that was invaluable. These men and women fired him with a vision and ambition that shaped his life. And all this, let me repeat, was made possible solely by the application of the principles we are discussing here.

Isaac F. Marcosson, a journalist who interviewed hundreds of celebrities, declared that many people fail to make a favorable impression because they don't listen attentively. "They have been so much concerned with what they are going to say next that they do not keep their ears open. Very important people have told me that they prefer good listeners to good talkers, but the ability to listen seems rarer than almost any other good trait."

And not only important personages crave a good listener, but ordinary folk do too. As the Reader's Digest once said, "Many persons call a doctor when all they want is an audience."

During the darkest hours of the Civil War, Lincoln wrote to an old friend in Springfield, Illinois, asking him to come to Washington. Lincoln said he had some problems he wanted to discuss with him. The old neighbor called at the White House, and Lincoln talked to him for hours about the advisability of issuing a proclamation freeing the slaves. Lincoln went over all the arguments for and against such a move, and then read letters and newspaper articles, some denouncing him for not freeing the slaves and others denouncing him for fear he was going to free them. After talking for hours, Lincoln shook hands with his old neighbor, said good night, and sent him back to Illinois without even asking for his opinion. Lincoln had done all the talking himself. That seemed to clarify his mind. "He seemed to feel easier after that talk," the old friend said. Lincoln hadn't wanted advice. He had wanted merely a friendly, sympathetic listener to whom he could unburden himself. That's what we all want when we are in trouble. That is frequently all the irritated customer wants, and the dissatisfied employee or the hurt friend.

One of the great listeners of modern times was Sigmund Freud. A man who met Freud described his manner of listening, "It struck me so forcibly that I shall never forget him. He had qualities which I had never seen in any other man. Never had I seen such concentrated attention. There was none of that piercing 'soul- penetrating gaze' business. His eyes were mild and genial. His voice was low and kind. His gestures were few. But the attention he gave me, his appreciation of what I said, even when I said it badly, was extraordinary. You've no idea what it meant to be listened to like that."

If you want to know how to make people shun you and laugh at you behind your back and even despise you, here is the recipe : Never listen to anyone for long. Talk incessantly about yourself. If you have an idea while the other person is talking, don't wait for him or her to finish : bust right in and interrupt in the middle of a sentence.

Do you know people like that? I do, unfortunately; and the astonishing part of it is that some of them are prominent.

Bores, that is all they are—bores intoxicated with their own egos, drunk with a sense of their own importance.

People who talk only of themselves think only of themselves. And "those people who think only of themselves," Dr. Nicholas Murray Butler, longtime president of Columbia University, said, "are hopelessly uneducated. They are not educated," said Dr. Butler, "no matter how instructed they may be."

So if you aspire to be a good conversationalist, be an attentive listener. To be interesting, be interested. Ask questions that other persons will enjoy answering. Encourage them to talk about themselves and their accomplishments.

Remember that the people you are talking to are a hundred times more interested in themselves and their wants and problems than they are in you and your problems. A person's toothache means more to that person than a famine in China which kills a million people. A boil on one's neck interests one more than forty earthquakes in Africa. Think of that the next time you start a conversation.

PRINCIPLE 7

Be a good listener. Encourage others to talk about themselves.

8 How to Interest People

Everyone who was ever a guest of Theodore Roosevelt was astonished at the range and diversity of his knowledge. Whether his visitor was a cowboy or a Rough Rider, a New York politician or a diplomat, Roosevelt knew what to say. And how was it done? The answer was simple. Whenever Roosevelt expected a visitor, he sat up late the night before, reading up on the subject in which he knew his guest was particularly interested.

For Roosevelt knew, as all leaders know, that the royal road to a person's heart is to talk about the things he or she treasures most.

The genial William Lyon Phelps, essayist and professor of literature at Yale, learned this lesson early in life.

"When I was eight years old and was spending a weekend visiting my Aunt Libby Linsley at her home in Stratford on the Housatonic," he wrote in his essay on Human Nature, "a middle-aged man called one evening, and after a polite skirmish with my aunt, he devoted his attention to me. At that time, I happened to be excited about boats, and the visitor discussed the subject in a way that seemed to me particularly interesting. After he left, I spoke of him with enthusiasm. What a man! My aunt informed me he was a New York lawyer, that he cared nothing whatever about boats—that he took not the slightest interest in the subject. 'But why then did he talk all the time about boats?'

"'Because he is a gentleman. He saw you were interested in boats, and he talked about the things he knew would interest and please you. He made himself agreeable.'"

And William Lyon Phelps added, "I never forgot my aunt's remark."

As I write this chapter, I have before me a letter from Edward L. Chalif, who was active in Boy Scout work.

"One day I found I needed a favor," wrote Mr. Chalif. "A big Scout jamboree was coming off in Europe, and I wanted the president of one of the largest corporations in America to pay the expenses of one of my boys for the trip.

"Fortunately, just before I went to see this man, I heard that he had drawn a check for a million dollars, and that after it was canceled, he had had it framed.

"So the first thing I did when I entered his office was to ask to see the check. A check for a million dollars! I told him I never knew that anybody had ever written such a check, and that I wanted to tell my boys that I had actually seen a check for a million dollars. He gladly showed it to me; I admired it and asked him to tell me all about how it happened to be drawn."

You notice, don't you, that Mr. Chalif didn't begin by talking about the Boy Scouts, or the jamboree in Europe, or what it was he wanted? He talked in terms of what interested the other man. Here's the result:

"Presently, the man I was interviewing said, 'Oh, by the way, what was it you wanted to see me about?' So I told him.

"To my vast surprise," Mr. Chalif continues, "he not only granted immediately what I asked for, but much more. I had asked him to send only one boy to Europe, but he sent five boys and myself, gave me a letter of credit for a thousand dollars and told us to stay in Europe for seven weeks. He also gave me letters of introduction to his branch presidents, putting them at our service, and he himself met us in Paris and showed us the town.

Since then, he has given jobs to some of the boys whose parents were in want, and he is still active in our group.

"Yet I know if I hadn't found out what he was interested in, and got him warmed up first, I wouldn't have found him one-tenth as easy to approach."

Is this a valuable technique to use in business? Is it? Let's see. Take Henry G. Duvernoy of Duvernoy and Sons, a wholesale baking firm in New York.

Mr. Duvernoy had been trying to sell bread to a certain New York hotel. He had called on the manager every week for four years. He went to the same social affairs the manager attended. He even took rooms in the hotel and lived there in order to get the business. But he failed.

"Then," said Mr. Duvernoy, "after studying human relations, I resolved to change my tactics. I decided to find out what interested this man—what caught his enthusiasm.

"I discovered he belonged to a society of hotel executives called the Hotel Greeters of America. He not only belonged, but his bubbling enthusiasm had made him president of the organization, and president of the International Greeters. No matter where its conventions were held, he would be there.

"So when I saw him the next day, I began talking about the Greeters. What a response I got. What a response! He talked to me for half an hour about the Greeters, his tones vibrant with enthusiasm. I could plainly see that this society was not only his hobby; it was the passion of his life. Before I left his office, he had 'sold' me a membership in his organization.

"In the meantime, I had said nothing about bread. But a few days later, the steward of his hotel phoned me to come over with samples and prices.

"'I don't know what you did to the old boy,' the steward greeted me, 'but he sure is sold on you!'

"Think of it! I had been drumming at that man for four years—trying to get his businessand I'd still be drumming at him if I hadn't finally taken the trouble to find out what he was interested in, and what he enjoyed talking about."

Edward E. Harriman of Hagerstown, Maryland, chose to live in the beautiful Cumberland Valley of Maryland after he completed his military service. Unfortunately, at that time there were few jobs available in the area. A little research uncovered the fact that a number of companies in the area were either owned or controlled by an unusual business maverick, R. J. Funkhouser, whose rise from poverty to riches intrigued Mr. Harriman. However, he was known for being inaccessible to job seekers. Mr. Harriman wrote :

"I interviewed a number of people and found that his major interest was anchored in his drive for power and money. Since he protected himself from people like me by use of a dedicated and stern secretary, I studied her interests and goals and only then I paid an unannounced visit at her office. She had been Mr. Funkhouser's orbiting satellite for about fifteen years. When I told her I had a proposition for him which might translate itself into financial and political success for him, she became enthused. I also conversed with her about her constructive participation in his success. After this conversation she arranged for me to meet Mr. Funkhouser.

"I entered his huge and impressive office determined not to ask directly for a job. He was seated behind a large carved desk and thundered at me, 'How about it, young man?' I said, 'Mr. Funkhouser, I believe I can make money for you.' He immediately rose and invited me to sit in one of the large upholstered chairs. I enumerated my ideas and the qualifications I had to realize these ideas, as well as how they would contribute to his personal success and that of his businesses.

"'R. J.', as he became known to me, hired me at once and for over twenty years I have grown in his enterprises and we both have prospered."

Talking in terms of the other person's interests pays off for both parties. Howard Z. Herzig, a leader in the field of employee communications, has always followed this principle. When asked what reward he got from it, Mr. Herzig responded that he not only received a different reward from each person but that in general the reward had been an enlargement of his life each time he spoke to someone.

PRINCIPLE 8

Talk in terms of the other person's interests.

9 How to Make People Like You Instantly

I was waiting in line to register a letter in the post office at Thirty-third Street and Eighth Avenue in New York. I noticed that the clerk appeared to be bored with the job—weighing envelopes, handing out stamps, making change, issuing receipts—the same monotonous grind year after year. So I said to myself, "I am going to try to make that clerk like me. Obviously, to make him like me, I must say something nice, not about myself, but about him. So I asked myself, 'What is there about him that I can honestly admire?'" That is sometimes a hard question to answer, especially with strangers; but, in this case, it happened to be easy. I instantly saw something I admired no end.

So while he was weighing my envelope, I remarked with enthusiasm, "I certainly wish I had your head of hair."

He looked up, half-startled, his face beaming with smiles. "Well, it isn't as good as it used to be," he said modestly. I assured him that although it might have lost some of its pristine glory, nevertheless it was still magnificent. He was immensely pleased. We carried on a pleasant little conversation and the last thing he said to me was : "Many people have admired my hair."

I'll bet that person went out to lunch that day walking on air. I'll bet he went home that night and told his wife about it. I'll bet he looked in the mirror and said, "It is a beautiful head of hair."

I told this story once in public and a man asked me afterwards, "What did you want to get out of him?"

What was I trying to get out of him!!! What was I trying to get out of him!!!

If we are so contemptibly selfish that we can't radiate a little happiness and pass on a bit of honest appreciation without trying to get something out of the other person in return—if our souls are no bigger than sour crab apples, we shall meet with the failure we so richly deserve. Oh yes, I did want something out of that chap. I wanted something priceless. And I got it. I got the feeling that I had done something for him without his being able to do anything whatever in return for me. That is a feeling that flows and sings in your memory lung after the incident is past.

There is one all-important law of human conduct. If we obey that law, we shall almost never get into trouble. In fact, that law, if obeyed, will bring us countless friends and constant happiness. But the very instant we break the law, we shall get into endless trouble. The law is this : Always make the other person feel important. John Dewey, as we have already noted, said that the desire to be important is the deepest urge in human nature; and William James said, "The deepest principle in human nature is the craving to be appreciated." As I have already pointed out, it is this urge that differentiates us from the animals. It is this urge that has been responsible for civilization itself.

Philosophers have been speculating on the rules of human relationships for thousands of years, and out of all that speculation, there has evolved only one important precept. It is not new. It is as old as history. Zoroaster taught it to his followers in Persia twenty-five hundred years ago. Confucius preached it in China twenty-four centuries ago. Lao-tse, the founder of Taoism, taught it to his disciples in the Valley of the Han. Buddha preached it on the bank of the Holy Ganges five hundred years before Christ. The sacred books of Hinduism taught it a thousand years before that. Jesus taught it among the stony hills of Judea nineteen centuries ago. Jesus summed it up in one thought—probably the most important rule in the world : "Do unto others as you would have others do unto you."

You want the approval of those with whom you come in contact. You want recognition of your true worth. You want a feeling that you are important in your little world. You don't want to listen to cheap, insincere flattery, but you do crave sincere appreciation. You want your friends and associates to be, as Charles Schwab put it, "hearty in their approbation and lavish in their praise." All of us want that.

So let's obey the Golden Rule, and give unto others what we would have others give unto us, How? When? Where? The answer is: All the time, everywhere.

David G. Smith of Eau Claire, Wisconsin, told one of our classes how he handled a delicate situation when he was asked to take charge of the refreshment booth at a charity concert, "The night of the concert I arrived at the park and found two elderly ladies in a very bad humor standing next to the refreshment stand. Apparently each thought that she was in charge of this project. As I stood there pondering what to do, me of the members of the sponsoring committee appeared and handed me a cashbox and thanked me for taking over the project. She introduced Rose and Jane as my helpers and then ran off.

"A great silence ensued. Realizing that the cash box was a symbol of authority (of sorts), I gave the box to Rose and explained that I might not be able to keep the money straight and that if she took care of it I would feel better. I then suggested to Jane that she show two teenagers who had been assigned to refreshments how to operate the soda machine, and I asked her to be responsible for that part of the project.

"The evening was very enjoyable with Rose happily counting the money, Jane supervising the teenagers, and me enjoying the concert."

You don't have to wait until you are ambassador to France or chairman of the Clambake Committee of your lodge before you use this philosophy of appreciation. You can work magic with it almost every day.

If, for example, the waitress brings us mashed potatoes when we have ordered French fries, let's say, "I'm sorry to trouble you, but I prefer French fries." She'll probably reply, "No trouble at all" and will be glad to change the potatoes, because we have shown respect for her.

Little phrases such as "I'm sorry to trouble you," "Would you be so kind as to⋯? " "Won't you please? " "Would you mind? " "Thank you" —little courtesies like these oil the cogs of the monotonous grind of everyday life—and, incidentally, they are the hallmark of good breeding.

Let's take another illustration. Hall Caine's novels—The Christian, The Deemster, The Manxman, among them—were all best-sellers in the early part of this century. Millions of people read his novels, countless millions. He was the son of a blacksmith. He never had more than eight years' schooling in his life; yet when he died he was the richest literary man of his time.

The story goes like this : Hall Caine loved sonnets and ballads; so he devoured all of Dante Gabriel Rossetti's poetry. He even wrote a lecture chanting the praises of Rossetti's artistic achievement and sent a copy to Rossetti himself. Rossetti was delighted. "Any young man who has such an exalted opinion of my ability," Rossetti probably said to himself, "must be brilliant," So Rossetti invited this blacksmith's son to come to London and act as his secretary. That was the turning point in Hall Caine's life; for, in his new position, he met the literary artists of the day. Profiting by their advice and inspired by their encouragement, he launched upon a career that emblazoned his name across the sky.

His home, Greeba Castle, on the Isle of Man, became a Mecca for tourists from the far corners of the world, and he left a multimillion-dollar estate. Yet—who knows—he might have died poor and unknown had he not written an essay expressing his admiration for a famous man.

Such is the power, the stupendous power, of sincere, heartfelt appreciation.

Rossetti considered himself important. That is not strange, Almost everyone considers himself important, very important.

The life of many a person could probably be changed if only someone would make him feel important. Ronald J. Rowland, who is one of the instructors of our course in California, is also a teacher of arts and crafts. He wrote to us about a student named Chris in his beginning crafts class :

"Chris was a very quiet, shy boy lacking in self-confidence, the kind of student that often does not receive the attention he deserves. I also teach an advanced class that had grown to be somewhat of a status symbol and a privilege for a student to have earned the right to be in it. On Wednesday, Chris was diligently working at his desk. I really felt there was a hidden fire deep inside him. I asked Chris if he would like to be in the advanced class. How I wish I could express the look in Chris's face, the emotions in that shy fourteen-year-old boy, trying to hold back his tears."

"Who me, Mr. Rowland? Am I good enough? "

"Yes, Chris, you are good enough."

I had to leave at that point because tears were coming to my eyes. As Chris walked out of class that day, seemingly two inches taller, he looked at me with bright blue eyes and said in a positive voice, "Thank you, Mr. Rowland."

Chris taught me a lesson I will never forget—our deep desire to feel important. To help me never forget this rule, I made a sign which reads "YOU ARE IMPORTANT" . This sign hangs in the front of the classroom for all to see and to remind me that each student I face is equally important.

The unvarnished truth is that almost all the people you meet feel themselves superior to you in some way, and a sure way to their hearts is to let them realize in some subtle way that you recognize their importance, and recognize it sincerely.

Remember what Emerson said, "Every man I meet is my superior in some way. In that, I learn of him."

And the pathetic part of it is that frequently those who have the least justification for a feeling of achievement bolster up their egos by a show of tumult and conceit which is truly nauseating. As Shakespeare put it, "…man, proud man,/Dress in a little brief authority,Plays such fantastic tricks before high heaven/As make the angels weep."

I am going to tell you how business people in my own courses have applied these principles with remarkable results. Let's take the case of a Connecticut attorney (because of his relatives he prefers not to have his name mentioned).

Shortly after joining the course, Mr. R—drove to Long Island with his wife to visit some of her relatives. She left him to chat with an old aunt of hers and they rushed off by herself to visit some of the younger relatives. Since he soon had to give a speech professionally on how he applied the principles of appreciation, he thought he would gain some worthwhile experience talking with the elderly lady. So he looked around the house to see what he could honestly admire.

"This house was built about 1890, wasn't it?" he inquired.

"Yes," she replied, "that is precisely the year it was built."

"It reminds me of the house I was born in," he said. "It's beautiful. Well built. Roomy. You know, they don't build houses like this anymore."

"You're right," the old lady agreed. "The young folks nowadays don't care for beautiful homes. All they want is a small apartment, and then they go off gadding about in their automobiles.

"This is a dream house," she said in a voice vibrating with tender memories. "This house was built with love. My husband and I dreamed about it for years before we built it. We didn't have an architect. We planned it all ourselves."

She showed Mr. R—about the house, and he expressed his hearty admiration for the beautiful treasures she had picked up in her travels and cherished over a lifetime—paisley shawls, an old English tea set, Wedgwood china, French beds and chairs, Italian paintings, and silk draperies that had once hung in a French chateau.

After showing Mr. R—through the house, she took him out to the garage. There, jacked up on blocks, was a Packard car—in mint condition.

"My husband bought that car for me shortly before he passed on," she said softly. "I have never ridden in it since his death…You appreciate nice things, and I'm going to give this car to you."

"Why, aunty," he said, "you overwhelm me. I appreciate your generosity, of course; but I couldn't possibly accept it. I'm not even a relative of yours. I have a new car, and you have many relatives that would like to have that Packard."

"Relatives!" she exclaimed. "Yes, I have relatives who are just waiting till I die so they can get that car. But they are not going to get it."

"If you don't want to give it to them, you can very easily sell it to a secondhand dealer," he told her.

"Sell it!" she cried. "Do you think I would sell this car? Do you think I could stand to see strangers riding up and down the street in that car—that car that my husband bought for me? I wouldn't dream of selling it. I'm going to give it to you. You appreciate beautiful things."

He tried to get out of accepting the car, but he couldn't without hurting her feelings.

This lady, left all alone in a big house with her paisley shawls, her French antiques, and her memories, was starving for a little recognition, She had once been young and beautiful and sought after. She had once built a house warm with love and had collected things from all over Europe to make it beautiful. Now, in the isolated loneliness of old age, she craved a little human warmth, a little genuine appreciation—and no one gave it to her. And when she found it, like a spring in the desert, her gratitude couldn't adequately express itself with anything less than the gift of her cherished Packard.

Let's take another case : Donald M. McMahon, who was superintendent of Lewis and Valentine, nurserymen and landscape architects in Rye, New York, related this incident :

"Shortly after I attended the talk on 'How to Win Friends and Influence People,' I was landscaping the estate of a famous attorney. The owner came out to give me a few instructions about where he wished to plant a mass of rhododendrons and azaleas.

"I said, 'Judge, you have a lovely hobby. I've been admiring your beautiful dogs. I understand you win a lot of blue ribbons every year at the show in Madison Square Garden.'

"The effect of this little expression of appreciation was striking.

"'Yes,' the judge replied, 'I do have a lot of fun with my dogs. Would you like to see my kennel? '

"He spent almost an hour showing me his dogs and the prizes they had won. He even brought out their pedigrees and explained about the bloodlines responsible for such beauty and intelligence.

"Finally, turning to me, he asked, 'Do you have any small children? '

"'Yes, I do,' I replied, 'I have a son.'

"'Well, wouldn't he like a puppy? ' the judge inquired.

"'Oh, yes, he'd be tickled pink.'

"'All right, I'm going to give him one,' the judge announced.

"He started to tell me how to feed the puppy. Then he paused. 'You'll forget it if I tell you. I'll write it out.' So the judge went in the house, typed out the pedigree and feeding instructions, and gave me a puppy worth several hundred dollars and one hour and fifteen minutes of his valuable time largely because I had expressed my honest admiration for his hobby and achievements."

George Eastman, of Kodak fame, invented the transparent film that made motion pictures possible, amassed a fortune of a hundred million dollars, and made himself one of the most famous businessmen on earth. Yet in spite of all these tremendous accomplishments, he craved little recognitions even as you and I.

To illustrate : When Eastman was building the Eastman School of Music and also Kilbourn Hall in Rochester, James Adamson, then president of the Superior Seating Company of New York, wanted to get the order to supply the theater chairs for these buildings. Phoning the architect, Mr. Adamson made an appointment to see Mr. Eastman in Rochester.

When Adamson arrived, the architect said, "I know you want to get this order, but I can tell you right now that you won't stand a ghost of a show if you take more than five minutes of George Eastman's time. He is a strict disciplinarian. He is very busy. So tell your story quickly and get out."

Adamson was prepared to do just that.

When he was ushered into the room he saw Mr. Eastman bending over a pile of papers at his desk. Presently, Mr. Eastman looked up, removed his glasses, and walked toward the architect and Mr. Adamson, saying, "Good morning, gentlemen, what can I do for you? "

The architect introduced them, and then Mr. Adamson said, "While we've been waiting for you, Mr. Eastman, I've been admiring your office. I wouldn't mind working in a room like this myself. I'm in the interior-woodworking business, and I never saw a more beautiful office in all my life."

George Eastman replied, "You remind me of something I had almost forgotten. It is beautiful, isn't it? I enjoyed it a great deal when it was first built. But I come down here now with a lot of other things on my mind and sometimes don't even see the room for weeks at a time."

Adamson walked over and rubbed his hand across a panel. "This is English oak, isn't it? A little different texture from Italian oak."

"Yes," Eastman replied. "Imported English oak. It was selected for me by a friend who specializes in fine woods."

Then Eastman showed him about the room, commenting on the proportions, the coloring, the hand carving and other effects he had helped to plan and execute.

While drifting about the room, admiring the woodwork, they paused before a window, and George Eastman, in his modest, soft-spoken way, pointed out some of the institutions through which he was trying to help humanity : the University of Rochester, the General Hospital, the Homeopathic Hospital, the Friendly Home, the Children's Hospital. Mr. Adamson congratulated him warmly on the idealistic way he was using his wealth to alleviate the sufferings of humanity. Presently, George Eastman unlocked a glass case and pulled out the first camera he had ever owned—an invention he had bought from an Englishman.

Adamson questioned him at length about his early struggles to get started in business, and

Mr. Eastman spoke with real feeling about the poverty of his childhood, telling how his widowed mother had kept a boardinghouse while he clerked in an insurance office. The terror of poverty haunted him day and night, and he resolved to make enough money so that his mother wouldn't have to work, Mr. Adamson drew him out with further questions and listened, absorbed, while he related the story of his experiments with dry photographic plates. He told how he had worked in an office all day, and sometimes experimented all night, taking only brief naps while the chemicals were working, sometimes working and sleeping in his clothes for seventy-two hours at a stretch.

James Adamson had been ushered into Eastman's office at ten-fifteen and had been warned that he must not take more than five minutes; but an hour had passed, then two hours passed. And they were still talking. Finally, George Eastman turned to Adamson and said, "The last time I was in Japan I bought some chairs, brought them home, and put them in my sun porch. But the sun peeled the paint, so I went downtown the other day and bought some paint and painted the chairs myself. Would you like to see what sort of a job I can do painting chairs? All right. Come up to my home and have lunch with me and I'll show you."

After lunch, Mr. Eastman showed Adamson the chairs he had brought from Japan. They weren't worth more than a few dollars, but George Eastman, now a multimillionaire, was proud of them because he himself had painted them.

The order for the seats amounted to $90,000. Who do you suppose got the order—James Adamson or one of his competitors?

From the time of this story until Mr. Eastman's death, he and James Adamson were close friends.

Claude Marais, a restaurant owner in Rouen, France, used this principle and saved his restaurant the loss of a key employee. This woman had been in his employ for five years and was a vital link between M. Marais and his staff of twenty-one people. He was shocked to receive a registered letter from her advising him of her resignation.

M. Marais reported, "I was very surprised and, even more, disappointed, because I was under the impression that I had been fair to her and receptive to her needs. Inasmuch as she was a friend as well as an employee, I probably had taken her too much for granted and maybe was even more demanding of her than of other employees.

"I could not, of course, accept this resignation without some explanation. I took her aside and said, 'Paulette, you must understand that I cannot accept your resignation. You mean a great deal to me and to this company, and you are as important to the success of this restaurant as I am.' I repeated this in front of the entire staff, and I invited her to my home and reiterated my confidence in her with my family present.

"Paulette withdrew her resignation, and today I can rely on her as never before. I frequently reinforce this by expressing my appreciation for what she does and showing her how important she is to me and to the restaurant."

"Talk to people about themselves," said Disraeli, one of the shrewdest men who ever ruled the British Empire. "Talk to people about themselves and they will listen for hours."

PRINCIPLE 9

Make the other person feel important—and do it sincerely.

10 You Can't Win an Argument

Shortly after the close of World War I, I learned an invaluable lesson one night in London. I was manager at the time for Sir Ross Smith. During the war, Sir Ross had been the Australian ace out in Palestine; and shortly after peace was declared, he astonished the world by flying halfway around it in thirty days. No such feat had ever been attempted before. It created a tremendous sensation. The Australian government awarded him fifty thousand dollars; the King of England knighted him; and, for a while, he was the most talked-about man under the Union Jack. I was attending a banquet one night given in Sir Ross's honor; and during the dinner, the man sitting next to me told a humorous story which hinged on the quotation "There's a divinity that shapes our ends, rough-hew them how we will."

The raconteur mentioned that the quotation was from the Bible. He was wrong. I knew that, I knew it positively. There couldn't be the slightest doubt about it. And so, to get a feeling of importance and display my superiority, I appointed myself as an unsolicited and unwelcome committee of one to correct him. He stuck to his guns. What? From Shakespeare? Impossible! Absurd! That quotation was from the Bible. And he knew it.

The storyteller was sitting on my right; and Frank Gammond, an old friend of mine, was seated at my left. Mr. Gammond had devoted years to the study of Shakespeare, So the storyteller and I agreed to submit the question to Mr. Gammond. Mr. Gammond listened, kicked me under the table, and then said : "Dale, you are wrong. The gentleman is right. It is from the Bible."

On our way home that night, I said to Mr. Gammond, "Frank, you knew that quotation was from Shakespeare,"

"Yes, of course," he replied, "Hamlet, Act Five, Scene Two. But we were guests at a festive occasion, my dear Dale. Why prove to a man he is wrong? Is that going to make him like you? Why not let him save his face? He didn't ask for your opinion. He didn't want it. Why argue with him? Always avoid the acute angle." The man who said that taught me a lesson I'll never forget. I not only had made the storyteller uncomfortable, but had put my friend in an embarrassing situation. How much better it would have been had I not become argumentative.

It was a sorely needed lesson because I had been an inveterate arguer. During my youth, I had argued with my brother about everything under the Milky Way. When I went to college, I studied logic and argumentation and went in for debating contests. Talk about being from Missouri, I was born there. I had to be shown. Later, I taught debating and argumentation in New York; and once, I am ashamed to admit, I planned to write a book on the subject. Since then, I have listened to, engaged in, and watched the effect of thousands of arguments. As a result of all this, I have come to the conclusion that there is only one way under high heaven to get the best of an argument— and that is to avoid it.

Avoid it as you would avoid rattlesnakes and earthquakes.

Nine times out of ten, an argument ends with each of the contestants more firmly convinced than ever that he is absolutely right.

You can't win an argument. You can't because if you lose it, you lose it; and if you win it, you lose it. Why? Well, suppose you triumph over the other man and shoot his argument full of holes and prove that he is non compos mentis. Then what? You will feel fine. But what about him? You have made him feel inferior. You have hurt his pride. He will resent your triumph. And.

A man convinced against his will is of the same opinion still.

Years ago Patrick J. O'Haire joined one of my classes. He had had little education, and how he loved a scrap! He had once been a chauffeur, and he came to me because he had been trying, without much success, to sell trucks. A little questioning brought out the fact that he was continually scrapping with and antagonizing the very people he was trying to do business with. If a prospect said anything derogatory about the trucks he was selling, Pat saw red and was right at the customer's throat. Pat won a lot of arguments in those days. As he said to me afterward, "I often walked out of an office saying, 'I told that bird something.' Sure I had told him something, but I hadn't sold him anything."

My first problem was not to teach Patrick J. O'Haire to talk. My immediate task was to train him to refrain from talking and to avoid verbal fights.

Mr. O'Haire became one of the star salesmen for the White Motor Company in New York. How did he do it? Here is his story in his own words: "If I walk into a buyer's office now and he says, 'What? A White truck? They're no good! I wouldn't take one if you gave it to me. I'm going to buy the Whose-It truck,' I say, 'The Whose-It is a good truck. If you buy the Whose-It, you'll never make a mistake. The Whose-Its are made by a fine company and sold by good people.'

"He is speechless then. There is no room for an argument. If he says the Whose-It is best and I say sure it is, he has to stop. He can't keep on all afternoon saying, 'It's the best' when I'm agreeing with him. We then get off the subject of Whose-It and I begin to talk about the good points of the White truck.

"There was a time when a remark like his first one would have made me see scarlet and red and orange. I would start arguing against the Whose-It; and the more I argued against it, the more my prospect argued in favor of it; and the more he argued, the more he sold himself on my competitor's product.

"As I look back now I wonder how I was ever able to sell anything. I lost years of my life in scrapping and arguing. I keep my mouth shut now. It pays."

As wise old Ben Franklin used to say : If you argue and rankle and contradict, you may achieve a victory sometimes; but it will be an empty victory because you will never get your opponent's goodwill.

So figure it out for yourself. Which would you rather have, an academic, theatrical victory or a person's good will? You can seldom have both.

The Boston Transcript once printed this bit of significant doggerel :

Here lies the body of William Jay,

Who died maintaining his right of way—

He was right, dead right, as he sped along,

But he's just as dead as if he were wrong.

You may be right, dead right, as you speed along in your argument; but as far as changing another's mind is concerned, you will probably be just as futile as if you were wrong.

Frederick S. Parsons, an income tax consultant, had been disputing and wrangling for an hour with a government tax inspector. An item of nine thousand dollars was at stake. Mr. Parsons claimed that this nine thousand dollars was in reality a bad debt, that it would never be collected, that it ought not to be taxed. "Bad debt, my eye!" retorted the inspector. "It must be taxed."

"This inspector was cold, arrogant and stubborn," Mr. Parsons said as he told the story to the class. "Reason was wasted and so were facts···The longer we argued, the more stubborn he became. So I decided to avoid argument, change the subject, and give him appreciation.

"I said, 'I suppose this is a very petty matter in comparison with the really important and difficult decisions you're required to make. I've made a study of taxation myself. But I've had to get my knowledge from books. You are getting yours from the firing line of experience. I sometimes wish I had a job like yours. It would teach me a lot.' I meant every word I said.

"Well." The inspector straightened up in his chair, leaned back, and talked for a long time about his work, telling me of the clever frauds he had uncovered. His tone gradually became friendly, and presently he was telling me about his children. As he left, he advised me that he would consider my problem further and give me his decision in a few days.

"He called at my office three days later and informed me that he had decided to leave the tax return exactly as it was filed."

This tax inspector was demonstrating one of the most common of human frailties. He wanted a feeling of importance; and as long as Mr. Parsons argued with him, he got his feeling of importance by loudly asserting his authority. But as soon as his importance was admitted and the argument stopped and he was permitted to expand his ego, he became a sympathetic and kindly human being.

Buddha said, "Hatred is never ended by hatred but by love," and a misunderstanding is never ended by an argument but by tact, diplomacy, conciliation and a sympathetic desire to see the other person's viewpoint.

Lincoln once reprimanded a young army officer for indulging in a violent controversy with an associate. "No man who is resolved to make the most of himself," said Lincoln, "can spare time for personal contention. Still less can he afford to take the consequences, including the vitiation of his temper and the loss of self-control. Yield larger things to which you show no more than equal rights; and yield lesser ones though clearly your own. Better give your path to a dog than be bitten by him in contesting for the right. Even killing the dog would not cure the bite."

In an article in *Bits and Pieces*, some suggestions are made on how to keep a disagreement from becoming an argument :

Welcome the disagreement. Remember the slogan, "When two partners always agree, one of them is not necessary." If there is some point you haven't thought about, be thankful if it is brought to your attention. Perhaps this disagreement is your opportunity to be corrected before you make a serious mistake.

Distrust your first instinctive impression. Our first natural reaction in a disagreeable situation is to be defensive. Be careful. Keep calm and watch out for your first reaction. It may be you at your worst, not your best.

Control your temper. Remember, you can measure the size of a person by what makes him or her angry.

Listen first. Give your opponents a chance to talk. Let them finish. Do not resist, defend or debate. This only raises barriers. Try to build bridges of understanding. Don't build higher barriers of misunderstanding.

Look for areas of agreement. When you have heard your opponents out, dwell first on the points and areas on which you agree.

Be honest, Look for areas where you can admit error and say so. Apologize for your mistakes. It will help disarm your opponents and reduce defensiveness.

Promise to think over your opponents' ideas and study them carefully. And mean it. Your opponents may be right. It is a lot easier at this stage to agree to think about their points than to move rapidly ahead and find yourself in a position where your opponents can say, "We tried to tell you, but you wouldn't listen."

Thank your opponents sincerely for their interest. Anyone who takes the time to disagree with you is interested in the same things you are. Think of them as people who really want to help you, and you may turn your opponents into friends.

Postpone action to give both sides time to think through the problem. Suggest that a new meeting be held later that day or the next day, when all the facts may be brought to bear. In preparation for this meeting, ask yourself some hard questions :

Could my opponents be right? Partly right? Is there truth or merit in their position or argument? Is my reaction one that will relieve the problem, or will it just relieve any frustration? Will my reaction drive my opponents further away or draw them closer to me? Will my reaction elevate the estimation good people have of me? Will I win or lose? What price will I have to pay if I win? If I am quiet about it, will the disagreement blow over? Is this difficult situation an opportunity for me?

Opera tenor Jan Peerce, after he was married nearly fifty years, once said, "My wife and I made a pact a long time ago, and we've kept it no matter how angry we've grown with each other. When one yells, the other should listen, because when two people yell, there is no communication, just noise and bad vibrations."

PRINCIPLE 10

The only way to get the best of an argument is to avoid it.

11 A Sure Way of Making Enemies—And How to Avoid It

When Theodore Roosevelt was in the White House, he confessed that if he could be right 75 percent of the time, he would reach the highest measure of his expectation.

If that was the highest rating that one of the most distinguished men of the twentieth century could hope to obtain, what about you and me?

If you can be sure of being right only 55 percent of the time, you can go down to Wall Street and make a million dollars a day. If you can't be sure of being right even 55 percent of the time, why should you tell other people they are wrong?

You can tell people they are wrong by a look or an intonation or a gesture just as eloquently as you can in words—and if you tell them they are wrong, do you make them want to agree with you? Never! For you have struck a direct blow at their intelligence, judgment, pride and self-respect. That will make them want to strike back. But it will never make them want to change their minds. You may then hurl at them all the logic of a Plato or an Immanuel Kant, but you will not alter their opinions, for you have hurt their feelings.

Never begin by announcing "I am going to prove so-and-so to you." That's bad. That's tantamount to saying, "I'm smarter than you are, I'm going to tell you a thing or two and make you change your mind."

That is a challenge. It arouses opposition and makes the listener want to battle with you before you even start.

It is difficult, under even the most benign conditions, to change people's minds. So why make it harder? Why handicap yourself?

If you are going to prove anything, don't let anybody know it. Do it so subtly, so adroitly, that no one will feel that you are doing it. This was expressed succinctly by Alexander Pope : Men must be taught as if you taught them not, and things unknown proposed as things forgot.

Over three hundred years ago Galileo said, "You cannot teach a man anything; you can only help him to find it within himself."

As Lord Chesterfield said to his son, "Be wiser than other people if you can, but do not tell them so."

Socrates said repeatedly to his followers in Athens, "One thing only I know, and that is that I know nothing."

Well, I can't hope to be any smarter than Socrates, so I have quit telling people they are wrong. And I find that it pays.

If a person makes a statement that you think is wrong—yes, even that you know is wrong—isn't it better to begin by saying, "Well, now, look, I thought otherwise, but I may be wrong. I frequently am. And if I am wrong, I want to be put right. Let's examine the facts."

There's magic, positive magic, in such phrases as, "I may be wrong. I frequently am. Let's examine the facts."

Nobody in the heavens above or on earth beneath or in the waters under the earth will ever object to your saying, "I may be wrong. Let's examine the facts."

One of our class members who used this approach in dealing with customers was Harold Reinke, a Dodge dealer in Billings, Montana. He reported that because of the pressures of the automobile business, he was often hard-boiled and callous when dealing with customers' complaints. This caused flared tempers, loss of business and general unpleasantness.

He told his class, "Recognizing that this was getting me nowhere fast, I tried a new tack. I would say something like this, 'Our dealership has made so many mistakes that I am frequently ashamed. We may have erred in your case. Tell me about it.'

"This approach becomes quite disarming, and by the time the customer releases his feelings, he is usually much more reasonable when it comes to settling the matter. In fact, several customers have thanked me for having such an understanding attitude. And two of them have even brought in friends to buy new cars. In this highly competitive market, we need more of this type of customer, and I believe that showing respect for all customers' opinions and treating them diplomatically and courteously will help beat the competition."

You will never get into trouble by admitting that you may be wrong. That will stop all argument and inspire your opponent to be just as fair and open and broad-minded as you are. It will make him want to admit that he, too, may be wrong.

If you know positively that a person is wrong, and you bluntly tell him or her so, what happens? Let me illustrate. Mr. S— a young New York attorney, once argued a rather important case before the United States Supreme Court (Lustgarten v. Fleet Corporation 280 U.S. 320). The case involved a considerable sum of money and an important question of law. During the argument, one of the Supreme Court justices said to him, "The statute of limitations in admiralty law is six years, is it not?"

Mr. S—stopped, stared at the Justice for a moment, and then said bluntly, "Your Honor, there is no statute of limitations in admiralty."

"A hush fell on the court," said Mr. S—as he related his experience to one of the author's classes, "and the temperature in the room seemed to drop to zero. I was right. Justice—was wrong. And I had told him so. But did that make him friendly? No. I still believe that I had the law on my side. And I know that I spoke better than I ever spoke before. But I didn't persuade. I made the enormous blunder of telling a very learned and famous man that he was wrong."

Few people are logical. Most of us are prejudiced and biased. Most of us are blighted with preconceived notions, with jealousy, suspicion, fear, envy and pride. And most citizens don't want to change their minds about their religion or their haircut or communism or their favorite movie star. So, if you are inclined to tell people they are wrong, please read the following paragraph every morning before breakfast. It is from James Harvey Robinson's enlightening book The Mind in the Making.

We sometimes find ourselves changing our minds without any resistance or heavy emotion, but if we are told we are wrong, we resent the imputation and harden our hearts. We are incredibly heedless in the formation of our beliefs, but find ourselves filled with an illicit passion for them when anyone proposes to rob us of their companionship. It is obviously not the ideas themselves that are dear to us, but our self-esteem which is threatened···The little word 'my' is the most important one in human affairs, and properly to reckon with it is the beginning of wisdom. It has the same force whether it is 'my' dinner, 'my' dog, and 'my' house, or 'my' father, 'my' country, and 'my' God. We not only resent the imputation that our watch is wrong, or our car shabby, but that our conception of the canals of Mars, of the pronunciation of "Epictetus", of the medicinal value of salicin, or of the date of Sargon I is subject to revision. We like to continue to believe what we have been accustomed to accept as true, and the resentment aroused when doubt is cast upon any of our assumptions leads us to seek every manner of excuse for clinging to it. The result is that most of our so-called reasoning consists in finding arguments for going on believing as we already do.

Carl Rogers, the eminent psychologist, wrote in his book On Becoming a Person：

I have found it of enormous value when I can permit myself to understand the other person. The way in which I have worded this statement may seem strange to you. Is it necessary to permit oneself to understand another? I think it is. Our first reaction to most of the statements (which we hear from other people) is an evaluation or judgment, rather than an understanding of it. When someone expresses some feeling, attitude or belief, our tendency is almost immediately to feel "that's right," or "that's stupid," "that's abnormal," "that's unreasonable," "that's incorrect," "that's not nice." Very rarely do we permit ourselves to understand precisely what the meaning of the statement is to the other person.

I once employed an interior decorator to make some draperies for my home. When the bill arrived, I was dismayed.

A few days later, a friend dropped in and looked at the draperies. The price was mentioned, and she exclaimed with a note of triumph, "What? That's awful. I am afraid he put one over on you."

True? Yes, she had told the truth, but few people like to listen to truths that reflect on their judgment. So, being human, I tried to defend myself. I pointed out that the best is eventually the cheapest, that one can't expect to get quality and artistic taste at bargain-basement prices, and so on and on.

The next day another friend dropped in, admired the draperies, bubbled over with enthusiasm, and expressed a wish that she could afford such exquisite creations for her home. My reaction was totally different. "Well, to tell the truth," I said, "I can't afford them myself. I paid too much. I'm sorry I ordered them,"

When we are wrong, we may admit it to ourselves. And if we are handled gently and tactfully, we may admit it to others and even take pride in our frankness and broad-mindedness. But not if someone else is trying to ram the unpalatable fact down our esophagus.

Horace Greeley, the most famous editor in America during the time of the Civil War, disagreed violently with Lincoln's policies. He believed that he could drive Lincoln into agreeing with him by a campaign of argument, ridicule and abuse. He waged this bitter campaign month after month, year after year. In fact, he wrote a brutal, bitter, sarcastic and personal attack on President Lincoln the night Booth shot him.

But did all this bitterness make Lincoln agree with Greeley? Not at all. Ridicule and abuse never do. If you want some excellent suggestions about dealing with people and managing yourself and improving your personality, read Benjamin Franklin's autobiography—one of the most fascinating life stories ever written, one of the classics of American literature. Ben Franklin tells how he conquered the iniquitous habit of argument and transformed himself into one of the most able, suave and diplomatic men in American history.

One day, when Ben Franklin was a blundering youth, an old Quaker friend took him aside and lashed him with a few stinging truths, something like this :

Ben, you are impossible. Your opinions have a slap in them for everyone who differs with you. They have become so offensive that nobody cares for them. Your friends find they enjoy themselves better when you are not around. You know so much that no man can tell you anything. Indeed, no man is going to try, for the effort would lead only to discomfort and hard work. So you are not likely ever to know any more than you do now, which is very little.

One of the finest things I know about Ben Franklin is the way he accepted that smarting rebuke. He was big enough and wise enough to realize that it was true, to sense that he was headed for failure and social disaster. So he made a right-about-face. He began immediately to change his insolent, opinionated ways.

"I made it a rule," said Franklin, "to forbear all direct contradiction to the sentiment of others, and all positive assertion of my own, I even forbade myself the use of every word or expression in the language that imported a fix'd opinion, such as 'certainly,' 'undoubtedly,' etc., and I adopted, instead of them, 'I conceive,' 'I apprehend,' or 'I imagine' a thing to be so or so, or 'it so appears to me at present.' When another asserted something that I thought an error, I deny'd myself the pleasure of contradicting him abruptly, and of showing immediately some absurdity in his proposition : and in answering I began by observing that in certain cases or circumstances his opinion would be right, but in the present case there appear'd or seem'd to me some difference, etc. I soon found the advantage of this change in my manner; the conversations I engag'd in went on more pleasantly. The modest way in which I propos'd my opinions procur'd them a readier reception and less contradiction; I had less mortification when I was found to be in the wrong, and I more easily prevaile'd with others to give up their mistakes and join with me when I happened to be in the right.

"And this mode, which I at first put on with some violence to natural inclination, became at length so easy, and so habitual to me, that perhaps for these fifty years past no one has ever heard a dogmatical expression escape me. And to this habit (after my character of integrity) I think it principally owing that I had earned so much weight with my fellow citizens when I proposed new institutions, or alterations in the old, and so much influence in public councils when I became a member; for I was but a bad speaker, never eloquent, subject to much hesitation in my choice of words, hardly correct in language, and yet I generally carried my points."

How do Ben Franklin's methods work in business? Let's take two examples.

Katherine A, Allred of Kings Mountain, North Carolina, is an industrial engineering supervisor for a yarn-processing plant. She told one of our classes how she handled a sensitive problem before and after taking our training:

"Part of my responsibility," she reported, "deals with setting up and maintaining incentive systems and standards for our operators so they can make more money by producing more yarn. The system we were using had worked fine when we had only two or three different types of yarn, but recently we had expanded our inventory and capabilities to enable us to run more than twelve different varieties. The present system was no longer adequate to pay the operators fairly for the work being performed and give them an incentive to increase production. I had worked up a new system which would enable us to pay the operator by the class of yarn she was running at any one particular time. With my new system in hand, I entered the meeting determined to prove to the management that my system was the right approach. I told them in detail how they were wrong and showed where they were being unfair and how I had all the answers they needed. To say the least, I failed miserably! I had become so busy defending my position on the new system that I had left them no opening to graciously admit their problems on the old one. The issue was dead.

"After several sessions of this course, I realized all too well where I had made my mistakes. I called another meeting and this time I asked where they felt their problems were. We discussed each point, and I asked them their opinions on which was the best way to proceed. With a few low-keyed suggestions, at proper intervals, I let them develop my system themselves. At the end of the meeting when I actually presented my system, they enthusiastically accepted it.

"I am convinced now that nothing good is accomplished and a lot of damage can be done if you tell a person straight out that he or she is wrong. You only succeed in stripping that person of self-dignity and making yourself an unwelcome part of any discussion."

Let's take another example—and remember these cases I am citing are typical of the experiences of thousands of other people. R. V. Crowley was a salesman for a lumber company in New York. Crowley admitted that he had been telling hard-boiled lumber inspectors for years that they were wrong. And he had won the arguments too. But it hadn't done any good. "For these lumber inspectors," said Mr. Crowley, "are like baseball umpires. Once they make a decision, they never change it."

Mr. Crowley saw that his firm was losing thousands of dollars through the arguments he won. So while taking my course, he resolved to change tactics and abandon arguments. With what results? Here is the story as he told it to the fellow members of his class:

"One morning the phone rang in my office. A hot and bothered person at the other end proceeded to inform me that a car of lumber we had shipped into his plant was entirely unsatisfactory. His firm had stopped unloading and requested that we make immediate arrangements to remove the stock from their yard. After about one-fourth of the car had been unloaded, their lumber inspector reported that the lumber was running 55 percent below grade. Under the circumstances, they refused to accept it.

"I immediately started for his plant and on the way turned over in my mind the best way to handle the situation. Ordinarily, under such circumstances, I should have quoted grading rules and tried, as a result of my own experience and knowledge as a lumber inspector, to convince the other inspector that the lumber was actually up to grade, and that he was misinterpreting the rules in his inspection. However, I thought I would apply the principles learned in this training.

"When I arrived at the plant, I found the purchasing agent and the lumber inspector in a wicked humor, both set for an argument and a fight. We walked out to the car that was being unloaded, and I requested that they continue to unload so that I could see how things were going. I asked the inspector to go right ahead and lay out the rejects, as he had been doing, and to put the good pieces in another pile.

"After watching him for a while it began to dawn on me that his inspection actually was much too strict and that he was misinterpreting the rules. This particular lumber was white pine, and I knew the inspector was thoroughly schooled in hard woods but not a competent, experienced inspector on white pine. White pine happened to be my own strong suit, but did I offer any objection to the way he was grading the lumber? None whatever. I kept on watching and gradually began to ask questions as to why certain pieces were not satisfactory. I didn't for one instant insinuate that the inspector was wrong. I emphasized that my only reason for asking was in order that we could give his firm exactly what they wanted in future shipments.

"By asking questions in a very friendly, cooperative spirit, and insisting continually that they were right in laying out boards not satisfactory to their purpose, I got him warmed up, and the strained relations between us began to thaw and melt away. An occasional carefully put remark on my part gave birth to the idea in his mind that possibly some of these rejected pieces were actually within the grade that they had bought, and that their requirements demanded a more expensive grade. I was very careful, however, not to let him think I was making an issue of this point.

"Gradually his whole attitude changed. He finally admitted to me that he was not experienced on white pine and began to ask me questions about each piece as it came out of the car, I would explain why such a piece came within the grade specified, but kept on insisting that we did not want him to take it if it was unsuitable for their purpose. He finally got to the point where he felt guilty every time he put a piece in the rejected pile. And at last he saw that the mistake was on their part for not having specified as good a grade as they needed.

"The ultimate outcome was that he went through the entire carload again after I left, accepted the whole lot, and we received a check in full.

"In that one instance alone, a little tact, and the determination to refrain from telling the other man he was wrong, saved my company a substantial amount of cash, and it would be hard to place a money value on the good will that was saved."

Martin Luther King was asked how, as a pacifist, he could be an admirer of Air Force General Daniel "Chappie" James, then the nation's highest-ranking black officer. Dr. King replied, "I judge people by their own principles—not by my own."

In a similar way, General Robert E. Lee once spoke to the president of the Confederacy, Jefferson Davis, in the most glowing terms about a certain officer under his command. Another officer in attendance was astonished. "General," he said, "do you not know that the man of whom you speak so highly is one of your bitterest enemies who misses no opportunity to malign you?" "Yes," replied General Lee, "but the president asked my opinion of him; he did not ask for his opinion of me."

By the way, I am not revealing anything new in this chapter. Two thousand years ago, Jesus said : "Agree with thine adversary quickly."

And 2,200 years before Christ was born, King Akhtoi of Egypt gave his son some shrewd advice - advice that is sorely needed today. "Be diplomatic," counseled the King. "It will help you gain your point."

In other words, don't argue with your customer or your spouse or your adversary. Don't tell them they are wrong, don't get them stirred up. Use a little diplomacy.

PRINCIPLE 11
Show respect for the other person's opinions. Never say, "You're wrong."

12　If You're Wrong, Admit It

Within a minute's walk of my house there was a wild stretch of virgin timber, where the blackberry thickets foamed white in the springtime, where the squirrels nested and reared their young, and the horseweeds grew as tall as a horse's head. This unspoiled woodland was called Forest Park—and it was a forest, probably not much different in appearance from what it was when Columbus discovered America. I frequently walked in this park with Rex, my little Boston bulldog. He was a friendly, harmless little hound; and since we rarely met anyone in the park, I took Rex along without a leash or a muzzle.

One day we encountered a mounted policeman in the park, a policeman itching to show his authority.

"'What do you mean by letting that dog run loose in the park without a muzzle and leash？" he reprimanded me. "Don't you know it's against the law？"

"You didn't think! You didn't think! The law doesn't give a tinker's damn about what you think. That dog might kill a squirrel or bite a child. Now, I'm going to let you off this time; but if I catch this dog out here again without a muzzle and a leash, you'll have to tell it to the judge."

I meekly promised to obey.

And I did obey—for a few times. But Rex didn't like the muzzle, and neither did I; so we decided to take a chance. Everything was lovely for a while, and then we struck a snag. Rex and I raced over the brow of a hill one afternoon and there, suddenly—to my dismay—I saw the majesty of the law, astride a bay horse. Rex was out in front, heading straight for the officer.

I was in for it. I knew it. So I didn't wait until the policeman started talking. I beat him to it. I said : "Officer, you've caught me red-handed. I'm guilty. I have no alibis, no excuses. You warned me last week that if I brought the dog out here again without a muzzle you would fine me."

"Well, now," the policeman responded in a soft tone. "I know it's a temptation to let a little dog like that have a run out here when nobody is around."

"Sure it's a temptation," I replied, "but it is against the law."

"Well, a little dog like that isn't going to harm anybody," the policeman remonstrated.

"No, but he may kill squirrels," I said.

"Well now, I think you are taking this a bit too seriously," he told me. "I'll tell you what you do. You just let him run over the hill there where I can't see him—and we'll forget all about it."

That policeman, being human, wanted a feeling of importance; so when I began to condemn myself, the only way he could nourish his self-esteem was to take the magnanimous attitude of showing mercy.

But suppose I had tried to defend myself—well, did you ever argue with a policeman?

But instead of breaking lances with him, I admitted that he was absolutely right and I was absolutely wrong; I admitted it quickly, openly, and with enthusiasm. The affair terminated graciously in my taking his side and his taking my side. Lord Chesterfield himself could hardly have been more gracious than this mounted policeman, who, only a week previously, had threatened to have the law on me.

"Yes, I know it is," I replied softy, "but I didn't think he would do any harm out here."

If we know we are going to be rebuked anyhow, isn't it far better to beat the other person to it and do it ourselves？ Isn't it much easier to listen to self-criticism than to bear condemnation from alien lips？

Say about yourself all the derogatory things you know the other person is thinking or wants to say or intends to say—and say them before that person has a chance to say them. The chances are a hundred to one that a generous, forgiving attitude will be taken and your mistakes will be minimized just as the mounted policeman did with me and Rex.

Ferdinand E. Warren, a commercial artist, used this technique to win the good will of a petulant, scolding buyer of art.

"It is important, in making drawings for advertising and publishing purposes, to be precise and very exact," Mr. Warren said as he told the story.

"Some art editors demand that their commissions be executed immediately; and in these cases, some slight error is liable to occur. I knew one art director in particular who was always delighted to find fault with some little thing. I have often left his office in disgust, not because of the criticism, but because of his method of attack. Recently I delivered a rush job to this editor, and he phoned me to call at his office immediately. He said something was wrong. When I arrived, I found just what I had anticipated—and dreaded. He was hostile, gloating over his chance to criticize. He demanded with heat why I had done so and so. My opportunity had come to apply the self-criticism I had been studying about. So I said, 'Mr. So-and-so, if what you say is true, I am at fault and there is absolutely no excuse for my blunder. I have been doing drawings for you long enough to know better. I'm ashamed of myself.'

"Immediately he started to defend me. 'Yes, you're right, but after all, this isn't a serious mistake. It is only—

"I interrupted him. 'Any mistake,' I said, 'may be costly and they are all irritating.'

"He started to break in, but I wouldn't let him. I was having a grand time. For the first time in my life, I was criticizing myself—and I loved it.

"'I should have been more careful,' I continued. 'You give me a lot of work, and you deserve the best; so I'm going to do this drawing all over.'

"'No! No!' he protested. 'I wouldn't think of putting you to all that trouble.' He praised my work, assured me that he wanted only a minor change and that my slight error hadn't cost his firm any money; and, after all, it was a mere detail—not worth worrying about.

"My eagerness to criticize myself took all the fight out of him. He ended up by taking me to lunch; and before we parted, he gave me a check and another commission."

There is a certain degree of satisfaction in having the courage to admit one's errors. It not only clears the air of guilt and defensiveness, but often helps solve the problem created by the error.

Bruce Harvey of Albuquerque, New Mexico, had incorrectly authorized payment of full wages to an employee on sick leave. When he discovered his error, he brought it to the attention of the employee and explained that to correct the mistake he would have to reduce his next paycheck by the entire amount of the overpayment. The employee pleaded that as that would cause him a serious financial problem, could the money be repaid over a period of time? In order to do this, Harvey explained, he would have to obtain his supervisor's approval. "And this I knew," reported Harvey, "would result in a boss-type explosion. While trying to decide how to handle this situation better, I realized that the whole mess was my fault and I would have to admit it to my boss.

"I walked into his office, told him that I had made a mistake and then informed him of the complete facts. He replied in an explosive manner that it was the fault of the personnel department. I repeated that it was my fault. He exploded again about carelessness in the accounting department. Again I explained it was my fault. He blamed two other people in the office. But each time I reiterated it was my fault. Finally, he looked at me and said, 'Okay, it was your fault. Now straighten it out.' The error was corrected and nobody got into trouble. I felt great because I was able to handle a tense situation and had the courage not to seek alibis. My boss has had more respect for me ever since."

Any fool can try to defend his or her mistakes—and most fools do—but it raises one above the herd and gives one a feeling of nobility and exultation to admit one's mistakes. For example, one of the most beautiful things that history records about Robert E. Lee is the way he blamed himself and only himself for the failure of Pickett's charge at Gettysburg.

Pickett's charge was undoubtedly the most brilliant and picturesque attack that ever occurred in the Western world. General George E. Pickett himself was picturesque. He wore his hair so long that his auburn locks almost touched his shoulders; and, like Napoleon in his Italian campaigns, he wrote ardent love letters almost daily while on the battlefield. His devoted troops cheered him that tragic July afternoon as he rode off jauntily toward the Union lines, his cap set at a rakish angle over his right ear. They cheered and they followed him, man touching man, rank pressing rank, with banners flying and bayonets gleaming in the sun. It was a gallant sight. Daring. Magnificent. A murmur of admiration ran through the Union lines as they beheld it.

Pickett's troops swept forward at any easy trot, through orchard and cornfield, across a meadow and over a ravine. All the time, the enemy's cannon was tearing ghastly holes in their ranks, But on they pressed, grim, irresistible.

Suddenly the Union infantry rose from behind the stonewall on Cemetery Ridge where they had been hiding and fired volley after volley into Pickett's onrushing troops. The crest of the hill was a sheet of flame, a slaughterhouse, a blazing volcano. In a few minutes, all of Pickett's brigade commanders except one were down, and four-fifths of his five thousand men had fallen.

General Lewis A. Armistead, leading the troops in the final plunge, ran forward, vaulted over the stonewall, and, waving his cap on the top of his sword, shouted : "Give 'em the steel, boys!"

They did. They leaped over the wall, bayoneted their enemies, smashed skulls with clubbed muskets, and planted the battle flags of the South on Cemetery Ridge. The banners waved there only for a moment. But that moment, brief as it was, recorded the high-water mark of the Confederacy.

Pickett's charge—brilliant, heroic—was nevertheless the beginning of the end. Lee had failed. He could not penetrate the North. And he knew it.

The South was doomed.

Lee was so saddened, so shocked, that he sent in his resignation and asked Jefferson Davis, the president of the Confederacy, to appoint "a younger and abler man". If Lee had wanted to blame the disastrous failure of Pickett's charge on someone else, he could have found a score of alibis. Some of his division commanders had failed him. The cavalry hadn't arrived in time to support the infantry attack. This had gone wrong and that had gone awry.

But Lee was far too noble to blame others. As Pickett's beaten and bloody troops struggled back to the Confederate lines, Robert E. Lee rode out to meet them all alone and greeted them with a self-condemnation that was little short of sublime. "All this has been my fault," he confessed. "I and I alone have lost this battle."

Few generals in all history have had the courage and character to admit that.

Michael Cheung, who teaches our course in Hong Kong, told of how the Chinese culture presents some special problems and how sometimes it is necessary to recognize that the benefit of applying a principle may be more advantageous than maintaining an old tradition. He had one middle-aged class member who had been estranged from his son for many years. The father had been an opium addict, but was now cured. In Chinese tradition an older person cannot take the first step. The father felt that it was up to his son to take the initiative toward a reconciliation. In an early session, he told the class about the grandchildren he had never seen and how much he desired to be reunited with his son. His classmates, all Chinese, understood his conflict between his desire and long-established tradition. The father felt that young people should have respect for their elders and that he was right in not giving in to his desire, but to wait for his son to come to him.

Toward the end of the course the father again addressed his class. "I have pondered this problem," he said. "Dale Carnegie says, 'If you are wrong, admit it quickly and emphatically.' It is too late for me to admit it quickly, but I can admit it emphatically. I wronged my son. He was right in not wanting to see me and to expel me from his life. I may lose face by asking a younger person's forgiveness, but I was at fault and it is my responsibility to admit this." The class applauded and gave him their full support. At the next class he told how he went to his son's house, asked for and received forgiveness and was now embarked on a new relationship with his son, his daughter-in-law and the grandchildren he had at last met.

Elbert Hubbard was one of the most original authors who ever stirred up a nation, and his stinging sentences often aroused fierce resentment. But Hubbard with his rare skill for handling people frequently turned his enemies into friends.

For example, when some irritated reader wrote in to say that he didn't agree with such and such an article and ended by calling Hubbard this and that, Elbert Hubbard would answer like this :

"Come to think it over, I don't entirely agree with it myself. Not everything I wrote yesterday appeals to me today. I am glad to learn what you think on the subject. The next time you are in the neighborhood you must visit us and we'll get this subject threshed out for all time. So here is a handclasp over the miles, and I am,

Yours sincerely,

Elbert Hubbard"

What could you say to a man who treated you like that?

When we are right, let's try to win people gently and tactfully to our way of thinking, and when we are wrong—and that will be surprisingly often, if we are honest with ourselves—let's admit our mistakes quickly and with enthusiasm. Not only will that technique produce astonishing results; but, believe it or not, it is a lot more fun, under the circumstances, than trying to defend oneself.

Remember the old proverb : "By fighting you never get enough, but by yielding you get more than you expected."

PRINCIPLE 12

If you are wrong, admit it quickly and emphatically.

13 A Drop of Honey

If your temper is aroused and you tell 'em a thing or two, you will have a fine time unloading your feelings. But what about the other person? Will he share your pleasure? Will your belligerent tones, your hostile attitude, make it easy for him to agree with you?

"If you come at me with your fists doubled," said Woodrow Wilson, "I think I can promise you that mine will double as fast as yours; but if you come to me and say, 'Let us sit down and take counsel together, and, if we differ from each other, understand why it is that we differ, just what the points at issue are,' we will presently find that we are not so far apart after all, that the points on which we differ are few and the points on which we agree are many, and that if we only have the patience and the candor and the desire to get together, we will get together."

Nobody appreciated the truth of Woodrow Wilson's statement more than John D. Rockefeller, Jr. Back in 1915, when Rockefeller was the most fiercely despised man in Colorado, one of the bloodiest strikes in the history of American industry had been shocking the state for two terrible years. Irate, belligerent miners were demanding higher wages from the Colorado Fuel and Iron Company; Rockefeller controlled that company. Property had been destroyed; troops had been called out. Blood had been shed. Strikers had been shot, their bodies riddled with bullets.

At a time like that, with the air seething with hatred, Rockefeller wanted to win the strikers to his way of thinking. And he did it. How? Here's the story. After weeks spent in making friends, Rockefeller addressed the representatives of the strikers. This speech, in its entirety, is a masterpiece. It produced astonishing results. It calmed the tempestuous waves of hate that threatened to engulf Rockefeller. It won him a host of admirers. It presented facts in such a friendly manner that the strikers went back to work without saying another word about the increase in wages for which they had fought so violently.

The opening of that remarkable speech follows. Note how it fairly glows with friendliness. Rockefeller, remember, was talking to men who, a few days previously, had wanted to hang him by the neck to a sour apple tree; yet he couldn't have been more gracious, more friendly if he had addressed a group of medical missionaries. His speech was radiant with such phrases as "I am proud to be here", "having visited in your homes", "met many of your wives and children," "we meet here not as strangers, but as friends", "spirit of mutual friendship", "our common interests", "it is only by your courtesy that I am here", etc.

"This is a red-letter day in my life," Rockefeller began. "It is the first time I have ever had the good fortune to meet the representatives of the employees of this great company, its officers and superintendents, together, and I can assure you that I am proud to be here, and that I shall remember this gathering as long as I live. Had this meeting been held two weeks ago, I should have stood here a stranger to most of you, recognizing a few faces. Having had the opportunity last week of visiting all the camps in the southern coal field and of talking individually with practically all of the representatives, except those who were away; having visited in your homes, met many of your wives and children, we meet here not as strangers, but as friends, and it is in that spirit of mutual friendship that I am glad to have this opportunity to discuss with you our common interests.

"Since this is a meeting of the officers of the company and the representatives of the employees, it is only by your courtesy that I am here, for I am not so fortunate as to be either one or the other; and yet I feel that I am intimately associated with you men, for, in a sense, I represent both the stockholders and the directors."

Isn't that a superb example of the fine art of making friends out of enemies?

Suppose Rockefeller had taken a different tack. Suppose he had argued with those miners and hurled devastating facts in their faces. Suppose he had told them by his tones and insinuations that they were wrong. Suppose that, by all the rules of logic, he had proved that they were wrong. What would have happened? More anger would have been stirred up, more hatred, more revolt.

If a man's heart is rankling with discord and ill feeling toward you, you can't win him to your way of thinking with all the logic in Christendom. Scolding parents and domineering bosses and husbands and nagging wives ought to realize that people don't want to change their minds. They can't be forced or driven to agree with you or me. But they may possibly be led to, if we are gentle and friendly, ever so gentle and ever so friendly.

Lincoln said that, in effect, over a hundred years ago. Here are his words : "It is an old and true maxim that 'a drop of honey catches more flies than a gallon of gall'. So with men, if you would win a man to your cause, first convince him that you are his sincere friend. Therein is a drop of honey that catches his heart; which, say what you will, is the great high road to his reason."

Business executives have learned that it pays to be friendly to strikers. For example, when 2,500 employees in the White Motor Company's plant struck for higher wages and a union shop, Robert F. Black, then president of the company, didn't lose his temper and condemn and threaten and talk of tyranny and Communists. He actually praised the strikers. He published an advertisement in the Cleveland papers, complimenting them on "the peaceful way in which they laid down their tools". Finding the strike pickets idle, he bought them a couple of dozen baseball bats and gloves and invited them to play ball on vacant lots. For those who preferred bowling, he rented a bowling alley.

This friendliness on Mr. Black's part did what friendliness always does : it begot friendliness. So the strikers borrowed brooms, shovels, and rubbish carts, and began picking up matches, papers, cigarette stubs, and cigar butts around the factory. Imagine it! Imagine strikers tidying up the factory grounds while battling for higher wages and recognition of the union. Such an event had never been heard of before in the long, tempestuous history of American labor wars. That strike ended with a compromise settlement within a week-ended without any ill feeling or rancor.

Daniel Webster, who looked like a god and talked like Jehovah, was one of the most successful advocates who ever pleaded a case; yet he ushered in his most powerful arguments with such friendly remarks as : "It will be for the jury to consider," "This may perhaps be worth thinking of," "Here are some facts that I trust you will not lose sight of," or "You, with your knowledge of human nature, will easily see the significance of these facts." No bulldozing. No high-pressure methods. No attempt to force his opinions on others. Webster used the soft-spoken, quiet, friendly approach, and it helped to make him famous.

You may never be called upon to settle a strike or address a jury, but you may want to get your rent reduced. Will the friendly approach help you then? Let's see.

O. L. Straub, an engineer, wanted to get his rent reduced. And he knew his landlord was hard-boiled. "I wrote him," Mr. Straub said in a speech before the class, "notifying him that I was vacating my apartment as soon as my lease expired. The truth was, I didn't want to move. I wanted to stay if I could get my rent reduced. But the situation seemed hopeless. Other tenants had tried—and failed. Everyone told me that the landlord was extremely difficult to deal with. But I said to myself, 'I am studying a course in how to deal with people, so I'll try it on him—and see how it works.'

"He and his secretary came to see me as soon as he got my letter. I met him at the door with a friendly greeting. I fairly bubbled with good will and enthusiasm. I didn't begin talking about how high the rent was. I began talking about how much I liked his apartment house. Believe me, I was 'hearty in my approbation and lavish in my praise.' I complimented him on the way he ran the building and told him I should like so much to stay for another year but I couldn't afford it.

"He had evidently never had such a reception from a tenant. He hardly knew what to make of it.

"Then he started to tell me his troubles. Complaining tenants. One had written him fourteen letters, some of them positively insulting. Another threatened to break his lease unless the landlord kept the man on the floor above from snoring. 'What a relief it is,' he said, 'to have a satisfied tenant like you.' And then, without my even asking him to do it, he offered to reduce my rent a little. I wanted more, so I named the figure I could afford to pay, and he accepted without a word.

"As he was leaving, he turned to me and asked, 'What decorating can I do for you?'

"If I had tried to get the rent reduced by the methods the other tenants were using, I am positive I should have met with the same failure they encountered. It was the friendly, sympathetic, appreciative approach that won."

Dean Woodcock of Pittsburgh, Pennsylvania, is the superintendent of a department of the local electric company. His staff was called upon to repair some equipment on top of a pole. This type of work had formerly been performed by a different department and had only recently been transferred to Woodcock's section. Although his people had been trained in the work, this was the first time they had ever actually been called upon to do it. Everybody in the organization was interested in seeing if and how they could handle it. Mr. Woodcock, several of his subordinate managers, and members of other departments of the utility went to see the operation. Many cars and trucks were there, and a number of people were standing around watching the two lone men on top of the pole.

Glancing around, Woodcock noticed a man up the street getting out of his car with a camera. He began taking pictures of the scene. Utility people are extremely conscious of public relations, and suddenly Woodcock realized what this setup looked like to the man with the camera—overkill, dozens of people being called out to do a two-person job. He strolled up the street to the photographer.

"I see you're interested in our operation."

"Yes, and my mother will be more than interested. She owns stock in your company. This will be an eye-opener for her. She may even decide her investment was unwise. I've been telling her for years there's a lot of waste motion in companies like yours. This proves it. The newspapers might like these pictures, too."

"It does look like it, doesn't it? I'd think the same thing in your position. But this is a unique situation." and Dean Woodcock went on to explain how this was the first job of this type for his department and how everybody from executives down was interested. He assured the man that under normal conditions two people could handle the job. The photographer put away his camera, shook Woodcock's hand, and thanked him for taking the time to explain the situation to him.

Dean Woodcock's friendly approach saved his company much embarrassment and bad publicity.

Another member of one of our classes, Gerald H. Winn of Littleton, New Hampshire, reported how by using a friendly approach, he obtained a very satisfactory settlement on a damage claim.

"Early in the spring," he reported, "before the ground had thawed from the winter freezing, there was an unusually heavy rainstorm and the water, which normally would have run off to nearby ditches and storm drains along the road, took a new course onto a building lot where I had just built a new home.

"Not being able to run off, the water pressure built up around the foundation of the house. The water forced itself under the concrete basement floor, causing it to explode, and the basement filled with water. This ruined the furnace and the hot-water heater. The cost to repair this damage was in excess of two thousand dollars. I had no insurance to cover this type of damage.

"However, I soon found out that the owner of the subdivision had neglected to put in a storm drain near the house which could have prevented this problem I made an appointment to see him. During the twenty-five-mile trip to his office, I carefully reviewed the situation and, remembering the principles I learned in this course, I decided that showing my anger would not serve any worthwhile purpose, When I arrived, I kept very calm and started by talking about his recent vacation to the West Indies; then, when I felt the timing was right, I mentioned the 'little' problem of water damage. He quickly agreed to do his share in helping to correct the problem.

"A few days later he called and said he would pay for the damage and also put in a storm drain to prevent the same thing from happening in the future.

"Even though it was the fault of the owner of the subdivision, if I had not begun in a friendly way, there would have been a great deal of difficulty in getting him to agree to the total liability."

Years ago, when I was a barefoot boy walking through the woods to a country school out in northwest Missouri, I read a fable about the sun and the wind. They quarreled about which was the stronger, and the wind said, "I'll prove I am. See the old man down there with a coat? I bet I can get his coat off him quicker than you can."

So the sun went behind a cloud, and the wind blew until it was almost a tornado, but the harder it blew, the tighter the old man clutched his coat to him.

Finally, the wind calmed down and gave up, and then the sun came out from behind the clouds and smiled kindly on the old man. Presently, he mopped his brow and pulled off his coat. The sun then told the wind that gentleness and friendliness were always stronger than fury and force.

The use of gentleness and friendliness is demonstrated day after day by people who have learned that a drop of honey catches more flies than a gallon of gall. F. Gale Connor of Lutherville, Maryland, proved this when he had to take his four-month-old car to the service department of the car dealer for the third time. He told our class, "It was apparent that talking to, reasoning with or shouting at the service manager was not going to lead to a satisfactory resolution of my problems.

"I walked over to the showroom and asked to see the agency owner, Mr. White. After a short wait, I was ushered into Mr. White's office. I introduced myself and explained to him that I had bought my car from his dealership because of the recommendations of friends who had had previous dealings with him. I was told that his prices were very competitive and his service was outstanding. He smiled with satisfaction as he listened to me. I then explained the problem I was having with the service department. 'I thought you might want to be aware of any situation that might tarnish your fine reputation,' I added. He thanked me for calling this to his attention and assured me that my problem would be taken care of. Not only did he personal get involved, but he also lent me his car to use while mine was being repaired."

Aesop was a Greek slave who lived at the court of Croesus and spun immortal fables six hundred years before Christ. Yet the truths he taught about human nature are just as true in Boston and Birmingham now as they were twenty-six centuries ago in Athens. The sun can make you take off your coat more quickly than the wind; and kindliness, the friendly approach and appreciation can make people change their minds more readily than all the bluster and storming in the world.

Remember what Lincoln said, "A drop of honey catches more flies than a gallon of gall."
PRINCIPLE 13
Begin in a friendly way.